Distribution Channel Management

分销渠道管理

（第六版）

胡介埙 主 编 | 6th Edition

▶ 21世纪高等院校市场营销专业规划教材

东北财经大学出版社 大连

Dongbei University of Finance & Economics Press

图书在版编目（CIP）数据

分销渠道管理 / 胡介埙主编．—6版．—大连：东北财经大学出版社，2024.7．—（21世纪高等院校市场营销专业规划教材）．—ISBN 978-7-5654-5308-3

Ⅰ．F713.1

中国国家版本馆CIP数据核字第2024WH3701号

东北财经大学出版社出版

（大连市黑石礁尖山街217号　邮政编码　116025）

网　　　址：http://www.dufep.cn

读者信箱：dufep@dufe.edu.cn

大连雪莲彩印有限公司印刷　东北财经大学出版社发行

幅面尺寸：185mm×260mm　　　字数：412千字　　　印张：17.25

2024年7月第6版　　　　　　　2024年7月第1次印刷

责任编辑：蔡　丽　　　　　　　责任校对：一　心

封面设计：原　皓　　　　　　　版式设计：原　皓

定价：53.00元

教学支持　售后服务　　联系电话：(0411) 84710309

版权所有　侵权必究　　举报电话：(0411) 84710523

如有印装质量问题，请联系营销部：(0411) 84710711

第六版前言

从20世纪90年代开始，分销渠道管理同时受到了实业界和理论界的普遍重视，分销渠道在传统营销的4P组合理论中的地位大大提升。这是企业经营环境变化的必然结果。竞争的激化、中间商权力的增强和互联网的普及，都促使企业分销渠道的重要性日益增强。越来越多的企业发现：得渠道者得天下，失渠道者失天下。对企业来说，分销渠道已经不仅是一种营销手段，而且是企业有力的竞争武器，甚至是企业构建核心竞争力的重要途径。市场营销专业的学生若不掌握分销渠道管理的基本知识，就很难适应现代社会的需要。越来越多的高校开始开设"分销渠道管理"课程，顺应了这种发展趋势。

编者在自己多年教学心得体会的基础上编写了这本教材。为了满足"分销渠道管理"课程本科生教学的需要，本教材在编写中特别注意以下几个方面：

第一，思政引领，融入党的二十大精神。党的二十大报告指出："用社会主义核心价值观铸魂育人，完善思想政治工作体系，推进大中小学思想政治教育一体化建设。坚持依法治国和以德治国相结合，把社会主义核心价值观融入法治建设、融入社会发展、融入日常生活。"本教材以"法治引航"栏目的形式介绍了相关行业的法律、法规和相关政策，引导学生深入社会实践，关注社会现实问题，使他们既灵活地应用专业知识，又遵纪守法，经世济民，坚定中国特色社会主义道路自信、理论自信、制度自信、文化自信，努力践行习近平新时代中国特色社会主义思想进教材、进课堂、进头脑，达到价值塑造、知识传授、能力培养三位一体的立德树人之效。

第二，理论与实践相结合。每章通过"引例"提出问题，在正文中以"渠道实践"栏目的形式穿插介绍了许多企业分销渠道管理的成败案例，通过多种环节引导学生把理论知识应用于实践当中。

第三，坚持传授知识与培养学生能力及技能相结合。每章末配备"基本训练"，将引例、理论知识、渠道实践、拓展阅读的内容前后贯通，培养学生分析和解决实际问题的能力。

第四，坚持国际化和本地适用性相结合。本教材在结构安排和内容组织等方面都吸收和借鉴了国际上规范的先进做法，同时在内容选取方面注意适合中国市场的具体情况，既介绍了在分销渠道管理方面国际上最有影响力的企业的案例，又讨论了在分销渠道管理方面国内企业的典型做法。

本教材每次再版都注意吸收国内外分销渠道管理方面的新理论，补充对分销渠道发展新趋势的介绍和评述。本次修订主要作了以下一些修改和增补：

第一，在第3章的正文"在线营销"部分中增加了对近年来发展迅猛、对企业影响巨大的直播带货的阐述分析，并在这章新增加了一个"法治引航"模块，旨在帮助学生了解直播带货行业的现状，引导学生树立遵纪守法、依法纳税的基本理念。

第二，在内容上更新、补充和完善了"渠道实践"和"拓展阅读"中某些典型案例的近年发展情况。在介绍和分析这些案例时更注重强调"渠道变革"的特点和内容。在第7章增加了新的拓展阅读7-1，分析了格力电器因渠道冲突而导致渠道变革的案例。第9章的"拓展阅读"内容用"美邦服饰的困境根源和重振之路探索"代替了第五版的原案例。两者内容都是说明供应链在渠道变革中的重要性。这次美邦服饰的案例更新更及时、更富有探索性。

本教材共5个部分，分为11章。第一部分"概论"，即第1章，对分销渠道管理的基本理论作了概括性的介绍。第二部分"分销渠道的组织"，包括第2～3章，介绍分销渠道的组织结构模式，并对分销渠道成员进行分析。第三部分"分销渠道设计"，包括第4～5章，介绍分销渠道的设计原理和有关分销渠道成员选择的问题。第四部分"分销渠道运作管理"，包括第6～10章，讨论分销渠道的权力、激励与控制，分销渠道冲突与合作管理，分销渠道管理中的营销组合问题，渠道物流与信息管理，以及分销渠道绩效的评价。第五部分"分销渠道管理实务"，即第11章，讨论不同行业和产品分销渠道的构建特点。

本教材是为市场营销和工商管理专业的本科生所写的，当然也完全适合这些专业的研究生作为参考资料。作者相信，工商企业和其他组织中与分销渠道管理活动有关的人员，也定能从本教材中获得所需要的系统知识。

特别需要说明的是，在本教材编写过程中，浙江大学、浙江工业大学之江学院和浙江树人大学的多位老师都参与了资料收集和部分章节的编写工作。在此对他们一并表示感谢。编者也感谢东北财经大学出版社的领导和蔡丽编辑对本教材第六版出版所给予的建议和帮助。另外，本教材在编写过程中借鉴了许多国内外专家的研究成果，作者在资料来源和参考文献中均已一一列出，在此对他们一并致以诚挚的谢意！

最后，由于作者水平有限，书中难免有不当之处，敬请读者批评指正。

编　者
于杭州浙江大学求是园
2024年4月

目 录

第一部分 概论

第二部分 分销渠道的组织

第三部分　分销渠道设计

第4章　分销渠道的设计/97

第5章　分销渠道成员的选择/120

第四部分　分销渠道运作管理

第6章　分销渠道的权力、激励与控制/141

第五部分   分销渠道管理实务

第11章   不同行业和产品分销渠道的构建/243

主要参考文献/267

第一部分 概论

第1章 分销渠道管理概论

学习目标

知识目标

◆深入理解分销渠道的含义及作用；理解分销渠道的功能及功能流的含义；说明分销渠道的参与者及其各自特点；熟悉分销渠道管理的内容；理解渠道管理人员的角色；了解环境因素对分销渠道的影响。

技能目标

◆分析说明分销渠道变得日益重要的原因；分析说明中间商存在的原因；结合具体行业，分析说明分销渠道成员所承担的功能；分析具体的环境因素对分销渠道可能产生的影响。

❖ 引例

今天究竟该喝什么酒？

小魏与朋友们自驾游。在某餐厅用餐时，有人提议，白天开车不能喝酒，晚上该喝点白酒解解乏。这个提议得到了所有男同胞的赞同，但是对究竟该喝什么品牌的酒产生了分歧。大部分人认为，路程辛苦，该喝茅台或五粮液之类的好酒。但足智多谋的老李坚持喝另一种二线品牌酒。老李认为，大家初来乍到，对这家餐厅的声誉一无所知，选名酒很可能喝到假酒。如果喝了假酒，花冤枉钱不说，喝坏了身体损失更大。这样还不如选几种二线品牌酒，虽然知名度不如茅台、五粮液，但喝到假酒的可能性要小得多。现在的市场已经从过去的"好酒不怕巷子深"，经过了"好酒也怕巷子深"，发展到现在的"好酒最怕巷子深"的阶段。

"好酒不怕巷子深"是指好产品不需要建立任何分销渠道就能轻松卖出去。在我国市场经济发展的初期，产品供不应求，对各类名优产品而言，制造商并不需要开发和建设分销渠道，需要某种产品的消费者和中间商会主动找到制造商购买商品。企业根本不需要关心分销渠道的开发和建设，还会把有关分销渠道管理方面的事看作多余的负担。

我国在改革开放一段时间以后，产品逐渐供求平衡，即使名优产品也面临着激烈的竞争。消费者购买商品和中间商采购商品时都会发现，市场上竟然有多种同样可以满足自己需要的商品可供选择。所以，好产品如果没有高效通畅的分销渠道配合，同样会遇到销售的难题。制造商不得不开始重视如何为自己的产品开发和建设好分销渠道。这就意味着"好酒也怕巷子深"。

随着竞争的进一步激化，市场上又出现了新的情况。生产领域中个别不法企业生产和销售假冒伪劣产品，流通领域也有不少企业有意无意地采购和销售假冒伪劣商品。因此，无论是制造商还是中间商都越来越多地发现，好的产品如果不重视渠道建设，不通过正当渠道占领市场，各种不法分子就可能钻渠道的空子，把假冒伪劣产品挤入各种分销渠道，结果是扰乱市场，坑害消费者。这种现象的出现提醒优质产品的制造商特别要重视自己的渠道开发和建设。如果自己渠道不畅或者管理不当，就会给假冒伪劣产品以可乘之机，不仅损害本企业产品用户的利益，也会危及企业形象和声誉。这就是"好酒最怕巷子深"。

待大家明白其中的道理，都同意了老李的意见。老李建议喝市场上刚推广不久的、制造商刚开始在中央或省、市级电视台上作推广的新品牌酒。这类酒尽管知名度不高，但是一般来说，制造商实力雄厚，形象和声誉较好，产品质量能够得到保证，仿冒这类产品的可能性比较小。

经过这一番讨论，小魏想到，"今天究竟该喝什么酒"的背后居然还有很多与一个企业的分销渠道管理有关的道理。看来，现代社会中，企业光有一个好产品仍然很难成功，一条好渠道对好产品的成功真是太重要了。

资料来源　本案例由本教材主编根据企业管理咨询中所遇到的实际案例撰写而成。

1.1　分销渠道概述

1.1.1　分销渠道的定义及作用

1.1.1.1　分销渠道的定义

分销渠道（简称渠道）的定义多种多样。有些人强调它是一种将产品从生产者转移到最终消费者手中的通道；另一些人认为它是产品通过各种经营代理环节的过程；还有些人认为它是商业企业之间为共同实现某种交易目的而形成的一种松散的联盟。

这里我们推荐由美国学者路易斯·斯特恩和阿德尔·埃尔-安萨里等人共同给出的，在众多"分销渠道"定义中最典型的一种定义：分销渠道是致力于促使产品或服务顺利地消费或使用的一系列相互依存的组织。

各种定义表述上的差异源于研究视角的不同。出于自身的利益，制造商更可能把分销渠道定义为将产品传递到最终消费者手中的各类中间商，以及产品在这些中间商之间的流通过程。各类中间商关心的是自己的利润和风险，更可能把分销渠道定义为商品的交换过程。消费者更可能把分销渠道看作介于自身和制造商之间的众多中间商。而理论研究者更可能把分销渠道看作经济系统的一部分，认为分销渠道就是组织和效率。

分销渠道其实既是一种商品从生产者手中到达最终消费者手中的通道，也是一种实现商品交换的过程，同时是一种企业之间为实现交易目的而组成的联盟或关系。

1.1.1.2 分销渠道的作用

制造商把部分分销工作交给各类中间商去做，不仅放弃了部分的获利机会，放弃了对如何销售和销售给谁等的控制，而且要承受合作中可能出现的各种风险。尽管如此，制造商在权衡利弊后，常常会选择使用分销渠道，借助中间商来销售自己的产品。这是因为由中间商所组成的分销渠道有其存在的客观理由。无论对制造商还是消费者来说，分销渠道都能带来如下一些利益：

（1）减少交易次数

在没有中间商组成分销渠道的情况下，每一个制造商都必须直接与最终消费者进行交易（如图1-1所示）。在分销渠道中增加了中间商以后，由于中间商实行集中采购与配送，从而大大减少交易次数，提高交易的效率。制造商和消费者的数量越多，中间商的这个作用就越明显（如图1-2所示）。

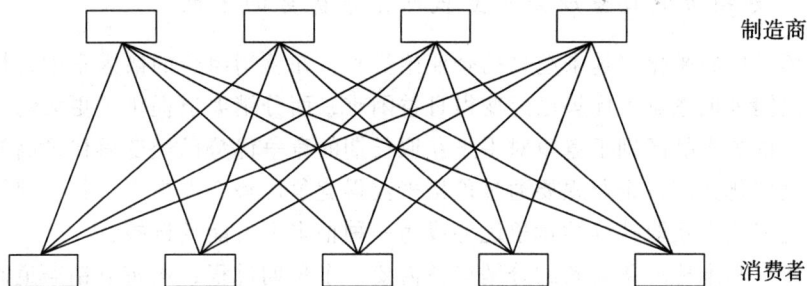

图1-1　没有中间商的交易次数

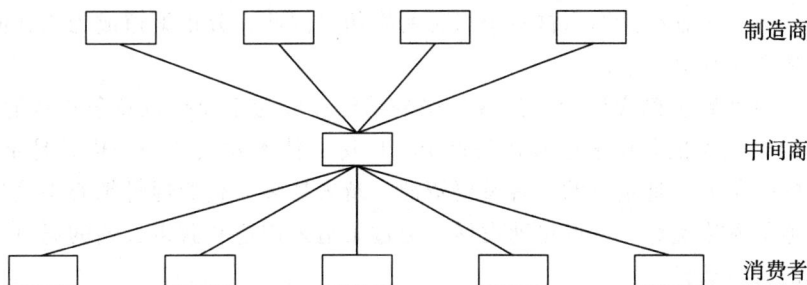

图1-2　有中间商的交易次数

（2）降低分销成本，规范交易

中间商所组成的分销渠道更可能实现渠道的专业化。某些类型的中间商或渠道成员往往能比其他企业更好地承担商品流通中的基本功能，从而提高商品在整个分销渠道中流通的速度，降低流通成本。渠道成员的专业化既能提高分销的效率，促使分销成本最小化，也能使交易更加规范化，降低交易风险，提高产品竞争力。

（3）简化交易中的搜寻过程

在一个庞大的商品市场中，买卖双方都会面临"双向搜索"问题。无论是制造商还是最终消费者，都需要为寻找自己合适的客户或理想产品而进行耗费庞大的搜索工作。在没有中间商的情况下，大多数制造商想要直接确定合适客户的位置，并把产品送到他们的手中几乎是无法完成的任务。而每一个客户也必须直接搜索众多制造商的销售现场，才能找到自己理想的商品。分销渠道中的中间商通常按不同行业进行组织，并向各自的市场提供相关的市场信息，从而大大简化了买卖双方的搜寻过程，既便利了交易过程，又降低了各类成本和费用。

由于中间商所参与的分销渠道为买卖双方带来了上述利益，从本质上说就是为顾客创造了价值。这正是现代分销渠道生存和发展的根本原因。

1.1.2 分销渠道的重要性

相对于营销组合中的其他3个要素——产品、价格和促销，分销渠道在战略性的营销手段中在很长一段时间内一直处于"次要地位"。因为在当时，产品、价格和促销往往更能收到直接的效果。但是，现在人们已经认识到分销渠道在营销中的重要性。

1.1.2.1 分销渠道日益成为企业获取竞争优势的手段

随着市场竞争的激化，越来越多的企业感受到，在营销组合的诸因素中，想要通过产品、价格和促销来创造竞争优势已经变得日益困难，而分销渠道提供了更大的获取竞争优势的可能性。依靠产品区别于竞争对手来获取长期的竞争优势已经变得代价高昂而又非常困难，经济全球化又使得企业想要通过价格来获得竞争优势变得更不可行，促销的不稳定性也使得通过促销来获取持续性竞争优势成为一种根本不可能的选择。

相反，建立和维持一条高效的分销渠道需要一个长期过程，构筑分销渠道需要投入综合要素，以及渠道中企业之间和人员之间存在互动关系，这些使得企业通过分销渠道建立起来的竞争优势，很难在短期内被竞争对手所模仿。因此，分销渠道成为比其他因素更可能为企业创造竞争优势的手段。

企业的大量实践也确实证明，近些年来分销已经成为企业获取竞争优势的重要手段。一大批明智的企业家把分销渠道看作与资金、厂房、技术和设备等一样，是企业的财富，是企业资产的一部分，是企业的一种重要资源。越来越多的企业通过精心构筑分销渠道网络，赢得渠道的网络优势，获得迅速发展。通过渠道来创造和获得长期的竞争优势已经成为许多企业的必然选择。

然而，随着社会进步和技术迅猛发展，企业可以选择的分销渠道形式越来越多，每一种分销渠道都会有自己独特的优势，但每一种分销渠道也都会有其局限性，很难保证拥有全面的竞争优势。只有那些在分析外部市场环境和内部条件的基础上，比较不同分销渠道形式的优缺点，并在此基础上致力于开发效率更高、成本更低、覆盖面更广、客户更忠诚以及利润更高的创新性分销渠道的企业，才能成功地拥有巨大的分销渠道优势。

1.1.2.2 分销商权力日益增强

自改革开放以来，我国很多产品的市场控制权已经从制造商转移到了分销商。这种情形在分销渠道的零售层次上体现得更为明显。一些大型跨国零售商，如沃尔玛（Wal-Mart）、家乐福（Carrefour），以及国内的苏宁易购等，已经成为相关分销渠道的控制者和引人注目的市场主导者。这些大型零售商凭借着其巨大的规模、雄厚的资本实力，掌握了庞大的跨地区的分销渠道网络，控制着通向市场的大门。

越来越多的零售商不再把自己看成制造商的销售代理，而是代表消费者充当购买代理的角色。它们大多以低价格–低利润的方式经营，导致市场竞争越来越激烈。它们对制造商提出的要求越来越高，要求制造商提供的支持越来越多。分销商权力的增大，意味着对制造商来说分销渠道变得日益重要，制定正确的分销渠道策略并进行有效的管理，已经成为决定企业经营成功的关键。

1.1.2.3 削减成本的需要

通过削减成本来赢得竞争优势始终是企业所追求的目标。在过去的几十年中，企业一直致力于通过如组织重构、流程再造和组织结构扁平化等手段来削减成本。现在，许多企业发现通过这些手段来进一步降低成本的潜力正在缩小；相反，随着竞争越来越激烈，分销成本在最终产品的总成本和价格中往往占了相当大的比例。表1-1就是某些类型的产品的最终价格中分销成本、制造成本、原材料及零部件成本的构成。对某些类别的产品而言，分销成本常常比制造成本、原材料及零部件成本还要高。这就使得企业越来越重视削减分销成本，即重视分销渠道的建设与管理。

表1-1 　　　　　　　　　**某些类型的产品的最终价格的成本构成（%）**

成本来源	汽车	软件	汽油	传真机	包装食品
分销成本	15	25	28	30	41
制造成本	40	65	19	30	33
原材料及零部件成本	45	10	53	40	26

资料来源　罗森布洛姆. 营销渠道——管理的视野［M］. 宋华，等译. 7版. 北京：中国人民大学出版社，2006.

1.1.2.4 电子商务的兴起与发展引发了传统分销渠道的巨变

电子商务的成熟和普及，催生出了一个巨大的网络市场以及相应的网络分销渠道。这使企业的分销渠道管理面临更大的挑战。一方面，电商渠道的出现增加了分销渠道管理和决策的困难性。电商的大量出现既为企业提供了一种新的可供选择的渠道形式，同时企业不得不承受线上–线下渠道争夺客流的煎熬。那些只拥有传统分销渠道的企业，常为是否需要开辟电商渠道而纠结，而已经建立了电商渠道的企业更为如何争取渠道获利，以及避免线上–线下分销渠道冲突而绞尽脑汁。另一方面，电商渠道的出现导致了消费者购买行

为的变化。消费者网络购物行为与传统渠道中消费行为之间的差异，对试图开发网络渠道
的企业提出了一大堆新的难题。实际上，电商渠道及其他网络市场并不是传统分销渠道的
网上翻版。每一个试图开发网络市场的企业都需要研究消费者网络购物行为的特点、构建
新的电子分销渠道，并提高其效率的办法和技巧。无论是故步自封地死守传统分销渠道、
以不变应万变的做法，还是不顾得失、贸然跻身电商渠道的选择，都面临着巨大的风险。
只有审时度势，分析自己的行业、企业和产品的特点，来科学合理地决定自己分销渠道的
形式、结构和策略的企业，才有可能作出正确的决策。

1.2　分销渠道的功能、功能流与参与者

1.2.1　分销渠道的功能

分销渠道的基本功能是使产品从生产者转移到消费者的整个过程保持通畅和高效，消
除或缩小产品生产供应和消费者需求之间在时间、地点、品种和数量等方面存在的差异，
创造产品的形式效用、所有权效用、时间效用和地点效用。具体而言，分销渠道具有如下
一些主要功能：

（1）市场调研和信息传递

分销渠道成员中的许多中间商直接接触客户或最终消费者，能够了解和掌握市场需求
的第一手信息。制造商也可能掌握其他分销渠道成员所不了解的信息资料。各种分销渠道
成员通过市场调研收集到有关消费者、竞争者和市场环境的信息，并经过整理后传递给其
他分销渠道成员，增强整个分销渠道的竞争能力和应变能力。

（2）促销

分销渠道中的中间商通常会比制造商更专注于产品销售中的技巧和方法。制造商借助
中间商富有创意的办法把产品与企业的信息传递给消费者，可以增加产品或企业对消费者
的吸引力，促使消费者乐于接受产品。这种促销效果往往是制造商单独很难达到的。

（3）接洽

中间商借助其所拥有的独特人际关系、地理位置优势和专业技术知识，既能帮助制造
商寻找潜在客户，也能帮助需要产品的客户寻找供应商，争取订单。

（4）谈判

分销渠道成员代表买卖双方中的某一方就产品价格和其他交易条件与另一方进行协
商，达成协议，实现产品所有权的转移。

（5）产品搭配和组合

各类中间商会根据在分销渠道中的不同分工，按照商品流通和消费者需求对制造商的
产品在分类、分等、装配和包装上进行搭配和组合，既符合市场的需求，又提升产品的附
加价值和竞争能力。

（6）物流

渠道物流主要是针对商品的运输和储存活动。商品从制造商流到最终消费者手中，中
间需要完成实体商品的分销过程。中间商参与分销渠道，组织实体商品的运输和储存，可

以充分利用其专业化的优势提高物流的效率，保证市场上正常供货。

（7）风险分担

在商品流通过程中，渠道成员共同承担着市场需求波动、社会政治变革和自然灾害等因素可能造成的损失。中间商一旦介入某个产品的分销渠道，随着产品所有权的转移，也就自动地承担起分担销售风险的功能。

（8）融资

无论是制造产品还是销售产品，都需要投入大量的资金，以完成产品所有权转移和实体商品的流转。因此，制造商和中间商为了完成产品销售都可能需要资金的融通。商品购销过程中分销渠道成员既可以通过预付订金、支付货款等方式投入资金，对自己的供应商提供融资功能，也可以通过赊销的形式向自己的经销商提供融资功能。实际上，在分销渠道运作过程中，如果没有分销渠道成员提供足够的资金，整个分销渠道就无法有效地运转。

1.2.2 分销渠道的功能流

分销渠道的功能是通过分销渠道成员间的各种功能流来实现的，正是这些功能流将所有的分销渠道成员连接在一起。功能流与功能之间存在一定的对应关系。这些功能流包括如下几种：

（1）实物流

这是指实体产品或服务从制造商转移到最终消费者的活动与过程。产品在制造完成后需要依次在代理商、经销商以及零售商之间转运和存储，最后由零售商卖给顾客。这种实物的流动必须依靠分销渠道成员来完成。

（2）所有权流

这是指产品的所有权从一个分销渠道成员手中转移到另一个分销渠道成员手中的活动与过程。在经销的情形下，产品所有权直接由制造商转移到经销商。而在代理的情形下，产品所有权经由代理商的协助由制造商转移到零售商。

（3）促销流

这是指一个分销渠道成员通过广告、人员推销、宣传报道和营业推广等活动对另一个分销渠道成员或消费者施加影响的过程。制造商会向代理商、经销商、零售商和消费者促销，代理商、经销商和零售商会向消费者促销。

（4）谈判流

这是指在分销渠道中，当产品实体或所有权在分销渠道成员之间转移时，需要对价格和交易条件进行谈判的活动和过程。谈判流贯穿整个分销渠道。产品实体和所有权在分销渠道成员之间每转移一次，通常就需要进行一次谈判，会产生相应的谈判流。

（5）资金流

这是指伴随着产品所有权的转移所形成的各分销渠道成员之间的资金融通活动与过程。例如，制造商可能同意零售商在商品售出之后结款，这就等于制造商为零售商提供了流动资金；相反，如果零售商向制造商预付一定的货款，则等于零售商为制造商提供了融资机会。

（6）风险流

这是指伴随着产品所有权转移的各种风险在各分销渠道成员之间的转移过程。这种风险包括产品在渠道的流通过程中可能发生的各种有形或无形的损失，尤其是产品过时、报废、灾害、竞争和返修率过高等因素所造成的风险。

（7）订货流

这是指分销渠道成员定期或不定期地向供货商发出订单的活动和过程。

（8）支付流

这是指商品货款在分销渠道成员之间的流动过程。

（9）信息流

这是指分销渠道成员之间相互传递市场信息的过程。在分销渠道中，相邻的分销渠道成员之间会进行双向的信息交流，即使互不相邻的成员之间也会有各种信息的交流。

1.2.3　分销渠道的参与者

分销渠道是由一组关键性参与者所组成的，其中包括制造商、中间商和终端用户。对一条特定的分销渠道而言，参与者可能会比其他渠道的参与者更多或者更少一些。这是因为某些分销渠道成员同时承担了几种渠道功能或渠道流。讨论分销渠道的参与者，实际上也就是探讨不同分销渠道成员所承担的渠道功能或渠道流，或者它们各自在渠道中的作用。

1.2.3.1　制造商

我们这里所说的制造商既包括产品的制造商，也包括服务的提供商。制造商作为渠道源头，是渠道的重要成员。制造商不仅因为出售所生产出来的产品而参与渠道活动，而且会因购买各类生产资料而加入到渠道活动中去。所以，所有的制造商都会牵涉到实物流、所有权流、促销流、谈判流、资金流和信息流等。

历史上，制造商往往是"分销渠道领袖"，在建立和保持渠道关系方面起着组织者和核心的作用。但是，随着社会环境的发展变化，大多数制造商不再具备出色地执行渠道职能的能力，因此失去了分销渠道领袖的地位；相反，渠道中的各类中间商承担起更多的渠道职能，为渠道增值。因此，许多制造商往往希望中间商拥有使它们的产品迅速、高效地到达市场的终端用户手中的能力。

1.2.3.2　中间商

在渠道中，除制造商和终端用户以外的所有其他分销渠道成员都被称为中间商。中间商按照所承担的渠道功能的不同，可以被分为批发商和零售商。

（1）批发商

批发商向渠道中的零售商和渠道终端的组织用户销售产品。批发商又可以被分为多种不同的形式，不过主要分为经销商和代理商两大类。经销商承担着产品促销、融资、订货和支付等渠道功能，拥有产品所有权。而代理商并不拥有所有权，其主要承担渠道中的促销和谈判功能。

（2）零售商

零售商是分销渠道中形式最多样、变化最迅速的成员。其直接向最终消费者进行个别的销售。随着最终消费者消费习惯和购买行为的变化，零售商的经营模式和所承担的渠道功能发生了巨大的变化。一方面，众多的零售商所承担的渠道功能在增加，从而在渠道系统中扮演着越来越重要的角色；另一方面，成功的零售商有效地整合其上游的供应商，形成更稳定的、富有竞争力的渠道系统。

> ❖ **渠道实践 1-1**
>
> **中间商是否就是渠道中多余的、可以随意去掉的成员？**
>
> 　　2016 年一则在全国投放量很大的广告是这样说的：上瓜子二手车直卖网，个人车主直接把车卖给个人买家，没有中间商赚差价。
>
> 　　这则广告是要让消费者以为，没有经销商赚差价，卖家就可以卖更多的钱，买家也可以买得更便宜。现在，不仅电商和大型零售终端吆喝自己是直销，没有经销商赚取利润，消费者得实惠，厂家多获利，就连菜场旁边卖衣服、卖鞋的小店铺，也经常以"厂家直销"的名义促销，也常能取得不错的效果。
>
> 　　事实究竟如何呢？那个号称没有中间商赚差价的网站——瓜子二手车直卖网，真的就没有中间商吗？其称自己为"平台商"，收取的费用不叫差价，而是佣金，其实网站自己就是中间商。
>
> 　　像阿里巴巴和京东等大型电商企业，虽然号称是平台商，不挣差价，但它们另有获利模式：企业入驻，需要交费；入驻之后推广产品，需要交费；打广告，需要交费；连支付都要通过它们。
>
> 　　相对于传统的中间商来说，这种平台式的中间商带给企业的负担较重，但平台也有其自身优势，很多企业绕不过去，进退两难。
>
> 资料来源　苗庆显. 经销制回潮，深度分销正式落幕［J］. 销售与市场（渠道版），2017（1）.

1.2.3.3　终端用户

我们在研究分销渠道时不应当忽视终端用户，无论是最终消费者还是组织购买者，都是分销渠道成员。需要把终端用户看作分销渠道成员源于如下两个方面的原因：

首先，终端用户能够并且确实承担着渠道功能流的作用。当消费者在大商场大量购买某种商品时，他们就产生了渠道中的实物流、所有权流和资金流，甚至是风险流。因为如果他们的购买量超过了未来一段时间的使用量，这就意味着他们提前支付了货款，产生了资金流，也帮助其他分销渠道成员储存了这种产品，节省了零售商的储存空间，而且承受了价格变动和实物储存中的风险，承担了风险流。

其次，尽管从表面上看终端用户不参与渠道中的经营活动，但是它们是对渠道结构和其他渠道成员最具有影响力的。任何一条高效的分销渠道都必须是以满足终端用户的需求为基本目标的。因此，分销渠道的设计和开发、运作管理，归根结底都是由终端用户的需求和意见所决定的。一条没有终端用户参与的渠道是没有生命力的，也就无效率可言了。

1.2.3.4　分销渠道其他辅助性成员

多种类型的中介机构尽管很少涉及分销渠道中产品出售的核心业务，但是由于它们承担着部分渠道功能，当然也是渠道的组成部分。

物流和运输企业承担着实物流的功能。由于这些企业能够比制造商、中间商和零售商更有效地并且成本更低廉地提供运输服务，常常是分销渠道中必不可少的成员。专业性的订单处理企业代替制造商、中间商和零售商执行部分甚至全部的订单处理工作，使这些企业从烦琐的订单处理中解脱出来。广告公司承担着促销流的功能。保险公司、财务公司和银行都承担着转移分销渠道成员业务中的风险以及提供渠道资金流的功能。市场调研公司常常为所有渠道成员提供有价值的信息流。

上述企业构成了分销渠道中的辅助性成员，它们在执行各自功能的同时，也不断提供新的服务，从而加强它们在渠道中的作用。

1.3　分销渠道的管理

1.3.1　分销渠道管理的必要性

分销渠道的管理是在企业经营活动中，根据企业的营销战略和策略，通过计划、组织、控制和协调等活动，有效地利用企业的人、财、物等资源，促进分销渠道的整体运作效率和效益提高的一项企业管理活动。对分销渠道实施管理的必要性主要体现在以下几个方面：

（1）分销渠道的跨组织性

分销渠道的成员有可能是属于同一组织的，但大多是独立的。整个渠道很可能会跨越几个不同的组织。同一分销渠道的成员会有一些共同的目标，如希望渠道通畅、运行效率高等；但是，每一个分销渠道成员又可能会有自己不同的目标。这样一来，同一分销渠道成员的目标既可能是一致的，也可能是不一致的，甚至是互相冲突的。要提高整个分销渠道的运作效率和效益，就需要规范和协调所有跨组织的分销渠道成员的行动，避免成员之间因利益冲突而降低渠道的运作效率。要规范和协调分销渠道成员的行动就需要设计一套能够被所有成员所接受的目标体系，保证每个成员的利益，发挥成员的特长，提高整个分销渠道的运作效率和效益。所有这些都需要通过分销渠道的管理来实现。

（2）分销渠道战略实施的复杂性

分销渠道战略作为创建竞争优势的一种手段，日益受到众多企业的关注。但是，要想通过实施分销渠道战略来赢得竞争优势又是一个漫长的过程，只有对渠道进行有效的管理才能实现。分销渠道战略的实施首先需要进行渠道设计，确定渠道结构，选择分销渠道成员，构建一条完整的渠道；然后通过分销渠道成员有效地履行分销任务来实现渠道设计的目标。但是，分销渠道构建完成后并不一定就能保证分销渠道成员按要求履行分销任务。履行分销任务需要成员之间的紧密合作，而这种紧密合作又需要每一个成员投入大量的资源，如建立仓库、购置运输设备、配备销售队伍或者在互联网上开发购销信息系统等。如果对分销渠道缺乏有效的管理，很少有分销渠道成员会主动寻求与其他成员合作，整个分销渠道就可能陷入混乱之中，成员也就不愿意进行大的投入了。这样一来，设计得再好的分销渠道也无法实现高效率。

（3）降低分销成本的巨大压力

如前所述，研究表明，很多产品的分销成本在商品零售价格中占有相当大的比重。因此，任何一个试图创建自己低成本竞争优势的企业都面临着降低分销成本的巨大压力。加强渠道管理，提高渠道运作效率，降低渠道成本已经成为许多企业的战略选择。如果整个分销渠道缺乏管理，成员之间的合作意愿就会下降，成员之间因利益发生冲突的可能性就会大大增加，分销成本就会上升。

（4）主要靠利益来协调渠道各方的力量

分销渠道从本质上讲是由众多企业所组成的利益链或利益关系网。一旦其中一方不能从中获利了，这个利益链就要断裂，关系网就要破裂。因此，在处理渠道成员的关系时更多的是要依靠合作、契约和规范进行管理，不能过多地依靠制度和权力。只有依靠管理来协调好渠道各方的利益，才能减少冲突，增强渠道各方的积极性。

❖ **渠道实践1-2**

"他她水"因渠道管理失误而痛失市场

2003年由法国达能控股的乐百氏以"脉动"品牌成功地开创了国内功能性饮料的新市场。面对巨大的商机，国内果汁饮料巨头——汇源集团果断而快速地跟进，并进行了产品和品牌创新，推出"他+她-"功能饮料，市场上简称其为"他她水"。汇源集团以"他她水"快速启动市场，2004年上半年就拿到了近6亿元的订单；但在随后的2004年下半年就跌入谷底，直至2005年以后公司重组，撤换了经营团队，才逐渐稳住阵脚。

一、"四管齐下"，一炮走红

汇源集团在采取跟进战略方面有成功的经验。2001年至2002年前后，统一集团以"鲜橙多"品牌成功打开了PET瓶装果汁饮料市场，一度占领市场先机。汇源集团实施跟进战略，推出了PET瓶装的"真鲜橙"果汁饮料，也成功地挤入了PET瓶装果汁饮料的领导品牌行列。所以，在2004年推出"他她水"时，汇源自认也是胜券在握。更值得称道的是，汇源还在产品上进行了创新。"他她水"作为一种功能性饮料分为男女两种，目标消费群锁定为15～35岁的青年人。"她饮料"结合女性需求，添加了水溶性膳食纤维和芦荟，能减重、美容，所以取名为"她-"。"他饮料"结合男性需求，添加了肌醇和牛磺酸，能增加体力，使男性肌肉更强壮，所以取名为"他+"。

借势"脉动"的跟进战略，"他她水"以性别区分创造了全新的产品概念。紧接着，公司又在央视进行了广告宣传，请演艺明星充当产品的代言人。四管齐下，"他她水"很快吸引了青年男女消费者的注意，也获得了经销商的热情支持，招商一举成功，实现了全国铺货。

二、缺乏终端支持的渠道模式和实施

"他她水"采用了所谓"创新伙伴式营销"的渠道模式。对经销商的管理采用了"销量保证金制度"，即在每一个评估有1 000万元年销售额的市场上，只选择一家代理商，条件是代理商必须预先交付至少20万元现金作担保。如果代理商完成了任务，就退还保证金，并以18%的高额返点作为回报；如果完不成任务就充当"罚金"。实施这种模式的出发点是希望由此调动渠道经销商的积极性，形成一个良性互惠互利的利益链，避免经销商只重"圈地"，不注重最终的经营业绩。

但是，这种模式本质上是一种总经销模式。采用这种模式意味着公司全面依赖经销商进行全国铺货和促销，公司还把二、三级经销商及终端开发、管理和维护的职责全部交给了总经销商。所以，尽管销售保证金和返点等措施可以在很大程度上牵制和激励总经销商，但由于总经销商制对二、三级经销商的激励和控制非常弱，渠道执行力度就大打折扣。二、三级经销商的积极性不高，渠道的推力就很小，这样就把销售的压力全部挤向了总经销商。

在具体实施中，有些总经销商不作任何广告，即使销售量不大也可以保住利润；有的总经销商则把促销费用都省了，导致终端销售乏力。实际上，总经销商根本没有精力和热情去做终端的产品陈列和说服顾客等工作，制造商也没有一支能自己直接控制的有效的渠道管理队伍。随着市场迅速膨胀，制造商的销售人员从二十几个人一下子扩张到300多个人，人员培训和内部配套管理都跟不上。很多销售人员即使到了经销商那里也不知道怎样帮助经销商。实际上，即使对汇源取得成功的"真鲜橙"而言，终端铺货也是靠汇源自己在各地的分公司操作的。

三、煮熟的鸭子飞走了

尽管到2004年3月制造商收到的订货金额已经达到近6亿元，但是经销商实际履约不到3亿元。到当年年底，3亿元的出货量有一半还压在经销商的仓库里，没有真正销售到消费者手中。"他她水"的销售陷入了困境。由此可见，一个产品的销售即使在完成全国市场铺货后，还需要老老实实地帮助终端把产品卖出去，这才是硬道理。

资料来源   [1]荀践，石章强."他她水"：在自我迷恋中搁浅［J］.销售与市场（管理版），2005（11）：61-63. [2]储建军.汇源他她水的沉浮［J］.经理人，2005（9）：82-83.

1.3.2   分销渠道管理的内容

分销渠道的管理有广义和狭义之分。广义的分销渠道管理的内容包括分销渠道的设计和开发、运作管理。狭义的分销渠道管理是指渠道的运作管理。

1.3.2.1   分销渠道的设计和开发

分销渠道的设计和开发可以分为：
（1）分销渠道设计
分销渠道设计的步骤如下：
首先，在内外部环境分析以及确认营销整体目标的基础上，制定分销渠道战略。
其次，根据分销渠道战略确定分销目标和任务。
最后，在分析评价影响分销渠道结构因素的基础上，选择最佳分销渠道结构。
（2）分销渠道开发
分销渠道开发实际上是对分销渠道设计方案的实施。此时，要根据分销渠道设计方案，建立起能实现分销渠道目标的组织结构。具体过程如下：

首先，决定选择分销渠道成员的原则；

其次，确定潜在的分销渠道成员的名单，评价和选择分销渠道成员；

最后，吸引和获得分销渠道成员，建立起所需要的分销渠道。

1.3.2.2　分销渠道的运作管理

分销渠道的运作管理要保证所构建的渠道能够高效率地运作，并实现企业的分销目标。分销渠道运作管理包括以下4个方面：

第一，对分销渠道中的权利进行适当的管理，对分销渠道成员进行有效的激励和控制。

第二，对分销渠道中的冲突和合作实施管理，既要协调和解决好分销渠道中可能存在的各类冲突，也要对分销渠道成员间的合作和分销渠道战略联盟进行有效的管理。

第三，对企业营销组合与分销渠道之间的关系进行有效管理，保持分销渠道策略与营销组合其他因素之间在策略上的一致协调性。

第四，评价分销渠道绩效。

1.3.3　渠道经理

渠道管理职能是需要通过渠道管理人员来完成的。渠道管理人员是企业或组织中负责分销渠道管理决策的人。不同类型的企业或组织一般都会有渠道管理人员，不过很少有企业或组织会专门设立渠道经理（channel manager）这个职位。一方面，企业中不同类型、不同层次的管理者都有可能从事渠道决策活动；另一方面，不同企业中实际从事渠道管理的人员会有不同的名称。例如，在博士伦公司这项工作是由贸易营销主任来承担的，可口可乐公司则将这一职位称为客户业务发展主管。一般来说，在大型的消费品制造企业中，主管营销的副总经理、营销总监、产品经理、品牌经理和销售经理都有可能或多或少地扮演渠道经理的角色。在工业品制造企业中，销售副总经理或销售总监等高层销售经理可能就是主要的渠道决策者。而在某些特许经营组织中，有关渠道的决策常常是由被称为特许关系经理的中层管理人员、高层销售管理人员和营销总监一起来制定的。在中小企业中，分销渠道决策通常是由业主或总经理来作出的。

尽管有关分销渠道的决策往往是由企业或组织中具有各种不同职位、处于不同层次的管理人员来制定的，但是我们还是把从事这类决策的人通称为渠道经理。这是因为渠道经理的名称充分强调了分销渠道决策的重要性。无论从事这类决策的人的实际职位是什么，即使企业或组织中并没有设立专门的渠道经理的职位，只要有人涉及分销渠道决策活动，他就是渠道经理，需要承担起分销渠道管理的任务。

1.4　影响分销渠道的环境因素

从原则上讲，凡是对企业营销活动具有影响的外部环境因素都会影响分销渠道的决策。不过，下列这些环境因素对分销渠道选择、开发和运作具有比其他因素更大的影响，需要企业加以特别的关注和分析：政治与法律环境、经济环境、社会文化环境以及科技环境等。

1.4.1 政治与法律环境

1.4.1.1 政治对渠道的影响

对分销渠道管理产生重大影响的政治因素主要包括政策、贸易管制、物价监管和交易秩序管理等。下面，我们主要讨论政策因素对电子商务分销渠道发展的影响。

电子商务分销渠道是网络技术发展的结果，在很多方面具有传统渠道无法比拟的优势。在互联网渠道发展的初期，很多国家的政府都对通过互联网渠道的交易给予了减免税收的特殊优惠政策，以促进电子商务和网络交易的发展。在电子商务和网络交易发展到一定程度后，许多国家又在进行政策调整方面的探讨，一方面计划逐渐取消税收方面的特别优惠政策，另一方面准备着手制定一批规范互联网渠道交易的政策。

政策因素对电子商务分销渠道的另一个影响是我国市场监督管理部门对网上商店的工商登记和管理的规定会随着市场环境变化而变动。随着电子商务渠道的日益发展和成熟，政府有关部门肯定会出台越来越多规范电子商务分销渠道的政策和办法。这些规定既可能限制渠道中的某些非法或不合理的做法，同时有利于促进电子商务分销渠道的健康发展。

1.4.1.2 法律对渠道的影响

（1）发达国家法律对渠道管理的影响

发达国家的渠道管理主要受到与反垄断和保护公平竞争有关立法的影响。可能引起法律问题的渠道管理方式包括：

❶ 双重分销，是指制造商利用两个或多个不同渠道，将相同产品分销给同一目标市场的做法。通过两个或多个不同渠道，利用不同品牌分销相同或类似产品的做法也属于双重分销。双重分销在通常情况下并不会产生法律问题，但如果制造商利用自身的垂直一体化渠道分销产品，与批发和零售层次上的独立分销渠道成员进行竞争，就可能引发法律问题。因为这时制造商可以让自己的分销机构以较低价格出售产品，从而比独立分销商拥有更大的竞争优势。此时，双重分销就会危害独立分销商的利益，因此是不公平的。这种情形主要出现在石油、轮胎、鞋、涂料和医药等产品的分销当中。

❷ 排他性交易，是指制造商要求分销渠道成员只准销售自己的产品，或者限制它们销售直接竞争对手产品的行为。如果分销商拒绝接受排他性交易制度，制造商就会取消分销商分销其产品的权利。借助排他性交易制度，制造商可以有力地保护其市场地位，避免分销商分销其他竞争性产品带来的威胁。因此，当排他性交易属于下列3种情形之一时，就有可能引起危害竞争或导致寡头垄断等法律问题：排他性交易制度严重削弱了竞争性产品的市场份额；所涉及的交易额很大；大型制造商和中小型分销商之间发生纠纷，以至于制造商能随意利用其经济实力，强制性地施加影响。

❸ 强迫经营全部产品，是指制造商规定如果经销商想经销其产品线中的某些特定产品，就必须同时经销其全部产品。制造商采取这种做法的目的是抑制经销商只愿意经销制

造商产品线中的热销产品的行为。这种做法实际上在各个行业中都不同程度地存在。当制造商强制采取这种做法并发展到一定程度时，经销商就会因不得不购买制造商的过时产品而影响其对其他制造商产品的采购能力。此时，强迫经营全部产品的做法就危害了其他竞争性制造商的竞争力，也限制了消费者购买时的选择权，损害了消费者的利益。

❹价格歧视，是指分销渠道成员用不同价格向具有同等交易条件的经销商提供相同的产品或服务，而这种价格差异达到了危害或削弱竞争程度的做法。实行歧视性价格差异的做法的形式有多种多样，但是，要准确地界定具体的渠道定价政策和做法究竟是否属于价格歧视行为是非常困难的。

❺价格控制，是指制造商试图控制经销商向顾客销售产品时的价格的行为。这种价格控制的做法确实有助于制造商对其产品的分销获得更大的控制权，但可能引起法律问题。其原因是，分销渠道成员只能根据制造商的要求来定价，不能根据市场供求关系来决定产品的售价，从而影响到市场竞争的公平性。尽管这种做法可能会引起法律问题，但是许多制造商仍然会试图影响经销的产品定价。制造商这样做有各种各样的原因，如为了保护产品的形象，减少价格战，保证经销商有足够的盈利空间，以促使其提供较好的售前和售后服务等。

❻拒绝交易。在通常情况下，制造商有权选择自己的分销渠道成员，可以拒绝某些机构成为分销渠道成员。所以，制造商根据自己的标准和判断来选择分销渠道成员，并事先宣布在什么情况下拒绝交易并不会引起法律上的问题；但是对已有的分销渠道成员，制造商如果拒绝交易就可能受到法律的限制。

❼转售限制，是指制造商试图规定只允许其分销渠道成员向某些特定对象转售它的产品，或规定分销渠道成员只能在某特定区域内销售。这种对转售对象和转售区域的限制对制造商和分销渠道成员双方都可能是有利的。

对制造商而言，规定产品转售对象就可以禁止经销商向某些关键客户销售产品，从而有利于制造商继续与这些客户进行直接交易。这种做法也有利于制造商控制最终用户购买其产品的销售网点。例如，利用批发商分销产品的制造商若想要零售商为自己的产品提供良好的服务，它们就会要求批发商只将产品销售给那些合格的零售商。此外，通过规定分销渠道成员销售的区域，制造商就能够对产品分销状况实行高度的控制。

对分销渠道成员而言，由于每个经销商都只在特定市场中销售制造商的产品，禁止经销商跨区域销售，从而把经营制造商同一品牌产品的分销商之间的竞争降低到最低限度。

判断制造商规定转售限制的做法究竟是否合法，主要有两条依据：

首先，看制造商的这种规定是否有意，并实际上导致了贸易的受阻。如果制造商并非有意，而且没有导致贸易受阻，那么转售限制应当是允许的。

其次，看这种规定转售限制的做法是否存在明显的经济效应。如果转售限制确实存在明显的经济效应，则法律上仍然可能认为这种做法违反了反垄断法的规定。

❽附带协议，有时也称捆绑协议，是指供应商规定分销渠道成员在采购制造商的某种产品时，必须同时购买制造商的另一种产品，或者至少同意不再从其他制造商处购买这种产品。前面提到的强迫经营全部产品的做法是附带协议的一个特例。在实行附带协议的情况下，分销渠道成员必须接受捆绑产品才能从供应商那里采购到所需要的产品，而且不能从公开市场上购买捆绑产品。因此，供应商相对于分销渠道成员在定价上拥有更大的优

势，可以将某些销售条件强加给成员。所以，附带协议会使供应商相对于分销渠道成员处于一种十分有利的地位。附带协议的做法在特许经营中是普遍存在的。实行附带协议的供应商认为，这种做法能够保护自己的利益，并确保所流通产品的质量。但是这种做法限制了竞争对手产品在渠道中的流通，违背了公平竞争的原则。

❾垂直一体化。当一个企业拥有并操纵处于分销渠道其他层次经销商的经营活动时，就出现了垂直一体化。不同行业的制造商都会采用渠道垂直一体化的做法。垂直一体化通常是制造商成长和发展的结果，这时制造商会决定通过建立自己的批发和零售机构，或收购和兼并其他企业的批发和零售机构，形成垂直一体化，从而取得规模效应以及对渠道的控制权。垂直一体化如果削弱了竞争或者增强了寡头垄断，就可能违反反垄断法。这种情形主要出现在高度集中产业的兼并中，因为这样一来就可能削弱其他独立企业重要资源的供应，或者剥夺竞争企业进入这些市场的机会。

（2）我国法律和法规对分销渠道管理的影响

我国市场经济起步较晚，经济立法还处在不断发展和完善之中，但是有关立法中保护公平竞争和反垄断的目标和方向是很明确的。因此，前面所讨论的发达国家法律对渠道管理的影响对国内企业的渠道管理也具有重要的借鉴意义。

从我国现有法律看，与渠道管理有关的法律有《中华人民共和国民法典》、《中华人民共和国反不正当竞争法》（以下简称《反不正当竞争法》）、《中华人民共和国消费者权益保护法》、《中华人民共和国价格法》（以下简称《价格法》）、《中华人民共和国政府采购法》、《中华人民共和国产品质量法》（以下简称《产品质量法》）和《中华人民共和国商标法》等。其中对渠道管理影响较大的法律主要是《反不正当竞争法》《价格法》《产品质量法》。

《价格法》规定：

❶经营者销售、收购商品和提供服务，应当按照政府价格主管部门的规定明码标价，注明商品的品名、产地、规格、等级、计价单位、价格或者服务的项目、收费标准等有关情况。经营者不得在标价之外加价出售商品，不得收取任何未予标明的费用。

❷严禁经营者相互串通，操纵市场价格，损害其他经营者或者消费者的合法权益。

❸严禁在依法降价处理鲜活商品、季节性商品、积压商品等商品外，为了排挤竞争对手或者独占市场，以低于成本的价格倾销，扰乱正常的生产经营秩序，损害国家利益或者其他经营者的合法权益。

❹严禁捏造、散布涨价信息，哄抬价格，推动商品价格过快上涨。

❺严禁利用虚假的或者使人误解的价格手段，诱骗消费者或者其他经营者与其进行交易。

❻严禁提供相同商品或者服务，对具有同等交易条件的其他经营者实行价格歧视。

❼严禁采取抬高或者压低等级等手段收购、销售商品或者提供服务，变相提高或者压低价格。

❽违反法律、法规的规定牟取暴利。

❾严禁法律、行政法规禁止的其他不正当价格行为。

《产品质量法》规定：

❶禁止伪造或者冒用认证标志等质量标志；

❷禁止伪造产品的产地，伪造或者冒用他人的厂名、厂址；

❸禁止在生产、销售的产品中掺杂、掺假，以假充真，以次充好；

❹任何单位和个人不得排斥非本地区或者非本系统企业生产的质量合格产品进入本地区、本系统。

除了国家颁布的法律外，我国政府有关部门为了加强对贸易和流通领域的管理而出台的各种管理办法，也经常会对分销渠道产生巨大影响。例如，2007年商务部出台并开始正式实施的《流通领域食品安全管理办法》（2016年8月18日商务部令2016年第2号《关于废止和修改部分规章和规范性文件的决定》予以废止）要求各类市场建立保障食品安全的管理制度，具体包括协议准入制度、经销商管理制度、索证索票制度、购销台账制度和不合格食品退市制度，以保障食品流通领域的安全和问题食品的可追溯性。同时，国家工商行政管理总局①在2009年出台了相应的《流通环节食品安全监督管理办法》《食品流通许可证管理办法》。随后，为贯彻实施2015年4月24日修订的《中华人民共和国食品安全法》（该法后来分别于2018年12月29日、2021年4月29日修正），适应食品安全监管体制改革，国家工商行政管理总局在2015年11月10日正式发文废除了《流通环节食品安全监督管理办法》《食品流通许可证管理办法》。由此可见，我国流通领域食品安全管理办法和制度在按《中华人民共和国食品安全法》的要求不断规范和完善。

1.4.2　经济环境

经济环境复杂多变，是影响分销渠道的非常活跃的因素。经济环境对所有分销渠道成员都会有直接而显著的影响，决定着成员的行为和业绩。经济环境的各个方面几乎都会对分销渠道产生深刻的影响。限于篇幅，我们主要讨论以下几个方面：

1.4.2.1　经济发展水平

一个地区的经济发展水平与当地分销渠道结构通常会有很大的关联。在经济发展水平较低时，市场规模较小，专业化分工不成熟，企业往往同时执行生产、批发、零售和融资等功能。随着市场规模的扩大，企业的渠道功能开始从其他营销功能中独立出来，市场上出现越来越多的专业化中间商。此后，这些中间商进一步按所承担的渠道职能进行专业化分工，并不断出现新型的渠道参与者。可见，随着经济发展水平的提高和专业化分工的发展，新型渠道参与者不断涌现。

此外，研究发现，分销渠道的结构也反映经济发展的阶段性。处于不同发展阶段的分销渠道会呈现不同的特点。经济越发达，制造商、批发商和零售商之间职能的划分越清晰；批发融资功能越差，批发商毛利越大，零售商毛利越高；商店平均规模越大，小商店比例越小，流动商贩和集市越不重要。

1.4.2.2　通货膨胀和通货紧缩

在通货膨胀时期，如果消费者预计商品价格继续上涨，就可能出现抢购甚至哄抬物价

---

① 2018年3月，不再保留国家工商行政管理总局，组建国家市场监督管理总局。

的现象，于是处于渠道下游的经销商可能囤积库存，等待价格上涨以后再出售。因此，市场上常常会出现某种商品价格上涨速度越快就越买不到的现象。其中，除了一定程度上的生产量供不应求外，分销渠道成员的"待价而沽"往往也是重要原因。因为如果在分销渠道中各级经销商都增加库存，就会形成对该产品额外的虚假需求。

在低通货膨胀率或通货紧缩时，分销渠道成员之间的矛盾加剧，渠道管理就会显得十分困难。在低通货膨胀率或通货紧缩初期，有些制造商采购原材料时可能还必须按照通货膨胀率较高时约定的较高价格履行合同，这就增加了制造商的生产成本。但此时所有分销渠道成员对价格都会非常敏感，制造商很难再通过提价的方式把增加的成本转嫁给下游经销商。因此，在通货膨胀时，上游供应商比较容易将价格上涨转嫁给下一级分销渠道成员，直至最后转嫁给消费者；但是在低通货膨胀率或通货紧缩初期，制造商若也想转嫁增加成本，往往会因产品价格过高而滞销，最终分销渠道成员不得不负担更多的库存成本。为了减少库存成本的负担和商品降价的损失，分销渠道成员一般首先会选择把现有的库存销售完，而不愿意通过采购来保持库存，造成社会所反映的对该种产品的需求低于实际需求。

1.4.2.3 利率和汇率

高利率会导致消费者增加储蓄，减少支出，而制造商、批发商和零售商的贷款成本也会上升，从而影响到所有的分销渠道成员。对制造商和中间商来说，筹措资金时所承担的实际利率等于银行所公布的名义利率减去通货膨胀率。所以，在名义利率一定的情况下，如果通货膨胀率降低，也就意味着筹措资金时所承担的实际利率上升。由于制造商、批发商和零售商是经常需要借贷的，实际利率的上升会造成分销渠道成员经营的困难。

汇率会直接影响到所有分销渠道成员。本国货币的升值意味着外国消费者需要支付更多的外国货币来购买本国商品，商品在国际市场上就缺乏竞争力。因此，制造商想要通过分销渠道成员销售自己的商品会变得非常困难，造成出口渠道受阻。而此时国内的批发商和零售商又会发现进口商品的价格变得比较低廉，国内消费者对进口商品的需求增加，销售进口商品更能获利，从而促进进口商品渠道的发展。由于有更多的外国商品占据了本国市场，制造商还会发现自己的商品在国内渠道中的销售变得更加困难。当本国货币贬值时，情况就会相反。

1.4.3 社会文化环境

社会文化环境之所以会对分销渠道管理产生巨大的影响，主要原因是：一方面，具有不同社会文化背景的消费者的购买行为往往会对分销渠道提出不同的要求；另一方面，处于不同社会文化背景中的分销渠道成员出于竞争需要会在结构和所承担的功能方面作出积极调整。其结果是，社会文化之间的差异和变革既影响社会分销渠道的结构，也影响分销渠道成员所承担的功能。

1.4.3.1 社会文化环境对分销渠道结构的影响

社会文化环境不同，分销渠道结构往往也会有很大差异。在世界各国中，美国和西欧主要工业化国家的分销渠道往往是宽而短的，而其他国家的分销渠道就显得窄而长，如日本和韩国。造成这种差异的主要原因是这些国家中消费者购买行为的差异。从本质上讲，消费者的购买行为决定了分销渠道的结构。

在文化比较开放的地区，消费者会追逐新潮，消费行为变化快，乐于接受外部文化，崇尚品牌，重视品牌的象征价值，群体影响大。网上购物、网上银行和手机银行等使购物成为消费者的一种愉快的新体验，新的分销渠道更易于被广泛接受。

在崇尚节俭的文化背景下，消费者对价格比较敏感，追求性价比，担忧未来，安全感低，消费行为体现出跟随与后动的特征。消费者更喜欢到经济实惠的超市或廉价商店中购物。消费者对购物本身的兴趣关注度较低。人们认为，成功的购物就是买到物美价廉的产品，对渠道要求就是尽量降低成本和价格。在这类地区，经济实惠的仓储式销售模式是最受欢迎的。

企业在确定自己的分销渠道结构模式时一定要考虑到消费者购买行为的要求，并使分销渠道结构适合当地社会文化的特点。

1.4.3.2　社会文化环境对分销渠道成员功能的影响

处于不同社会文化环境下的分销渠道成员，出于生存和发展的需要，也会调整和改变其所承担的渠道功能，使之适合客户购买习惯的要求。

日本的消费者特别强调产品的新鲜度和质量，会频繁地光顾商店，而且人均销售额较少。因此，这些地方的零售商店的规模更小，进货更频繁，而且彼此相隔更接近。在大多数工业化国家，情况却正好相反。意大利的分销体系是以非常分散的零售和批发为特点的。即使在同一国家中，不同地区之间消费者购买行为的差异也会对渠道结构提出不同的要求。

一般来说，在德国，顾客只有在销售眼镜的公司才能买到隐形眼镜护理液，而在法国，人们在绝大多数杂货店中就能买到隐形眼镜护理液。人们通常在美国的零售商店中可以买到杂志，而在英国，报摊是购买杂志的唯一渠道。在意大利，儿童食品经常是通过药房销售的，而在其他国家，人们在杂货店中就可以买到儿童食品。

拓展阅读1-1介绍的是一个国际知名的超市企业在日本开拓市场过程中由于不适应当地环境条件而遇到重重困难，损失巨大，最终不得不忍痛退出的惨痛案例。这家国际知名超市当年在中国市场曾经非常成功，一度获得了相当可观的市场份额和利润，但在进军日本市场时遭遇了灭顶之灾。拓展阅读1-1将给我们提供详细的背景资料和深入的分析。

拓展阅读1-1

1.4.4　科技环境

科技环境的变化对分销渠道的影响主要体现在如下一些方面：

（1）极大地改善了渠道的基础设施，提高了渠道效率

电子信息技术、通信和网络技术的发展极大地提高了渠道中信息的传递速度，丰富了信息内容。物流技术的应用和发展进一步为提高渠道效率提供了良好的基础条件。渠道基础设施的改善使得渠道成员之间更紧密的合作成为可能。渠道成员可以通过实施自动订货系统，实现自动订货和整体配送，有可能真正做到"零库存"，极大地增强整体渠道的竞争能力。

（2）催生了许多新的渠道模式，促进了渠道组织结构的变革

新技术的发展导致新的分销渠道模式层出不穷。自动售货机、电话和电视营销、互联网营销以及形形色色的新型零售商店的出现，对传统分销渠道造成了很大的冲击，为制造商和分销商的渠道设计和开发提供了更多选择，同时促使消费者购买行为和方式的变化。众多新渠道模式的出现加速了渠道组织结构的变革。

（3）对分销渠道的管理产生了巨大影响

日益发展的电子信息技术为渠道管理提供了众多的硬件、软件工具和手段，使得分销渠道成员有可能真正实现既降低渠道成本，又提高经营适应性和灵活性。新技术也使分销渠道成员之间建立紧密的战略联盟网络成为可能。分销渠道成员有可能通过功能强大的客户关系管理系统与其他成员之间保持长期紧密的合作关系。新技术也大大拓展了分销渠道成员收集、加工和传递最终消费者购买行为和习惯信息的能力，从而使成员针对目标顾客开展更有针对性的营销，以及一对一营销成为可能。先进的信息和网络技术也对组织内的分销渠道管理结构产生了深刻影响。借助网络化的各种管理软件，上司可以管理更多的下属，下属也可以克服部门障碍与更多的人开展横向沟通，从而使分销渠道管理结构既扁平化，又具有更大的灵活性。

本章小结

分销渠道既是一种商品从生产者手中到达最终用户手中的通道，也是一种实现商品交换的过程，同时是一种企业之间为实现交易目的而组成的联盟或关系。分销渠道的作用是：减少交易次数，降低分销成本，规范交易，简化交易中的搜寻过程。

现在，分销渠道变得比以前任何时候都更加重要的原因在于：①分销渠道日益成为企业获取竞争优势的手段；②中间商权力日益增强；③削减成本；④电子商务的兴起与发展更引发了传统分销渠道的巨变。

分销渠道具有如下一些主要功能：市场调研和信息传递、促销、接洽、谈判、产品配组、物流、风险分担和融资。伴随着这些功能的是相应的功能流：实物流、所有权流、促销流、谈判流、资金流、风险流、订货流、支付流和信息流。

分销渠道的参与者包括制造商、中间商、终端用户和分销渠道其他辅助性成员。它们对渠道的发展与成功都具有重要影响。尽管企业有关渠道的决策是由各种不同的人员制定的，但通常把从事这类决策的人称为渠道经理。

企业需要对分销渠道实施管理的原因在于：①分销渠道的跨组织性；②分销渠道战略实施的复杂性；③降低分销成本的巨大压力；④主要靠利益来协调渠道各方的力量。分销渠道管理主要包括分销渠道设计和开发、运作管理。

影响分销渠道的外部环境因素分析包括政治与法律环境、经济环境、社会文化环境以及科技环境等。

主要概念

分销渠道 渠道功能流 分销渠道设计和开发 分销渠道运作管理 渠道经理

基本训练

◆ **知识题**

1.什么是分销渠道？请分别从制造商、经销商、消费者和政府经济管理部门等不同角度来说明分销渠道的含义。

2.把最终消费者或终端用户也看作渠道成员，有何价值和意义？

3.分析说明分销渠道对企业变得日益重要的原因。

4.分销渠道管理的必要性是什么？

5.分销渠道设计、开发的步骤分别是什么？

◆ **技能题**

1.引用实例，说明你对分销渠道在企业营销管理中的地位和重要性的认识。

2.结合具体行业或企业的实际，分析说明中间商存在的原因。

3.以你所熟悉的企业或产品的分销渠道为例，具体分析它们在功能上的安排和分配情况。

4.选择具体企业进行调研，分析渠道管理者是由哪些人所组成的。

5.引用实例说明需要对分销渠道进行管理的原因。

6.选择你所熟悉的一个制造商，分析分销渠道环境对这个制造商渠道的影响。

7.分析市场环境对电子商务和互联网渠道的影响。

◆ **案例分析题**

1.根据渠道实践1-1，分析讨论下列问题：

（1）中间商是否就是分销渠道中多余的、可以随意去掉的成员？

（2）在市场经济高度发达的情况下，中间商能够继续生存的原因是什么？

（3）电商的发展是否可能导致各类中间商彻底消失？面对电商的快速发展，传统的渠道经销商应当如何应对？

2.根据渠道实践1-2，分析讨论下列问题：

（1）从表面上看"他她水"的失误原因在于采取了总经销的模式。为什么有的总经销模式很成功，"他她水"却失败了？

（2）尽管"他她水"因渠道的原因，总体上看是失败了，但是，你认为从整个案例中能够得到哪些有益的启发？说明你的想法和原因。

3.20世纪90年代，我国各地都有一大批百货公司相继倒闭。调研并收集这一事件的相关资料，讨论导致百货公司相继倒闭的原因，并探讨由此可以得到的启示。

第二部分　分销渠道的组织

第2章　分销渠道的组织结构模式

学习目标

知识目标

◆深入理解传统分销渠道的类型及优缺点；深入理解垂直分销渠道的类型、设计动因和条件；掌握水平分销渠道的合作动机和形式；理解复合分销渠道的概念和形式，了解多渠道组合的基本概念；了解分销渠道结构发展的一些最重要的趋势。

技能目标

◆分析比较传统消费品分销渠道和传统工业品分销渠道的特点；能对实施垂直分销渠道的可能性和条件进行分析；能对建立水平分销渠道的可能性进行分析；结合具体行业和产品，分析建立复合分销渠道的可能性；结合具体行业，分析分销渠道结构发展对企业可能的影响。

❖ 引例

家电制造商的渠道出路

随着渠道在整个家电产业链中的地位越来越重要，我国家电产业早已进入了"渠道为王"的时代。自世纪之交开始，以国美电器和苏宁易购为代表的家电连锁巨头凭借其零售终端的强大影响力和销售量，在与家电制造商的谈判中拥有了越来越多的话语权，甚至是控制力。家电制造商进入专业渠道的成本剧增，不得不支付高昂的进场费、选位费和促销费等，以及额外返点、特价商品的差额补偿等。这些费用转而成为家电大卖场的利润。

在渠道商的"盘剥"之下，众多知名家电企业痛下决心自建渠道。格力于 2004 年公开"叫板"国美电器，开始自建渠道，产品销量大幅上扬。格力的举措引发了美的、格兰仕、海尔和创维等家电制造商的效仿。随后，万和和帅康等又一批家电制造商宣布投入巨资打造自己的专卖店。

业内人士分析，家电连锁大卖场的盈利在很大程度上是利用渠道规模的霸权优势，从家电制造商手中"强取豪夺"来的。家电制造商自建渠道也实属无奈之举。但当时不少人就提出：自建渠道究竟是家电制造商的"出路"还是"绝路"呢？

家电制造商自建渠道的店面必须达到一定数量才能形成规模效应。这就需要投入巨额的资金，是对企业资金链的严峻考验。同时，以生产管理见长的家电制造商面临来自自建渠道管理能力方面的挑战。

在家电连锁企业看来，制造商自建渠道是缺乏生命力的。家电制造商利润偏低的主要原因是：产品同质化严重，导致恶性价格竞争；制造商之间分工不明晰导致成本上升。还有专家认为，像格力这样的渠道模式的主要特点是制造商与省级经销商组建成股份销售公司，把自己与区域大经销商捆绑在一起。这种方式在二、三线城市比较可行，但在大城市，放弃国美电器和苏宁易购这样的连锁巨头，结果可能会不太乐观。更多的业内人士认为，在北京、上海和广州这样的一线城市，尤其不适合自建专卖店。因为这些城市的家电连锁卖场已经基本垄断了当地市场，形单影只的专卖店很难取得销售的突破。

在所有自建渠道的制造商中，格力虽不是开先河者，但是最坚定的。格力虽不进连锁大卖场，但每年销售量还是增长了，绩效令人刮目相看。

但事情到此并没有结束。许多当初坚定地走自建渠道的家电制造商早已重新开始了与家电连锁大卖场的新一轮合作。同时，近些年迅速发展的电子商务和网络销售渠道也对家电制造商产生了巨大的吸引力。家电制造商又义无反顾地投入巨资，致力于开发网络销售渠道，一时间互联网销售渠道几乎成了家电制造商的首选。但是，家电制造商很快又发现，互联网销售渠道并不是确保成功的"灵丹妙药"，其同样存在激烈的竞争。想要利用互联网销售渠道取得成功，同样需要建立起自己独特的优势，并对渠道进行有效的管理。想依靠互联网销售渠道取得成功但结果失败的例子比比皆是。看来，家电制造商也与其他企业一样，只有结合内外部的环境条件，选择一种适合自己的分销渠道，既利用市场机会又充分发挥自己的优势，才能在激烈的竞争中取得成功。

资料来源　刘立新. 家电渠道争夺战［J］. 新财经，2007（11）：92-93.（有改编）

2.1　传统分销渠道

传统分销渠道是由独立制造商、批发商和零售商所组成的，各自追求自己的利润最大化的一种松散的渠道模式。在传统的分销渠道中，消费品分销渠道与工业品分销渠道之间有显著的差别，所以有必要对其分别讨论。

2.1.1 传统消费品分销渠道

传统消费品分销渠道又分为4种不同的基本类型（如图2-1所示）。除类型1是直接渠道模式外，其余3种都属于间接渠道模式。因此，传统消费品分销渠道既可采取非常简单的直销渠道模式，也可采取非常复杂的长渠道模式，这是由产品种类、企业经营模式和渠道特点等因素所决定的。

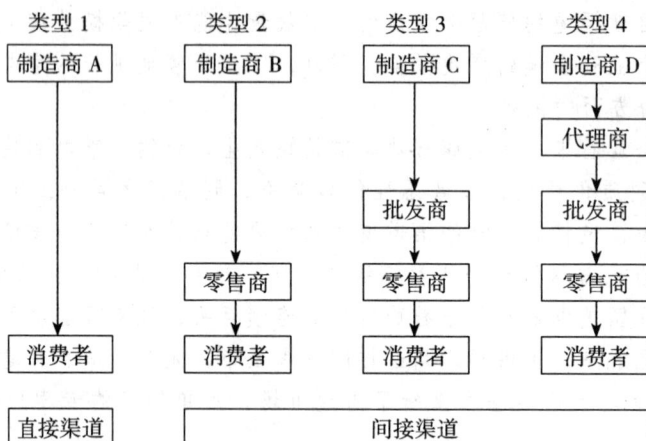

图2-1 传统消费品分销渠道的基本类型

像网络营销、电视营销、电话营销和邮购等渠道属于类型1的直销形式。直接渠道由于没有任何中间商，又被称为零级渠道。值得注意的是，服务行业的特征通常会要求采取这种直接渠道模式。

许多选购品和家庭用品常常采用类型2的渠道模式。由于中间只有一个零售商，通常把类型2称为一级渠道模式。汽车制造商常采用这种渠道模式。一级渠道模式也越来越受到某些富有实力的大型零售商的欢迎。在家电行业中，大型专业连锁店往往采用这种渠道模式，直接从制造商大批量进货，从而享受较大的价格优惠，降低进货成本，赢得竞争优势。

类型3的渠道模式包括了批发商和零售商两个层次，通常被称为二级渠道模式。由于消费者购买日用品时的主要要求是方便，制造商就不得不同时使用批发商和零售商，保证分销渠道更长、市场覆盖面更广。因此，许多日用品制造商常采用二级渠道模式。

类型4是一种更为复杂的，包括代理商、批发商和零售商3个层次的渠道模式，通常被称为三级渠道模式。在现实中，企业还可能拥有包括更多层次的更长的渠道，如四级甚至五级渠道。当制造商寻求更广的市场覆盖面时，就必须采取长渠道模式。

2.1.2 传统工业品分销渠道

传统工业品分销渠道也有4种基本类型（如图2-2所示）。从总体上看，传统工业品分销渠道一般要比传统消费品分销渠道短一些。由于工业品的购买者通常在地理位置上比较集中，购买批量大，单位产品价值高，还需要更多的售后服务和技术支持，所以，制造商更愿意采用类型 1 的直接渠道模式。许多价格较高的工业设备，如重型机械、按用户要求定制的产品和需要复杂技术服务的工业产品会采取直销渠道的模式来销售。

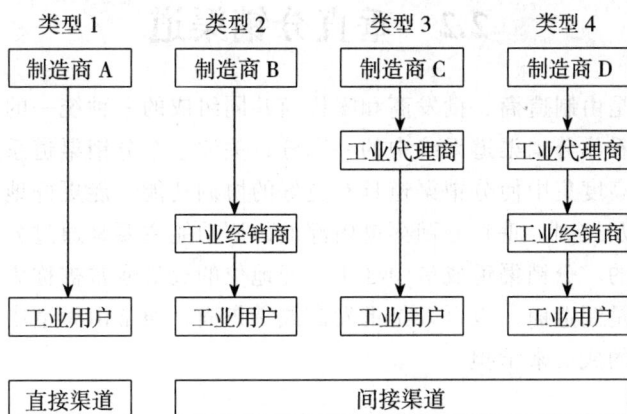

图 2-2　传统工业品分销渠道的基本类型

在传统工业品分销渠道中，除类型 1 以外的其他渠道模式都是需要经销商或代理商参与的间接渠道。当工业品制造商的用户数量迅速增加时，制造商通过直销渠道销售产品的效率就会下降；利用中间商的分销功能，就能提高分销渠道的效率。所以，除了价格较高的工业设备、按用户要求定制的产品和需要复杂技术服务的工业产品外，大多数工业品都会采取间接渠道模式。

当用户数量足够大时，工业品制造商会采取类型 2 的渠道模式。因为足够大的用户数量能够为分销商带来所期望的利润，从而保证分销商的经营热情，这样制造商就可以通过分销商扩大自己产品的市场覆盖面。

如果制造商需要用直销方式与较多用户保持业务关系，但用户数量又不足以使经销商盈利，那么选择代理商分销的类型 3 的渠道模式可能是更合理的。

当制造商规模较小、生产能力有限，而用户采购频率较高时，通常会采取类型 4 的渠道模式，通过代理商和经销商两级分销渠道来分销，这样可以提高分销渠道的效率。

2.1.3　传统分销渠道的特征及弊端

传统分销渠道的最大特征是分销渠道成员都是一些独立的组织，但在执行渠道任务时又是相互依赖的。分销渠道成员之间是一种松散的合作关系，各自追求自己的利润最大化，最终会使整个分销渠道的效率变得十分低下。

传统分销渠道的松散型特征决定了分销渠道成员之间的关系是临时的、偶然的和不稳定的。传统分销渠道的模式具有较大的灵活性，每一个分销渠道成员都可以随时地、任意地淘汰或重新选择合作伙伴。传统分销渠道的这种特点使得分销渠道成员在追求自己利润最大化时会不顾整体利益，结果就会使分销渠道的整体效率下降。在传统分销渠道中，分销渠道成员之间缺乏信任感和忠诚度，因此分销渠道中所传递信息的真实性与准确性会层层递减，影响整个分销渠道的信息沟通和反馈。由于传统分销渠道既缺乏合作的基础，又缺乏整体的协调，因此难以形成长期和稳定的分销渠道关系。一般来说，传统分销渠道比较适合中小企业。

2.2　垂直分销渠道

垂直分销渠道是由制造商、批发商和零售商共同组成的一种统一的联合体。每个分销渠道成员都把自己看作分销渠道系统中的一部分，关注整个分销渠道系统的成功。垂直分销渠道通过权力的高度集中使分销渠道具有更好的协调功能，能更好地对分销渠道进行组织、领导、管理以及控制。垂直分销渠道内部的协调功能主要是通过分销渠道中处于支配地位的成员来实现的。分销渠道成员中处于支配地位的成员通常被称为分销渠道领袖。分销渠道领袖既可以是制造商，也可以是批发商或零售商，通常由渠道中规模最大、实力最强或拥有最大权力的成员来承担。

2.2.1　垂直分销渠道的类型与特点

垂直分销渠道根据分销渠道成员之间的关系从松散到紧密的不同程度，又可以分为以下形式：

2.2.1.1　管理型垂直分销渠道

管理型垂直分销渠道在垂直分销渠道中最接近传统分销渠道，因此也是最松散的一种垂直分销渠道。管理型垂直分销渠道通常是围绕一个规模大、实力强的核心企业来构建的。这个核心企业通过其规模、权力和技术专长等来吸引众多分销渠道成员参与合作，并对整个分销渠道实行协调和管理。这个核心企业就是分销渠道领袖。管理型垂直分销渠道中的分销渠道领袖既可以是制造商，也可以是中间商。分销渠道领袖需要在促销、库存管理、定价和商品陈列等方面对分销渠道成员进行协调，或给予帮助和指导，从而建立起关系比较稳定、目标一致的合作关系。

管理型垂直分销渠道具有两个优点：

首先，这种渠道兼有一定程度的稳定性和灵活性。由于分销渠道领袖的特殊地位和它的协调、管理作用，分销渠道领袖与分销渠道成员之间的关系具有相对稳定性，而成员产权的独立性又使得这种渠道更容易进行调整和变革。

其次，分销渠道成员本身既有相对独立性又有整体协调性。分销渠道成员间的相对独立性给成员提供了牟取自身利益的机会和积极性，分销渠道领袖的核心作用又确保了整体协调的有效性。

管理型垂直分销渠道的缺点在于对分销渠道领袖核心作用的依赖性。管理型垂直分销渠道是依靠分销渠道领袖的影响力来统一协调的。这种协调的有效性依赖分销渠道领袖所具有的资源和协调指挥能力。当分销渠道领袖的资源和能力不足时，分销渠道成员之间就可能产生冲突。在最严重的情况下，某些成员甚至可能退出渠道，导致渠道的不稳定。

2.2.1.2　契约型垂直分销渠道

契约型垂直分销渠道是指处于分销体系中不同层次的独立制造商和经销商为了实现其单独经营所难以达到的经营效果，通过签订某种契约而组成联合体。

契约型垂直分销渠道的特点是能够将独立但力量弱小的分销渠道成员组织起来，统一行动，实现规模经济和协作效应，形成强大的整体力量与其他组织开展竞争。

契约型垂直分销渠道有下列优点：

首先，由于该种渠道仅仅以契约，而不是以产权和资金的投入为纽带来组建渠道，所以渠道的建设成本低、效益高。

其次，由于契约是分销渠道成员共同制定和认可的，因此，成员之间有着明确的分工与合作。

最后，由于契约是签约的分销渠道成员自觉意志的反映，所以建立起来的渠道具有较强的竞争力。

契约型垂直分销渠道有以下 3 种形式：

（1）特许经营

特许经营是一种以转让特许经营权为核心的经营方式。特许人（又称授权人）将自己所拥有的商标、商号、产品、专利和专有技术、经营模式等以特许经营合同的形式授予受许人（又称加盟商）使用，受许人按合同规定在特许人统一的业务模式下从事经营活动，并向特许人支付特许经营费和加盟费。特许经营是近几十年来西方工业国家中发展最快、最重要的一种分销渠道模式。

关于特许经营模式优缺点的深入讨论将在第 3 章中进行。这里我们首先讨论特许经营的分类问题。特许经营根据特许人和受许人身份的不同，可以分为 3 种不同的形式：

❶制造商创办的批发商特许经营体系，是指制造商将特许权授予批发商，由此建立特许经营体系。例如，可口可乐公司和百事可乐公司都通过签订合同授予其各地的装瓶厂开展分销的特许权，特许各地装瓶厂购买它们的浓缩饮料，然后装瓶并以可口可乐或百事可乐的商标出售给零售商，各地装瓶厂实际上扮演着制造商授权批发商的角色。

❷制造商创办的零售商特许经营体系，是指制造商授予独立零售商以经营自己产品的特许权，由此建立特许经营体系。不过在授权的同时，制造商会要求零售商接受制造商所制定的有关销售和服务的规定。制造商这样做的目的是规范零售商的销售行为，以利于产品销售。国外大型汽车公司大多采用这种体系，如美国通用和福特、日本丰田等。制造商对经营自己产品的代理商、经销商给予买断权；把整个市场划分为不同区域后，在每个区域内只与一个经销商签订销售合同，赋予这个经销商销售本公司产品的权利后，就不再与其他经销商签约，也要求该经销商只能经营本公司品牌。这样就避免了经营同一品牌汽车的经销商之间为争夺顾客而竞相压价。

❸服务性公司创办的特许经营体系，是指由服务性公司将特许权授予其他服务零售商，以便向更广阔市场提供自己的服务。这种形式大多出现在快餐业、汽车租赁业、旅馆业和洗衣业等。快餐业巨头麦当劳和肯德基主要就是通过这类特许经营体系来扩张的。它们以一整套规范的服务方式和标准化的快餐食品为基础来构建特许经营体系，要求受许人在购买原料、制作和销售产品时都遵守一定的操作规程，以保证所提供的产品优质、服务

迅捷和环境优雅，使顾客产生物有所值的感觉。

（2）批发商创办的自愿连锁

这是一种指批发商发起、由独立的中小零售商参加的自愿连锁组织。批发商发起建立自愿连锁组织的目的是与大型制造商或大型连锁零售商相竞争，维护自己的利益，并帮助与其有业务往来的一群独立中小零售商实行自愿连锁，统一进货，推销批发商所经营的产品。

这种自愿连锁与零售商业中的一般连锁商店有下列几个方面的不同：

首先，这种连锁组织是建立在自愿基础上的，参加连锁的各中小零售商仍然保持自己的独立性。

其次，这种自愿连锁实行"联购分销"，由批发商统一进货，由独立零售商分散销售。而一般连锁商店实行"联购统销"，即由连锁商店总部统一进货，各连锁商店在总部统一管理下进行销售。

最后，这种自愿连锁是由批发商发起组建的，而一般连锁商店本身就是一个零售机构。

（3）零售商合作社

这是指一群独立的中小零售商为了与大零售商相竞争，以入股的形式组建的联合经营的契约型垂直分销渠道。参加合作社的零售商以共同名义直接向制造商统一采购部分商品，进行广告促销，共同培训员工。零售商合作社除了从事零售业务外，也可以从事批发业务，甚至生产业务。零售商合作社的组织机构一般由本部、分店和配送中心所组成，三者之间实行专业分工，承担不同功能。

某些国家的零售商合作社比较成功，在国际上也具有一定的影响。例如，荷兰的"采购联营组织"就是一个中小零售商联合经营的进口批发机构。这个组织直接向国外订购货物，并拥有自己的仓库。瑞典的ICA是由上千家零售商联合经营的批发机构。

2.2.1.3 公司型垂直分销渠道

公司型垂直分销渠道是所有垂直分销渠道中渠道成员间关系最紧密的一种形式。在公司型垂直分销渠道中，分销渠道领袖拥有和统一管理若干制造商、批发商和零售商，控制产品的若干甚至全部的分销渠道，按公司统一的计划目标和管理要求开展生产、批发和零售业务。分销渠道领袖依靠所有权来实现对其他分销渠道成员的控制。

公司型垂直分销渠道可以通过两种形式来构建：一是一家公司直接投资建立独立的销售渠道；二是分销渠道领袖通过对其他分销渠道成员控股或参股，以实现对分销渠道中其他公司的控制。

公司型垂直分销渠道既可以由制造商主导，也可以由中间商主导。国外许多大型汽车制造商常常建立自己的销售公司和维修网点，控制自己品牌汽车的整个销售渠道，这就是典型的由制造商主导的垂直分销渠道。中间商主导型垂直分销渠道的典型例子是美国的西尔斯（Sears）公司。这家公司在很长一段时间中经营策略的最大特点就是其所出售的商品中约有50%来自它拥有部分或全部股份的制造商。公司因此得以保持价格优势，获得快速增长。20世纪80年代，这家公司达到鼎盛时期，在世界各地曾拥有3 000多家零售店；但后来受市场环境变化的影响，逐渐衰落，门店数大量减少。

公司型垂直分销渠道有一系列的优点：

首先，这种渠道由于分销渠道成员间关系紧密、统一协调，可以简化交易程序，保证分销渠道效率较高、分销渠道结构稳定。

其次，这种渠道加强了与最终用户之间的接触，能使分销渠道成员获得准确的市场信息。

再次，这种渠道的强有力的控制有利于公司长期战略的实施、公司和品牌形象的建立。

最后，公司型渠道实质上是将市场交易转化为公司内部的分工协作，大大降低了分销成本，提高了盈利水平。

公司型垂直分销渠道也有缺点：

首先，采用这种渠道需要先期投入较多的资金，这会给准备组建这类渠道的公司带来较大的资金压力。

其次，这种渠道的结构模式缺乏灵活性。当市场发生变化或者渠道效率低下时，公司很难对渠道结构进行及时调整。

最后，这种渠道需要对整个渠道的生产和销售进行指挥、协调和控制，管理难度大、成本高。

❖ **渠道实践 2-1**

一种曾经非常成功的垂直渠道——格力渠道模式

格力电器公司早期采用传统分销渠道模式，通过多个一级经销商向二级经销商分销，二级经销商再到零售商。上一级经销商都交叉向下一级供货，造成渠道混乱和恶性价格竞争。

1997 年格力提出"格力渠道模式"，简称格力模式（如图 2-3 所示），希望以此解决不同经销商之间的利益分配问题，协调经销商之间的关系。随着模式的不断完善与创新，格力模式逐渐成为一种成熟、规范和持续发展的渠道模式。格力模式的实质是"区域股份制销售公司"，由格力总部输出品牌与管理，也投入部分资金占有一定股份，而股份制销售公司作为独立的法人实现独立经营、自负盈亏。

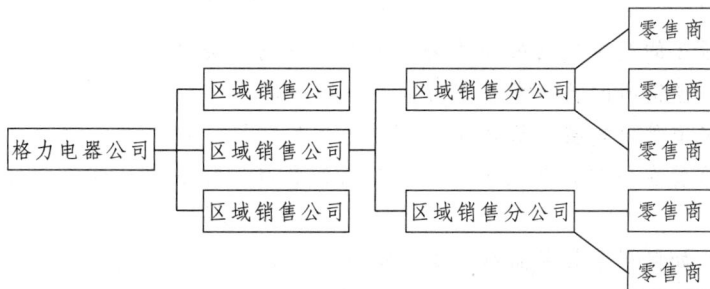

图 2-3　格力模式

格力模式的具体做法是由格力在各省与当地大经销商合资建立区域销售公司，各地市经销商也相应成立合资销售分公司，负责所在地区的格力电器销售工作；整个渠道管理以控价为主线，坚持区域自治原则，确保各级经销商的合理利润。

格力总部以统一价格对各区域销售公司供货，当地所有一级经销商必须从区域销售公司进货，严禁跨省市窜货。格力总部划定产品的标准价格，各销售公司在批发给下一级经销商时结合当地实际进行"有节制的上下浮动"。

格力模式本质上是一种垂直分销系统。格力与各地经销商成立的区域销售公司中，格力是大股东，由格力派人出任董事长。总经理由参股经销商按出资多少推举产生。各股东年终按股本结构分红，入股经销商形成一个利益联盟。对入股经销商的基本要求是为当地空调经营大户，并且格力占其经营业务的70%以上。

格力模式使分销渠道中原来互为竞争对手的大批发商都作为股东加入合资企业，化敌为友，各自的销售网络执行统一的价格政策。批发商利润不再仅是批零差价，而是合资公司的税后利润分红。省级合资公司的毛利率最高可达到10%以上，因此入股经销商会全力推销，促使销量上升。格力模式中，总部只负责全国范围内的广告和促销活动，而当地的广告、促销、分销和售后服务等工作全部由当地的合资区域销售公司负责。

格力模式具有如下一些优点：

（1）与当地大经销商合资成立的两级销售公司，使格力在当地获得了网络资源的优势，有利于做大市场份额。

（2）由合资区域销售公司统一出货有效地避免了多头供货带来的价格混乱，稳定了价格体系。

（3）两级合资区域销售公司作为一个利益共同体，既避免了制造商与经销商之间的博弈，也避免了经销商之间的竞争。格力总部可以节省大量的销售人员费用以及对各地的广告和促销费用。入股经销商的货源和价格得到保证，年终返利也使收益得到保障，降低了经营风险。

（4）让经销商入股合资企业，可以增强经销商对制造商的信任，帮助它们克服品牌经营上的短期行为，追求长期利益。

格力模式存在的问题是：

（1）如何规范股份制销售公司的管理是一个挑战。由于合资区域销售公司的总经理和财务人员是由各地入股经销商选派的，所以对合资企业费用支出的处理可能会有争议。

（2）统一股东的发展方向并不容易。某些经销商不会甘心永远被限制在经销一个品牌上，制造商与经销商的长期发展方向也不一定一致。

（3）维持渠道稳定需要保证渠道内利益分配的公平。格力模式通过合资使大经销商的地位更高，这就在一定程度上牺牲了零售商的利益。如果利益分配不公，就难以保证渠道长期稳定。

（4）面临着如何塑造长期品牌形象的挑战。

格力模式在二、三线城市中被证明是成功的。不过有人认为，家电连锁成为主流零售业态的潮流不可逆转，这在一线城市已成事实。随着苏宁易购和国美电器在二线城市站稳脚跟后，必然向三线城市延伸，到时候格力应如何应对？

资料来源　贾丽博. "格力渠道模式"战略分析与对策［J］. 北京市财贸管理干部学院学报，2004（4）：40-43.

2.2.2　垂直分销渠道的构建与实施

构建垂直分销渠道总是通过渠道的纵向一体化（vertical integration）来实现的。

2.2.2.1　渠道纵向一体化的基本原理

渠道纵向一体化的合理性是以经济学家奥利佛·威廉姆森的交易费用理论为依据的。这种理论认为，当"贯穿市场"（与"外来者"或"第三方"或独立企业）的交易费用远远超过企业本身直接实施渠道纵向一体化所需要的内部交易费用时，追求利润最大化的企业选择纵向一体化就是合理的。

一般说来，一个企业首先总是考虑通过市场交易的形式来建立渠道。但是，市场交易可能需要很多费用。

交易前需要支付费用的行为有：

❶根据某些成员的能力确定适当的合作伙伴和信息；

❷起草一份涵盖合作关系中出现的所有意外事件处理办法的协议；

❸磋商一个公平的安排；

❹在协议中建立适当的防范措施，以确保各自重要的利益。

交易关系建立后，下列原因还会导致交易费用的上升：

❶监控并巩固这份协议；

❷调整该协议；

❸维持并保证关系；

❹确保协议持续的效力。

交易费用还会由于下列原因而提高：

❶所有个人和组织都是有限理性的；

❷大多数人都是投机的，会试图欺骗伙伴并获得收益；

❸为了建立成功的关系，有必要进行特殊的投资，而这些费用是不能收回的。

2.2.2.2　渠道纵向一体化的动因

研究发现，企业实施渠道纵向一体化的动因往往都与规模经济问题有关。实际上，企业如果实施渠道纵向一体化，那么确实有可能通过专门承担某些分销职能而获取规模经济的收益。此时，企业通过对分销渠道加强控制以确保服务水平，从而促使业务量增加，同时把固定成本分摊到更多业务上，降低平均成本，提高总利润。不过具体地说，企业实施渠道纵向一体化的主要动机是下列几个方面：

❶确保提供服务的水平。如果市场交易很难保证服务质量，企业就可能希望通过渠道纵向一体化确保渠道提供更快捷、更廉价的服务。

❷增强获利能力。企业通过渠道纵向一体化，直接赚取零售价与出厂价之间的差价，获取更多利润。

❸加强对分销渠道的控制。企业利用渠道纵向一体化获得对整个分销渠道网络的绝对控制，以保证自身营销策略的顺利推行。

2.2.2.3　渠道纵向一体化的成本

这些成本主要包括人工成本和仓储成本，有时还可能很高。为了弥补这些成本，制造商必须有足够的经济实力。同时，只有在实施渠道纵向一体化能够获得更大的收益、提升企业的整体经济效益时，实施渠道纵向一体化才有价值。当然，有时制造商会出于利用渠道来提高生产效率的目的而实施渠道纵向一体化，但这样做也必须考虑到承担分销的风险，并对所有分销活动负责，因为如果渠道管理不善，还可能造成额外损失。

2.2.2.4　外包分销的优点

并不是任何一个制造商都适合渠道纵向一体化。制造商完全可以依靠外部成员来执行渠道功能，这种方法被称为外包分销。一般来说，制造商在渠道建设方面多半是从外包分销开始的，这是因为经济发展到一定程度时，在正常环境条件下，外包分销是高效率的。这是因为：

（1）具有更强的做好分销的动机

渠道的外部成员都是一些独立企业，它们会为获取更大利润、避免亏损而努力工作。与渠道纵向一体化后的企业内部分销部门相比，外部成员是可以替代的，制造商如果不满意就会把业务转给另一个分销商。因此，外部成员必须遵守市场原则，努力满足制造商既增加销售量又降低分销成本的要求。相反，企业内部的分销部门由于不是轻易能够撤销或重组的，所以可能变成一个不负责任和低效率的官僚机构。选择外包分销就没有这种风险。

（2）更加专业化

外部成员具有专业化优势。无论是批发商还是零售商，分销就是其全部工作。但制造商就不同了。如果制造商并不擅长分销，把分销外包给专业化的外部分销公司也许是明智的选择。

（3）经济适用性

专业分销公司能够生存的条件就是在专业职能方面做得比其他竞争者更好。所以，在分销行业里能够生存下来的企业一定是具有经济性的，它们没有来自其他领域的盈利来补贴分销领域可能的损失。

（4）规模经济

外部成员可以通过为多个制造商提供大量同类服务来达到规模经济的效果。分销商通过为多种品牌产品提供类似的服务，就可以使其业务量达到足以分摊分销活动的固定成本和物流软件费用的程度。如果由制造商自己来执行全部分销职能，由于规模的限制，一般就没有经济性可言。

（5）更广的市场覆盖面

与制造商本身的分销机构相比，外部独立的分销渠道成员具有更经常地拜访客户和拜访更多客户（包括小客户）的能力，因为独立分销商能够把单次访问的成本分摊到很多产品上，从而拥有更彻底、更经济地占有市场的强大优势。独立分销商通过为多个制造商代理分销业务，也能够为客户提供更多的满足客户相关需求的产品和服务组合，从而能比制造商更有效地吸引客户，分销商就能帮助制造商实现更广的市场覆盖面。

（6）独立性

分销商独立于任何一个制造商，在客户看来就可能提供公正的建议，而且分销商具有专业性和更多的了解客户需求的机会，所以常常能够获得更高的顾客忠诚度。

2.2.2.5　渠道纵向一体化的条件

外包分销尽管有上述优点，不过在某些情况下可能会导致较高的市场成本，此时就应当考虑实施渠道纵向一体化的可能性。决定制造商是否确实需要实施渠道纵向一体化的最终考虑应当是效率。效率是净效益与管理费用的比率。净效益是实施渠道纵向一体化所产生的收入减去一体化引致的直接成本。只有在增加的收入在一定程度上大于增加的变动成本，同时通过提高净收益使其占用的资源使用合理化的情形下，渠道纵向一体化才是有效率的，才值得实施。

此外，实施渠道纵向一体化还有两个前提：一是需要大量启动成本和管理费用，所以只有在潜在业务量很大的情况下才值得考虑。二是只有当企业经营状况良好，足以获得必要的资源时才适合考虑渠道纵向一体化。具体地说，只有在以下情况下，企业才可以考虑采用渠道纵向一体化策略：

（1）竞争不足

这里所说的竞争不足是指，由于制造商本身具有某种特殊能力，拥有较强势的谈判地位，从而导致其他有关企业无法与之竞争。这种情形下，制造商就应当考虑向渠道下游推行纵向一体化。制造商的特殊能力是指制造商的产品或服务与竞争者之间有巨大差异，使得其他企业很难掌握销售产品所需要的相关知识，这些相关知识也就变成了制造商的专有资产，使其在与其他企业谈判时处于优势地位。制造商所拥有的特殊能力越强，其实施渠道纵向一体化的经济价值就越大。

在分销领域，制造商的特殊能力主要表现为如下形式：

❶专用知识。普通供应商并没有必要实施渠道纵向一体化，因为它们可以利用某些分销商来实施有效分销。但是当一个制造商的产品和经营手段很特别，或者顾客对该产品有特殊用途时，下游渠道成员就只能从制造商手中获得某些专用信息，这时制造商所拥有的才是专用知识。

❷关系，具体是指分销人员和制造人员或制造商客户之间的关系。这种关系的存在意味着具有更快、更好地完成工作以及更容易被他人理解的能力。制造商与下游渠道成员之间的良好关系对准备实施某些交易，如准时制生产的企业而言，不仅是必要的，而且是成功的保证。

❸品牌权益，是指制造商品牌所拥有的投资价值。当下游渠道成员对企业品牌权益有重要影响时，制造商就有必要实施前向一体化。例如，在下列情形中，渠道成员对制造商的品牌权益会有很大的影响：一是品牌价值需要销售人员来解释；二是品牌战略要求采用特殊的方式存放、展示和解说产品，但分给下游的利润又太低，以至于没有渠道成员愿意支持这个品牌的推广；三是为了确保品牌产品的正确安装和使用，需要为顾客提供售前或售后服务，来赢得顾客的满意并为该品牌作宣传。在上述情况下，品牌权益是通过顾客体验得以形成和保持的，而顾客体验是通过市场渠道活动来获得的。企业通过实施纵向一体化、特许经营、纵向限制或者其他影响渠道成员的方式与下游渠道成员建立密切关系来保

护品牌权益是值得的。

❹专用能力，是指专为某个制造商而建立的分销能力，如仓储、运输、销售和账务处理等能力。如果制造商的业务特点需要制造商的专用能力，则下游渠道成员一般不愿意进行这种投资，因为它们担心制造商终止业务会导致下游渠道成员能力过剩。这时，制造商就需要考虑前向一体化了。

❺地点专用性。如果制造商想在某个只对本身合适，而对其他制造商很不合适的地点执行渠道职能，它们就可能需要实施纵向一体化。因为制造商可能找不到愿意在这个地点为它们建立专用资产的分销商，必须由自己来完成整个渠道职能。

❻定制化的设施。如果制造商的业务特点使得想要把上下游渠道成员连接起来，需要专用的非标准化设施，制造商就不得不考虑实施纵向一体化，因为没有渠道成员愿意承担对这种定制化的设施投资的风险。

上面所讨论的结果同样适用于分析下游渠道成员是否应该实施后向一体化的情形。

（2）环境不确定

在环境不确定时，制造商是否应当实施纵向一体化呢？这是一个很有争议的问题。一种观点是支持纵向一体化。他们认为，这时制造商需要对环境有更多的了解，以应对环境的变化。而纵向一体化恰好可以促进制造商对环境有更多了解，并能实施连贯的战略来适应环境的改变。由此可见，环境不确定性促进了对纵向一体化的需要。另一种观点则反对纵向一体化。他们认为不确定环境下的管理就像是一场赌博，不应当鼓励企业参与赌博，所以，在环境不确定时制造商不应当直接进入分销渠道系统。

双方各有各的道理，看来仅仅简单地以"是"或"否"来回答实施纵向一体化的问题并不合适。把问题进行分类可能给我们提供有价值的观点。我们首先需要分析，分销是否涉及（或将来涉及）大量的企业专用能力。如果分销并不需要企业拥有很强的专用性，制造商在选择分销渠道成员时就具有足够的灵活性，更适宜采取外包分销的方法。

制造商对市场前景看好时本来可以选择纵向一体化的，但若分销需要拥有很高的专用性（如需要特殊、专门的设施或技术），市场又不稳定，则制造商可以有两种选择：一是制造商为避免被第三方所钳制，造成无休止的谈判和很高的交易成本，可选择纵向一体化。二是制造商在不确定环境下干脆取消对高专用能力的投资，完全放弃该业务。尽管表面上看制造商只要判断纵向一体化增加的费用是否能够被企业业务增长所弥补，就可以制定是否值得实施纵向一体化的决策了，但实际上，环境是高度不确定的，企业很难判断出业务的真实前景。因此，采取回避的方式，选择放弃该业务也不失为解决这个难题的一种可行方法。

（3）绩效模糊

如果制造商所从事业务的市场上缺乏评价绩效的信息，分销渠道成员的绩效模糊，则制造商也需要考虑实施纵向一体化策略的可行性。

在一个规范的市场里，制造商要给为其提供分销服务的分销渠道成员支付费用，其前提和依据就是要能对它们的绩效作出正确的评价。如果分销渠道成员的绩效模糊，制造商就无法判断对分销渠道成员绩效满意的程度。这时，制造商不仅很难确定依据绩效向分销渠道成员支付费用的方法，而且无法根据绩效来不断改善分销渠道成员所提供的分销服务水平。这里所谓的绩效模糊主要是指如下两种情形：一是根本就不存在可以衡量绩效的指标，缺乏关于产出的信息；二是虽然有评价绩效的产出指标，但是指标本身的质量不高，根据指标所作出的评价不精确或不及时。例如，制造商在销售一种全新产品时，由于不知道这种产品的合理销售量是多少，所以无法判断销售代表的绩效究竟好不好。

在绩效模糊的情况下，制造商只能考虑纵向一体化，由自己组织力量来承担全部分销功能。制造商直接建立自己的销售队伍，并监督和指导员工的活动，如拜访客户、宣传产品、反馈客户意见和市场调研等。通过这种方式，制造商获得所需要的信息并指导销售队伍的行为。当然，这样做制造商需要承担相应的风险和责任。

2.2.2.6　对外包分销–渠道纵向一体化决策分析的总结

外包分销的方法主要适用于竞争性市场。在竞争性市场中，采用外包分销的办法既可以利用竞争来提高销售收入，也可以利用竞争来降低成本和管理费用。在市场竞争不充分、市场供应不足或者需要制造商拥有专用能力的情况下，实施外包分销的合理性就值得深入探讨了。这就意味着制造商需要更多地考虑实施渠道纵向一体化的可能性。如果缺乏评价绩效的指标或者现有评价绩效的指标不及时、不精确，制造商根本就不可能采用外包分销的方法。

根据上述关于外包分销的讨论结果，我们可以对渠道纵向一体化决策的分析过程总结如下：

由于实施渠道纵向一体化所需要的投资及承担的风险都是很大的，所以，制造商应当优先考虑采用外包分销的办法。在对外包分销方案或业绩不满意从而考虑渠道纵向一体化的情况下，首先应当考虑业务潜力的大小以及是不是制造商的主要业务。如果某项业务的市场潜力不大或者不是制造商的主要业务，则还是采用外包分销会更好。只有在这种业务的市场潜力很大并且是制造商的主要业务的情况下，才值得进一步探讨渠道纵向一体化的可能性。

在进一步讨论渠道纵向一体化的可能性时，制造商需要同时考虑两个问题：一是企业业务是否绩效模糊；二是企业是否拥有许多支持实施渠道纵向一体化的专用能力。对第一个问题，如果企业业务不会出现绩效模糊的情况，则企业仍然可以依靠外包分销，没有必要实施渠道纵向一体化。只有在评价企业业务时绩效模糊程度很高的情况下，渠道纵向一体化才是制造商明智的选择。对第二个问题，即使企业并不拥有支持实施渠道纵向一体化的足够专业能力，制造商也仍然应当选择外包分销。也只有在企业确实拥有实施渠道纵向一体化所需要的资源，而且企业确实决定要进入该市场，又想减少市场的不稳定所带来的影响时，企业才应当选择渠道纵向一体化。

2.2.2.7　渠道纵向一体化的途径

制造商在决定分销渠道的组织形式时所面临的基本问题是，由自己单个组织来完成所有的分销工作还是外包分销服务，其实质就是"建立"还是"购买"的问题。"建立"通常被称为渠道纵向一体化的"刚性"渠道整合。"购买"是指向外购买分销服务，通常被称为"柔性"渠道整合。

不过，渠道纵向一体化并不是一种二元选择方案，而是一个度的问题。市场上可能存在纵向一体化程度不同的渠道模式。传统的管理型垂直分销渠道、契约型垂直分销渠道和公司型垂直分销渠道只不过是一体化进程中的几个典型阶段。采用"刚性"方法实施渠道纵向一体化的结果，就是前面已经讨论过的公司型垂直分销渠道。采用"柔性"方法实施渠道纵向一体化的思路就是构建分销渠道战略联盟。与构建分销渠道战略联盟有关的问题，我们将在第7章中再进行详细讨论。

2.3 水平分销渠道

水平分销渠道是指处于同一层次而无关联的分销渠道成员，为了充分利用各自的优势和资源所进行的横向联合。水平分销渠道中的合作各方往往是为了利用各方的优势和市场机会，创造出 1+1>2 的协同效应而建立起来的。水平分销渠道中的分销渠道成员既可能是同行业的企业，也可能是相关行业的企业。

2.3.1 水平分销渠道参与者的合作动机

处于同一层次的分销渠道成员愿意进行合作的动机主要有下列几种：

（1）希望发挥资源的协同效应，实现优势互补

例如，各类网站通过与拥有强大渠道网络和配送能力的传统产业之间的合作，可以解决电子商务中的配送问题。而某些传统产业也可以依托其长时期构建起来的传统分销渠道迅速发展电子商务业务。

（2）避免分销渠道重复建设，节省成本

通过建立水平分销渠道，某些分销渠道成员可以利用其他成员已经建立的分销渠道，节省重新建设分销渠道的投资。

（3）分享市场，规避风险

构建水平分销渠道，企业就可能利用其他成员的分销渠道来分享市场份额，也避免了分销渠道建设和维护中的风险。

当然，水平分销渠道的成功也依赖一定的条件：

首先，参与合作的双方都应当拥有对方所不具备的优势，从而实现优势互补。

其次，参加合作的双方应当是地位平等的，保证各方参与合作的积极性。

最后，外部环境确实存在共同开发新市场的机会，参加合作的各方有一种共同利用新机会的需求。

2.3.2 水平分销渠道的形式

2.3.2.1 制造商水平分销渠道

同一层次的制造商共同组建和使用的分销渠道，或者是共同使用的服务及维修网络、订货程序系统、物流系统、销售人员和场地等，就构成了一个制造商水平分销渠道。

2.3.2.2　中间商水平分销渠道

中间商水平分销渠道是指连锁模式中的特许连锁和自愿连锁、零售商合作社等。这些渠道既可以看作契约型垂直分销渠道，也可以看作中间商水平分销渠道，只不过视角不同而已。

❶从契约型垂直分销渠道的角度来研究特许经营组织时，强调的是特许人与受许人之间的关系；研究零售商合作社时，强调的是制造商、"采购联营组织"和零售商之间的关系。

❷从中间商水平分销渠道的角度来研究特许连锁和自愿连锁时，强调的是受许人与受许人之间的关系；研究零售商合作社时，强调的是零售商与零售商之间的关系。

2.3.2.3　促销联盟

促销联盟是指产品或业务相关联的多个企业，共同开展促销活动或其他有助于扩大销量的活动。促销联盟能使多个企业共享资源，节省渠道成本，提高渠道效率。促销联盟的主要形式有共同作广告、共享品牌、共享推销队伍和场所、交叉向对方顾客销售产品、相互购买产品、共同开展营业推广和公关活动等。

根据联盟企业提供的产品或服务之间的关联关系的不同，促销联盟可以分为4种类型：

（1）同类产品的促销联盟

由制造商、中介机构或行业协会等机构组织的同类产品的展销会、共同作品牌宣传广告等就属于这类促销联盟。

（2）互补产品的促销联盟

如电脑与外部设备、洗衣机与洗衣粉等互补产品的制造商建立促销联盟，共同开展促销活动。

（3）替代产品的促销联盟

例如，某家新建的家化公司为了迅速推广自己新开发的洗衣粉产品，与当地的家化经销商合作，提出每购买两袋洗衣粉就送一块著名品牌洗衣皂的促销方案。由于作为赠品的洗衣皂知名度很高，深得顾客欢迎，所以促销大获成功。

（4）非直接相关产品的促销联盟

两种产品尽管没有直接关系，但如果产品的制造商都有以优惠方式促销的意图，这两个企业就会自愿联合，以一个企业的产品或服务作为另一个企业销售产品或服务时给予消费者的优惠。

企业在设计和构建水平分销渠道时可以组合运用上述多种水平分销渠道的联盟模式，从而达到更好的效果。

❖ **渠道实践 2-2**

建立水平分销渠道的艰难：一次失败的并购

2005年年底，分别位居国内家电连锁大卖场第三位和第五位的永乐和大中两家公司开始筹划进行全面战略合作。经过近5个月的谈判与协商，双方在2006年4月19日正式签署并购协议,但结果在实施了短短的两个月后就分道扬镳。

其实在此之前,永乐与大中前后就已经进行过两次渠道合作。第一次是在2002年,永乐与大中的4家地区性企业发起组建"中永通泰"公司,联合对抗国美电器和苏宁易购在全国的扩张。第二次是在2006年3月,永乐与大中在西安与青岛分别成立了合资公司,分别命名为"大中永乐""永乐大中",作为双方正式并购前的序曲。

2006年4月19日,双方正式签署全面战略合作协议时宣布,在采购、后勤、配送、产品展出、仓储开发和管理、财务管理、信息系统及人员交流等领域进行合作,实施统一经营、统一管理和统一采购。双方将在一年内通过股权置换的方式实现股权合并。令人意外的是,整合两个月后,双方宣告此次并购失败,秘密签署了"分手"协议。

据报道,并购失败源于以下几方面的原因:

1.合作目的不清,大股东态度消极

永乐与大中合作具有急于借大中较良好的经营状况来提升自身业绩的"救市"的成分。同时,永乐国外大股东对此次并购并不看好,导致股价下跌。永乐难以兑现并购前对大中所作出的部分承诺。

2.新公司股权比例谈判难以取得一致意见

合并过程中最难确定的就是合并后新公司中双方股权的比例。事实上,没有办法可以确定股权比例究竟多少才算是合理的。

3.并购合作难以实现双方市场拓展的目标

永乐和大中虽然都是国内著名的家电连锁公司,但两家公司的区域性特征都是比较明显的。永乐的主要市场在上海,上海市场占其全部销售收入的80%和利润的60%以上。大中的主要市场在北京,北京市场占其全部销售收入的80%和利润的90%以上。两者对外地市场的扩张同样不成功,被竞争对手打压得很厉害。并购并未能获得外地市场上的优势,也就无法改变"本地强、外地弱"的市场格局。

4.人员整合不当,工作衔接不畅

双方整合过程中管理人员变动幅度过大,相互接管对方门店时出现混乱状况,人员培训不到位,经销商和供货商之间关系转换、结算、库存、物流衔接等过程都出现了问题,又未能及时有效地得到解决,最终导致危机爆发而分手。

5.品牌和企业文化未能很好融合

成功的并购要将两个原本存在竞争关系的对立品牌融合为一个整体。事实上,永乐和大中两家公司长期形成的品牌和企业文化方面的差异性,导致双方之间的竞争性思维难以在短时期内通过几天培训得到解决。

资料来源　冯文杰,韩伯棠.永乐&大中:一段无果的姻缘[J].企业管理,2006(9):64-69.

2.4　复合分销渠道

2.4.1　复合分销渠道概述

由于企业所面临的细分市场中顾客消费行为之间的差异，所以采用任何单一的分销渠道都很可能只能覆盖部分目标市场，市场覆盖率无法达到预定要求。同时，随着社会进步和技术迅猛发展，不断涌现越来越多的新渠道形式为企业提供了更多的渠道选择方案。企业既可以选择像建立销售队伍、直邮销售、电话营销或互联网营销等直接销售渠道，也可以采取运用代理商、批发商和零售商等分销商来销售的间接销售渠道。每一种渠道都有自己独特的优势，如更高的附加价值、更低的交易成本、更广的市场覆盖面以及更高的顾客忠诚度。图 2-4 就是对部分渠道模式某些优势的比较。但是，每一种渠道都有其局限性，很难兼顾附加价值、交易成本、市场覆盖面和顾客忠诚度等方面的要求。于是，明智的企业会整合不同渠道的优势，利用多种渠道来销售自己的产品。这时就形成了复合分销渠道。

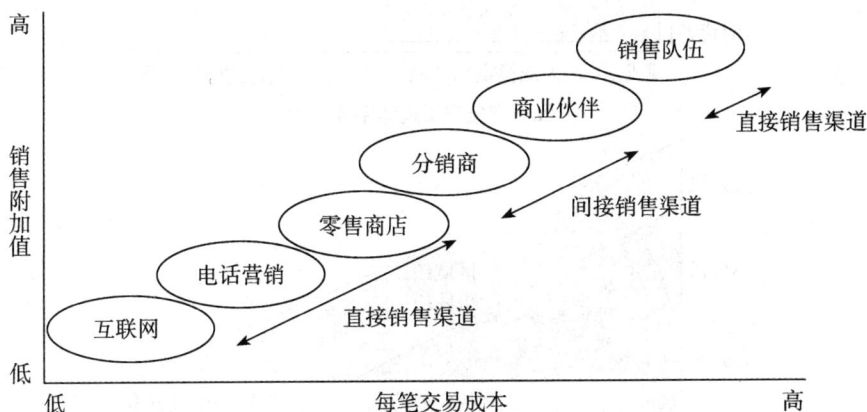

图 2-4　不同渠道模式的优势比较

资料来源　弗里德曼，弗瑞. 创建销售渠道优势 [M]. 何剑云，沈正宁，译. 北京：中国标准出版社，科文（香港）出版有限公司，2000：10.

2.4.1.1　复合分销渠道的概念

复合分销渠道也被称作多渠道体系，就是一个企业同时利用几条分销渠道来销售其产品的渠道体系。事实上，绝大多数家电产品、家用工具、服装和食品等的制造商都会同时使用超市、百货公司、便利店、专业商店和互联网渠道来销售自己的产品。

2.4.1.2　复合分销渠道的类型

复合分销渠道有两种基本模式，再加上它们的组合就构成了 3 种不同的形式：

（1）密集型渠道体系

密集型渠道体系是指一个企业利用多种不同模式的渠道来销售同一种产品。这些渠道很可能是彼此重叠的，因此也常常会彼此竞争。例如，拥有特许权的企业常常既通过授权的形式，借用受许人的力量发展一批加盟店，拓展市场覆盖面，也会自己直接投资建立一批自有销售网点。

密集型渠道体系的主要问题在于很可能产生冲突。当不同渠道争夺同一批顾客时，冲突往往就变得不可避免了。尽量避免冲突的产生及加强对冲突的管理是密集型渠道体系成败的关键。

（2）选择型渠道体系

选择型渠道体系是针对每一个特定的目标市场或购买群体，建立相对独立的分销渠道，所有渠道彼此既不重叠，也不竞争。在实践中，采取选择型渠道体系的企业是比较普遍的。选择型渠道体系有利于发挥不同渠道的优势，能够为处于不同市场层次的消费者或购买群体提供更为独特的服务。

图2-5是密集型渠道体系与选择型渠道体系两种模式的比较。

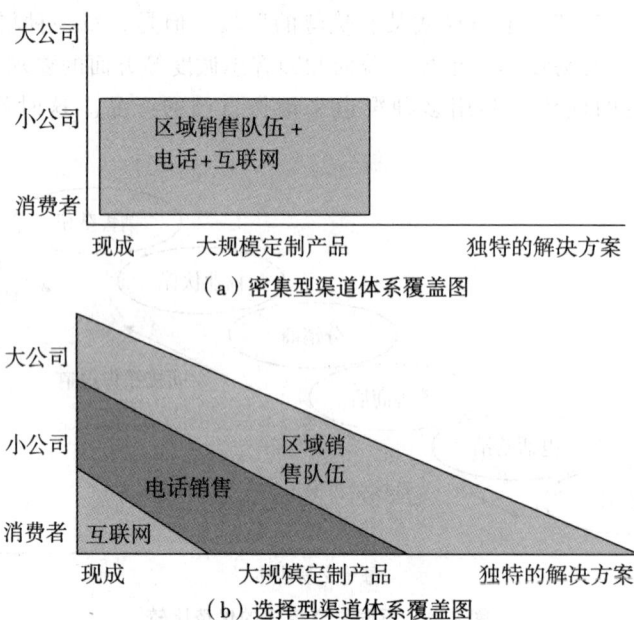

（a）密集型渠道体系覆盖图

（b）选择型渠道体系覆盖图

图2-5　密集型与选择型渠道体系的比较

资料来源　弗里德曼，弗瑞. 创建销售渠道优势［M］. 何剑云，沈正宁，译. 北京：中国标准出版社，科文（香港）出版有限公司，2000：239.

（3）混合渠道体系

大多数企业不会采用单纯的密集型渠道体系或者选择型渠道体系，而是采用把两者结合起来的混合渠道体系。典型的混合渠道体系就是以某种单一渠道来服务某个或某些特别重要的产品市场，而用某些彼此重叠的多重渠道体系来服务较大规模的产品市场。

图2-6展示了英国航空公司的混合渠道体系。英国航空公司的经营目标是为个体旅游者、大企业和组织等不同客户提供简单的订票、旅程和度假规划等服务，同时按重要客户的要求提供定制化的服务。为了服务于这些不同的市场，英国航空公司建立了一系列的渠道：互联网、电话、旅游商店、旅行社，甚至是区域销售队伍。英国航空公司拥

有一支专门的直销队伍为大企业和重要组织提供定制化服务。其针对特殊客户群建立一个单一渠道的目的并不是扩大所服务的市场面，而在于为这一客户群提供优质的、特定的服务。对个体旅游者及小规模业务，英国航空公司建立的是相互重叠的多重渠道体系。这类客户中的每一个都能得到这些渠道中任何一种渠道的服务，这样公司就能实现尽可能多的交易。

2.4.1.3 对复合分销渠道的评价

企业构建复合分销渠道能够获得如下一些好处：

第一，扩大市场覆盖面。当不同细分市场的顾客在选择分销渠道的习惯方面存在较大差异时，任何一条分销渠道都将无法覆盖整个目标市场，只有利用多条分销渠道才能达到较广的市场覆盖面。

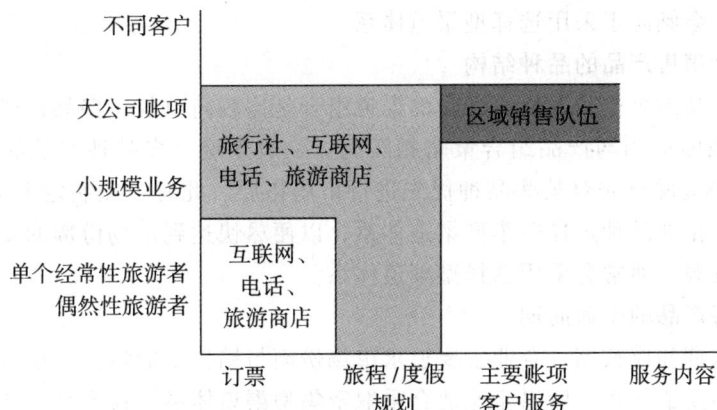

图2-6 英国航空公司的混合渠道体系

资料来源 弗里德曼，弗瑞. 创建销售渠道优势［M］. 何剑云，沈正宁，译. 北京：中国标准出版社，科文（香港）出版有限公司，2000：239.

第二，降低渠道成本。对那些采用传统分销渠道的企业来说，增加网络分销渠道或其他无店铺渠道，通常可以大幅度降低渠道成本。

第三，增强销售的定制化程度，提高竞争力。采用复合分销渠道时，企业可以利用不同渠道的特点为不同顾客提供不同服务，更好地实现定制化营销。在企业间技术差异不断缩小的情况下，构建起多条有效的分销渠道已经成为提高竞争力的一种明智选择。

实施复合分销渠道的缺点是，增加渠道管理难度，容易引发窜货等管理问题，使不同渠道之间产生冲突的可能性大大增强。不同分销渠道之间的价格差异很可能引发严重的窜货现象。这些都对实施复合分销渠道的企业提出了严峻挑战。

2.4.2 多渠道最佳组合策略

企业实施多渠道最佳组合策略时实际上需要对不同类型渠道体系的组合，在采用混合渠道体系时更是如此。但由于建立和维护任何一种渠道都需要投资，会增加企业的费用，所以，既要考虑增加渠道可能带来的收益增加，更需要注意所需要的投资和费用。因此，决定采取多种类型渠道组合的企业必须注意以下几点：

（1）多渠道组合的目的应当是增加利润

实施多渠道组合的目的应当是提高利润，而不仅仅是增加销售额。因为构建任何一种渠道都需要支付一定的费用，会给企业带来额外的成本，所以只有针对重要的能为企业带来大部分交易的关键客户，才值得构建密集型渠道体系。有时，企业构建一条新渠道的结果只是把原先渠道中的客户转移到新渠道中，并没有为企业带来新客户，也就不能为企业带来新的销售额，却会导致费用上升。即使新渠道能增加销售额，但如果渠道成本的增长率超过销售额的增长率，则增加新渠道也是得不偿失的。

（2）多渠道组合必须从企业的经济实力出发

构建分销渠道，尤其是密集型渠道体系需要很大投入。只有经济实力很强的企业才有可能选择密集型渠道体系，以便尽快获取必要的市场份额。而经济实力弱的企业考虑到费用和成本，往往会倾向于采用选择型渠道体系。

（3）企业所销售产品的品种结构

单一品种产品的企业开发新市场时的渠道组合是比较简单的。多品种产品的企业拓展市场时的渠道策略应当与产品组合策略相匹配。一般来说，多品种产品的企业拓展市场时，会集中优势资源首先对某些品种优先进行市场拓展。此时，在制定渠道组合策略时，应当对这些优先拓展品种选择密集型渠道体系，以便尽快达到市场份额的要求；对一般品种，为了节约资源，通常会采用选择型渠道体系。

（4）所销售产品的生命周期

在产品引入期和成长期，企业主要追求市场份额与销售量的增长，渠道组合策略的重点应当是开拓新渠道体系，所以企业适合采取密集型渠道体系。在产品成熟期，企业的目标是努力保持现有的市场份额与销售量，并获取更多的销售利润。因此，成熟期的渠道组合策略更多要考虑在维持现有销量的条件下降低渠道组合的成本，为此，就需要考虑把密集型渠道体系调整为选择型渠道体系的可能性。

（5）要注意直接渠道与间接渠道之间的冲突

实施多渠道最佳组合策略时，企业不同的直接渠道之间的冲突影响并不会很大。一种直接渠道从另一种直接渠道抢走一笔业务，对企业的总收益并不会产生负面的影响。但是，如果直接渠道与间接渠道发生冲突，情况就可能变得非常严重，甚至导致整个渠道体系的瘫痪。所以，在决定渠道组合时必须严格防止直接渠道与间接渠道之间发生冲突。

❖ **渠道实践** 2-3

多渠道合作才成就了小米的今天

尽管小米是成功电商的典型，但是令人意外的事实是，光靠互联网，小米是做不到现在这个规模和市场份额的。

比如，当年小米 1S，官方售价是 1 499 元。小米号称放出 20 万台小米 1S 让网民来抢购，实际上只在网络端供货 5 万台，其余全部以 1 379 元的批发价放给了联通国代商爱施德，然后爱施德加价 100 元放给各大零售终端，再设置一个建议零售价 1 799 元让零售终端各自去销售。

小米主要负责产品和话题的炒作，并着力于建立口碑、媒体炒作和跟进，形成区域的影响力，制造紧俏抢手的声势。经销商则负责线下的销售工作。

很多人抱怨抢不到小米手机，于是饥饿营销的效果明显出现了。实际上不是你抢不到，而是小米不想以这个零售价出售太多的产品；不然，小米都在网上满足了你的需求，线下渠道就只能啃骨头了，谁还肯卖力地去卖？

小米的老总很清楚，不做线下渠道，小米就做不到现在的规模，就不会有足够的渗透率。虽然线下手机渠道被冲击得很厉害，但是就全国范围而言，线下渠道依然分布广泛。

联通国代商爱施德在小米渠道拓展中曾经立下了汗马功劳。后来，互联网模式引发"去中介化"浪潮，弱化了国代商和省包商的作用。爱施德的毛利率逐年走低，2010年6月还能有16.64%的毛利率，到2020年仅有3.5%。公司业绩下滑不完全归因于小米，这些年移动终端大厂对渠道的重视程度越来越高，给渠道服务商的自由度越来越小，爱施德走向平庸更多还是行业使然。

资料来源 ［1］王晨. 从小众到风暴［J］. 销售与市场（渠道版），2014（10）：1.［2］吴不知. 穿透小米十年，供应商们的得与失［EB/OL］.（2020-09-24）［2024-03-15］. https://3g.163.com/dy/article_cambrian/FNA8TO4705311XTI.html.

2.5 分销渠道体系的演变

分销渠道体系是一个开放系统，受到社会环境因素变化的巨大影响。在任何时候，一个企业想要生存和发展，它的分销渠道就必须适应企业内外部环境的变化。因此，企业渠道及其成员始终在根据环境因素的变化调整自己的功能、组织结构和任务，以便适应环境变化，保持生存和发展。众多企业的分销渠道为适应内外部环境条件而不断变革和发展，使得社会的整个分销渠道体系在市场环境因素的影响下一直处在不断发展演变之中。

出于竞争需要，企业也越来越重视渠道的作用，试图通过渠道创新、开发新渠道来获得竞争优势。企业分销渠道也成为营销组合中最活跃和最能体现企业创新精神的领域之一。企业的分销渠道体系从早期的单一渠道体系越来越向多样化方向发展。这种演变趋势反映了企业在渠道决策中的主动性。企业不再单纯为适应环境变化而被动地改变渠道体系，而是通过主动的渠道变革在一定程度上影响环境变化。过去几十年社会分销渠道体系的演变历史，正反映了分销渠道既需要适应环境变化，又试图在一定程度上影响环境发展变化的客观规律（如图2-7所示）。

20世纪50年代至60年代初期，企业为了满足大规模营销的要求，通常采取单一渠道策略，或者采取直接销售渠道，或者利用分销商网络，使产品覆盖那些最容易到达的顾客。

20世纪60年代后期至70年代初期，随着竞争激化，企业开始实施对市场细分后的目标市场的分销。为了提高对细分目标市场的渗透率，制造商通常会同时利用直接销售渠道和分销商网络。

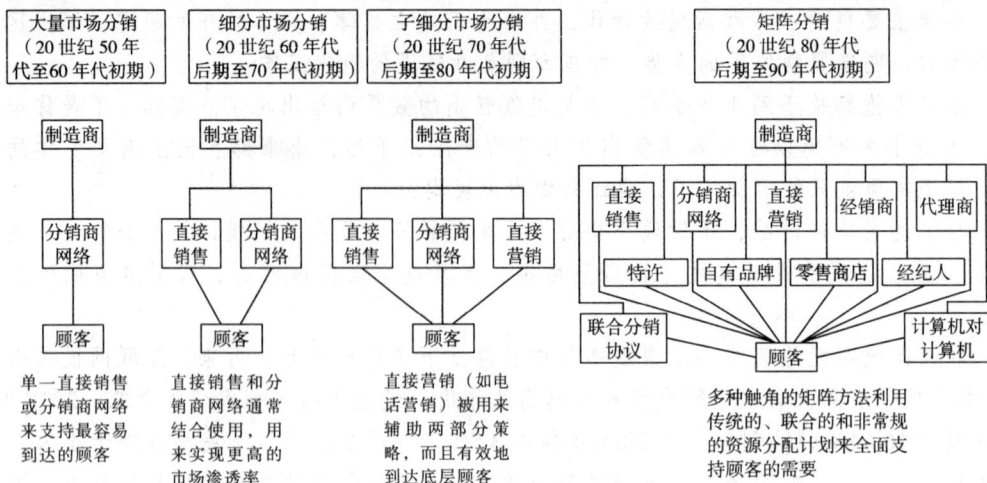

图2-7 分销渠道体系的演变

资料来源 斯特恩，安瑟理，库格伦. 市场营销渠道［M］. 赵平，廖建军，孙燕军，译. 5版. 北京：清华大学出版社，2001：10.

到了20世纪70年代后期至80年代初期，竞争进一步激化，企业开始对市场进行进一步细分，实施对子细分市场的分销。为了保证产品能够有效地到达子细分市场的底层顾客，企业普遍会在同时利用直接销售渠道和分销商网络的基础上，增加并强化直接营销渠道，如电话营销等。

20世纪80年代后期至90年代初期，企业进一步重视渠道渗透率，制造商希望通过拥有多条到达目标顾客的渠道来提高对目标市场的渗透率。采用矩阵式的分销模式是这一时期渠道体系的特点。因此，这个时期的企业既重视直接销售渠道，又依靠经销商和代理商的分销网络，同时日益重视特许经营、自有品牌和零售商店在渠道中的地位和作用。

自20世纪90年代至今，分销渠道体系发展变化的最大特点是渠道扁平化，并继续朝着渠道多样化和多渠道的方向（即渠道多元化的趋势）深入发展。有关内容我们将在2.6部分进行讨论。

❖ **渠道实践2-4**

丰田渠道变革史

2023年丰田汽车（含子公司大发汽车和日野汽车）累计销量为1 123.3辆，同比增长7.2%，其中丰田汽车销量1 030.7万辆，同比增长7.7%。这是丰田集团第四年超过大众集团，蝉联全球最大汽车制造商。在丰田生产和营销的成功当中，渠道变革起着非常重要的作用。

一、第二次世界大战前

在丰田于1935年开始生产和销售汽车以前的几乎10年，美国通用和福特汽车已进入日本，并构筑起汽车销售的"连锁经营体系"。丰田无力与外企拼财力和技术，只能开始构建自己的销售网络。当时，丰田内部对如何构建销售网络有3种不同的意见：一是依靠各地的地方资本建立纯粹的特许连锁经营体系；二是说服现有的进口车销售店，让其同时销售丰田汽车；三是完全依靠自有资本建立直营店连锁系统。尽管第一种意见开始时遭到了多数人的反对，但是，在丰田负责营销的神谷正太郎的坚持下，丰田最后还是采纳了第一种意见，开始建立特许连锁经营体系。

神谷深知，与制造商控股的营销分公司不同，独立资本的经销商自负盈亏，经营好坏将直接影响其自身发展及员工生存，所以，其敬业精神、干劲和危机感都要远远超出制造商派到各地去的拿工资的销售经理。事实证明，经销商制度是丰田营销网络成功的主要原因。

二、日本复兴期

第二次世界大战后日本经济萎靡不振，汽车销售也面临着种种金融问题。于是，丰田决定实行产销分离，设立了"丰田汽车销售公司"。该公司一开始就实行"一县一店"制，在每个县只设立一个经销商，采用连锁经营体制，制造商不在资金或人事上参与销售店的经营。由此，丰田构建了它的第一条"丰田"渠道。

随后，丰田又逐渐允许部分经销商投资构建了被称作"丰田宠儿"的第二条新渠道，使丰田营销网的店铺数量迅速增加。丰田汽车销售公司采取了"地域限定制""多渠道制"并用的政策，不断刺激经销商互相竞争，扩大销售网络体系。

20世纪50年代后期，丰田还针对当时中间商在销售过程中层层加价，收取高额手续费，牟取暴利，导致消费者不满的状况，实行了"定价销售制度"。丰田把制造商（包括店铺）的售价通过报纸报道甚至广告的形式公布出来，让消费者放心购买。这种办法尽管使很多经销商损失了利益，引起其强烈不满，但是在把汽车由特殊消费品转为大众消费品的过程中起了巨大的推动作用，整体市场的扩大使经销商的获利远远超过了损失。

三、高速增长的20世纪60年代

从1960年开始，日本经济进入了高速增长期，国内消费也急剧高涨。轿车在城市家庭中的普及率也由几乎为零提高到23%。为适应市场的飞速发展，丰田也逐渐确立了大众经济型轿车大量生产、大量销售的体制。为此，丰田又新创建了专销经济型轿车的第三条渠道，重点推出受大众欢迎的"丰田花冠"车，使经济型轿车的销售迅速膨胀。随后丰田又为推出"花冠"的姐妹车"Sprinter"，创建了专用的销售渠道"丰田奥特"，进一步强化了丰田的多渠道制。

虽然根据地域限定制，丰田的经销商拥有某一区域内的销售特权，但多渠道制的强化加剧了丰田系列渠道间的竞争，尤其是在销售区别不大的姐妹车型时更是如此，使当时丰田经销商的营业员都有"丰田车的最大竞争者还是丰田车自己"的感觉。

1965年，外国整车对日本出口实现完全自由化。为了应对进口车可能造成的市场冲击，丰田及其经销商更加紧密地团结在一起。丰田向经销商提出了更高的销售目标及相应的奖励办法，让所有渠道成员在短期内通过互相竞争来扩大销售。尽管这种急功近利的做法有诸多弊端，但取得的业绩是相当显著的。

四、稳定成长的20世纪70年代

20世纪70年代以后，日本汽车市场高速增长期结束，进入稳定增长期。大众消费需求由以初次购车为主逐渐过渡到以更新需求为主。同时，随着人们收入和生活水平的提高，对轿车的消费需求也呈现出多样化趋势。于是汽车制造商纷纷扩充产品线，推出多种新车型。针对这种情形，丰田推出了"1渠道2车型体制"，即在每个渠道内销售两种有代表性的车型。例如在"丰田"渠道内销售"世纪""皇冠"；在"丰田宠儿"渠道内销售"卡罗拉""马克Ⅱ"；在"丰田花冠"渠道内销售"花冠""赛利卡"等。

这一时期，由于日本国内市场低迷，销售状况恶化，丰田也和其他汽车制造商一样强化对经销商的指导，开始重视经销商的质量和经营效率。同时，丰田出台了一些加强对经销商控制的计划，对经销商强加了各种苛刻的条件，促使其提高效率，提升经销商的管理水平。

五、被泡沫淹没的20世纪80年代

1980年，丰田开辟了它的第五条国内销售渠道——"丰田威斯特"，希望通过它不断推出有吸引力的车型，把顾客吸引到店铺中来。1982年，负责生产的丰田汽车工业公司吞并了因市场低迷而销售不振的丰田汽车销售公司。1988年，丰田在日本的年销售量突破200万台，5条销售渠道牢牢地捍卫了丰田在国内市场销量第一的地位。

到20世纪80年代后期，由于大量出口廉价产品（包括汽车整车），日本与各国之间的贸易摩擦和纠纷不断发生，加上日元升值，日本汽车出口的盈利大减。日本汽车行业被迫把目光转向国内，这又恰好与日本国内泡沫经济的开端"撞"在了一起。

1989年，丰田在美国推出"凌志"（Lexus）[①]。这是丰田第一次在海外市场创建高档车专营渠道。丰田在"凌志"渠道的创新和宣传上，巧妙地将其与原有的丰田品牌完全隔离，使"凌志"成功地成为北美高档车市场中最畅销的品牌。

六、"失去的十年"和景气复苏（1990年至21世纪初）

20世纪90年代初，随着泡沫经济的崩盘，日本进入了长达10年的经济低迷和萧条时期，作为支柱产业的汽车产业也不例外。丰田面临着销量锐减、费用增加、成本上升和汇率变动损失等问题，业绩也恶化。为了应对这种情况，丰田进行了分阶段的针对性改革。20世纪90年代后半期，为适应市场细分化的需要，更贴近、迎合和满足消费需求，丰田对渠道体系也进行了一系列的改革。1998年8月，丰田将"丰田奥特"改为"Netz丰田"。2004年丰田又将"Netz丰田"与"丰田威斯特"合并，改称"Netz"；将"丰田"标记从名称中隐去的主要目的是和其他渠道形成差别化。"丰田"主要针对经理级别的客户；"丰田宠儿"主要针对白领阶层的客户；"丰田花冠"主要针对工薪阶层。丰田在建设"Netz"渠道时试图超越以收入等级来细分市场的思路，而将生活方式、情趣和性格等因素纳入市场细分，将"Netz"打造成主要针对年轻女性的销售渠道。

2003年，丰田在北美推出了继"丰田""凌志"后的第三个品牌"Scion"。原来，丰田通过市场调查发现，原有的"丰田"品牌在北美年轻人中没有人气，被认为是过时、守旧和古板的代表，而"凌志"对年轻人来说又过于昂贵了。丰田认为，如果不能吸引现在的年轻人，那么就算他们进入中老年也不会喜欢丰田车，因此有必要为现在的年轻人量身打造"Scion"品牌。丰田没有像"凌志"那样为"Scion"开辟专用渠道，而是在原有的丰田品牌店内设置"Scion"品牌专区来销售。丰田就是希望现在喜欢上并购买

---

① 2004年6月8日，丰田将"Lexus"的中文译名由"凌志"改为"雷克萨斯"。

"Scion" 的年轻人，在若干年后也会喜欢并购买在旁边展示的 "丰田"。

2005 年 8 月，丰田将在北美非常成功的 "雷克萨斯" 引进日本，重新形成拥有 5 条渠道共 5 000 多个店铺的庞大的销售网络。在日本销售 "雷克萨斯" 时，丰田沿袭了在北美的做法，使其与丰田完全脱离，并采用专有渠道和店铺。

丰田在这几十年时间内多次进行渠道变革的原因是什么？这对我们有什么启示？

资料来源　曾宪忠. 丰田渠道变革七十年［J］. 销售与市场（管理版），2007（5）：72-77.

渠道实践 2-4 分析了从 20 世纪 30 年代到 21 世纪初丰田汽车渠道的变革历程。21 世纪以来，各国的科技、经济和社会的变革进一步加快，导致市场环境迫使企业继续不断地进行渠道变革。拓展阅读 2-1 将进一步补充介绍和分析丰田汽车公司近些年来渠道变革的资料，以帮助我们理解和把握渠道变革的发展趋势和规律。

拓展阅读 2-1

2.6　分销渠道结构的发展趋势

2.6.1　渠道扁平化

2.6.1.1　渠道扁平化的发展背景

传统的分销渠道结构一般都遵循制造商—总经销商—二级批发商—三级批发商—零售商—消费者的模式。从制造商到零售终端至少需要经过 2 ~ 3 个中间环节。这些中间分销环节的存在不仅大大延缓了有关信息传递和分销的速度，而且增加了分销成本。即使每一个分销环节都只是获取了合理的利润率，但在零售终端的最终零售价也会明显地提高。结果是，商品在零售市场上的竞争力被大大削弱了。随着市场的发展，消费行为日益成熟，消费者不仅对商品在品种、品牌和质量上提出了更严格的要求，而且在价格方面会进行更理智的选择。过多的分销环节对制造商增强产品竞争力和赢得消费者将产生非常不利的影响。

于是，处于市场终端的零售商为了降低成本会避开某些中间分销环节，直接从上游制造商进货。明智的制造商为了提高自己产品的竞争能力，也会抛开某些中间分销环节直接向终端零售商提供产品，开展合作。这两种情形都会导致渠道扁平化的趋势。可见，渠道扁平化是对多层次分销模式的变革和进步，是市场发展的必然趋势。

更具体地说，下列原因加速了渠道扁平化的发展步伐：

（1）出于竞争需要，强化对渠道成本的控制

制造商希望通过渠道扁平化，减少甚至清除过多的中间分销环节。这样不仅可以削减渠道成本，而且可以加强对渠道成本的控制，在竞争性环境中保持和增强产品竞争力。

（2）希望掌握渠道主动权

随着渠道作用变得越来越重要，掌握渠道主动权已经成为制造商在市场竞争中获胜的重要手段。制造商为了摆脱对经销商的依赖，既要增强渠道辐射力，又要加强对渠道的控制力，而渠道扁平化正是实现这些目标的有效办法。

（3）出于建立全新客户关系的需要

在传统的分销体系下，由于中间分销环节的存在，制造商必须通过和依靠经销商与顾客进行沟通，提高顾客满意度，建立顾客信任度和忠诚度。但由于制造商与经销商在利益关系上存在一定程度的对立性，想要依靠经销商来建立顾客对制造商品牌的信任度和忠诚度往往是低效或困难的。而渠道扁平化可以使制造商把握与顾客沟通的主动权，为顾客提供更优质的服务，这样就更有利于提高顾客满意度和培养顾客信任度和忠诚度。

（4）信息技术的发展为渠道扁平化提供了基础

计算机和通信技术的发展大大增强了沟通和管理能力，使制造商能够及时、方便地与更多的渠道终端保持沟通与处理业务。制造商利用企业内部网和互联网就可以迅速地对渠道终端的订单、应收账款和产品配送情况进行处理和控制，并能降低销售成本，提高盈利。所有这些都提供了实施渠道扁平化策略的现实可能性。

近些年来，在市场低迷、同业竞争和电商快速发展的冲击下，渠道扁平化获得了进一步发展。这些冲击使得品牌商的营业利润持续下降，能够为中间商环节提供的价差空间越来越受到压缩。品牌商养不活多层渠道时就不得不缩短渠道链，多层渠道结构就无法维持下去了。站在中间商角度看，当某个中间商环节无法获得自己应有的受益时，该环节就必然退出这场商业游戏，于是经销商渠道的扁平化成了必然的趋势。

2.6.1.2 渠道扁平化的含义

渠道扁平化是以企业利润最大化为目标，依据企业自身条件，利用现代管理方法和技术，最大限度地减少渠道层级，保证制造商尽可能直接地把产品销售给最终消费者的一种分销渠道策略。渠道扁平化既是一种策略，也是一种发展趋势。但扁平化绝不是简单地等同于减少一两个渠道中的分销层次。渠道扁平化实际上是优化供应链的过程，并不是简单地砍掉渠道的某些环节，真正减少的应当是渠道中不增值和增值很少的分销环节。

渠道扁平化是一个相对的概念。渠道扁平化要求制造商尽可能地减少不必要的中间分销环节，但是人们无法确定制造商或供应商的渠道究竟应当扁平到什么程度。分销商一般对当地的市场需求更为熟悉，并拥有一批基本客户，能帮助制造商迅速开发当地市场。同时，当地分销商更了解本地客户的资信状况，可以降低制造商的经营风险。此外，利用分销商可以减少自建渠道网络的高昂费用，并对消费者的服务需求作出更迅速的反应。由此可见，对大多数制造商来说，为追求渠道扁平化，一概取消中间商的做法并不合理。合理的做法是减少分销商的层级和数量，实现渠道结构的相对扁平化。

渠道扁平化也不是仅仅简单地减少渠道的层级。渠道扁平化意味着制造商销售模式的改变，要求制造商把更多精力放在客户端，敏锐地把握消费需求，及时调整自己的营销策略，在以更合理的价格向顾客提供产品的同时，进一步改进服务质量，提高顾客满意度和市场份额。同时，渠道扁平化要最大限度地降低渠道成本与库存压力，增强产品竞争力。

2.6.1.3　渠道扁平化对传统分销渠道的影响

（1）增强制造商对分销渠道的有效控制

渠道扁平化缩短了制造商与终端的距离，自然就能增强对整个渠道甚至营销终端的控制力。

（2）提高渠道效率和效益

渠道扁平化减少了渠道层级，既缩短了货物在中间商之间周转的时间，也节省了在多个环节流转的成本，既提高了渠道效率，也增加了企业的经济效益。

（3）保证渠道内信息传播更加准确、及时

渠道扁平化缩短了信息传递过程，加快了信息反馈速度，增强了渠道适应市场需求变动的能力。

（4）促使制造商的销售政策得到有效的实施

渠道扁平化大大削减渠道中多余的经销商，可以避免渠道内"层层盘剥"而导致的下游中间商不满和销售积极性下降等分销渠道冲突问题。渠道扁平化可以使企业整体营销与渠道战略更为有效。

（5）大大降低与中间商相关联的交易所带来的不确定性风险

传统的多层次分销增加了资金积压和产品囤积的风险。渠道扁平化缩短了物流中间环节，能降低与所有分销环节相关联的风险。

2.6.1.4　对实施渠道扁平化策略的进一步思考

（1）仅仅强调渠道扁平化是不够的

随着互联网的日益普及和信息技术的发展，越来越多的企业开始认识到渠道扁平化的必要性，并着手实施渠道扁平化策略。同时，早期实施渠道扁平化策略的企业的成功也导致一大批追随者的模仿。尽管渠道扁平化的初衷是寻求成本和竞争优势，但是，当一个行业中的许多企业都同样实施渠道扁平化策略时，这个行业就可能重新陷入成本竞争和价格战的困境，实施了渠道扁平化策略的众多企业仍然可能无利润可图。因此，尽管渠道扁平化是必要的，但仅仅强调和实施渠道扁平化策略还无法保证企业的成功。只有在实施渠道扁平化策略的同时，再采取各种行之有效的差异化策略，企业才能用差异化超越成本竞争，获得独特的竞争优势。

（2）企业对实施渠道扁平化策略的风险应有足够的认识

尽管实施渠道扁平化策略的好处是明显的，但如果在实施渠道扁平化策略时需要投入大量资金或者计划建设一条全新的渠道，企业就必须对可能的风险作全面的评价。例如，为了保证渠道扁平化，企业经常采用自建渠道的做法，这种风险是最大的；盲目地在互联网上新建一条电子商务渠道，也可能因为耗费企业大量的资金和其他资源而得不偿失。

2.6.2　深度分销与决胜终端的渠道模式[①]

2.6.2.1　深度分销与决胜终端的渠道模式的提出背景

终端是分销渠道的最末端,是制造商产品的"出海口"。它上承制造商和经销商,下启最终消费者。对制造商来说,只有通过终端销售才算真正完成销售环节。可见,终端是产品销售中最重要的环节。终端从广义上讲是产品到消费者手中的最后一环,可以是零售商店,也可以是直销、电商或展销会等;从狭义上讲,终端就是零售商店。随着可供消费者选择的产品种类越来越多,渠道终端对消费者购买行为的影响日益增加。对制造商来说,控制好了终端,就等于掌控了市场主动权。一方面,掌控终端就意味着企业获得了对渠道的调控力;另一方面,掌控终端就能影响消费者的购买行为,提高消费者对产品的忠诚度。这就是深度分销与决胜终端的渠道模式的出发点和基本思路。

在渠道扁平化趋势的推动下,制造商为提高竞争力纷纷以终端建设为中心来运作市场。一方面,这能确保产品及时到达终端,提高产品展露度,使消费者买得到;另一方面,直接在终端市场上组织各种促销活动,激发消费者的购买欲望,使消费者乐意购买。于是,制造商越来越强调和重视渠道终端的作用与建设,渠道结构的重心不断下沉。自20世纪90年代起,有企业提出了深度分销与决胜终端的渠道模式。

深度分销与决胜终端模式的核心思想其实很简单,就是厂家绕开或架空经销商,从后台走到前台,成为分销的主体,将营销组织不断地下沉的行为或过程。

深度分销与决胜终端的渠道模式一经提出就受到普遍重视,并广受欢迎,曾经被看作中国营销界的灵丹妙药,为中国企业的营销立过汗马功劳。该模式一度被称作国内企业在营销方面的重大创新。采取该模式最为受益和成功的当数快消品企业,如宝洁的分销商一体化经营系统、可口可乐的101系统、康师傅的营业所模式等。这些深度分销与决胜终端的渠道模式曾对企业在行业中快速成长起到了很大的作用。

2.6.2.2　深度分销与决胜终端的渠道模式的局限和没落

该模式重视渠道终端环节的建设,强调制造商参与并确保对包括铺货、终端理货、陈列与展示、终端促销等环节在内一系列工作的控制。这就需要建立和维持巨大的分销网络,需要一支庞大的销售队伍来支撑。这支庞大的销售队伍每个月都需要企业花费巨额的费用来维持,这很可能侵蚀公司的可观利润。

以销售额超过100亿元的企业为例,深度分销与决胜终端的渠道模式基本上把营销组织下沉到乡镇了。假如平均每2个乡镇投入1个分销人员,全国3.86万多个乡镇所需要的乡镇分销人员就多达近2万。此外,企业为了直接掌控终端,更会在全国一、二、三级城市布下数以万计的终端业务人员。两者相加,销售队伍应在4万人左右。这样一

---

①　[1] 梁胜威. 深度分销将成为末日黄花 [J]. 销售与市场(渠道版), 2015(10): 76-77.
[2] 刘新华, 方悦. 压垮深度分销的最后一根稻草 [J]. 销售与市场(渠道版), 2013(12): 63-65.

来，仅人事费用每年至少得花 24 亿元（每人每月成本按 5 000 元计）。如果众多企业都实施深度分销与决胜终端的渠道模式，则其所取得的效果与都不实施该模式没有任何区别。

一般来说，任何一种分销渠道模式的成败都会受时间和空间因素的影响。深度分销与决胜终端的渠道模式的衰败受到了下列因素的影响：

（1）时代变了，消费者的习惯变了

深度分销与决胜终端的渠道模式在早期确实成就了许多企业，这是由当时的市场环境条件所决定的：人工成本低廉，竞争还未激化，多数企业的营销手段都比较粗犷，这些都构成了深度分销与决胜终端的渠道模式一定的发展空间。时至今日，电子商务和网络购物迅猛发展，相当大的一部分人都在网购。

（2）现在还采用深度分销与决胜终端的渠道模式已经很难有竞争力

该模式的目的是通过实行制造商一体化来达到大小店通盘控制的目的。但当大小终端都已经成为各制造商尽力争夺的对象时，剩下的就只能是降价、促销。终端不断搞活动，拼人员和费用，制造商大多进入难以为继的境地，即使销量上升，利润还是会逐年下滑。

（3）中小超市和经销商经营艰难

近些年，许多经销商都在逃离、转行，甚至倒闭，整个渠道面临转型。深度分销与决胜终端的渠道模式的核心思想是建立制造商一体化运作终端。但是，如果中间商都在逃离，还何来一体化运作？

深度分销与决胜终端的渠道模式尽管是一种低效益的销售方式，但由于各个竞争企业在"精"与"细"上殚精竭虑、不遗余力，所以该模式本来还能坚持相当长一段时间；但是后来出现的基层员工流失问题，成了压垮该模式的最后一根稻草。当然，人员流失的原因是很复杂的，既有宏观方面的，如大家熟悉的人口红利消失的原因，也有微观方面的企业自身管理方面的原因。不管何种原因导致人员流失，结果都对深度分销与决胜终端的渠道模式造成了致命的打击。该模式要求精益求精、细致入微。如果没有一支成熟稳定的基层员工队伍，没有吃苦耐劳且训练有素的终端分销人员，没有对终端客户周期性的拜访和维护，深度分销就是一句空话。

2.6.3　渠道多元化[①]

2.6.3.1　渠道多元化既是趋势，又是严峻的挑战

企业不断采取复合分销渠道和多渠道组合必然导致渠道多元化。渠道多元化既是复合分销渠道发展的结果，也是渠道管理思路的升级和创新。复合分销渠道策略是对现有传统分销渠道叠加的结果，对企业来说多半是一种被动的、简单的累加行为。而渠道多元化是企业从优化经营行为的目的出发，从整体上优化分销渠道结构，通过把有限的资源合理地

---

① 佚名. 盘点中国分销渠道管理的八种模式［EB/OL］.（2013-12-12）［2024-04-30］. http://zai-zhi.eol.cn/bschool_ppyx_10026/20131212/t20131212_1051337.shtml.

配置在适当的分销渠道中，开发有发展前景的新分销渠道，强化现有分销渠道的竞争力，必要时主动淘汰缺乏活力的分销渠道。所以，渠道多元化是企业主动采取的一种管理和控制行为。从营销的基本理论看，随着消费行为日益多样化、个性化，市场中必然出现更多的细分市场。任何单一的分销渠道都会不足以覆盖大部分的目标市场群体以及零售网点。只有采取渠道多元化的策略，以不同的渠道来覆盖和占领不同的目标市场，才有可能覆盖更大的市场范围。

从实践上看，随着市场上出现越来越多新的细分市场和新的零售业态，环境也迫使企业不断引入和增加新的销售渠道。很多企业在渠道变革的过程中既保留了原有的渠道体系，又建立了新的渠道，于是渠道出现了复合化和多元化的特征。所以，现在渠道多元化在很多行业中都呈现出流行趋势，尤其在快速消费品行业和消费类电子产品等领域，显得特别明显。企业既有直销又有分销，分销体系中又可能有多种渠道模式。企业渠道多元化的发展趋势是非常明显的。

渠道多元化对企业的营销管理能力提出了巨大的挑战。正如我们在 2.4 部分中所讨论的，当企业采取复合分销渠道策略时，必然面临分销渠道冲突和渠道效能下降的难题。分销渠道冲突的本质是由有关渠道各方利益分配与期望不一致所引起的。在多种不同渠道并存的情况下，冲突往往是在所难免的。而渠道效能取决于企业资源在渠道中的分配。企业资源总是有限的，当采取渠道多元化模式时，资源分配自然就成了一个难题；如果处理得不好，确实可能影响整个渠道的效能。渠道多元化要求企业不能不分主次地平均分配资源。由此可见，尽管在实施渠道多元化时企业可以探讨具体的解决办法，但是要完全、彻底地消除和避免上述两个难题，确实是一个严峻的挑战。

2.6.3.2　推动渠道多元化的原因

尽管渠道多元化看起来困难不少，但企业还是不愿意死守在单一渠道上，而宁愿承担采取多元化渠道的风险。这是由两方面因素驱动的结果：

（1）企业多种内因驱动的结果

我国越来越多的企业出于竞争的需要，选择了跨产品、跨行业的经营多元化的发展战略，自然会导致企业渠道的多元化。有些企业则为了通过进一步细分市场来提高市场占有率，也会新建能够深度到达这些细分市场的独特渠道；更多企业为了降低原有渠道环节的成本，也会考虑改造旧渠道，建设新渠道；也有的企业为了增强对渠道的控制力而新增渠道；还有的企业为了提高对市场变化的响应速度而改造或新建渠道。所有这些都会导致同样的结果，就是渠道多元化。

（2）市场外因驱动的结果

在跨国公司进入我国市场的初期，我国企业不得不借助原有渠道与之开展“短兵相接”的竞争，并根据竞争的需要对原有渠道进行必要的改进和提升。很快我国企业从跨国公司的成功渠道模式中学习到许多新的东西。现在，戴尔和安利几乎成了直销的代名词；沃尔玛已经成了零售商渠道的典范；肯德基和麦当劳则完全是特许经营模式的楷模。跨国公司凭借其强大的实力和丰富的经验，在渠道建设和维护方面的经验能够为我国企业所借鉴，有助于我国企业渠道再造和渠道创新。此外，政策因素（如《直销管理条例》等的颁布与实施）、消费基础设施的建设（如物流配送和多种形式的网络支付）与网络信息技术的发展和成熟等外部因素都促进了渠道多元化的稳定发展。

2.6.3.3　商流与物流分离的多渠道模式是未来渠道发展的方向和趋势

商流与物流分离是指企业设立两套不同的分支机构体系，分别处理商流与物流业务；同时，实施自上而下的统一管理。对每张销售订单，都需要两套体系中的相关机构相互配合、相互监督、共同执行。

商流与物流本身并没有包含销售业务的全部处理环节，而只是销售业务的开始两个环节，后续的还有结算、售后服务等环节。一般来讲，在一张订单经物流执行完毕、结算并收款完毕后，那么这笔销售行为才算完成。在商流与物流管理分别由不同的分支机构承担的情况下，后续的结算环节将由商流管理机构与物流管理机构共同承担。典型的运作模式是：商流管理机构发起结算，物流管理机构开发票执行结算；商流管理机构催收货款，物流管理机构实收货款并转回总部。

由于物流管理本身是非常容易标准化的，基本上不存在不同产品线需要不同机构来支持的问题，也极少涉及诸如价格谈判之类涉及商业机密的问题，所以许多企业将物流管理完全外包给第三方物流公司，而自己的分支机构集中精力处理销售支持和市场支持等关键业务。这就是国际上非常流行的"企业非核心业务外包"策略的典型体现。

商流与物流分离的多渠道模式至少能为企业带来如下几方面的好处：

（1）降低非法侵占的风险

当渠道分支机构的业务规模发展到一定程度后，总部就很难对其每一笔业务进行监控，当然也就无法搞清楚每一笔出入库操作究竟对应哪些业务了。这样就给部分居心不良者以可乘之机，以新增虚拟业务为由侵占企业财物。商流与物流分离后，任何一笔业务的执行都需要经过至少两个不同体系机构的共同操作才能完成，两类机构互不隶属，相互监督，定期对账，从而大大增加了非法侵占的难度。

（2）降低挪用货款的风险

商流与物流分离后，货款的回收需要两类机构共同参与，相互监督的结果大大增加了任何一方挪用货款的难度。

（3）提高库存周转率，降低库存资金占压

商流与物流分离后，可以实现商流分散管理，从而优化仓库设置结构，集中调度库存产品，最终可以在保证交货准时性的同时减少企业总体安全库存量。

（4）减少无效运输

物流集中管理可以明显减少由销售机构争抢货源造成的重复运输现象，降低运费支出，减少运输破损。

（5）降低物流管理成本

如果将物流业务外包，利用第三方物流企业专业化、规模化的优势，则可以大大降低企业单件产品的平均物流管理成本；对产品淡旺季明显的企业或者总体物流量偏小的企业来说，这一点体现得更为明显。

商流与物流分离的多渠道模式虽然收益明显，但同样存在缺陷，对企业管理提出了新的挑战，主要体现在以下几个方面：

首先，业务流程变长。一旦机构之间协同不力，或者缺乏有力的信息化系统支持，就会引发低效运行，严重影响交货准时性，进而危及整个渠道的稳定性。所以，多渠道模式对机构之间的业务协同处理能力要求非常高。没有信息化系统的支持或支持不力，机构间的业务协同就很难实现。

其次，同一地域需要设立多重机构，直接管理费用增加，对企业整体管理提出了更高要求，即严格的规范化、制度化管理，以防止多重机构设置可能引发的严重相互推诿扯皮现象。

最后，如果选择物流外包，则要求信息化系统能跟第三方物流公司的系统进行数据交换，或者采用防伪票据作为与第三方物流公司结算的依据。

法治引航

企业和个人都必须遵守国家对直销行业的政策

2018年以来，国家密集出台了一系列政策，严查直销企业的种种违法行为，要求直销企业规范市场行为、严格自律，杜绝各种违法违规行为。其中与分销渠道管理直接有关的政策有：

1. 成立国家市场监督管理总局

2018年3月，新组建的国家市场监督管理总局正式成立，国家工商行政管理总局、国家质量监督检验检疫总局和国家食品药品监督管理总局不再保留。国家市场监督管理总局主要负责市场综合监督管理，统一登记市场主体并建立信息公示和共享机制，组织市场监督管理综合执法工作，承担反垄断统一执法，规范和维护市场秩序，组织实施质量强国战略，负责工业产品质量安全、食品安全、特种设备安全监管，统一管理计量标准、检验检测、认证认可工作等。

2. 相继出台3份重要文件

2018年4月，国家市场监督管理总局连续下发《国家市场监督管理总局关于进一步加强打击传销工作的意见》（7号文件）、《国家市场监督管理总局关于进一步加强直销监督管理工作的意见》（8号文件）和国家市场监督管理总局办公厅《关于开展查处以直销名义和股权激励、资金盘、投资分红等形式实施传销违法行为专项行动的通知》（9号文件），表明了国家对严打传销、股权激励等行为的决心。

3. 《中华人民共和国电子商务法》出台

《中华人民共和国电子商务法》于2019年1月1日起正式实施，网上交易不再有法外之地。该法明确了以下几点：

（1）微商、直播销售等被列入电子商务经营者范畴；

（2）拒退押金、恶意搭售，这些侵权行为将面临最高50万元罚款；

（3）刷好评、删差评，这些行为被明令禁止；

（4）商品危及消费者生命健康，平台应承担相应的责任；

（5）电商渠道进行交易的各种方式都需要纳税。

4. 《直销行业舆情监测报告》发布

2018年4月，国家市场监督管理总局提出了《直销行业舆情监测报告》。报告具体内容包括：

（1）对直销企业基础信息进行分析；

（2）对直销企业在经营活动中存在的退换货情况、消费维权、涉嫌传销等负面舆情进行整理；

（3）对直销企业参与各类社会公益活动以及在经营过程中所取得的各类业绩进行汇总；

（4）从"负面信息""获得信息""荣誉信息"三方面对直销企业进行精准评估。

该报告的出炉对各地摸清直销企业家底，掌握直销行业当前发展变化趋势具有深远的意义。

资料来源　佐伊．2018 年度影响中国直销行业的十大政策［EB/OL］．（2019-01-21）［2024-04-22］．https://www.sohu.com/a/290432066_428729.

本章小结

传统消费品分销渠道和传统工业品分销渠道一般适合中小企业采用。现代企业为增强渠道竞争力，对渠道进行整合的结果是出现了多种新型的渠道形式。

垂直分销渠道的每个成员都关注整个渠道系统的成功。其根据渠道成员间关系从松散到紧密的不同程度，分为管理型、契约型和公司型垂直分销渠道。构建垂直分销渠道是通过渠道纵向一体化来实现的。渠道纵向一体化的动因往往与规模经济有关。实施渠道纵向一体化必须具备一定的条件。

水平分销渠道主要有 3 种形式：制造商水平分销渠道、中间商水平分销渠道和促销联盟。

构建复合分销渠道有一系列好处，但增加了渠道管理难度，容易引发窜货等管理问题。复合分销渠道有 3 种不同的形式：密集型渠道体系、选择型渠道体系和混合渠道体系。企业在实施多渠道最佳组合策略时应当明确自己的目标和条件。

渠道扁平化、深度分销与决胜终端的渠道模式和渠道多元化是渠道结构的发展趋势。

主要概念

传统分销渠道　垂直分销渠道　管理型垂直分销渠道　契约型垂直分销渠道　公司型垂直分销渠道　水平分销渠道　复合分销渠道　密集型渠道体系　选择型渠道体系　混合渠道体系　多渠道最佳组合策略　渠道扁平化　深度分销与决胜终端模式　渠道多元化

基本训练

◆ 知识题

1.说明传统分销渠道的优劣势，以及企业发展新型渠道的原因。

2.什么是垂直分销渠道？它的主要形式有哪些？

3.分别分析3种类型的垂直分销渠道的特点和适用条件。

4.分析说明渠道纵向一体化的基本原理、动因和条件。

5.什么是水平分销渠道？它的主要形式有哪些？

6.企业为什么发展复合分销渠道？分析设计复合分销渠道时的主要目标和困难。

7.分销渠道体系的演变经历了哪些阶段？每一阶段的特点是什么？

8.什么是渠道扁平化？渠道为什么要扁平化？怎样实现渠道扁平化？

9.说明你对深度分销与决胜终端的渠道模式的认识，并分析这种模式早期成功和随后难以为继的原因。

◆ 技能题

1.分析行业发展对垂直分销渠道的影响。在一个迅速发展的行业中，垂直分销渠道是否更可能受到破坏？在一个衰退的行业中，垂直分销渠道是否更可能保持稳定？为什么？

2.收集一两个实施垂直分销渠道的案例，分析垂直分销渠道的类型，说明采用垂直分销渠道的具体动机。

3.收集采取复合分销渠道的企业或产品的案例，分析其是否符合该种渠道的特点、类型和效果。

◆ 案例分析题

1.根据本章引例和渠道实践2-1，分析讨论下列问题：

（1）谈谈你对"家电制造商的渠道出路究竟在何方"的认识和看法。

（2）案例说明了家电行业渠道的争夺情况，讨论其他行业是否存在家电行业同样的情况，并说明你的理由。

2.分析下列案例，并提出你的建议。

李经理是某二级市场的一个建材经销商，拥有上千平方米的专卖店，年销售额达亿元以上，在当地市场有很高的地位。由于竞争激烈，专卖店的年度销售额虽然有较大幅增长，但利润勉强持平。李经理再三考虑，开始实施多种渠道的运作模式，采用家装/设计师渠道，连锁建材超市、工程、小区团购渠道，以及现有的以分销为主的自有渠道。但李经理发现每个渠道运作中都有一定的困难。

家装/设计师渠道不运作不行，但运作起来扣点又太高。更有甚者，对方拿了好处还不一定帮你销。每家家装公司都签了不少的合作品牌，而设计师的忠诚度又很低。

连锁建材超市不仅费用高，而且程序特别麻烦；不做又怕建材超市的发展会走家电行业国美电器、苏宁易购的道路，到时候后悔莫及。

做工程不仅需要广泛的社会关系，更重要的是，货款的占用金额大而且时间久，利润还不高。

小区团购还没有找到特别合适的销售方法，付出与成交率不成比例。

早在两年前，李经理就探索过这种多重渠道的方法，当时也跟很多建材经销商一样干过投机取巧的事情：跟家装公司签了协议，但当消费者来到专卖店时又会给予更低的价格，结果是客户没搞定还得罪了家装公司；跟超市签订了合同，但是指使员工将客户拉到专卖店来；也曾在小区团购渠道投入了大量的人力、物力和财力，期望得到丰厚的回报，结果却总不尽如人意……

今年，李经理下决心要解决多重渠道的运作问题，实现销量与利润的同步增长，但他并不知道究竟应当如何操作。

资料来源　侯定文. 冲破多重渠道的迷雾 [J]. 销售与市场（管理版），2008（15）：64-65.

第3章 分销渠道成员分析

学习目标

知识目标

◆ 深入理解批发商的分类、职能特点和相互间的差异；掌握主要零售业态的特点，理解零售业态演变理论；深入理解连锁和特许经营的基本理论；掌握无店铺分销渠道的特点及主要类型。

技能目标

◆ 分析批发商面临的挑战和生存的理由；能够用零售业态演变理论来解释分析不同零售业态之间的竞争和发展规律；能够分析特许经营加盟过程中可能出现的问题和对策；分析无店铺分销渠道可能存在的问题，能够区分直销与非法传销之间的差异。

❖ **引例**

关于妙帛的思考

妙帛服饰创办于2000年，专门收购品牌服装尾货，换上统一的商标后在自己的门店内打折销售。鼎盛时期，妙帛的供应商有3 000多个，连锁店有300多家，会员店有2 000多家。

张小姐于2007年年初加盟某市妙帛服饰连锁公司，由于生意火爆，又开了一家。但进入2008年后，除了7月和8月来过一批新货外，妙帛总部几乎没有提供过新货。断货造成加盟店生意一落千丈，张小姐只能四处奔波寻找其他货源，或者继续去妙帛进旧款服装。尽管如此，店内还是严重缺货。同时，张小姐不得不继续为两家门店支付高昂的租金，几乎到了无法盈利的地步。和张小姐一样，很多妙帛加盟商都遇到了同样的进货难题。

据另一位加盟商王小姐回忆，她在2006年去妙帛公司时，公司很兴旺，所提供的产品都是杭州、上海等地的品牌女装。加盟妙帛后能以原价一点八折进货，然后以两到三折的价格出售。据妙帛总部介绍，以前一天就要接待二三十个有加盟意向的客商，后来不仅加盟生意冷清，而且由于很少向其他制造商进货，所以门店中顾客也没有几个。

妙帛从表面上看是遇到了断货问题，似乎是供货渠道不通，但实质上说明服装折扣店的生存与发展面临着严峻的挑战。其实，断货的背后具有妙帛难以克服的、影响到其生存的深层次原因。

1.服装折扣店的发展已经影响到知名品牌自身的生存

服装折扣店在帮助服装企业解决库存问题的同时，也给自己带来了大量的库存，加上新货源减少，导致货品陈旧，顾客大量流失。许多服装折扣店通过加盟体系实施快速扩张，门店数目越来越多，货源却越来越少，进价越来越高。服装企业的品牌维护意识在增强，许多企业不愿意把大批库存卖给折扣店，以免损害品牌形象。有的企业也担心将库存卖给折扣店后，折扣店会在自己的门店旁边卖自己产品的库存，导致顾客失去对品牌的信任。所以，越来越多的知名服装品牌倾向于通过自己办专场特卖会来处理库存。它们相信，尽管这样做麻烦，而且成本很高，但是不会影响品牌声誉。这也使得服装折扣公司的生存空间越来越小。

2.服装企业产销模式的变化影响到服装折扣店的生存

服装企业产销模式的变化导致库存减少，影响到服装折扣店的生存。对服装企业来说，库存的多少直接影响到利润，减少库存是服装企业所追求的目标。服装企业生产模式已经从以前的先生产再销售，转向以订单为基础再进行科学预测确定备货的模式了。这种产销模式的改变使库存明显减少。因此，服装折扣店不可能无限扩大；否则，迟早会受规模的制约。

3.服装折扣店面临前所未有的竞争

服装折扣店有不同的经营模式：

一种类似于中间商，向企业收购库存后再卖给各地的尾单市场。这种模式虽然利润不高，但销售风险大大降低了。

另一种就是妙帛采用的模式：由妙帛统一向企业收购后，由自营店和加盟会员店零售。这种形式遇到了前所未有的激烈竞争。

首先，许多知名服装品牌专卖店也开始六到八折、五折甚至两到三折促销。

其次，市场上又出现了一些更强势的竞争对手。某些新出现的折扣大卖场出售的多是从大商场刚撤柜的品牌服饰，与商场柜台的时差最短只有半个月，价低而货好，聚集了强大的人气，对妙帛及其加盟商造成了巨大的冲击。

最后，妙帛加盟商发现，妙帛总部在网站上以原价三折左右销售妙帛旗下的另外品牌，卖得还不错，但给加盟商的折扣太高。加盟商是开实体店的，成本高，按妙帛规定进货无利可图。

虽然该引例描述的是10多年前的事，但是所涉及的情况放到今天仍然值得我们深思。

资料来源 [1] 施雯，周柏. 妙帛危机 [N]. 每日商报，2009-01-18. [2] 向红英. 8年妙帛倒在折扣利刃下 [N]. 青年时报，2009-01-22.

3.1   批发商

3.1.1   批发商的含义、特征及分类

批发商（wholesaler）是指从某个分销渠道成员购进商品，然后转售给其他批发商、零售商、工业用户或各种非营利性组织，一般不直接向个人消费者销售商品的商业机构。

批发商经营活动的特征是处于分销渠道的中间环节，一头连着制造商，收购制造商的产品，另一头连着零售商、工业用户或各种非营利性组织，并向它们批发销售大宗商品。批发活动结束后，商品仍处于流通领域中，并不直接进入生产和消费领域。

批发商主要有 3 种类型：

（1）经销批发商

这是指一批独立的、专门从事批发业务的，并且在进行商品交易时拥有商品所有权的批发商。它们一般会大批量购进商品并进行储存，再把这些商品进行拆分，转售给零售商或其他分销渠道成员。经销批发商是批发商中最主要的类型。

（2）代理批发商

代理批发商又简称代理商，一般只帮助买卖双方进行业务沟通，但本身并不拥有商品的所有权。它们参与关于商品交易的谈判，目的是帮助其委托人与购买方达成交易，而不是为自己购买商品。

（3）制造商的批发机构

这是指由制造商自己创办的，但是独立于制造商生产机构的一些组织，如制造商营销公司或办事处等。它们的主要任务是销售本企业生产的产品，通常按经销商的模式开展业务。

3.1.2   批发商的功能

批发商是分销渠道中一个重要的环节。但是近些年来，随着市场环境的变动和互联网技术的发展，批发商处在零售商和制造商的两面夹击之中。一方面，许多零售商常常越过批发商直接向制造商进货，并在销售时扮演批发商的角色，将商品批量出售给购买者。另一方面，许多大型制造商也纷纷设立自己的销售机构，将产品直接批发给零售商，甚至直接卖给最终消费者。在这种情况下，人们担心批发商是否会被淘汰。其实，批发商是否会被淘汰取决于批发商在渠道中是否还起着不可或缺的作用。

批发商在分销渠道中具有如下功能：

（1）销售与促销功能

批发商利用其销售人员可以大大拓展制造商产品的推广范围和影响，为制造商的产品获得众多的小客户，促进产品销售。

　　（2）商品采购与搭配功能

　　批发商根据市场需求来选购商品，并将各种不同的商品进行搭配，为零售商或其他批发商节省商品采购和搭配的时间。

　　（3）整买整卖功能

　　批发商整批买进货物，再根据零售商的需要批量地批发给零售商，能够降低零售商的进货成本。

　　（4）仓储服务功能

　　批发商通常拥有自己的仓储设备，可以将货物储存较长时间，从而降低供货商和零售商的存货成本和风险。

　　（5）运输功能

　　批发商一般拥有自己的运输工具，承担商品从制造商到批发商或者从批发商到零售商的运输，这就大大降低了制造商和零售商在运输工具上的投入。

　　（6）融资功能

　　批发商既可以通过允许购买者赊销或分期付款的方式向购买方提供融资服务，也可以通过提前订货、预付货款的方式向制造商提供融资服务。

　　（7）风险承担功能

　　批发商在与其他分销渠道成员的交易过程中，通过拥有商品的所有权，承担商品失窃、损失或过时等各种风险。

　　（8）提供信息功能

　　在交易过程中，批发商会向有关的制造商和零售商提供各种市场信息，如竞争者的动态、新产品的出现和价格的变动等情况，为它们的决策提供帮助。

　　（9）管理咨询服务功能

　　批发商有可能帮助与自己关系密切的零售商培训推销人员，改进商店陈设，建立财务与存货管理系统，提高零售商的经营效益。

　　（10）调节产销关系功能

　　批发商运用其运输和储存功能，可以起到调节产销关系、促进产销平衡的"蓄水池"的作用。

　　批发商的上述功能在近期还不可能完全被其他分销渠道成员所替代。批发商在执行上述功能方面所具有的专业性和规模效应，使得它们在执行上述功能方面有更高的效率；同时，批发商自身也在不断地发展完善。因此，批发商不仅会继续存在下去，而且会在分销渠道中扮演重要的角色。

3.1.3　经销批发商

　　经销批发商从事批发业务的目的是通过发挥各种批发功能，提高渠道的效率，获取买卖差价。经销批发商有以下划分方法：

3.1.3.1 按经营商品的范围划分

（1）综合批发商

这是指经营范围广、商品种类多的经销批发商。它们的销售对象主要是各类零售商店，如百货店、杂货店、五金店、药店和电器商店等。另外，向制造商提供品种齐全、规格繁多的工业用品的批发商也属于综合批发商。

（2）专类商品批发商

这是指经营范围仅限于某一类商品的经销批发商。虽然它们仅仅经营一大类商品，但花色、品种、规格和品牌等很齐全，还经营一些与这类商品密切关联的配套商品。例如，药品批发商除经营药品外，还会经营一些保健品和洗涤用品等。

（3）专业批发商

这是指专门经营一条产品线中的一部分专业产品的批发商。它们的主要销售对象是专业商店，如海鲜批发商。

3.1.3.2 按所提供服务的范围划分

（1）完全功能批发商

它们执行批发业务的全部功能，为制造商和其他的购买者提供包括保持存货、雇用固定销售人员、信贷、送货等全面的功能服务。

（2）有限功能批发商

它们只执行批发业务的一部分功能，提供部分功能的服务，目的是降低成本和批发价格。这类批发商又可分为：

❶现购自运批发商。它们既不赊销，也不送货，要求客户当场付清货款，并自己解决运输问题。这类批发商主要经营食品杂货。

❷承销批发商。它们向包括其他批发商、零售商等在内的客户争取订单，在得到订单后就向制造商进货，并通知制造商将货物直接运送给客户。所以，承销批发商不需要仓库和商品库存，只要一间办公室就行了。

❸卡车批发商。它们主要经营一些易腐和半易腐的商品。它们一接到客户的要货通知，就从制造商那里把货物装上卡车，立即运给客户。客户主要是零售商店、饭店和旅馆等。

❹托售批发商。这些批发商主要经营家用器皿、化妆品和玩具等。它们在超级市场和杂货店设置自己的货架，展销所经营的商品。待商品卖出后，零售商才付给货款，经营费用较高。

❺邮购批发商。它们借助于邮购方式开展业务，主要经营食品杂货、小五金等商品，客户是边远地区的小零售商。

3.1.4 代理批发商

代理批发商本身并没有商品所有权，只是在买卖双方之间起媒介作用，促成交易，从中赚取佣金。代理批发商一般都是专业化的，专门经营某一类业务。其可以分为：

3.1.4.1　制造商代理商

制造商代理商是指受制造商委托，在一定地区内负责销售该制造商产品的代理商。制造商代理商通常会和几个制造商签订长期代理合同，在一定地区内按照制造商规定的价格或价格波动幅度及其他销售条件，替制造商代销部分或全部产品。制造商则在产品出售后按销售额的一定比例付给佣金。

因此，制造商代理商通常在某一地区内经营，所销售的是一些非竞争而又相关的产品，对产品的销售价格及交易条件的决定权很有限。利用制造商代理商来销售的产品主要有机器设备、电子器材、家具、服装和食品等。

制造商使用制造商代理商有两个主要的原因：

（1）减少开发新市场中的投入和风险

制造商在开发某一地区新市场时常常使用制造商代理商，等到市场销路打开，销售量达到一定程度以后，再使用自己的销售人员拓展和维护市场。这样既避免了开发新市场的大量投入，又降低了进入新市场的风险。

（2）为了更合理地调配自己的推销人员

制造商通常会把自己的推销人员派往有大量潜在客户的地区，而在潜在客户不多、市场潜力有限的地区使用制造商代理商，因为在潜在客户不多的地区使用自己的推销人员在经济上一般并不合算。

3.1.4.2　销售代理商

销售代理商是受制造商委托，代理销售其某些特定产品或全部产品的代理商。销售代理商虽然本身并不拥有产品，但对制造商的营销活动有很大影响。销售代理商对产品价格、合同条款和其他交易条件有决定权。

尽管销售代理商与制造商代理商都是与制造商签订长期委托代理合同的代理商，但是，两者在如下方面有明显的区别：

（1）委托的地区范围不同

一般来说，制造商在某一个地区内只能使用一个销售代理商，而且制造商将其全部销售工作委托给该代理商以后，就不得再委托其他代理商，甚至也不得派自己的推销人员到该地区推销产品。但是，制造商可以同时使用几个制造商代理商，还可以在该地区设立自己的销售机构，派推销人员推销自己的产品。

（2）所代理的产品范围及决策权不同

销售代理商一般替制造商代销全部产品，在销售价格和交易条件方面有决策权，受经营区域的限制也比较小。制造商代理商只能按照制造商所规定的价格或价格波动幅度及其他销售条件，在一定地区内替制造商代销一部分或全部产品。

3.1.4.3　经纪人

经纪人（broker）是一种为买卖双方牵线搭桥、协助谈判的独特代理商。经纪人往往只是针对某项具体业务进行代理，而不是为整个企业作代理。通常，经纪人总是拿着商品说明书或者样品，替卖主找买主，或者是替买主找卖主，把买卖双方找到一起，介绍和促成交易，收取一定的佣金。经纪人多见于房地产业，金融、保险和证券业，以及广告业中。

❖ **渠道实践3-1**

宝洁的分销渠道成员剧变

2005年，宝洁对河南、山西、上海、江苏和江西等地的分销渠道进行了调整，不仅大规模地整改和撤换了原有分销商，而且令人意外地把一些汽车、房地产和医药等领域的经营者招募为宝洁新经销商。这一做法引起了业界和媒体的关注。人们普遍认为，宝洁不惜一切代价，有计划、快速地在全国进行一场空前的大换血行动，并且表现得异常决绝。

一、对宝洁撤换分销商原因的猜测

如果制造商更换个别分销商，则可能是分销商出了问题；如果制造商大规模更换分销商，则一定是环境驱使或者企业的营销目标发生了重大变化。

宝洁更换分销商源于它对分销商"专营专注"的要求。宝洁对分销商提供"保姆式的服务"：销售人员由宝洁招聘、培训和发工资，管理工具由宝洁提供。宝洁希望由此来换取分销商的忠诚，使其放弃竞争品牌的经营，只经营宝洁的产品。可是，分销商利用宝洁提供服务所获得的技能，常常经销宝洁竞争对手的产品。这可能是宝洁难以容忍的。宝洁曾经给经销商提供过10多个品牌的名单，希望分销商放弃竞争品牌，经营那些没有竞争性的被宝洁"相中"的品牌。可是，这只是宝洁的一厢情愿，分销商大多并不愿意。于是，宝洁就对不愿做到"专营专注"的分销商大开"杀"戒。

业界人士分析，符合宝洁"专营专注"的分销商实在太难找了。大分销商通常不符合或者不接受"专营专注"的条件。小分销商虽然符合"专营专注"的条件，但宝洁不一定看得上。因此，吸引其他领域的资金进入宝洁产品的分销领域，可能是宝洁艰难而无奈的选择。

宝洁对传统分销商不满的另一个重要原因可能是分销商对宝洁分销的"干预"。宝洁对分销商提供"保姆式的服务"，但隐含着要求分销商"只管赚钱，其他什么都不要管"，一切都按宝洁说的办。但是，分销商不可能对自己的生意放手不管，这就导致了宝洁与原有分销商之间的矛盾。

二、宝洁何以敢大规模撤换分销商

对制造商来说，撤换分销商，尤其是大规模撤换分销商具有很大的风险，稍有不慎就可能失去部分市场。而宝洁不仅敢换分销商，连分销额达到几亿元的分销商都换掉了。这一事件令业界震惊。宝洁敢大规模撤换分销商的原因可能如下：

（1）市场上没有对等的竞争对手。宝洁对消费者的拉力实在太强大了。宝洁相信，只要广告不停，就根本不怕市场短期内缺货。

（2）宝洁不怕市场上产品出现空当。宝洁的窜货一直很厉害，北京的货窜到山东很正常。据山东一些经销商说，它们虽然不代理宝洁产品，但是仍然能从其他渠道拿到宝洁的产品。

（3）撤换分销商仍能掌握分销网络。据宝洁前分销商讲，撤换分销商后，宝洁为分销商招聘的业务员中约有超过一半投奔新分销商去了。实际上，下线客户是由业务员掌握的。只要业务员继续为新分销商服务，宝洁的分销网络就跑不了。所以有人说，宝洁为分销商提供的保姆式的服务所付出的心血并没有白费。

三、宝洁面临的挑战

宝洁大规模撤换分销商的做法能否成功，是业内人士所热议的话题。许多人认为，宝洁更换分销商底气十足，不怕市场出现空当，不管消费者的反应如何，坚信胜券在握。但也有人认为，宝洁要求新分销商"专营专注"，给分销商和自己同时出了一道难题。

在传统的宝洁分销商眼里，宝洁产品从来就没有被当作盈利产品，只是被看作"带货产品"。分销商打着宝洁的旗帜做其他产品。这也正是宝洁对原有分销商不满的原因。宝洁产品的价格透明度高，分销商的利润空间小。不过，宝洁产品确实能带动其他盈利产品的销售。所以，即使宝洁产品不赚钱，分销商利用品牌组合策略，借助宝洁产品带动其他盈利产品也能获得预期的利润。

宝洁要求新分销商"专营专注"，也就意味着宝洁分销商不可能像传统分销商那样通过品牌组合来获得盈利了。这无论对宝洁还是新分销商而言都是巨大的挑战。

如今，宝洁大规模撤换分销商的事件已经过去了多年。人们发现，当初对该事件的担心是多余的。事实上，在大规模撤换分销商以后，宝洁仍然拥有巨大的竞争优势，其业绩和市场地位依然稳定提升。究其原因，应当是宝洁利用其所拥有的特别知名的品牌和强大的促销资源赢得了一大批忠诚的顾客，也对新分销商给予了巨大的支持和激励。

资料来源　刘春雄. 宝洁猜想［J］. 销售与市场（管理版），2005（26）：17-18；20.

3.2　零售商

3.2.1　零售商与零售活动的特点

零售商（retailer）是指以零售活动为其主营业务的独立中间商。零售活动包含如下几层意思：

第一，零售活动直接向最终消费者提供商品，而不是为生产消费或转售服务。

第二，零售活动不仅出售有形商品，而且提供服务。

第三，零售活动并不局限于固定营业场所进行的销售活动，还可以通过无店铺的形式来进行，如自动售货机和网购等。

第四，最终消费者不仅包括消费者个人和家庭，而且包括组织机构的消费性购买。

零售和批发之间的本质区别在于购买者的使用目的不同。对同一种商品，如果购买目的是自己消费，交易就是零售；如果是为盈利而购买，交易就是批发。因此，在实际商业活动中，零售与批发并没有一个清晰的界线。只是零售商是以零售活动为主的，批发商是以批发活动为主的。

不过，由于购买目的的本质区别，零售与批发和生产活动相比有如下一些特点：

（1）交易规模小

零售交易次数多，但每次交易的平均金额少。制造商和批发商都是批量购进、批量售出，但是零售商要批量购进、零星售出。零售活动的这一特点要求零售商对每个经营环节——采购、仓储、运输、送货和包装等的交易费用都要进行严格控制。

（2）交易频率高且多为当面挑选的现货交易

生产和批发等交易可以看样订货，延期交货；零售活动是消费者到商店现场选购完成的交易。因此，零售商必须做好市场需求的调查和预测，保证商品适销对路，既不能因缺货丧失机会，也不能因商品积压而导致损失。即使是通过互联网的零售交易，顾客也需要见到商品图片才会下单交易。而批发通常根据产品目录就签合同。所以，对网上零售商店，商品展示同样是重要的。

（3）零售交易中消费者购买呈现出较强的随机性，要求零售商特别要注意销售现场的建设

生产和批发等交易活动都是计划性交易。但是零售中，消费者事先计划好的购买只占一定的比例，很多情况下是即兴购买。所以，零售商必须重视商场布局、商品陈列、模特广告、灯光音乐和环境氛围等设计。

3.2.2 零售商的功能

自20世纪六七十年代以来，零售商的实力和影响力一直在不断地增强。发生这种变化的主要原因在于零售商的规模由于兼并或联合而不断扩大。在分销领域，规模代表了权力，所以，随着零售商规模的扩大，它们对其他分销渠道成员，包括批发商和制造商的影响力也在增大。事实上，像国际上的沃尔玛、国内的国美电器和苏宁易购等巨型零售商简直可以直接决定制造商的销售条款，甚至可以挤压制造商的利润，以保证自身的利润。

具体地说，零售商在商品流通中承担着如下一些功能：

（1）提供商品组合

零售商从不同制造商或批发商那里大量购进商品，并按消费者需求进行分类和组合，使消费者能够在同一交易场所购买到多种多样的商品组合。这就大大节省了消费者为购买到合适商品所需要的时间和精力，节省了顾客成本。

（2）储存商品，承担风险

零售商为满足消费者随时购买的需要，会保有一定数量的存货。零售商保有存货的同时承担了商品储存期间由商品自然损耗、霉变、变形和过时等所引起损失的风险。

（3）提供服务

消费者在购买商品的同时会产生对服务的需求，其中许多服务主要是靠零售商来提供的。零售商通过为消费者提供售前、售中和售后服务，既为消费者购买和使用商品提供了便利条件，也会提高消费者对商品的满意度。

（4）信息传递

零售商处于分销渠道的最终环节，直接面对消费者，具有获得正确可靠的市场信息的便利条件。其通过把商品有关信息传递给消费者，使消费者获得更大的满足；通过把市场需求信息反馈给制造商和批发商，增进它们对市场的了解，使其作出正确的决策。

3.2.3　零售业态及分类

零售业态是指零售商为满足各种不同的消费者需求而构建的组织形式。具体来讲，就是零售商对卖什么、怎么卖和卖给谁等问题的答案。

零售业态的概念不同于传统商业中业种的概念。业种主要是根据"销售什么"来划分零售业的，而业态更多的是根据"如何销售"来划分零售业的，因此，业态的概念是以市场细分和确定目标市场为基础的。

一般来说，零售业态主要由两大要素构成：

第一，业态的提供物，主要是指业态中消费者看到的外部因素，如商品品种、购物环境、服务态度、商店位置和价格等，当然也包括物流配送。

第二，业态的专业技能，主要是指业态中的内部因素，其决定零售商的经营优势和战略。专业技能包括两方面的含义：一是零售技术，即零售业所采用的系统、方法、程序和技巧；二是零售文化，即零售理念、惯例、规则和经验。

下面我们介绍最重要的几种零售业态。

3.2.3.1　便利店

便利店（convenience store）是以为消费者提供购物的便利为特征的零售商店。店址通常靠近居民区，营业时间长，全年不休息。便利店主要经营日常用品，如饮料、面包、日用杂货、小食品和报刊等。便利店可以为消费者提供如下便利：

（1）时间上的便利

便利店通常1天15小时以上，甚至24小时，1周7天营业，消费者在任何时候都能买到所需要的商品。

（2）地点上的便利

便利店的地址设在居民区内或附近，消费者只需步行就可到达商店。

（3）品种上的便利

便利店尽管受营业面积的限制，商品品种不可能很多，但对日常用品而言，种类较多，不过每种商品的选择性较少。

（4）购物上的便利

便利店的购物过程方便，通常还会提供多种方便顾客的服务。

便利店既可以是单个独立的商店，也可以是连锁的，如世界著名的7-11便利店、北京的好邻居便利店、上海的可的便利店等。

3.2.3.2　专业商店

专业商店（specialty store）是以经营某一大类商品为主，花色、品种和规格齐全的商店。专业商店以经营该类商品中各具特色的中高档商品为主，给消费者提供充分的选择范围，满足各种特殊需求。专业商店具有如下特点：

❶选址上多样化，但大多设在繁华商业区或大型购物中心内。

❷商品结构体现专业性，品种多样，选择余地大。商品和品牌具有自己的特色。

❸创造优越的购物环境，实行开架销售和固定价格销售。

❹从业人员一般需要丰富的专业知识，并能提供一定的咨询服务。

适合专业商店经营的商品主要是：

❶花色品种繁多、需求变化快、挑选余地大及时间性较强的商品，如服装、纺织品和鞋帽等；

❷商品构成复杂或经营技术要求高，或需要提供售前或售后服务的商品，如钟表、照相器材、家用电器和药品等；

❸鲜活商品以及由于加工和保管条件需要专营的商品，如水产、水果、茶叶和风味食品等；

❹需要具有专业知识和经营技术的商品，如金属制品、文物和工艺美术品等。

3.2.3.3 百货商店

百货商店（department store）是由多个专业商品部所组成的，向顾客提供多种类、多品种的商品及服务的大型零售商店。百货商店起源于19世纪的欧洲，它的出现被看成零售业的第一次革命。百货商店是城市发展、人口增加和商品品种增多的结果。现代百货商店具有如下特点：

❶选址通常在城市繁华地区和交通要道。

❷商店规模大，营业面积大，商店设施豪华，购物环境优雅。

❸商品结构以儿童服装、服饰和家庭用品为主，种类齐全，小批量，高毛利。

❹采取柜台销售与自选销售相结合的方式，服务功能齐全。

❺采取定价销售，可以退货。

与其他零售业态相比，百货商店的优势在于商品品种齐全、购物环境好、服务项目多。同时，百货商店本身因为采购量大，可以越过批发商直接向制造商进货，以获得优惠的采购价格和制造商较好的服务。因此，百货商店曾经一度居于零售市场的霸主地位。但随着新型零售业态的兴起，百货商店的市场地位开始卜降。为了恢复昔日的辉煌，百货商店调整其传统的经营策略，引进许多新的经营手段，并开始转型和实施多元化经营。

3.2.3.4 超级市场

超级市场（supermarket）简称超市，产生于20世纪30年代的美国。超市是一种规模巨大、实行薄利多销和自助服务的零售商店。传统的超市主要经营各种食品、洗涤用品和家庭日用品。但现在超市经营的非食品类商品越来越多，鼓励消费者一次性购齐日常生活必需品。超市由于采用自助服务的经营方式，可以减少雇用的营业人员，并以大规模、快周转、低加价和低成本为特色，商品加价率一般在20%左右，大大低于专业商店。为了应对其他业态的挑战，超市现在的发展趋势是：

❶规模越来越大，营业面积大大增加。如沃尔玛等超市已经发展成为超级商店和特级商店。

❷经营品种，尤其是非食品类商品大大增加，家用电器、服装、家具和运动器具等也

都进入了超市。

❸营业设施不断改善，如选址更加便利，停车场面积越来越大，建筑设计和内部装修更加讲究。

❹增加自有品牌的销售，以减少对制造商的依赖，同时提高毛利率。

3.2.3.5 仓储商店

仓储商店（warehouse store）又称批发俱乐部，起源于欧洲，起初主要面向小型公司、个体企业的批量购买，后来逐渐扩大到一般消费者。仓储商店是一种以大批量、低成本、低售价的薄利多销方式经营的连锁式零售商店。山姆会员商店就是典型的仓储商店。仓储商店一般具有如下特点：

（1）采用会员制

购买者需要申请成为会员，凭会员卡进店购买。会员有的是免费的，有的需要定期缴纳会费。

（2）经营畅销的名牌商品或自有品牌商品

其所经营的商品都是从最畅销的商品大类中精选出来的最畅销品牌商品，并不断筛选，随时进行调整。这就保证了商品的高质量和较高的市场占有率。

（3）低成本经营

仓储商店运用各种手段，尽可能降低成本。其选址一般比较偏僻，降低土地和房租的成本。其采用仓库式货架陈设，商品包装大，直接码放在货架上。店内很少装修，也不作一般商业性广告。

（4）价格低廉

仓储商店直接从制造商进货，省略了中间销售环节，而且加价率最低，一般只有百分之十几，从而能保证价格低廉。

3.2.3.6 购物中心

购物中心（mall）是一种统一规划和管理，拥有大型的核心店、多样化商店和充足的停车场，能满足消费者购物需求与日常活动的新型复合型商业业态。购物中心的组织和运作模式一经出现就显示出强大的生命力，现在已经被世界各国所广泛采用。购物中心的特点如下：

❶购物中心是一组零售商店与有关商业设施的组合。典型的购物中心是由几个百货商店、上百家专业商店以及一些娱乐设施、文化设施、停车场、银行和邮局等所组成的商业群。此类商业群都处在一个大型建筑中，总面积会达到10多万平方米。

❷购物中心中的各单体商店大多提供选购品及服务，能够满足顾客购物、餐饮、娱乐和休闲等的一站式购物需要。

❸购物中心中的各单体商店独立经营，可以形成独特的经营风格，突出自己的商品品牌，而不至于像在百货商店里那样淹没在众多商品之中。

❹购物中心的所有者、管理者和经营者相互分离，实行高度的专业化分工。业主是房地产商，负责融资与商业物业开发。专业商业发展商专门负责整个商业物业的统一规划与管理。各单体商店由零售商承租，在专业商业发展商的统一规划与管理下独立

经营。

3.2.4 零售业态演变理论及评述

在过去的300多年中，涌现了许多新的零售业态，而且某些新的零售业态在一定时期会倾向取代另一种零售业态占据主导地位。很多学者研究了零售业态变迁的现象，提出了许多理论，试图对变迁规律作出解释。下面我们讨论其中最有影响力的一些理论。

3.2.4.1 零售轮转理论

零售轮转理论（The Wheel of Retailing Theory）最早是由美国哈佛大学的马尔克姆·迈克内尔（Malcolm P. McNair）所提出来的。根据该理论，任何一种零售业态都是从观念上的大胆创新开始的，然后不断改进，逐渐成熟，进而成为一种占主导地位的新业态。随后，这种业态又会逐步失去竞争力，最终让位于新的想法所产生的更新的业态。通常，每次演变都要经历3个阶段：

（1）导入阶段

在导入阶段，一种新的零售业态会以低成本、低利润、低价格和简陋的形象进入市场。由于其价格优势明显，所以市场占有率会迅速扩大，它的地位也变得越来越重要。当这种新的零售业态通过渗透策略占领市场，成为人们关注的竞争目标时，它就进入了成熟阶段。

（2）成熟阶段

在成熟阶段，这种业态为了应对竞争者的模仿，不断完善自己的经营模式，开始提供新服务，改善服务设施，不得不加大资金的投入。这些措施都会导致经营成本的提高，使新的业态逐渐演变为高定位、高毛利和高价格的经营者。此时这种业态就进入衰落阶段。

（3）衰落阶段

在衰落阶段，这种零售业态由于经营负担过重，投资回收率下降，零售商趋向保守，从而为更新的业态以低成本渗透提供了机会。于是，零售之轮又开始转动，一种更新的零售业态开始进入市场，并取代老的业态。

综上所述，零售轮转理论的基本观点是：

❶成本和价格是推动零售业态演变的主要因素，新业态的成功在于较低的经营成本和价格。

❷新业态在站稳脚跟后，为了应对竞争势必增加成本，提高价格。

❸经营费用和成本的上升会导致另一种新业态在竞争中脱颖而出。

零售轮转理论很好地解释了零售业从百货商店向专卖店、连锁店，进而向仓储店、折扣店过渡的现象。

3.2.4.2 零售生命周期理论

零售生命周期理论认为，同产品生命周期一样，一种零售组织形式也有生命周期。随着社会环境条件的变化，每一种零售业态都将经历创新、发展、成熟和衰退4个阶段。零售生命周期理论描述了零售组织形式各个阶段的特点，提出了零售组织在各个阶段可采取的策略。

（1）创新阶段

一种新的零售业态凭借所具有的许多特点、差别优势而获得迅速发展。

（2）发展阶段

新的零售业态获得超额利润，市场迅速扩张，并出现大批模仿者。

（3）成熟阶段

新零售业态开始稳定，维持原有水平，市场上出现更新型的业态，原来的业态停止发展。

（4）衰退阶段

新零售业态的市场明显萎缩，甚至最终退出市场。

3.2.4.3   零售正反合理论

零售正反合理论又称辩证进程理论，它用黑格尔的辩证法解释了零售组织的发展。这一理论认为，零售组织结构的演变是不同零售组织与其对立面之间相互适应和兼容的过程。如果把现存的一种零售组织形式看成"正"，那么另一种拥有不同竞争优势的零售组织形式就是"反"，两者的结合体就是"合"。一种零售组织形式在面对新型组织的挑战时会吸收对方的优点，不断完善自身。相反，新型零售组织也会吸收现有零售组织的优点，改进自己。两者都会在某种程度上向自己的反面转变，最终使两种零售组织在一定程度上趋于一致。此时就意味着一种新型零售组织的诞生。

零售正反合理论在很大程度上可以解释零售组织形式的多样化现象。最初的几种零售组织形式之间相互适应、取长补短的结果是出现了零售组织形式的多样化。

3.2.4.4   手风琴理论

手风琴理论也称综合-专业-综合理论。它认为零售组织的演变像手风琴的一张一合，即从综合商店发展到专业店，再由专业店变为综合商店。这种交替变换的方式会不断重复，周而复始，只不过每次都是在更高水平上重复。这不是简单的重复、机械的轮回，而是含有内在管理水平差异的演变。零售业的每一次演变都会出现一种新业态。零售组织关于专业化和多样化之间的争论，在一定程度上印证了这一理论。

3.2.4.5   自然选择理论

自然选择理论是把达尔文的进化论引入到零售组织理论的结果，认为可以把各种零售组织形式看作不同经济意义上的"物种"，它们也有适应环境、物竞天择、适者生存的问题。任何一种零售业态都面临着消费者需求、社会经济条件、技术变迁、文化变革、自然环境和竞争者策略等方面的变化。一种零售业态如果不能适应这些环境的变化，就会失去生命力，而能适应环境变化的零售组织能得到发展。

3.2.4.6   零售业态演变理论评述

分析上述 5 种零售业态的演变理论可以发现，尽管它们所表述的内容不同，但是基本上都说明一种新型零售业态的发展规律及原因。归结起来，它们只是对某一种零售业态的演变规律作出解释，但还没有回答零售业态整体的演变规律。所以，我们还是无法从上述 5 种理论中得出某一种零售业态一定会取代其他业态成为未来的主导业态的结论。

事实上，在高度发达的市场经济中，零售业态的发展呈现出多样化、差异化、细分化、连锁化和国际化的特点。多种业态相互并存、相互补充，没有出现某种零售业态取代另一种零售业态的现象。原有的业态通过吸收其他业态的优点，进而创造出自己的特色，明确自己在渠道中的分工和市场定位，找到生存和发展空间。因此，事实是每一种零售业态都是构成现代商业零售体系的不可缺少的一部分。例如，百货商店在发展初期，目标顾客是女士，中期目标是所有消费者，继而是白领女士，并以舒适优雅的购物环境、宽而广的商品组合和中高档商品为特色来赢得市场。而专业商店以窄而深的商品组合为特色，其目标顾客也曾经历了演变过程。

综上所述，关于零售业态的演变，我们可以得出的基本结论是：随着社会经济、消费者需求和市场竞争的发展变化，新型的零售业态还会不断涌现。无论是新型的还是现有的零售业态，适应市场需求和竞争环境是零售业态生存和发展的基本条件。为此，任何一种零售业态都需要进行经营方式上的创新。

3.3　连锁经营渠道成员

3.3.1　连锁经营概述

连锁经营（chain）是一种商业组织形式和经营制度，一般是指经营同类商品或服务的若干经营单位，以一定形式组成一个联合体，通过对企业形象和经营业务的标准化管理，实行规模经营，从而实现规模效益。

连锁商店（chain store）是连锁经营模式和组织形式的存在方式。连锁商店是经营同类商品和服务的若干企业，在核心企业（总部）的领导下实施共同的经营方针、一致的经营行为，采用"统购分销"的经营模式，实现规模化效益的经营联合体。

3.3.1.1　连锁经营的类型

按管理方式的不同，连锁经营大致可以分为：

（1）正规连锁

正规连锁（regular chain）是指同一资本控制下的多个店铺实行的统一经营（常称直营店）。国际连锁店协会规定正规连锁应当是：单一资本直接经营11家以上的零售业或饮食业。但世界各国对正规连锁中分店数量的规定并不相同。不过，在正规连锁中，所有的分店都必须归同一资本所有，分店的人事、采购、计划、广告和财务等都由总部集中统一管理。分店经理由总部委派，并不是分店所有者。分店实行标准化经营，在商店规模、商店外观、经营品种、商品档次和陈列位置上都基本一致。

（2）自愿连锁

自愿连锁（voluntary chain）又称自由连锁，是一种各店铺保留单个资本所有权条件下的连锁经营。各分店的所有权和经营权都是独立的，分店经理就是该店的所有者。各分店在总部协调之下统一进行广告宣传和制定销售战略，但各分店在经营上仍有很大的自主权。分店每年按销售额或毛利的一定比例向总部支付连锁加盟金。

（3）特许连锁

特许连锁（franchise chain）又被称作特许经营连锁，是指总部以合同形式授权加盟店使用自己的经营体系，规定加盟店在特定区域内的经营权。特许连锁分店需要向总部购买特许经营权。而加盟店拥有店铺所有权，并按销售额或毛利的一定比例向总部支付加盟金。特许连锁在管理上是高度统一化、标准化的。

3.3.1.2　连锁经营的优劣势分析

连锁经营拥有众多分店所带来的规模效应，具有如下一些优势：

（1）在同制造商交易时有很强的讨价还价能力

大型连锁经营商具有强大的购买力，可以迫使制造商以远低于市场价的折扣价格提供产品，同时从制造商处获得广告补贴、延期付款和及时送货等优惠。此外，连锁经营所需要的设备可以进行大批量采购，以低价来得到。

（2）节约大量的广告费用

当连锁店数量达到一定程度时，总部利用全国性广告媒体就可以使众多连锁店受益，而昂贵的广告费用可以由众多连锁店来分担，能保证总体上节约大量的广告费用。

（3）节约大量的流通费用

众多连锁店通过现代仓储和配送中心保证物流的合理化，把批发和零售有机地结合在一起，保证合理库存，节省运输费用。

（4）享受研究、开发和培训等方面的规模优势

众多连锁店都能分享到总部的研究、开发和培训等所有成果，而费用由众多的连锁店来分担，使每个连锁店能得到单店经营所无法获得的支持与服务。

（5）实现了经营的专业化和标准化

专业化包括总部与连锁店职能分工的专业化，以及连锁店各个经营管理职能的专业化。标准化包括商品和服务的标准化，以及企业整体形象的标准化。专业化和标准化提高了连锁经营体系的效率，保证了连锁经营的水平，更能赢得消费者的信任和满意。

不过，连锁经营的统一化经营模式使各连锁店丧失了自主经营权，难以完全适应灵活多变的市场。因此，连锁经营中必须注意到如下问题：

首先，大规模的连锁经营要求有较高的管理水平与协调能力。

其次，要防止扩张成本低廉而导致的盲目扩张。

再次，大规模的迅速扩张要求有独特的管理技术和雄厚的资金。

最后，大规模扩张有可能对标准化产生冲击。

❖ **渠道实践3-2**

连锁企业求发展究竟应该直营还是加盟?

以前,连锁企业只要论发展必谈加盟,不作加盟意味着落伍,但后来情况发生了变化。美特斯·邦威、肯德基、真功夫和小肥羊等一批连锁企业纷纷收缩加盟店,加大直营店的比例,有的甚至提出了回归全直营的口号,掀起了一股直营化浪潮。

一、加盟模式遇到的问题

1.加盟店生意不好怨特许经营总部

有的加盟店当初急于加盟,选址不当;有的加盟店管理水平低下,但它们都把责任推到总部身上。

2.总部支持确实不力

总部本身由于高速发展也缺乏足够的督导人员,管理经验也十分有限。

3.加盟店失控

大量加盟店不及时缴纳加盟金,不接受总部配送或者配送打折。

4.偷开与仿冒加盟店

不法加盟店偷开和仿冒加盟店严重损害了正规加盟店的利益。正规加盟店要求总部整顿市场,但总部无能为力。许多假冒加盟店与个别原来的加盟店也有千丝万缕的联系。

二、特许经营总部大力发展直营的四大隐秘动因

1.利润驱动

百胜集团的一位高管在谈到为什么肯德基在中国只有极少部分是加盟店,其余全是直营店时,曾含蓄地表示,直营店在利润方面的贡献是加盟店所无法比拟的。因此,对单店盈利能力强的连锁企业来说,能开直营店的地方一定留给直营店,有开直营店能力的就一定开直营店。

2.市场驱动

以小肥羊为代表的许多连锁企业将一二线城市,甚至包括发达的三线城市留给自己做直营店,只有三线以下城市和离重点城市较远的个别二线城市才开放加盟店。

3.资本驱动

许多连锁企业的目标是"上市"。上市对连锁企业的要求之一就是资本规模。直营店的资产是连锁企业的资产,加盟店的资产不是连锁企业的资产,其收入和利润都不能与总部"合并报表"。于是,加大直营店的发展速度,收购加盟店成为总部为上市扩大资产的一种方法。

4.管理驱动

加盟模式遭遇的瓶颈主要是管理体系的不完善。完善管理体系在一定程度上依赖数量足够多的直营店的支撑,因此,发展直营店有助于管理体系的完善。

三、发展直营店的硬伤

1.投入大

连锁的目的在于快速发展,直营店需要大投入,势必影响发展速度。

2.风险高

大量发展直营店可能导致现金流短缺。

3.市场进入难度大

直营店要进入一个全新的市场，人生地不熟，势必遭遇各地竞争对手抵制。

4.管理难

大力发展直营店需要大量的经营管理人才，总部要么找不到人，要么找到的人不熟悉当地情况。人才本地化又可能导致监控不到位。

四、结论和启示

有人分析，连锁企业最初作加盟，如今回归直营都是必然的。

加盟对创业阶段的特许人和受许人都具有很多好处。对一个只有创意、好产品和好的商业模式而没有足够资金和其他资源的创业者而言，没有比采取特许加盟更好的发展模式了。而加盟商通过加盟避免了许多创业风险，也是理想的选择。快速发展加盟的特许企业在发展中遇到了各种各样的问题，或是为了提升管理能力，或是为了加强队伍管理，或是为了加强体系的管控，才逐渐选择回归直营。所以，有人也认为，破加盟、扩直营的浪潮也许是企业成熟的一种标志。

然而，直营有直营的硬伤，是连锁企业在发展中的无奈选择。连锁企业在直营路上同样需要克服重重困难。所以，直营未必是连锁发展的终极目标。可能连锁企业在经历了直营化浪潮、积累了更丰富的管理经验和人才后，未来又会出现加盟的浪潮。

资料来源 陈引榷. 直营化浪潮：加盟连锁为何纷纷倒戈直营？[J]. 销售与市场（渠道版），2010（9）：38-55.

3.3.2 加盟商选择特许经营时的考虑

3.3.2.1 加入特许经营的利益

对加盟商来说，选择特许经营的方式具有如下优点：

（1）大大降低了加盟商的经营风险

加盟一家业绩好、有实力的特许经营企业，缺乏经验的投资者就拥有了强大的后盾，可以从总部获得专业技术方面的帮助，这意味着降低了经营风险。

（2）加盟商通常能得到全国性品牌的形象支持

特许经营总部通常拥有很高的知名度、良好的商誉、很高的技术和服务水平。加盟商借助这些基础，从一开业就拥有了良好的形象和竞争优势。

（3）分享规模经济的成果，降低投资成本

特许经营实行联购分销，加盟商可以享受到大规模采购的优越性。加盟商也可以分享广告宣传的规模效应，还可以从总部获得其他多方面的支持与服务。

3.3.2.2 加入特许经营的风险

特许经营的模式也不是十全十美的，对加盟商来说存在以下缺点：

（1）加盟商必须严格遵循特许人的要求，很少有创新余地

特许经营总部对加盟商的经营一致性有严格要求。加盟商要得到总部的指导和帮助的代价就是接受总部控制，在商店选址、店面设计和装饰、商品陈列以及经营方式等方面都严格遵照总部规定，几乎没有任何自由发挥的余地。加盟商也必须全盘接受特许经营总部的一整套供货办法及有关的服务，并为此支付费用，而完全没有选择的余地。这既可能增加加盟商的负担，又可能使加盟商失去市场机会。

（2）如果特许经营总部不擅长业务管理或决策失误，则会使加盟商陷入经营风险中

加盟商一旦加入某个特许经营体系，就是把自己的投资得失和命运与整个特许经营体系联系在一起。总部的任何失职行为或者策略变化都会使加盟商受到牵连，甚至是个别加盟商的经营失败和纠纷以及形象和信用等方面出现问题都可能使其他加盟商受到牵连。

（3）加盟店的转让和转移比较困难

特许经营合同都会对特许经营的转让作出限制。特许经营总部出于自身利益的考虑，一般也不会轻易同意中途终止合同。因此，一旦加盟，加盟商对转让和转移就失去了选择权。

（4）特许经营总部的政策对加盟商的利润会有很大影响

特许经营总部对加盟商的要求、考核指标、分摊费用，以及实施和推广的管理措施都会直接影响加盟商的利润。

（5）特许经营合同的期限受制于特许经营总部

特许经营合同期限的长短会在一定程度上影响加盟商的投资和经营决策。合同期限太长，风险也随之增大；合同期限太短，经营的稳定性又难以保证。

3.3.3　特许人选择特许经营方式时的考虑

3.3.3.1　选择特许经营的利益

站在特许人的角度看，选择特许经营模式具有如下优点：

（1）特许经营是一种无须资本投入而实现快速增长的方式

特许人通过对自己所拥有的商标、商号、产品和其他经营技术等特许权的转让，可以立即获得大规模扩展所需要的大量资本。所以，特许经营对特许人来说是无须投入任何资本，也没有任何经营风险就能实现快速增长的适当方式。

（2）既能得益，又能保持对特许权的控制

一个拥有知识产权、希望快速扩展而本身又缺乏资金的企业，如果不采取特许经营的方式来扩展，就需要通过股份的扩充和出售股权来实现。但是，股份的大量出售最终会导致知识产权所有者对企业本身失去控制权。相反，特许经营中特许人通过与受许人签订特许经营合同，明确规定双方的责任、权利和义务，保证特许人始终牢牢地掌握对特许权的控制。同时，特许人通过出让特许权能直接获得特许经营费和加盟费等收益。

（3）既能获得优秀的经理人才，又能解决激励问题

企业的快速发展除了需要大量的投资资金外，还会面临人才短缺的困难。采用特许经营的模式不必通过雇用就可以迅速获得一批优秀的经理人才。同时，由于受许人拥有对自己所投资加盟店的所有权、人事和财务等自主权，还分享经营利润，所以，受许人的经理人员很容易受到激励。此外，加盟商的相对独立性有利于发挥受许人的创业和创新精神。

3.3.3.2　特许人面临的挑战

（1）特许人要保持长期生存并不容易

调查显示，特许人的失败率是很高的。美国从 20 世纪 80 年代开始进行特许经营的上百个特许机构，大约有 3/4 的机构的市场生存年限不超过 10 年。能够像麦当劳这样给受许人带来巨大利润的特许人是很少的。许多失败的经营模式与品牌往往使加盟者倾家荡产，有的尽管也曾维持过几年经营并达到一定规模，但最终还是失败了。

研究表明，某个特许经营体系存在的年限越久，其拥有的加盟商越多，它继续生存下去的可能性也就越大。当然，对潜在的受许人而言，要加入这类特许经营体系的代价可能很高，但是成功的希望也更大。

（2）必须获得足够信任和保持合作的氛围

特许经营体系要成功，就要使受许人在加盟店开业之初就能看到利益和希望，而在加盟店趋于稳定时，又感到所支付的特许权使用费得到了应有回报。要做到这一点，特许人必须赢得受许人的足够信任，并促使其继续合作。因此，特许人必须致力于建立与受许人之间的牢固、紧密的关系，为此需要：

第一，特许人的表现要公正，目标设置要合理，不应无故终止与受许人的合同。

第二，在特许人与受许人之间建立一种团队精神，创造友好、融洽的合作氛围。

第三，允许并鼓励受许人的创新行为，尝试改进和完善特许经营的模式。

第四，肯定和赏识受许人的出色表现。

对特许人来说，努力保持特许人与受许人双方目标一致是至关重要的。特许人和受许人之间的目标可能存在严重冲突，需要特许人运用一定的技巧寻求一种双赢的方案。

在特许经营体系中，特许人的基本目标常常是获得更高的销售额。更高的销售额意味着可以有更多的收入。这样就能够进行更多的宣传推广，从而提高品牌资产价值。更高的品牌资产价值又能帮助特许人获得更多的收入和潜在加盟者。然而，受许人所寻求的是利润最大化。有时，特许人寻求销售额最大化的政策并不能保证受许人利润最大化。特许人出于销售额最大化的动机会给过多的加盟店授权，从而使市场迅速饱和，使受许人自相残杀。这种做法也会损坏特许人的声誉，最终导致整个特许经营体系的瘫痪。

所以，要保证特许经营体系的成功，特许人应当为受许人提供真正的帮助，通过保证受许人获利来赢得受许人的合作，从而保证自己的成功。

3.3.4　受许人的选择

3.3.4.1　受许人的选择标准

受许人的选择至关重要。不合适的受许人的加盟会搅乱整个特许经营体系，破坏特许经营体系的生存和发展。研究表明，选择受许人和特许人的标准不是完全一致的。某些标准对选择特许人来说是至关重要的，但是对选择受许人来说并不重要；另一些则可能相反。

在发展特许经营时，决定是否应吸收一个潜在受许人加盟，主要应考虑以下几个方面：

❶潜在受许人是否具有良好的管理能力和创业精神。这是决定受许人能否成功的最重要因素。

❷潜在受许人能否与特许经营总部和现场支援人员融洽相处。受许人拥有良好的沟通技巧是保证其成功及稳定的重要因素。

❸潜在受许人以前是否有在所在行业从业的经历。

❹潜在受许人是否有足够的财力。受许人必须投入自己的财力，以增强其经营的责任感。

❺潜在受许人能否得到其配偶或主管部门的支持；只有得到相应的支持才能保证经营的稳定性。

除上述因素外，在潜在受许人是企业的情况下，选择受许人时还应重点考察其企业管理模式。尤其是对受许人是小企业的情形，其企业管理模式对能否做好特许经营业务有重要影响。

3.3.4.2 选择受许人的注意事项

（1）避免特殊交易

新的特许人为了尽可能快地扩展特许经营体系的规模并获得投资回报，常常会草率地接纳最初的几个申请者，并给其特殊优待。这种特殊交易会带来严重的后果。受到特殊待遇的受许人会认为其情况特殊，因而总是向特许人要求种种特殊待遇，增加了特许经营体系管理的难度。所以，特许人应严格避免特殊交易，只应当选择那些确实符合标准的人作为受许人。

（2）适度的资金参与

如果受许人在特许经营中没有投入自己的资金，其在遇到困难时就很可能轻易地放弃业务。适度的资金参与能对受许人产生有效的激励。加盟虽然并不一定要求受许人有很多资金，但受许人在开始加盟时拥有足够的资金还是很重要的。

（3）选择组织机构作为受许人时要慎重

有时大企业也可能成为好的受许人，但大企业作为受许人也可能会带来许多棘手的问题，如经营该项目的稳定性差等，所以要非常慎重。

（4）受许人应当身心健康

这是保证特许经营加盟店稳定发展的基本条件。

（5）有相关的工作经验

具有相关领域工作经验的受许人在开展业务以及与特许人沟通时会比较容易一些。

（6）婚姻状况

受许人的婚姻状况也会影响到加盟店发展的稳定性。已婚的人常常会更成熟、稳健和安定，比较不会感情用事。

（7）独立性

潜在受许人必须有较强的独立性，以便能自己进行日常管理工作，自己作出各种决策，但绝不能因此而破坏特许经营体系的规则。

（8）互相信任和尊敬

这对特许经营体系的成功是至关重要的。

（9）有组织能力

潜在受许人的申请一旦批准，其就要经营自己的业务，自然应当具有一定的组织管理能力。

（10）和睦相处

特许人与受许人在为特许经营的成功而一起工作时，是高度相互依赖的。任何一方的成功对另一方都是非常重要的。只有双方相互适应、和睦相处，才有可能实现发展特许经营的共同目标。

3.3.5　规范向受许人提供的服务

特许经营体系要成功，特许人必须向受许人提供适当的服务。特许人提供的服务分为两类：初始服务和后续服务。

3.3.5.1　初始服务

特许人在选择、培训及帮助受许人建立业务时，所提供的服务被称为初始服务。初始服务能促进没有经验的潜在受许人向能独立经营特许业务的受许人转变。初始服务包括从征召受许人开始到受许人的业务实际开展的那一天之间的服务。这期间应当提供的服务包括：

（1）征召

在征召阶段，特许人需要根据特许申请人的态度、技能和加入特许经营体系的兴趣等因素来选择适当的受许人。为了使特许申请人拥有合格的条件，特许人需要对其提供适当的帮助，帮助其成为合格的受许人。

（2）培训

对受许人的培训应包括两方面内容：

❶基本技能的培训，包括会计、财务报告、人员选择、管理和控制、业务程序以及其他有关的基本业务知识的培训。通过培训，特许人要使受许人对业务经营情况及发生的问题作出简单的分析。

❷对有关特许项目的培训。其更需要事先进行周密的计划。培训中，培训人员要不厌其烦地解释特许经营方法，辅之以必要的演示及解答，保证受训人员完全明白。培训一开始，特许人就应当发给受许人一套训练手册，将与特许项目有关的一切资料都收录其中。训练手册最好做成活页的形式，以便在需要时添加新的资料。训练手册一般应当包括特许项目所在行业的经营细则、产品描述、价格表、服务程序、报表流程、办事细则、工作指导，甚至是特许公司徽标及标准字体、广告稿格式及处理原则；最好包括一份业务月报表或季报表，以供受许人按时向总部呈报营业资料，总部也可以根据报表所提供的资料，有针对性地对受许人进行辅导。

3.3.5.2　后续服务

在合同持续期间，特许人向受许人所提供的服务被称为后续服务。后续服务能帮助受许人成功地经营业务，并从经营技术和诀窍的更新、市场推广、促销、广告、研究与开发以及特许网络的扩大中受益。后续服务主要体现在特许人对受许人经营过程所提供的各种层次的支持。

（1）监督和支持

特许经营体系和特许经营合同中一般都应包括报告和监督体制，其目的是既能帮助特许人随时了解和核查受许人的经营业绩和应支付的费用状况，又能帮助受许人获取自己的经营和财务状况的关键信息，以便得到特许人的指导。

为了实施有效的监督和支持，特许人应让受许人熟悉总部的有关人员，知道总部中由谁负责解决受许人的哪些问题。特许人应定期派现场支持人员访问受许人，检查受许人的经营状况，以便发现受许人经营过程中存在的问题，或受许人是否遵守特许经营体系的制度。在出现某些不易解决的问题时，现场支持人员应对受许人提供决策建议与帮助；在必要时，还需要对受许人进行再培训。

（2）持续培训

对经营不善的受许人，特许人对其提供再培训是必要的。当受许人对自己的员工进行培训时，也往往需要特许人进行协助。要受许人接受特许人所作的各种创新，也需要特许人对受许人提供培训。所以，特许人对受许人的培训将是持续的。

（3）总部组织

特许经营总部应当配备管理、会计、市场营销、产品质量控制、广告和公共关系等方面的专家。

（4）研究和开发

特许经营体系需要不断地进行创新。因此，特许人应当有关于产品、服务体系和市场形象的研发计划。

首先，研发活动要开发新产品线、服务以及相关设备。新产品线和服务必须与现有业务相适应，并经过严格的市场测试。

其次，研发活动也应涉及寻找新的供应来源，以降低成本和各种费用。

（5）广告和促销

在多数情况下，广告、促销和公共关系等责任是由特许人来承担的，而所需要的相应费用是由受许人专项向特许人提供的。

❖ **渠道实践3-3**

防范特许经营风险

特许经营中，无论是加盟商还是特许人，都需要认真防范风险及陷阱，尽可能减少由风险造成的损失，提高特许与加盟的成功率。

一、加盟商要防范不法特许人的陷阱

1.防止不法特许人利用加盟商的迫切心情骗取加盟费

加盟商应警惕那些根本没有条件和能力兑现合同条款的特许人的虚假承诺。

2.假特许，真推销设备

加盟商应警惕特许人表面上免加盟费，实质上推销滞销设备的加盟骗局。

3.虚假宣传，夸大加盟回报

加盟商不应轻信特许人的动人承诺，避免落入特许人所布置的圈套。

4.借用办公场所或样板店为"加盟托"

加盟商应做好实地考察和调研，识别特许人临时布置起来的假象和骗局。

5.劣质产品充优质产品高价卖

在规定加盟商必须向特许人购买所需要原材料和半成品的情形下，要防止特许人以次充好，牟取暴利。

6.以虚假加盟合同诈骗加盟商

在承诺收购加盟商所生产的全部产品的加盟中，加盟商应注意合同规定的质量要求是否过高，防止特许人以产品不合要求为由拒收。

7.后续服务不到位

加盟商需要确认特许人的后续服务能否到位；如果特许人几乎没有任何后续服务，就要防止加盟可能陷入困境。

二、特许人应防范加盟商的欺诈行为

1.私自招收加盟商，跨区开店

特许人不仅要在特许经营合同中明确规定允许加盟商开设加盟店的地区和数量、违约责任，还应加强督导，对违规行为立即制止和处理。

2.借加盟之名偷艺

应防止加盟商打着加盟旗号，行学习特许经验和诀窍之实；一旦掌握特许经验和诀窍，就脱离特许人单干。

3.泄露商业秘密或诀窍

防止加盟商试图通过泄露特许人的商业秘密或诀窍来谋利。特许人一定要有高度的保密意识，采取一系列措施保护自己利益。

4.逃避缴费义务

特许人对"长期拖欠加盟费和其他款项等违约行为"且"拒不纠正"的加盟商应毅然"清理门户"，取消其加盟商资格。

5.加盟终止后继续使用特许权

特许人应防止加盟商解除加盟关系后仍使用特许品牌，并继续使用特许配方的违约行为。

6.违反统一化规定

特许人应防止加盟商的违规经营行为，如乱打折从而扰乱统一的价格体系、私自销售其他品牌的产品、售后服务和运营管理方面很不规范等。

7.为加盟商的过错埋单

特许人应防止因加盟商违约而可能需要承担的连带责任。

资料来源　李维华. 加盟商欺诈总部的七种套路 [J]. 销售与市场（管理版），2008（3）：62-64.

3.3.6　特许经营合同

在特许经营体系下，特许经营合同是联结特许人和受许人的纽带，是特许经营交易中最重要的文件。一般说来，特许经营合同以约束为主，特许人通过合同来限制受许人的权利并规定其经营方式，以便充分保障自身利益，维持标准化作业及水平。但为了保障加盟商的利益，特许人与受许人在特许经营交易的谈判中也应充分协商，并将协商的结果以双方同意的条文，清楚而详尽地记录在特许经营合同之中，以避免日后不必要的纠纷和法律诉讼。在发生利益冲突时，一份准确、详尽且能反映双方意愿的合同是仲裁或法律判决最可靠的依据。因此，特许经营合同是特许人与受许人双方权益的法律保证。

一份典型的特许经营合同会涵盖很多内容，下面我们介绍其中的主要内容：

3.3.6.1　受许人的权利

通过加入特许经营体系，受许人得到按照特许人所提供的方法经营的权利。这种权利包括使用特许人专有的知识产权：

❶商品商标、服务商标或商号，以及由此产生的商誉；

❷业务经营形式以及制度；

❸某些商业秘密或著作权。

特许经营合同必须清楚地列明所授予的权利；否则，受许人可能会未经许可便运用了特许人的某些产权而导致纠纷。同时，合同必须标明，如果受许人因对产权的运用而引起任何第三方的指控，则应由特许人承担全部法律责任。

3.3.6.2　受许人的责任与义务

受许人必须遵守规定，按特许人的要求和标准开展经营。因此，特许经营合同会包括受许人如下的责任与义务：

（1）加盟特许经营体系需要支付的费用

加盟特许经营体系是需要支付一定费用的。通过付费，加盟商获得特许经营的资格，并获得特许经营总部的指导与支持。特许经营合同会规定受许人需要向特许人支付特许加盟费和特许经营费。

特许加盟费类似于"入会费"，用来反映特许权的价值以及抵消特许人对受许人进行评估、培训、监察和提供服务等所承担的费用。

特许经营费是特许经营总部定期向加盟店收取的费用，以弥补后者提供服务与支援的成本。特许经营费一般按加盟店营业额的一定比例来收取。特许经营合同对特许经营费的比例应当作出明确的规定。为了保障特许人的利益，某些特许经营合同可能会规定最低营业额。如果加盟店的营业额低于最低营业额，就以最低营业额计算；若高于最低营业额，则按实际营业额计算。

大部分特许经营体系都规定广告由总部负责，而加盟店为此向总部支付一笔费用。有的特许经营体系也将广告费用包括在特许经营费中。最通常的做法是，将总部的广告费用以营业额的一定百分比分摊到各加盟店。但如果地方性广告宣传比全国性广告宣传更重要，总部就可能不会要求加盟店分担广告费用，而是规定加盟店必须在指定的地区性广告方面投入一定数量的资金。

通常，最初的特许加盟费不会超过特许经营总成本的5%～10%。对某些经营成本较低的特许经营，最初的加盟费也可能会高于成本的5%～10%。特许经营总部不应期望通过收取最初的特许加盟费就从加盟店处获得丰厚的收益。特许经营费的比例水平会随着加盟时间的增加和收益的提高逐渐调高，这样做也可以作为对通货膨胀的补偿。

（2）地域限制

大多数特许经营合同都会对受许人经营特许经营业务的地区进行限制。对这种地域限制，受许人应当注意如下两点：

第一，受许人在指定区域内的经营权是否专有。这应当与受许人向特许人支付的特许经营费和加盟费直接有关。如果特许人还将特许权授予受许人所在区域的第三方使用，受许人就未必愿意支付高昂的特许费用了。

第二，即使受许人在某一地区内享有独家经营权，双方也仍然需要作出承诺，任何一方都保证不会直接或间接地协助他人在相关特许领域开展经营活动；如果违反，则应当按合同对受害者给予赔偿。

（3）保险

特许人为了维持稳定的特许经营费和加盟费收入，尽量减少由意外停止营业所造成的影响和损失，往往要求受许人对毁坏、灭失和其他意外事件所导致的损失，购买最低限度的保险，有时还会替受许人选定保险公司。

（4）供应商的选择

特许人通常要求受许人从特许人或特许人许可的供应商处购买设备、原材料和产品，并以此控制受许人的经营活动，保证向市场提供产品和服务的质量，树立特许经营体系的良好形象和信誉。有时，受许人为了保证可靠的原材料或产品供应，也可能在合同中规定，责成特许人向受许人提供原材料或产品。

（5）执行统一的管理标准

特许人常在合同中要求受许人执行统一的管理标准，以确立统一的特许经营体系形象。内容包括统一店堂设计与建设、统一服装、统一营业时间、统一会计系统以及统一价格。但有时特许人仅在合同中规定建议价格，允许受许人根据市场情况进行调整。

（6）广告与推销

特许经营合同还应当对涉及广告与推销的计划、实施和费用等方面的问题作出明确规定，使受许人能够在广告与推销方面与总部协调一致。

3.3.6.3 特许经营合同的期限

规定特许经营合同的期限的基本原则是能够长期维持特许关系。一般来说，关于产品经销的特许经营合同的期限要短于业务形式的特许经营合同的期限。这是因为产品经销受许人所涉及的投资与费用通常要比业务形式的受许人少，筹备及学习总部经验所需的时间也少，受许人可以在较短时间内收回成本。对业务形式的特许经营，如果合同规定的期限太短，投资者就可能感到利润不大，失去兴趣。有些特许人不愿意签订长期合同，但同时给予受许人续约的选择。此时，受许人要小心留意续约的细则，因为这可能意味着特许人不准备同意任何展期，或准备索要一笔高额的展期费。

3.3.6.4 特许经营总部的责任与义务

这是任何特许经营合同都不可缺少的条款。合同应当列明特许人在出售特许权时对受许人所作出的一切承诺，以避免以后特许经营总部拒绝给受许人提供必要的资料和指导，或者要求受许人支付额外费用。总部的责任一般是提供包括有关的技术秘密、经营方式、商标和贸易名称的使用权在内的经营规划、店铺装修计划、高级职员或全体员工的培训、货物或服务质量及标准的控制等。

3.3.6.5 知识产权

每一项特许经营都包括知识产权的运用。特许经营合同通常会有详细的条款对这些知识产权加以说明，规定所有与特许经营有关的知识产权均归总部所有，而受许人只有在总部许可的情况下才能运用这些知识产权。在特许经营合同终止后，受许人便无权继续使用总部的这些知识产权了。对受许人在经营期限内发明或改进某种设计或技术而产生的新知识产权，合同也应对其归属作出明确规定。知识产权是特许经营体系赖以生存和发展的基础，也是受许人愿意付费加入特许经营体系的原因，因此，当第三方侵犯该项知识产权时，特许经营总部有义务采取相应的制裁措施，以保障受许人的利益。

3.3.6.6 特许经营权的转让

绝大多数特许经营合同不允许受许人未经特许人的同意就将特许权转让给第三方。这项条款允许特许人保留选择特许权接受者的权利。为了维持特许经营的连续性，特许经营合同应明确，在受许人死亡后，受许人的代表或家庭成员可以临时负责经营活动。如果符合条件，则特许人会同意其继续拥有特许权；否则，特许人将在短期内接管该加盟店的经营，直到找到合适的受许人。

3.3.6.7 加盟店的购回和收购

当受许人决定出售加盟店时，特许人享有优先购买该店或存货的权利。特许人经常积极地收购特许经营体系内经营最成功的加盟店。不过，收购价格的决定常常是一个比较棘手的问题。某些特许人所提供的价格往往只能补偿建筑物和设备，而没有考虑商誉的报酬。因此，特许经营合同应当特别标明加盟店的估价方法。

3.3.6.8 特许经营合同的终止

特许经营合同通常会规定合同终止的原因。常见原因主要有：
❶合同到期且不再续签；
❷受许人无法按规定方式运营；
❸受许人无法达到最低营业限额；
❹受许人无法维持规定的服务和品质水平；
❺受许人无法维持足够的营业时间；

❻受许人未能缴纳各种特许经营费和加盟费；

❼受许人与特许人无法就业务销售额达成一致意见等。

3.3.6.9　特许经营合同终止后的责任

特许经营合同应规定合同终止后，所有相关的知识产权均归还特许经营总部，受许人不得再使用特许权。合同还会规定受许人在合同终止后一定时期（或地区）内，不得直接或间接从事与该项特许相似或有竞争性的业务。同时，受许人不得运用和泄露在合同有效期内总部提供的任何资料，包括特许经营的运作、价目、客户及供应商的资料等。

3.3.6.10　争议与仲裁

与任何其他合同一样，特许经营合同的双方在执行过程中也难免发生各种争议。合同纠纷的解决通常有两条途径：诉讼与仲裁。一般说来，仲裁解决争议要比法律诉讼快且节省费用。因此，合同双方可以在合同中规定仲裁条款，或在争议发生之前或之后签订仲裁协议，自愿将双方争议交由双方都同意的第三方进行仲裁。仲裁结果对双方均有约束力，一般不得再向法院起诉。

在分析了连锁经营有关的知识后，拓展阅读 3-1 分析了小肥羊公司是如何在成立 9 年后就发展成上市公司的。这告诉我们，如果企业能有效地把握时机，因地制宜，确实能够利用连锁经营的方式和手段获得飞速的发展。这种发展速度和规模常常是其他经营方式所无法实现的。

拓展阅读 3-1

3.4　无店铺分销渠道成员

无店铺分销渠道，顾名思义，就是一种不通过零售商的固定店面，直接向消费者销售商品或服务的渠道形式。与其他各种类型的分销渠道相比，无店铺分销渠道不需要固定店铺，可以减少营业场所租金，降低渠道成本，也使分销不受时空限制，因而获得了迅速发展。同时，消费者生活和购物方式的变化也进一步推动了无店铺分销渠道的发展。电子信息和网络技术的发展也为无店铺渠道的发展提供了基础和条件。现在，无店铺分销渠道已经变得越来越普及了。其通常包括直复营销和自动售货机销售等形式，下面主要讨论直复营销。

3.4.1 直复营销概述

3.4.1.1 直复营销的定义

直复营销（direct marketing）是指一种直接回应的营销，也译为直接营销。直复营销的创始人是美国的蒙哥马利·华尔德，他在1872年创办了第一家邮购商店。此后，直复营销的概念一直在不断更新和充实之中，到20世纪80年代才形成今天意义上的直复营销的概念。现在，直复营销既是利用各种各样的媒体，如互联网、电话、电视、目录、报纸、杂志和广播等多种无店铺零售方式来实现销售的重要渠道形式，也是一种重要的商业模式。直复营销具体分为网络直复营销、目录营销、电话营销、直接反应印刷媒体营销、直接反应电视营销、直接反应广播营销、直邮营销等多种形式。

直复营销的定义有多种形式，其中最有影响的是美国直复营销协会所提出的定义：直复营销是使用一种或多种广告媒体，以实现在任何地方产生可度量的回应和达成交易目的的一种交互系统。

直复营销的定义也反映了其特征：

首先，直复营销是一种交互式的营销系统或方法。它不同于一般的广告、广告媒体或销售技巧，而是一种通过刺激市场需求并把商品传递给顾客，从而直接达成交易的方法。尽管几乎各种广告媒体都可以为直复营销所用，但直复营销中的广告与一般广告不同，它是一种直接回应的广告，实施直复营销的企业可以迅速得到消费者的反应或实现成交。

其次，直复营销是一种不用店铺的销售方式，它依靠一种或多种广告媒体，如印刷媒体、视听媒体、互联网和电信工具等刺激顾客购买，实现销售。

最后，直复营销活动的效果是可以测定的。

3.4.1.2 直复营销的优点

由于直复营销总是直接针对每一个目标顾客开展营销活动的，因此，与单纯地采用广告等促销方式相比，它具有如下优点：

（1）目标顾客的选择十分准确

直复营销企业可以从顾客名单或数据库中挑选出那些最可能成为自己顾客的人作为目标顾客，然后与他们进行直接的信息交流。

（2）强调与顾客之间的关系

直复营销的特点可以使企业根据每一个顾客的需求和消费习惯开展有针对性的营销活动，这就促使直复营销人员更注重与顾客保持良好的关系。

（3）激励顾客立即作出反应

直复营销的针对性确保直复营销人员总是全力激励媒体受众立即采取某种购买行动，并为顾客的立即反应提供一切可能的方便。

（4）可以隐蔽营销策略

直复营销战略的实施并不是大张旗鼓地进行的，因此不易被竞争对手所觉察。即使竞争者觉察到直复营销企业的营销战略，也为时已晚，因为直复营销中广告宣传与销售是同时进行的。

（5）活动效果可测

直复营销活动中，消费者所产生的直接反应很容易测定。直复营销人员可以根据顾客对直复营销活动的反应了解自己的不足，并不断改进。因此，直复营销可以达到很高的效率。

3.4.1.3 严格区分直销与非法传销

直复营销中通过推销人员直接访问顾客并向顾客推销产品的形式被称作人员直销，有时也简称为直销。直销是指在固定零售商店以外的地方，由销售人员以面对面的方式，通过讲解和示范将产品或服务直接介绍给消费者，实现销售的一种方式。传销是指组织者或者经营者发展人员，通过对被发展人员以其直接或者间接发展的人员数量或者销售业绩为依据计算和给付报酬，或者要求被发展人员以缴纳一定费用为条件取得加入资格等方式牟取非法利益、扰乱经济秩序、影响社会稳定的行为。许多人混淆了直销与传销之间的差别。个别人甚至因为缺乏有关的基本知识与分辨直销和非法传销的能力而受骗上当，甚至走上犯罪的道路。

自从 1990 年美国雅芳（Avon）公司在中国开展直销业务以后，像美国安利、仙妮蕾德等直销公司相继进入中国市场。随着直销在我国迅速发展，非法传销活动也开始蔓延，并带来了许多严重的社会问题。鉴于此，国务院于 1995 年 9 月 22 日颁布了《关于停止发展多层次传销企业的通知》。1998 年 4 月 18 日，国务院颁布了《关于禁止传销经营活动的通知》，明令禁止传销活动。2005 年，国务院出台了《直销管理条例》（2017 年修订）、《禁止传销条例》，前者对如何开展直销提出了更具体明确的指导意见，后者明确禁止传销活动。《中华人民共和国刑法》第二百二十四条之一规定："组织、领导以推销商品、提供服务等经营活动为名，要求参加者以缴纳费用或者购买商品、服务等方式获得加入资格，并按照一定顺序组成层级，直接或者间接以发展人员的数量作为计酬或者返利依据，引诱、胁迫参加者继续发展他人参加，骗取财物，扰乱经济社会秩序的传销活动的，处五年以下有期徒刑或者拘役，并处罚金；情节严重的，处五年以上有期徒刑，并处罚金。"

非法传销组织是一个等级分明的网络结构。每一个传销人员都处于传销渠道中的某一个层次中，他又可以发展自己的网络，这样就形成了多层次的销售网络。传销人员大多要经人推荐并购买最低数量的产品才能加入销售网络，取得经销权，此后就能以独立经销商的身份从事传销活动和发展自己的网络。每一个层次的传销人员都只接受自己上线的领导，同时管理自己的下线网络。这样较高级别的传销人员发展低级别的传销人员，低级别的传销人员再发展更低级别的传销人员，如此一直继续下去就形成一个金字塔形的销售网络。

传销组织带有浓厚的投机色彩，靠利用大众的投机心理来维持和发展组织。传销组织以加入销售网络取得经销权为诱饵，迫使想要加入组织的人高价购买某种产品，非法获取暴利。传销人员也不是因为需要才购买，而是为了取得经销权后从发展下线中获得投机收益而购买。传销组织的计酬制度规定，每一个传销人员不仅可以自己发展下线，从向下线销售产品中获利，而且可以从自己所发展的整个网络中所有下级传销人员的业绩中按一定的比例提取所谓的"花红"或者"奖励"。因此，越是处于金字塔较高层次的传销人员就越能轻松地获得巨额的收入，众多下线人员的资金被聚敛到少数上线人员的手中，使他们获得暴利。

传销的投机性往往导致欺骗性。传销人员为了从发展下线网络中获利，常常利用各种非法的手段欺骗他人入会，并收取高额入会费，等会员发现受骗上当时，为时已晚。受骗会员为了减少损失，赚回原先投入的成本，就会拼命发展新会员，整个组织会迅速扩大。但是，当处于金字塔最底层的会员看到继续发展下线人员没有希望时，整个组织就会迅速瘫痪，并可能危及社会安定。

因此，严格区分直销与非法传销之间的差异，识别各种变相的传销形式，无论对促进直销的健康发展，还是避免上当受骗都具有重要意义。

根据国务院 2005 年 8 月公布的《禁止传销条例》第七条，下列行为属于传销行为应予禁止：

❶组织者或者经营者通过发展人员，要求被发展人员发展其他人员加入，对发展的人员以其直接或者间接滚动发展的人员数量为依据计算和给付报酬（包括物质奖励和其他经济利益，下同），牟取非法利益的；

❷组织者或者经营者通过发展人员，要求被发展人员交纳费用或者以认购商品等方式变相交纳费用，取得加入或者发展其他人员加入的资格，牟取非法利益的；

❸组织者或者经营者通过发展人员，要求被发展人员发展其他人员加入，形成上下线关系，并以下线的销售业绩为依据计算和给付上线报酬，牟取非法利益的。

综合上述的传销或变相传销的行为，我们可以得出它们的共同特征如下：

首先，非法传销的源头没有自己的优质产品，是利用独立于生产企业之外的"贸易公司"或"分销中心"来组织的。

其次，非法传销通过收取高额入会费或强制要求购买高价产品实施非法融资诈骗。

最后，非法传销通过层层收费、层层卖货、层层诈骗形成一个多层次、金字塔形的销售网络。一旦多数底层人员找不到下线人员，就会导致多数人损失惨重，组织瘫痪。

上述特点也正是区分直销与非法传销的基本标准。

3.4.2　网络直复营销

通过互联网开展直复营销的渠道主要分为 3 种形式：

3.4.2.1　基于网页信息平台的直接反应销售

试图利用网页界面来实现直接反应销售的企业都需要建立网站、推广网站以及安排在线履行的商业活动。

❶建立网站是指创建一个与顾客沟通供求信息的界面（或称平台）。建立网站的主要工作包括选择互联网服务供应商（ISP）、设计与制作网页，以及整合现实世界中的组织。与现实世界组织的整合是要保证网站信息平台中所规定的各种职能划分、工作流程、协调机制与现实世界中的组织机构之间相互匹配和吻合。

❷推广网站是要让公众知道企业网站的存在，以及企业网站可能会为他们带来的好处。企业网站的推广途径有两类：

第一，传统的传播媒体。通过传统的传播媒体，如电视、广播、报纸和杂志等大众媒体来推广企业网站是一种有效的办法。

第二，网络媒体。通过网络媒体推广企业网站的方法主要有：有效利用各类搜索引擎和行业网站；广泛地与有关网站建立链接；利用电子邮件来推广企业网站；利用微博、微信等推广企业网站。

❸在线履行的商业活动包括商务单证的处理、在线支付的实现、商品配送、顾客联系与服务等。任何一个计划在互联网上开展直销的企业在建立自己的网站时首先需要选择合适的网络平台。合适的网络信息平台应当是浏览的用户数量大、网速快、服务良好、知名度高、声誉好、行业或地区的覆盖面广。经过多年的发展，我国已经涌现出了一大批像阿里巴巴和京东等成功的电子商务信息平台。在这些平台的基础上，企业搭建自己的网站，将更有利于实现推广自己网站的目的。

3.4.2.2　在线营销服务

互联网的发展催生出了一批在线服务供应商，为企业提供了一个展示其产品或服务，并通过个人电脑或移动终端在线获取顾客订单的载体。这种在线服务的特点是提供图文并茂的用户界面，操作非常方便、简捷，即使是初学者也能很快掌握在线购物的操作方法。在线购物给消费者和企业都带来了巨大的方便。当然，在线服务供应商想要成功，除了提供购物方便以外，还需要为顾客提供产品的直邮、品质保证和投诉处理等在线服务，以获得稳定的顾客群，保证业务持续增长。

近年来广泛流行的直播带货就是在线营销的一种新形式。直播带货最早是针对年轻人热衷于对着手机看娱乐直播的特点，娱乐行业在直播的同时带货实现销售。实质是电商公司与主播合作，主播帮商家带货，主播获取提成，电商实现销售。现在有许多公司专门成立有一定规模的直播带货公司。富有创意的直播带货可望取得巨大的成功。例如，某些地区为帮助农民推销当地特色农产品，安排当地领导（甚至书记或县长）进入直播间，直播带货，确实取得了很好的效果。但是，总体上说直播带货行业还远不够规范，常常存在刷单和虚假宣传的情况，营造一种虚假繁荣，需要有关机构加强管理和规范。

3.4.2.3　电子直邮营销

电子直邮营销，即电子邮件营销，是主要运用直接反应电子邮件来传递产品或服务信息，以获得目标市场顾客直接回应的销售方法。从表面上看，电子直邮营销与普通直邮营销没有本质的区别，然而，两者之间有下列明显的区别：

（1）环境差异造成购买行为的不同

普通直邮营销是在现实世界中进行的，而电子直邮营销主要是在网络的虚拟世界中进行的，人们的购买行为会有很大差异。

（2）所依据的名录不同，造成客户群体的差异

用于识别普通直邮营销目标顾客的是有关名录，而电子直邮营销识别目标顾客使用的是电子邮件名录。两者的对象之间有差异。

（3）两者促使目标顾客成交的方法不同

普通直接反应邮件通常本身就载有直复营销的详细信息，收件人一般通过阅读邮件就可以决定是否订购。电子直邮营销受到条件的限制，目前通常只能向收件人传递关于直复营销的初步信息。收件人一般需要通过点击相关的链接才能获得直复营销的详细信息。

传统的大众媒体，如电视、广播、报纸和杂志的直接反应广告缺乏针对性，普通直接反应邮件广告的成本又很高，相比之下，电子直邮营销既有针对性，成本又不高。由于电子直邮营销的这些独特的优点，其日益受到企业的青睐。由于电子直邮营销的成本较低，可以降低产品销售价格，即使用来开发不常购买的顾客往往也是有利可图的。

任何一个成功的互联网直销企业都需要同时运用上述3种渠道形式，只有通过相互配合、相互促进，才能达到良好的推广效果。

❖ **渠道实践3-4**

网店究竟是否会完全取代实体店？

面对近些年来实体店大量"坍塌"的现实，有人认为实体店将会在今后彻底消亡。持有上述观点的人认为，实体店由于店铺租金与人工成本高，无法拥有网店的价格优势，所以被网店取代是情理之中的事。

那么网店是否确实能完全取代实体店呢？深入地分析就会发现，事情并不那么简单。如果以网上超市作为网店代表来分析，将会发现，网上超市在效率与成本方面并不具备优势。网上超市的成本包括流量成本、运营成本、仓储成本、包装成本、干线成本和"最后一公里"的配送成本，这些成本的降低空间都很有限。如果网上超市的模式没有突破，则效率与成本大致与实体店相当。

实体店的真正弱点是：

（1）选择空间的限制。受资源制约，实体店限制了消费者在商品功能、价格和品牌上的选择空间。

（2）购物时空的限制。消费者到实体店购物受到时间和空间的限制，不可能花很多时间光顾实体店。

（3）信息的限制。消费者光顾实体店后往往很难得到全面公平的认知。

这些才是网店真正的优势：

（1）网店利用网络特性让消费者拥有足够大的选择空间。

（2）网店完全克服了时空限制。消费者不论何时或身在何处，都几乎可以任意浏览他所喜欢的网店。

（3）信息开放。多数网店产品描述都非常详细，包括谁购买、评价如何、成交情况。个别试图通过炒作信用来获利的店主，在现有网商的形势下，也已经无法长期立足了。

可见，网店真正的优势并不仅仅在于价格，而是顺应了生活方式、购买方式的变革趋势，让消费者获得了更多的自由。相比于网店，实体店更具有体验的优势。"逛"各类实体店给顾客所带来的体验感更好，是网店所无法达到的。此外，实体店经营大宗生鲜商品的优势是网店所无法具备的。当然，服务型终端更是网店所无法取代的。

经过冷静分析会发现，实体店在未来仍然拥有不可替代的渠道价值。渠道竞争本质上是效率与成本之间的竞争。网店至多只能替代那些低效率、高成本、低价值的实体店，同时迫使实体店实行升级、转型、谋变和创新。可见，渠道变革已经势在必行。

资料来源　易秀峰. 实体店 VS 网店，仍有 PK 空间 [J]. 销售与市场（渠道版），2013（1）：65-67.

3.4.3　目录营销

目录营销是指通过向潜在顾客寄送某种或多种商品的目录，来吸引消费者采取购买行动。目录营销中的目录如果是通过邮寄的形式送达目标顾客的，那么目录营销可以被看作直邮营销的一种。但目录营销所包含的商品数量远不止一种，从而使得目录对目标顾客具有更大的吸引力。

影响目录营销取得成功的因素有很多，包括目录样式、顾客服务、承诺、邮递和预订形式等，特别是目录营销的定位和形象。这些因素都会对消费者的购买决策产生影响。但是，目录设计无疑是最关键的影响因素之一。如果目录设计有创意，能够吸引顾客的眼球，就更能刺激他们的购买欲望。

在美国，开展目录营销的公司涉及各个领域，从日用品百货公司到保险公司，从收藏品交易所到金融服务公司。经销的商品不仅包括体育用品、服装、书籍、珠宝、礼品和家具等各类消费品，而且包括组织机构所购买的诸如办公用品和电脑配件之类的商品。

3.4.4　电话营销

电话营销是指通过电话直接向目标顾客进行销售的方式。这也是一种传统的常用直复营销方式。

想要成功地开展电话营销的企业，一般都应当对电话营销制订系统的规划、操作计划甚至流程，而不应当只是简单地拨打一些随机选取的电话号码。电话营销的通话对象应当是公司精心挑选的目标市场成员，包括现实顾客和潜在顾客。许多电话营销系统已经实现了全自动化的操作。系统在顾客电话接通以后，就播送一段广告，并通过一台应答机或将电话转给接线员的方式来接听顾客的订货电话。

电话营销如果与其他的媒体配合，使用效果就会更好。因此，企业通常会把电话营销作为某个营销沟通计划的一部分，而不是作为唯一的媒介单独使用。

电话营销的优点是，企业可以运用它来建立并维持顾客关系，而且企业并不需要与目标顾客见面就可以实现与他们之间的互动。同时，通过电话实现的互动可以满足个性化的要求。

3.4.5 直接反应印刷媒体营销

直接反应印刷媒体营销是指将杂志和报纸等作为传递直接反应广告信息载体的营销。采用直接反应印刷媒体来传递信息有以下好处：

❶这种印刷媒体被读者阅读及保存的时间比较长，特别是杂志的保存寿命更长。

❷传阅率高。一份杂志或报纸通常会经过多个人的阅读。

❸读者具有一定的区域性或其他人口特征，因为杂志和报纸一般都具有特定区域性和读者定位。

❹可以争取到那些不习惯通过邮寄目录购物的消费者。

用杂志作为直接反应印刷媒体时，既可以采用消费者杂志，也可以采用商业杂志。消费者杂志的读者对象通常是那些为自己或家人消费而购物的人。商业杂志则服务于某种具体类型的企业或产业。无论是消费者杂志还是商业杂志都可细分为许多不同的种类。同时，随着社会环境的变化，杂志已经变得越来越专业化了。每一种具体杂志几乎都有特定的读者群体，这为准备以杂志作为直接反应印刷媒体的企业提供了很大的选择空间。

报纸既可以根据出版频次分为日报和周报等，也可以根据规格尺寸的大小或者发行的不同地理区域来分类。不过从刊登直接反应印刷媒体广告的角度看，最好是根据所要吸引的读者类型来分类，然后选择合适的报纸。利用报纸刊登直接反应印刷媒体广告的，一般都是那些拥有自己零售商店的零售商。这些零售商既包括一般零售商店，也包括银行等服务机构。选择报纸作为主要广告媒体的原因有：

❶利用报纸发行区域的特定性；

❷报纸出版的频次高，每天都有新内容，对顾客的吸引力大；

❸发行量大，到达率高；

❹有些报纸本身就被消费者作为购物指南，在其上面刊登直接反应印刷媒体广告更容易被读者所留意和接受。

3.4.6 直接反应电视营销

直接反应电视营销是一种以电视作为主要营销媒体的直复零售方式。其与普通电视营销是截然不同的。

首先，普通电视营销的目的是通知和说服，并不要求立即反应，而直接反应电视营销除了沟通和说服以外，最重要的是要求目标受众立即行动。

其次，普通电视营销的目标受众是消费大众，而直接反应电视营销的目标受众一般是某个特殊群体，而且通常会附带电话号码，鼓励目标受众打电话订购或咨询。

决定直接反应电视营销能否成功的主要因素有3个：

一是所营销的商品或服务对顾客要有吸引力，能保证顾客满意；

二是价格要优惠；

三是商品订购办法要非常简单、方便。

家庭购物频道是许多国家中企业实施直接反应电视营销的主要方式。家庭购物频道利用推销和娱乐相结合的方式来吸引观众注意，观众则可以通过电话直接订购。家庭购物频道所销售的商品通常是收藏品、服装、小型电器、家庭用品和首饰等几大类。有人对美国电视购物者进行了研究，发现他们一般较年轻，几乎有一半人在25～44岁。近一半的电视购物者是已婚者。从职业上看，大部分是专业人士和经理阶层的白领。他们的收入水平一般处于两头，也就是说，电视购物对高收入段和低收入段的消费者最有吸引力。此外，人们对电视购物中珠宝首饰类商品留下的首次印象最深。

3.4.7　直接反应广播营销

选择通过广播开展直复营销的主要原因在于：广播电台规模的差异性和地理分布的广泛性。由于许多电台只覆盖限定的地理区域，节目也都有自己的特色和个性，所以可以实现目标的选择性。同时，广播媒体成本低廉，制作上具有灵活性，传播非常迅捷。用广播传递信息也可实现听众的参与性与互动性。

直接反应广播营销的效果依赖其是否具有广泛的听众基础。听众选择不同电台或节目的基础，首先是看电台所传递信息的质量，然后才会留意其广告的类型和质量。所以，准备采用直接反应广播营销的企业在购买广告时段时，应当使电台预先公布的节目时间安排与广告所要到达的听众类型相一致。因此，企业需要事先制订切实可行的广播营销计划。

直接反应广播营销最适合那些无须作展示的商品或服务，如书籍、音像制品、保险和某些专业性的服务（如医疗、保健服务和律师等）。

3.4.8　直邮营销

直邮营销是指以指名方式直接向目标市场顾客寄发关于企业产品或服务信息的邮件或广告，进行信息沟通，然后目标市场顾客通过回复邮件或打订购电话进行购物的一种方式。直邮营销的广告内容包括报价单、产品宣传资料和售后服务介绍等。广告形式也可以是信件、传单、折叠的印刷广告等。许多直邮营销企业甚至向潜在顾客发送音频、视频文件，以此来传达有关产品的更详细的信息。

直邮营销的优点是：

❶成本低廉；

❷在仔细选择的基础上寄送，可以做到有针对性；

❸形式灵活多样，并能及时对顾客的回应进行度量。

因此，直邮营销的方式适合销售包括普通家庭用品、办公用品、工艺品、电脑软件、保险产品，以及会议等服务在内的种类繁多的产品和服务。

但是，直邮营销的形式也面临着以下严峻的挑战：

首先，直邮营销与电话营销一样可能会涉及消费者的个人隐私问题，导致消费者对直邮营销企业的反感。这种反感来自消费者的"恼怒""被冒犯"的感觉。"恼怒"源于消费者收到太多的，特别是与他们毫不相干的邮件。"被冒犯"则是指消费者在收到某些直邮营销的邮件时会感到自己的隐私被泄露了。例如，一位刚在医院作了孕检的女性，在随后的几天就收到了一次性纸尿裤和婴儿奶粉等一系列婴幼儿产品的促销广告。于是，她愤怒地向媒体表达了她的不满：究竟是谁泄露了我的隐私？

其次，由于直邮营销企业常常给人一种"扰民""不道德"的印象，阻碍了直邮营销的发展，所以，直邮营销企业迫切需要改善自己在消费者和全社会中的形象。

法治引航

网络主播偷逃税款被罚13亿

浙江省杭州市税务部门在2021年经全面深入的税务检查发现网络主播黄薇（网名：薇娅）在2019—2020年通过隐匿个人收入、虚构业务转换收入性质虚假申报等方式偷逃税款6.43亿元，其他少缴税款0.6亿元。为此，杭州市税务局稽查局对黄薇追缴税款、加收滞纳金并处罚款，共计13.41亿元。此消息一经公布，网上网下一片沸腾。薇娅随后回应，其愿意为自己的错误承担一切后果。

从薇娅被罚款这事中，有人提出两点启发：

第一，那些超级网络主播偷逃税款现象非常严重。在薇娅偷税罚款之前不久，杭州市税务局稽查局对另外两名网络带货主播雪梨、林珊珊偷逃税款进行追缴。众多案例显示，网络直播行业在依法缴纳税款上存在不少漏洞，且偷逃税款数额不容小觑，必须要依法予以监管。

第二，税务机关的处罚如此精准、讲究艺术令人信服。通报称，对薇娅隐匿收入偷税但主动补缴的5亿元和主动报告的少缴税款0.31亿元，处0.6倍罚款计3.19亿元；对隐匿收入偷税但未主动补缴的0.27亿元，处4倍罚款计1.09亿元；对虚构业务转换收入性质偷税少缴的1.16亿元，处1倍罚款计1.16亿元。这3种不同的处罚比例体现了杭州税务机关执法的精准。宽严相济的原则落实到具体的行动火候和分寸，都很到位。

薇娅因偷逃税被罚，是直播带货领域的标志性事件。这也表明，任何新兴产业都要依法依规缴税，不要心存侥幸。依据法律进行规范一个行业健康发展所必需的。

资料来源　丁慧.薇娅偷逃税款被罚13.41亿，有几个没想到［N］.新京报，2021-12-20.

本章小结

批发商主要有3种类型：经销批发商、代理批发商和制造商的批发机构。经销批发商可以按所经营商品或提供服务的范围来分类。代理批发商可以分为制造商代理商、销售代理商和经纪人。

零售业态是指零售商为满足各种不同的消费者需求而构建的组织形式。最主要的零售业态包括便利店、专业商店、百货商店、超级市场、仓储商店和购物中心等。

零售业态演变理论是一种试图解释零售业态变迁现象的理论。最有影响力的零售业态演变理论有零售轮转理论、零售生命周期理论、零售正反合理论、手风琴理论和自然选择理论。但零售业态演变理论只是对某一种零售业态的演变规律作出了解释，没有回答零售业态整体的演变规律。

连锁经营可以分为正规连锁、自愿连锁和特许连锁。企业实施或加入特许经营体系会带来一系列的利益，但也需要承受一定的风险。在特许经营体系中特许人和受许人的选择都至关重要。同时，签署规范的特许经营合同，明确双方的责任、权利和义务也是非常重要的。

无店铺分销渠道包括直复营销和自动售货机销售等。直复营销具体分为网络直复营销、目录营销、电话营销、直接反应印刷媒体营销、直接反应电视营销、直接反应广播营销、直邮营销等形式。无店铺分销渠道具有一系列的优点。

主要概念

批发商　经销批发商　代理批发商　制造商代理商　销售代理商　经纪人　零售业态　便利店　专业商店　百货商店　超级市场　仓储商店　购物中心　零售业态演变理论　连锁经营　正规连锁　自愿连锁　特许连锁　特许经营体系　无店铺分销渠道直复营销　目录营销

基本训练

❖ **知识题**

1.结合具体实例，分析说明零售商在渠道中力量越来越大的原因。

2.什么是零售业态演变理论？

3.举例说明6种不同的主要零售业态，并用零售业态演变理论解释和分析它们的演变趋势。

4.连锁经营有几种形式？每一种连锁经营的特点是什么？

5.分析特许经营对特许人和受许人的优缺点。

6.特许人应当如何选择合适的受许人？

7.说明直复营销的特征及优点。

8.说明直销和非法传销之间的区别，并分析我国禁止传销的原因。

❖ **技能题**

1.结合具体企业或商品，分析批发商存在的必要性及所受到的挑战。

2.实地调查一个批发商，确定它的类型和功能，评价其竞争力。

3.比较两个不同的批发商，分析它们在渠道职能和产品结构组合上的异同。应用实例，讨论批发商提供增值服务的思路。

4.调研了解我国集贸市场发展的历史和过程。以所在地区或城市的某个典型的、有一定影响力的集贸市场为例，从零售业态发展的角度来分析其发展变化的原因，分析它的经营模式、竞争力，并探讨其发展趋势。同时，将集贸市场与近些年国内市场引进的"奥特莱斯"模式进行比较，提出你的发展建议。

❖ **案例分析题**

1.根据本章引例，分析讨论：

（1）在与引例相似的情况下，与"妙帛"身处相似情况的总部该何去何从？

（2）在与引例相似的情况下，加盟商该怎么办？

2.根据渠道实践3-1，分析讨论下列问题：

（1）一般中小制造商能否借鉴宝洁的做法？如果其也采取宝洁同样的做法，则会产生怎样的结果？

（2）宝洁的做法对同类制造商会产生什么影响？

第三部分　分销渠道设计

第4章　分销渠道的设计

学习目标

知识目标

◆ 理解分销渠道战略的含义、角色和地位；深入理解分销渠道设计的含义与步骤；了解分销渠道设计决策的需要、分销渠道的目标和任务；深入理解分销渠道结构设计应考虑的方面；理解影响分销渠道结构的因素；理解如何选择最佳分销渠道结构。

技能目标

◆ 分析企业分销渠道设计决策的需要和分销渠道的目标；分析说明分销渠道结构面临的任务和挑战；分析与评价影响具体企业或产品分销渠道结构设计的主要因素；结合具体企业，提出构建最佳分销渠道结构的策略与思路。

❖ 引例

一次最终没有实施的渠道调整

何先生是金麒麟汽车配件公司下属销售公司的营销顾问。他经常需要与销售公司的几位老总及部长们进行沟通，就销售中出现的问题交换看法一起探讨解决办法。

维修配件部是该销售公司三大业务部门之一。另外两个部门，一个负责产品出口，另一个负责为汽车整机厂配套。维修配件部负责为全国汽车维修市场提供货源。其在各地既通过大经销商向下级经销商分销，也直接向各地的大汽车配件专业市场供货。

因此，维修配件部的渠道结构是最复杂的。

前几天，维修配件部林部长约何先生交换他最近在考虑的关于调整渠道结构、组建一支自营渠道设想的看法。林部长指着桌上的一份传真气愤地对何先生说："这些大经销商又要压价了。跟它们的生意真没法做了。我们简直就是在为它们打工！"何先生接过传真一看，原来是某地的一个大经销商要求制造商再次降低某种型号汽车零配件的价格。汽车零配件制造业本身就是一个微利行业，大经销商和那些汽车配件专业市场中的经营大户，凭其掌控着销量很大的下级分销网络，几乎每一两个月就会对制造商施压，要求降价。但是，它们对下级经销商的供货价或零售价根本就不变。所以，这些大经销商和经营大户的毛利率几乎已经达到制造商的2~3倍了。

最后，林部长说："我们的产品把这些中间商养肥了，但其永不满足，我们不如自己组建一支销售员队伍，经过培训让他们直接到各地去开设汽车配件专卖店，来一个批发-零售利润通吃。"

针对林部长的建议，何先生没有直接表示可否，而是分析说，究竟是否需要或者值得组建一支批零兼营的销售队伍，涉及分销渠道设计的根本问题：你可以取消渠道中的任何中间商，但不可能取消渠道功能。

何先生解释说，自营渠道确实有很多吸引人的地方，如肥水不流外人田，整个渠道更直接、更彻底、更有效，但自营渠道本身就是一个庞大的网络，将面临运行成本高和回报可能低的巨大压力。自营渠道可能入不敷出、无利可图。一个中等规模的营业部，其人员薪资、车辆和仓库等固定开支每月也会高达几十万元，没有几百万元的销售额是无法维持的。掌控市场终端需要有一支长期稳定的基层业务队伍；否则，即使知名品牌的产品也难以成功。制造商的业务代表流动性大，急功近利，重销售、轻服务，为追求短期效益，可能搞空头承诺。而在当地混迹多年的独立经销商更熟悉当地商情，一般有广泛的人际关系，业务就比较稳定。

正因为如此，就连已经建立了自营渠道的某些知名企业转向第三方渠道的例子也时有耳闻。统一企业近些年陆续关闭了大半营业所，康师傅和可口可乐也将部分营业所改制为商流所。就连宝洁也发现自建终端网络所消耗的资金和资源远远高于渠道所产生的利润，所以还是选择与经销商合作，交出了自己花巨资建立的"宝洁公司会员店"。

"如此看来，建立自营渠道一定要谨慎。"林部长最后说。

资料来源　本案根据本教材主编为企业提供咨询时所遇到的实际情况撰写而成。

4.1　分销渠道战略

4.1.1　分销渠道战略的含义

分销渠道战略是指为实现分销渠道目标而制定的一整套指导方针。分销渠道战略的最终目标是贯彻企业的整体市场营销战略。当然，分销渠道战略也只是企业总的市场营销战略的一部分。因此，它的目标也是在最大限度上发挥分销渠道和产品战略、价格战略及促销战略的协同作用，创造分销渠道方面的独特竞争力，增强企业的整体竞争优势。

任何制造商为了实现其分销渠道目标都必须面对如下一些分销决策：

❶分销在企业整体营销目标和战略中应扮演怎样的角色？

❷分销在营销组合中应扮演怎样的角色？

❸为实现分销渠道目标，应该如何设计分销渠道？

❹为实现分销渠道目标，应该选择什么样的分销渠道成员？

❺如何对分销渠道进行管理，才能实现分销渠道设计目标？

❻应该如何评价分销渠道成员的绩效？

企业要想更合理、系统地制定这些关于分销的决策，就需要确定制定分销决策的原则、整体思路和规划，也就是分销渠道战略。一旦分销渠道战略得以确定，我们就对与分销渠道有关的一系列决策有了整体的认识，能保证决策的合理性和有效性。

4.1.2　分销渠道的角色与地位

4.1.2.1　分销渠道在整体营销目标和战略中的角色与地位

企业在确定分销渠道战略时，首先需要确定其分销渠道目标的实现对企业长期生存和发展的重要性。如果分销渠道对企业未来的发展是至关重要的，则企业在制定任何战略时都应该考虑到分销渠道问题。事实上，激烈的市场竞争和消费者需求的迅速变化，已经使分销渠道对大多数企业而言变得越来越重要了。分销渠道的作用越大，企业在制定整体营销目标和战略时就越应该有更高层次的机构来确定有关分销渠道的决策。以前，关于分销渠道决策只要由营销部门的相关人员来制定就够了，而现在，在越来越多的企业中，分销渠道决策已经成为需要高层管理者直接关注并优先制定的决策了。

在实践中越来越多的企业都将分销渠道看作实现整体目标和战略的关键因素。那些在制定整体营销目标和战略中忽视分销渠道的重要性、高层管理者不关心分销渠道决策的企业，很难具有强大的市场竞争力。

4.1.2.2　分销渠道在营销组合中的角色和地位

尽管一个企业为了实现整体营销目标和战略，有多种营销组合可供选择，但是在许多情况下，分销渠道往往是营销组合中需要特别强调的因素。分析分销渠道在营销组合中的角色和地位时，需要注意分销渠道在营销组合中的下列重要作用：

（1）分销渠道本身可能就是满足市场需求的重要手段

当目标市场顾客需要分销渠道体系提供形式多样的服务时，分销渠道本身就成为满足顾客需求的重要手段，成为营销组合中最主要的因素之一。对许多行业而言，制造商在向顾客销售产品以后，顾客还需要制造商提供维修用的零配件和其他服务。此时，制造商只有通过分销渠道才能满足顾客需求。例如，汽车制造商只有通过分销渠道才能为顾客提供多种形式的服务，满足顾客需求。如果没有成千上万个分销商的合作与帮助，任何一个汽车制造商都无法保证顾客所需零配件的正常供应，也不可能迅速提供市场所需的种类繁多的服务。制造商通过设计一个具有创造性的分销渠道战略，为顾客提供高水平的服务，就能保证营销组合的有效性。

（2）分销渠道能保证和提升营销组合的竞争优势

在一个高度竞争的市场中，企业已经很难制定出具有竞争优势的营销组合了。除了分销渠道外，企业利用传统营销组合中所强调的产品、价格和促销等因素，已经很难创造和维持竞争优势了。而通过分销渠道为企业营销组合创造的竞争优势是最不容易被竞争对手所模仿的。所以，对无法利用产品、价格和促销等手段获得竞争优势的企业，也许通过分销渠道的创新能够创造出别人难以模仿的竞争优势来。此外，如果竞争对手忽视分销渠道，则企业更应把它看作利用分销渠道建立自己营销组合竞争优势的机会。

（3）分销渠道对营销组合具有整合作用

分销渠道对营销组合中其他因素的整合作用是其他因素所不可能具有的。制造商如果与信誉优良的批发商或零售商建立起稳固的分销渠道关系，就能迅速提升自己的商业信誉和市场形象。这是制造商无法依靠自身的力量、利用其他手段获得的。更进一步，当制造商与分销渠道成员之间建立起强有力的、紧密的合作关系时，分销渠道对营销组合的整合作用就可以给企业带来巨大的战略优势。

4.1.3　分销渠道设计与开发依靠分销渠道战略的指导

关于分销渠道设计与开发的详细内容将在后面讨论。这里我们只是说明，分销渠道设计与开发中的每一步都必须受分销渠道战略的指导。

（1）分销渠道结构模式是由分销渠道战略所决定的

越来越激烈的竞争压力迫使企业日益谋求差异化的竞争优势。而在产品、资金实力和产品质量等因素越来越难以为企业带来差异化竞争优势时，通过分销渠道设计来寻求差异化竞争优势就成为企业的一种重要竞争手段。但是，为了保证这种差异化竞争优势分销具有可持续性，在进行分销渠道设计时必须有一种长远的战略眼光。只有这样才能使分销渠道设计的结果对分销渠道成员更有吸引力，保证分销渠道设计构建起制造商与分销渠道成员之间的合作、战略联盟的关系。如果没有分销渠道战略的指导，分销渠道设计充其量就只是一种随意的激励。

（2）与分销渠道成员关系的密切程度是由分销渠道战略所决定的

对任何一个企业来说，应该与分销渠道成员之间保持多密切的关系都是一个战略性问题。许多企业认为，密切的分销渠道关系可以帮助它们更好地完成分销任务，培养制造商与分销商之间的紧密关系是一种战略手段。因此，企业会在分销渠道管理中强调建立与保持分销渠道成员间的密切关系。但对依靠成千上万个零售商销售其无差异产品的制造商来说，想要通过与每个零售商建立密切关系来提升分销业绩可能是无效的。如果制造商是通过少数批发商将产品送到零售商手中，与批发商建立密切关系则可能是十分必要的。由此可见，我们无法得到关于这一问题的简单答案。制造商与经销商之间的关系究竟应该有多密切必须由整个分销渠道战略所决定。

（3）分销渠道成员的选择应当体现分销渠道战略

分销渠道成员从制造商角度看是长期合作的对象和伙伴，应当与制造商具有相同或相近的价值观，能接受制造商的企业文化，具有较强的合作意愿。从外部顾客看，分销渠道成员是制造商本身组织的延伸。分销渠道成员的性质、形象和特征也影响制造商在消费者心目中的形象。如果生产高档产品的企业的产品出现在销售低档产品的分销商货架上，则会对其声誉造成负面影响；生产中低档大众化产品的企业的分销渠道战略就应该更多地强调市场的辐射范围，保证产品有更广的覆盖面。

4.1.4　分销渠道管理的实质是实施分销渠道战略

为实现分销渠道战略目标，分销渠道管理主要是处理好 4 个与分销渠道战略有关的问题：

（1）对分销渠道成员既需要激励又需要实施必要的控制

对制造商来说，分销渠道管理的重要内容是如何对分销商进行激励。激励的最终目的是促进和维护分销渠道成员间在实现制造商分销目标方面的合作。可供制造商采用的对分销商的激励策略与方法种类繁多，形式多样。所以，对分销渠道管理来说，如何从中选择对具体的分销渠道成员最有效的激励策略与手段，促进分销渠道成员间的紧密合作是管理成功的关键。

然而，由于分销渠道成员一般都是独立的组织机构，光采取激励手段往往是不够的，无法保证分销渠道战略目标的实现。适当的分销渠道控制常常是维持分销渠道生存与发展的前提条件。有关分销渠道控制的策略直接与分销渠道战略方向的决策和资源投入密切相关。可见，无论是对分销渠道成员的激励还是控制，都需要将分销渠道战略作为基础。

（2）防止和化解分销渠道成员间的冲突，促进合作

任何企业现实的分销渠道都是制造商与各类分销商链接组合的结果。分销渠道成员之间既有共同的利益，又可能有各自不同的利益目标、价值观和经营风格。因此，分销渠道成员之间产生冲突是很自然的事。冲突会导致分销渠道竞争力减弱，引起窜货，甚至瓦解整个渠道。所以对分销渠道的管理需要决定如何防止和化解成员间的冲突，促进不同类型成员之间的紧密合作。分销渠道管理要努力使成员之间结成紧密的利益共同体，为实现分销渠道战略目标共同努力。

（3）增强营销组合因素间的整合作用

制定和实施营销组合策略时我们会发现，营销组合因素中某个因素的改变会对其他因素产生影响。因此，当企业关于产品、价格或促销的决策发生变化时，分销渠道因素自然也会受到影响。分销渠道管理在确定营销组合策略时需要充分估计到不同组合因素间可能的相互作用，使得各个组合因素间相互补充，起到协同作用。而要做到这一点，在分销渠道管理中就必须树立培养和创造整合效应的战略观念。这又是需要分销渠道战略来指导的。

（4）对分销渠道成员绩效的评价

这具有战略意义，也是分销渠道战略的一部分。分销渠道战略要求，无论是分销渠道设计还是管理，都应当制定对分销渠道成员绩效进行有效评价的规范。对分销渠道成员绩效的评价是任何类型的制造商都需要的。

❖ **渠道实践4-1**

戴尔电脑的渠道变革

凭借最直观的"消除中间商"的做法，直销模式使戴尔迅速成长，并获得了巨大成功，获得了"IT直销鼻祖"的称号。但这种在国外一路过关斩将的模式在中国遇到了严峻的挑战，戴尔的渠道面临着变革，而且看起来变革之路充满着艰险。

一、戴尔直销模式在中国市场面临的问题和困难

（1）戴尔公司的直销模式需要完善的物流系统、通信系统和金融体系的支持。因此，戴尔公司在中国的四级、五级城市市场以及中小企业等新兴市场上销售乏力。

（2）中国市场存在明显的地区差异，不同区域市场之间发展很不平衡。戴尔单一的直销模式并不能适应中国市场的这种差异化状况。

（3）戴尔的直销网站过于单一，缺乏吸引力。产品明细的展示也不够系统化，样机展示一直是戴尔电脑的弱项。

（4）中国市场某些消费者购买行为变得更重视消费体验，这种消费习惯的变化对戴尔直销产生了明显的不利影响。某些消费者并不认同戴尔的直销模式，更偏好实体店的购买体验。

（5）单一的直销模式很容易受到竞争对手多渠道的阻击，市场份额下降。

二、渠道变革的步伐

针对直销模式遇到的瓶颈，从2007年开始，戴尔电脑就曾尝试与国内著名的电器大卖场合作。戴尔曾希望在1年时间内通过电器大卖场把戴尔电脑覆盖到1 000家店面，不仅覆盖中国全部一、二级城市，也要努力把触角伸向某些知名度不高的地级、县级城市。但这样做，戴尔不仅要面临来自电器大卖场的费用压力，如缴纳进场费、承受一定时间的占款成本，而且面临如何适应零售的问题。按照电器大卖场的通常做法，戴尔需要派促销人员去卖电脑，这样戴尔就不得不拥有一个近千人的庞大促销队伍。这些人员的成本和管理将是戴尔不能承受的负担。

而在企业用户市场，由于市场过于复杂，戴尔直销代表如果要深入到地级城市和县级城市中去，花费的成本、精力和时间都会使戴尔难以承受。有消息透露，戴尔的一些经销商已经用变通办法在私底下寻找代理商，把一些产品交给能深入到三、四级城市的当地代理商去卖。但因为"直销"的名头在外，这些具有"灰分销"特征的代理，既不能大张旗鼓地利用戴尔的资源公开推销，在长期维护客户方面名不正，言不顺，力不从心。

鉴于上述原因，无论在消费者零售市场上还是企业用户市场上，戴尔直销渠道的变革都显得缓慢、犹豫，分销体系建立的步骤停滞不前。

三、变革之路任重而道远

对戴尔的直销-分销双轨并行的做法，许多中间商表示担忧：不管什么产品，直销和分销总是两个不同的渠道。这两个渠道的价格、客户和产品供应链等都有不同的针对性。同一区域内两种模式同时运行，价格就难以控制，一旦发生分销渠道冲突，后果将是严重的。实际上，在部分地区市场上确实出现了戴尔产品价格混乱的情况。业内人士认为，直销和分销间价格体系的协调是戴尔面临的重大考验，因此，戴尔未来的分销之路多半是不平坦的。

资料来源　[1] 杨金龙. 戴尔谋变 [J]. 中国商贸，2007（9）：24-25. [2] 汪若菡，黄河. 戴尔的混血实验 [J]. 市场营销（实务版）（人大复印），2008（3）：13-17. [3] 王玮冰. 戴尔的下一步 [J]. IT经理世界，2007（7）：44-45. [4] 佚名. 浅析戴尔电脑在中国市场的直销渠道 [J].（2022-02-07）[2024-06-27]. https://www.renrendoc.com/paper/191841166.html.

4.2　分销渠道设计的含义与步骤

分销渠道战略的制定和实施具体来说是通过分销渠道设计来实现的。

分销渠道设计是指为实现分销目标，评估和选择各种备选的分销渠道结构，制定开发新分销渠道或改进现有分销渠道决策的过程。

分销渠道设计时首先需要明确渠道设计者的视角。分销渠道中有关的各方——制造商、批发商和零售商都同样面临分销渠道设计问题，但是各自地位不同，视角就各不相同。零售商的视角是确保供应，因此是"向上看分销渠道"的；制造商是面向市场的，因此是"向下看分销渠道"的；批发商则会从两方面考虑分销渠道设计问题。这里我们是从制造商、服务提供商和特许人的角度出发——向下看分销渠道，来讨论分销渠道设计问题的。

分销渠道设计可以分为如下一些步骤：

❶识别分销渠道设计决策的需要；

❷确定与协调分销目标；

❸明确具体的分销任务；

❹开发可选择的分销渠道结构；

❺评价影响分销渠道结构的因素；

❻选择"最佳"分销渠道结构；

❼选择分销渠道成员。

由于最后一步的选择分销渠道成员所涉及的问题比较复杂，需要更多的篇幅来讨论，所以我们将用第 5 章来专门讨论这个问题。本章则重点讨论与前 6 个步骤有关的内容。

4.2.1　识别分销渠道设计决策的需要

在很多情况下，企业都需要进行分销渠道设计决策，其中最经常遇到的是下列情形：

❶当开发出一种并不适合在现有分销渠道中销售的新产品或产品线时，企业就必须设计新型分销渠道或者调整现有分销渠道。

❷企业在决定开辟新市场时总是需要进行分销渠道设计的。这既包括用现有产品开发新的应用市场，也包括开辟全新的地区市场。在前一种情况下，不管是把原先在产业市场上销售的产品引入消费品市场，还是把原先在消费品市场上销售的产品引入产业市

场，都需要对分销渠道进行重新设计。在后一种情况下，企业也不应该只是简单地照搬原先的分销渠道模式，而需要进行新的分销渠道设计，因为原有的分销渠道设计并不一定适合新的地区市场。实践证明，只是把原有分销渠道简单延伸到新地区的做法往往是要失败的。

❸企业在营销组合策略发生变化时常常需要进行分销渠道设计。例如，制定了新的低价策略的企业可能需要改变零售渠道的类型，使企业的分销渠道能够到达新的目标市场顾客的手中。

❹当建立一个新企业时，或者在收购或兼并其他企业以后，企业也需要进行分销渠道设计，使新分销渠道适合新企业的目标和战略需要。

❺当现有分销渠道改变政策，而且会妨碍企业实现分销目标时，企业就需要通过分销渠道设计更换分销渠道成员。例如，如果现有分销渠道成员开始强调其自有品牌，而且影响到制造商品牌的销售，制造商就需要增加新的分销商，以维持自己的销售量。

❻当市场上出现新分销商，或者原有某些类型分销商的地位和作用发生变化时，制造商也需要重新进行分销渠道设计。20世纪90年代，我国一大批百货公司陷于破产境地，原先主要依靠百货公司来销售商品的制造商就不得不调整原有渠道。近些年来，随着奥特莱斯和购物中心等零售业态引入国内市场，许多国际知名品牌制造商拓展了自己的零售渠道。

❼当市场环境发生重大变化时，企业通常也需要重新进行渠道设计。社会经济、文化、竞争状况、技术或法律等领域的重大变化都会对分销渠道设计产生深远影响。

❽企业在面临重大冲突或挑战时需要重新设计分销渠道。有时制造商会面临无法解决的分销渠道冲突，这就迫使制造商重新进行分销渠道设计。同样地，当原有分销渠道面临巨大挑战或难以逾越的障碍时，制造商也需要重新设计分销渠道。

❾在经过营销审计和评价后，如果相关部门提出分销渠道变革的要求，企业自然会重新设计分销渠道。

熟悉上述这些典型的、需要进行分销渠道设计的情形是必要的，因为企业决策者和分销渠道管理人员往往忽视对分销渠道设计的需要。很多时候，人们试图用其他手段来解决原本应该用分销渠道设计来解决的问题，所得到的结果自然是无效的，充其量是低效的。

4.2.2 确定与协调分销目标

确定和协调分销目标不仅是进一步确定分销渠道设计或建立新分销渠道的需要，而且要确保这一分销目标与企业整体目标和战略、营销组合中其他因素（产品、价格和促销）的目标之间相吻合。

试图确定和协调分销目标的企业，首先必须熟悉企业的整体目标和战略，而且需要知道这些整体目标和战略中哪些会对将要确定的分销目标产生影响；同样，需要熟悉营销组合中其他因素（产品、价格和促销）的目标，因为它们对分销目标也可能有影响。

在熟悉企业相关目标和战略的基础上，应当提出企业明确的分销目标。分销目标是对分销工作在完成企业整体营销目标过程中所起作用的具体描述。例如，IBM最早把它的个人电脑的分销目标确定为，让零售商把 IBM 个人电脑展示给任何一个可以驱车到达的、想买该类产品的顾客；后来，当 IBM 决定使用邮购渠道时，它又把分销目标拓宽到"无论顾客在哪里，都能直接购买到 IBM 个人电脑"。

在明确提出分销目标以后，企业人员还需要对分销目标与营销组合的其他因素（产品、价格和促销）的目标之间是否一致进行检验。正如前面已经讨论过的，营销组合中各个因素的目标和战略之间会相互影响，因此，分销目标也必须与营销组合中其他因素的目标和战略保持一致；否则，即使分销目标达到了，营销组合整体上仍然不能起到应有的作用。

在保证分销目标与营销组合中其他因素的目标和战略的一致性后，还需要检验分销目标与企业的整体营销目标和战略之间的一致性，以及企业的整体发展目标和战略之间的一致性。这对分销目标与其他有关目标之间的协调是非常必要的，因为分销目标会对企业的产品策略、营销策略，以及企业整体目标和战略产生巨大而深远的影响。如果以后需要对分销目标作任何改变，会直接影响到企业一系列整体目标和战略的实施，企业将为此付出很大的代价。

4.2.3　明确具体的分销任务

明确具体的分销任务是指将分销目标分解成具体的分销任务。分销渠道管理者必须对需要满足的具体分销目标任务加以明确的描述，最终所表述的任务应当是具体的、因地制宜的。由于消费品与工业品之间的差异，我们在明确具体企业或产品的分销任务时也应当充分注意到两者的不同。

4.2.3.1　对消费品的分销任务

尽管消费品制造商的情形千差万别，分销渠道管理者所需明确的具体分销任务也各不相同，不过，一个典型的消费品制造商的分销任务主要包括：

❶收集有关目标市场顾客购买方式及竞争对手的信息。
❷及时处理并满足顾客订单的具体要求。
❸保持适当的库存水平，确保及时供应。
❹保证目标市场顾客能方便地获得本企业产品。
❺提供产品品质保证及相关服务，制定产品退换管理办法。
❻提供购买信用服务。
❼针对竞争性产品的销售情况作出反应。
❽在必要时提供维修和安装服务。
❾收集和编辑有关产品特征的信息，以促进购买现场的促销效果和提高现场销售人员的水平。
安排好产品运输，保证供应。

4.2.3.2　对工业品的分销任务

对准备在产业市场上销售产品的制造商来说，其分销任务主要包括：

❶保持足够的库存水平，确保企业产品线中的产品都能及时供应。

❷迅速处理客户订单以及有关账单等事项。

❸提供快速、及时的产品运输服务。

❹为客户提供适当的销售信贷。

❺提供必要的售前技术服务，如问题分析、产品选择和产品应用等技术援助。

❻提供售后服务，如维修、安装和零配件供应等。

❼提供满足客户在包装、运输和仓储等分销方面特殊需要的服务。

❽收集对企业产品营销有重要影响的环境因素、竞争对手、当前客户和潜在客户的有关信息，并及时反馈给相关部门。

❾谈判和促成交易。分销应当促使买卖双方达成关于价格和其他交易条件的最终协议，保证交易顺利进行。

提供产品品质保证及相关服务，制定产品退换管理办法。

虽然我们对消费品制造商和工业品制造商分别列出了上述10项最主要的分销任务，但对具体一个企业的分销任务的描述，既取决于企业的具体分销目标，也取决于企业产品和市场的特点，可能需要增加或减少某些具体内容。分销渠道的职能既可以由制造商自己来完成，也可以交给其他分销渠道成员来执行。因此，这时就需要进行决策：某项具体分销任务究竟是由制造商本身来承担，还是交给其他分销渠道成员来承担。

当制造商决定由自己来履行较多的渠道职能时，它就有权获得更多的报酬或利润。随着其他分销渠道成员所承担职能的增加，它们自然也应当获得相应的报酬或利润，而制造商所得到的报酬或利润当然就减少。决定某项具体分销任务究竟应由制造商本身来完成，还是交给其他分销渠道成员来完成的标准是效率和效果。分销渠道效率是指分销渠道成员能否以最少努力或费用来行使某项渠道职能。分销渠道效果是指分销渠道成员能否成功地履行其分销渠道职能。在很多情况下，分销渠道中的其他分销商在执行分销渠道某些职能时会比制造商更专业、更精通。此时，把这些职能交给分销商去完成就会更有效率和效果。这样，就整个分销渠道而论，完成同样的分销任务所需要的费用就可以下降。最终购买者就能以更低的价格得到同一种产品，整个分销渠道的竞争力就能得到提高。

4.2.4 开发可选择的分销渠道结构

开发可选择的分销渠道结构就是分销渠道结构设计。分销渠道结构设计需要考虑完成分销任务应选择的分销渠道方案，也就是可能的分销渠道结构。分销渠道结构设计主要应考虑以下3个方面：

4.2.4.1 分销渠道层级设计

一个分销渠道的层级数既可以是最直接的从制造商到消费者的二层结构或者直接渠道，也可以是含有多个分销商的复杂的多层结构。分销渠道管理者在决定分销渠道层级时主要应考虑两个问题：一是消费品市场与产业市场分销渠道层级方面的差异；二是市场环境的变革对分销渠道层级选择的影响。

正如前面所述，消费品市场的特点使得它的分销渠道层级比产业市场要多一些。一个具体行业在决定分销渠道层级时又受到特殊的行业惯例、市场性质、市场容量、能否物色到合适的分销商以及其他因素等限制。即使是同类产品，企业分销策略不同，分销渠道层级的设计也会有很大的差异。

娃哈哈和加多宝尽管同属饮料行业，但是两者的分销渠道层级设计相当不同。娃哈哈的分销渠道结构是：总部—省级公司—特约一级批发商—特约二级（二级）批发商—三级批发商—终端—消费者。娃哈哈最长的分销渠道级数是6级，最短的也是通过4级才能到达消费者手里。但娃哈哈就是通过这么长的分销渠道在2023年实现了517亿元的销售额，2024年前3个月就完成了500亿元的销售额。加多宝的分销渠道结构基本上是小区独家经销，下设邮递员直供终端，另外也有专门作分销的批发商。加多宝的分销渠道结构较短：经销商—邮递员（批发商）—终端—消费者。这种结构差异是两个企业根据各自产品的实际情况决定各自分销渠道结构的结果。娃哈哈产品的品类、品项和品种数目多，需要借助长渠道进行各个品类的分销。而加多宝是单一品种，需要快捷而广泛地占领市场，因此选择了短渠道。

随着市场需求的多样化、技术的变革，越来越多的制造商不再采用单一渠道，而是选择多渠道结构。在多渠道结构中，不同渠道的层级多半是不同的。原来采用传统分销渠道结构分销产品的制造商在决定新增加网络销售渠道时，也就意味着在原有分销渠道的基础上新增了一条直接渠道。

❖ 渠道实践4-2
二批商透视

二批商是二级分销商的简称。在我国，二批商是一个非常庞大的群体。就某品牌而言，对二批商比较合适的定义是：不从制造商直接进货，负担着全部或部分批发业务的分销渠道成员。

二批商一般是区域性的商业公司，规模小，实力差，可替换性大，管理水平一般，追逐短期利润（卖一件就赚一件产品的钱），缺乏品牌忠诚度和长期合作的姿态。因此，对成熟产品或品牌来说，往往"成也二批，败也二批"。

说"成在二批"，是因为在选择分销模式的情况下，总经销商不一定具有迅速完成铺货任务的积极性和能力，所以制造商常常需要依靠二批商来实现迅速铺货，给产品提供一个在零售环节展示的机会。一个产品在二批商环节冲开市场以后，就意味着产品从成长期进入了成熟期。

不过，二批商究竟能否把产品卖出去，关键还是要看市场的价格秩序是否良好，二批商本身能否获得预期的利润。在产品成熟期，二批商的利润会在激烈的市场竞争中逐渐减少。当二批商所得到的利润低于一定水平时，产品可能被二批商所抛弃，就只能彻底退出市场了。这样一来就"败在二批"了。

深刻认识二批商，正确对待二批商，积极利用二批商，对设计和构建成功的分销渠道是必要的。

1."叛逆"的二批商

二批商为了追求自己的利润经常会采取某些违反制造商和总经销商规定的行为，如跨区域窜货或不执行制造商的促销政策等。二批商又是墙头草，看市场上什么品牌好卖就卖什么品牌，对制造商的特定品牌缺乏忠诚度。

2."乱价"的二批商

在一般人眼中，二批商的所有商品都是低价进、高价出，其实则不然。二批商追求的是利润最大化。在销售过程中，它们会把有的商品利润定得高，有的商品利润定得低，有的商品则赔本卖，根据具体市场状况和销售对象来决定。二批商可能降低某种商品的价格，目的是带动其他商品的销售，结果就会导致价格异动。不过，二批商的这种做法只要不是恶意窜货造成的乱价，只是一种偶发现象，就不会影响整个价格体系。制造商和总经销商不必担心乱价。有时，二批商在制造商和总经销商促销活动结束后，为了吸引新客户也可能拿出促销期间囤积的商品继续促销。有些二批商为了向制造商争取到更优惠的政策，也会故意压低某种商品的销售价格，向制造商显示其承受降价的压力。这些行为尽管从表面上看确实造成了价格的异动，但站在二批商的立场上，也是一种求生存的合理手段，制造商应当给予理解。

3."神通"的二批商

二批商都是靠信息吃饭的，因此其通常都比较"活跃"，爱广交朋友。二批商通常会比制造商的业务人员对市场更敏感，尤其是在促销季节来临前，会拿出八仙过海的本领，到处打听促销信息，以便决定自己的应对策略。

此外，许多二批商建立起来的网络往往是其他人针插不进、水泼不进的。许多二批商的老关系户不会轻易接受其他经销商的供货。

4."正读"二批商

在制造商和总经销商的潜意识中，二批商就是自己销售系统中的一部分，进而用自己的政策和规定来规范和要求二批商的行为。但实际上，二批商是一些独立的个体，是自成体系的。二批商首先要全力以赴求生存，同时要为追求自己利润的最大化而努力。二批商之间竞争激烈，其本身又没有更多的竞争砝码，于是只能在市场信息不对称，上游业务人员想不到、看不到的地方做文章。因此，二批商可能会利用制造商的畅销品牌来提携某些利润丰厚的小品牌产品。二批商也会销售自己的贴牌产品，办法是通过许以高额利润来获得零售商的特殊关照和支持，以获取不错的销量。

许多制造商及其销售人员看不到二批商在产品销售中的巨大作用，总是把二批商看作分享利润的第三方。在销售人员的思想中，制造商利润不能少，终端价格不能高，那就只有压缩二批商利润了。于是，大企业进行直销，小企业进行分销，只要有可能都会抛弃二批商。

面对日益严峻的市场形势，二批商内部也在优化、转变并寻找突围的机会。有的在自建终端，向商业超市和大卖场转变；有的结成横向联盟，如二、三级市场上出现的"批发商商会"；有的向上游挺进，买断品牌或产品，成为品牌经销商。二批商使出浑身解数，周旋于制造商、总经销商、同行和终端之间，求生存、谋发展。

资料来源 刘传飞. 二批商大起底 [J]. 销售与市场（管理版），2008（12）：28-30.

4.2.4.2　分销渠道密度设计

分销渠道密度是指分销渠道每一层级中的成员数量。如前所述，分销渠道密度策略分 3 种：

（1）密集型分销策略

密集型分销（intensive distribution）策略是指在分销渠道的每一个层级上使用尽可能多的分销商。

（2）选择性分销策略

选择性分销（selective distribution）策略是指在特定的分销渠道层级中并不使用所有可能的分销渠道成员，而是只使用那些经过仔细挑选的成员。

（3）独家经营的分销策略

独家经营的分销（exclusive distribution）策略是指在特定的市场区域内只使用一个经销商。

分销渠道密度决策在分销渠道结构设计中是非常重要的，因为它是构成企业基本营销战略的重要因素，也将影响企业的总体目标和战略。那些希望自己的产品尽可能覆盖整个市场的企业当然需要选择密集型分销策略。针对某些特定细分市场开展营销活动的企业，如高档奢侈品的制造商，为了体现出产品的独特定位，就需要采用选择性分销策略。

分销渠道密度决策一方面需要考虑对企业整体营销战略的影响，另一方面反映出企业对待分销渠道成员之间关系及控制分销渠道成员意图上的差异。如果采取密集型分销策略，就意味着企业打算通过每一个可能的分销商来销售产品。由于分销商数量会非常庞大，制造商很少能够关心这些分销商是怎样把产品卖出去的，对其行为也就很难进行控制了。而采取选择性分销策略时，制造商与分销商之间的关系比较密切，双方在分销过程中有可能开展紧密合作。因此，制造商就可能对分销商的行为施加影响和控制。

4.2.4.3　各层级分销渠道成员类型的选择

在决定所选择分销渠道成员的类型时，分销渠道管理者应当对行业中的各类中间商有一个全面的了解。随着市场环境的变化，许多中间商所提供的服务一直在变化，某些类型中间商的名称已经不能明确表达它们实际所提供的服务内容了。同时，市场不断出现新型的中间商。因此，分销渠道管理者应当根据分销渠道成员实际所履行的分销任务和职责，来选择那些胜任的中间商作为进一步考察的基础。

❖ **渠道实践 4-3**

全面覆盖是个大陷阱

一、追求全面覆盖的神话

自从可口可乐公司将"3A"中的 availability（买得到）升华为"3P"中的 pervasiveness（无处不在）后，"全面覆盖"在消费品行业中甚为流行。不少快速消费品企业都非常重视铺货率，追求全面覆盖。为了创造竞争优势，每逢新产品上市，就要求创造"一夜覆盖"的神话。当然，"一夜"仅仅是虚指，比喻覆盖市场速度很快。

大公司追求"全面覆盖"与"一夜覆盖"听起来都很美,但个中的苦涩一言难尽。第一,需要庞大的人力、物力和财力的投入,销售费用将会大大增加,这不是每家公司都能做到的。第二,就算人、财、物资源勉强做到了,其销售边际效益也往往是递减的。铺货率达到一定程度后,销售量的增长率会随铺货率的增加而减慢、停滞,甚至反而下降。

二、一个全面覆盖的失败案例

K公司是一个知名饮品制造商,其推出某茶饮料。为了全面覆盖,公司凭借自身强大的直营网络和人海战术,在短短两周内就全面覆盖了传统终端的销售点、批发市场和现代渠道。

但问题很快就出现了。由于货铺得太快,除了学校和商业区的部分网点外,其他小零售店都销得很慢。店主一次进货后就再也不敢进货了。由于货铺得太快,来不及被消费者知晓和试用,结果是批发市场和现代渠道都销不动。

这样淤积了两三个月后,现代渠道先开始陆续清场退货。继而,批发市场中的老板为求资金周转也大幅降价抛售。这样一来就连原先销量不错的学校和商业区网点也因无利可图而不愿再销售。尽管产品本身不错,公司也利用多种媒体进行了广告宣传,但终究还是难逃厄运,当年年底产品不得不黯然退出市场。

该案例说明,新产品的分销渠道扩展既不能太宽,也不能太快。太宽,必然产生一大批无效的网点,产品很容易到期、过期;太快,大部分消费者还来不及尝试购买,积累消费经验,只能令产品淤积于分销渠道,最终被分销渠道抛售,反而葬送生路。

三、对全面覆盖的反思

分销渠道扩展必须有基础。可口可乐之所以矢志不渝地追求"无处不在",是因为它有百年老店的品牌资产的积淀,产品质量、品牌知名度和情感利益早就成为广大消费者的"心中首选"。它的"无处不在"是以"心中首选"为基础,只有在成为"心中首选"以后,"无处不在"才是有意义的。

应该说,没有一个公式可以简单地计算出分销渠道扩展究竟应当有多宽。不过有一条经验法则可以借鉴:新产品铺货率与产品知名度应保持"等量相关"。比如,新产品知名度达到60%,那么铺货率也维持在60%左右就算是合理的。

全面覆盖应该是水到渠成的结果。使用某种消费品的消费者好比是水,水到才能渠成;没有水的渠道注定是干涸的,消费品渠道的扩展也是欲速则不达。分销渠道扩展究竟应当多快,取决于新产品在消费者中间的扩散速度,两者最好保持同步。根据新产品扩散理论,某种新产品的使用者按时间顺序可以分为创新使用者、早期使用者、早期大众、晚期大众和落后者。新产品依次在这5类使用者中间传播的速度就是扩散速度。分销渠道的扩散速度应当与新产品的扩散速度相匹配。

四、合理的分销渠道覆盖策略保证营销成功

K公司第2年推出另一款茶饮料——"蜂蜜绿茶"时,以上述新产品扩散理论为基础制定了分销渠道覆盖策略。公司通过调研首先明确了新产品扩散过程的5个阶段中目标消费者的特征及购买/消费地点(见表4-1),由此决定分销渠道开发顺序和覆盖策略。

表4-1　　　"蜂蜜绿茶"市场扩散不同阶段的目标消费者特征及购买渠道

序号	类型	目标消费者特征	购买/消费地点（渠道）
1	创新使用者	社交一族，事业小有成就，喜欢夜生活的人士	酒吧
2	早期使用者	大中学生	学校小超市、学校周围商贸终端
3	早期大众	25～35岁年轻白领	商业区、写字楼附近零售点
4	晚期大众	35～50岁社会大众人士	商业超市等现代渠道
5	落后者	其他人士	批发市场及一般零售终端

　　首先开发酒吧和与学校相关的商贸终端的渠道扩展安排，粗看起来似乎不合常理，因为原来几乎每个新饮品上市都会先着手开发商业超市和批发渠道。但公司吸取了上一年茶饮料上市的经验教训，坚持与新产品的扩散速度同步推进的原则，在开发一级渠道，等相应类型的消费者接受新产品，形成扩散效应后再开发下一级渠道。公司坚持有节、有序的渠道扩散方法，历时一年多终于实现了对所有目标市场的有效覆盖。虽然渠道扩散的速度比以往慢了许多，但产品在各个渠道中都获得了良好的反应，成功地站稳了市场。

资料来源　刘新华，王兰. 全面覆盖是个大陷阱 [J]. 销售与市场（管理版），2006（3）：10-12.

4.2.5　评价影响分销渠道结构的因素

　　渠道结构的选择受众多因素的影响，因此，在作出关于分销渠道结构的最终选择以前，应当对所有这些影响因素作一个评价，以保证分销渠道选择的合理性。影响分销渠道结构选择的主要因素有市场因素、产品因素、制造商因素和中间商因素。

4.2.5.1 市场因素

　　渠道结构设计选择最终是为满足目标市场需求服务的，所以，市场是渠道设计需要考虑的最基本因素。市场因素一般需要从以下几方面进行分析：
　　（1）目标市场的地理位置
　　渠道设计需要考虑到目标市场的地理位置。渠道结构应当足以覆盖所选择的目标市场，并为这些市场提供足够的产品供应。从原则上讲，目标市场离制造商的距离越远，就越需要采用间接渠道和较多的中间商，这样可以降低制造商本身的分销成本。
　　渠道设计要确保渠道结构能够有效地服务目标市场，就既要满足服务现有目标市场区域的需要，也要满足开辟新目标市场区域的需要。所以，在分析目标市场地理位置影响时，不仅要从多种来源搜集足够的市场地理信息，还需要跟踪现有目标市场地理位置的变化和预测未来的变动趋势。
　　（2）目标市场的规模
　　市场规模是指目标市场上现有顾客和潜在顾客的数量。当市场上的购买者数量很少时，采用直接渠道的平均单位成本会远远低于利用中间商的情形。这是因为直接渠道避免了利用中间商所带来的额外交易和转移成本。随着市场上购买者数量的增加，利用中间商所需要的大量成本可以由众多购买者来分担，这样，利用中间商的间接渠道的成本会急剧下降。当市场达到一定规模时，利用中间商渠道的平均成本会比直接渠道的低一些。

一般来说，如果市场规模很大，则企业更可能需要利用中间商；相反，如果市场规模很小，企业就可能采用直接渠道或较少的中间商。

然而，实际情形可能要复杂得多。这是因为企业还需要考虑另外两个问题：

第一，市场规模与市场地理位置之间的关系。如果市场规模随市场地理位置的变化而增大，则企业采用直接渠道为顾客提供服务的平均成本不仅不会下降，反而有可能增加，此时更适合利用中间商的间接渠道。如果市场规模扩大而市场地理位置保持不变，则对直接渠道成本的影响会小得多。

第二，随着市场规模的扩大，如果需要改变当前渠道的结构，就需要考虑改变渠道结构的可行性和代价。如果随着市场规模的扩大，改变渠道需要企业付出巨大的代价，又无法带来差异化优势，则企业不得不继续采用原来的渠道结构。

（3）目标市场的密度

市场密度是指每单位地理区域内顾客或潜在顾客的数量。市场密度越小，分销的困难就越大，费用就越高，就越需要利用中间商；相反，市场密度越大，就越应该采用直接分销渠道。在高密度市场上，企业以较低的成本提供相对优质服务的机会要比在分散市场中更多。这是因为在高密度市场上，高度集中的消费者群体本身就孕育着一种高效率地向消费者提供多品种产品的分销渠道。消费者也能从这类分销渠道的品种齐全、容易获得和价格有竞争力等方面受益。所以，制造商和各类中间商都特别重视高密度市场上分销渠道的开发和维护，从而导致高密度市场上的竞争也更激烈。面对高密度市场上的激烈竞争，分销渠道成员通常需要通过提高分销渠道效率来获得竞争优势。

（4）目标市场的消费者行为

对分销渠道设计产生影响的目标市场消费者行为体现在4个方面：

❶购买时间。无论是消费品市场还是产业市场，购买者购买商品的时间通常都会随季节、周或日而变化。在所购买商品具有很强的季节性的情形下，制造商为了平衡旺季和淡季在产销两方面的差距，以保证生产的平稳性，会尽可能地利用中间商来储存淡季生产过剩的商品，让中间商帮助承担一部分经营成本和风险。所以，当所购买的商品具有很强的季节性时，制造商更可能使用中间商。从购买者每周或每日的购买时间看，分销渠道设计应当考虑选择那些与顾客购买时间相协调的中间商。如果某些顾客很喜欢在周末购买，而分销渠道设计又选择周末并不正常营业的中间商作为分销渠道成员，那么自然是不合适的。同样地，如果制造商希望建立一条方便消费者购买的分销渠道，就不应该选择那些按上下班时间表来营业的零售商。

❷购买地点。消费者总是选择对他们来说最便利的零售店来购买。当市场上有多家不同的零售店可供消费者选择时，他们就会在到达不同零售店所需要花费的成本、时间和精力等方面作权衡，寻求一家对他们最便利的商店。随着市场环境和人们生活方式的变化，消费者对便利性的要求越来越高。只要交易安全性能够得到保证，消费者就会趋

于直接在家里完成购买。这就促成了没有任何中间商的直销方式的发展。当然，在考虑购买地点对分销渠道结构的影响时，还需要注意到不同产品种类对人们购买地点影响的差异。人们在购买日用品时对便利性的要求会远远超过购买选购品和特殊品时对便利性的要求。

❸购买方式。购买方式反映了目标市场顾客对购买行为的偏好。这种行为偏好主要反映在如下一些方面：

第一，每次光顾是大量购买还是少量购买；

第二，喜欢自助式服务还是由销售人员提供帮助；

第三，选择一站式购物还是从不同商店购买不同商品；

第四，倾向于冲动型购买还是计划型购买；

第五，偏好现金付款还是信用卡付款；

第六，喜欢在家中购物还是去店铺购物；

第七，是否喜欢在购买前货比三家；

第八，需要获得多种服务还是只需要很少服务。

分销渠道设计中特别需要注意的是多种因素在引起消费者购买方式的变化。

第一，不同类型的中间商之间以及不同业态的零售商之间的竞争为消费者提供了购买方式方面更多的选择余地。事实上，越来越多的消费者会同时通过多种渠道购买所需要的商品。

第二，网络市场和网络购物的发展成熟使电商对人们的吸引力非常大。

第三，某个分销渠道成员经营模式的改革创新往往会引导消费者购买方式的改变，从而要求分销渠道管理者作出迅速的反应，并保证分销渠道结构能够适应所有这些变化。

❹由谁购买。在考虑由谁购买这个问题时，又需要注意两个问题：有哪些人参与购买决策和谁实施购买。

在消费品市场中，购买可能是由一个家庭的夫妻双方共同实施的，而更多情形是由家庭中的丈夫或妻子一方单独实施的。即使是在由一方单独购买的情形下，也应该注意到另一方是否参与决策，是否对购买产生影响。对产业市场而言，购买者可能本身就是决策者，但更多情形是购买者仅仅负责执行决定。购买决策是在许多职能部门的人员参与的情况下作出的。因此，分销渠道设计中特别要注意到购买决策参与者的影响，尽可能保证分销渠道结构形式能够促进企业与购买决策参与者相沟通并施加影响。

对此，设计分销渠道时要考虑两个问题：

第一，分销渠道越长，制造商对整个分销渠道的控制力就越差，对分销渠道成员是否能与购买决策参与者相沟通并施加影响进行判断和监管的能力也越低。如果制造商试图对购买者及购买决策参与者施加一定的控制和影响，就应当缩短分销渠道。

第二，某一层次分销渠道的密度越大，制造商监管分销渠道成员销售努力的能力就越低。此时，制造商不仅难以对购买者和购买决策参与者施加影响，而且难以发现分销渠道成员对购买者和购买决策参与者可能产生的错误影响，即使发现问题也往往难以改变。

4.2.5.2 产品因素

产品也是影响分销渠道结构选择的重要因素。需要考虑的最重要的产品因素有：

（1）体积和重量

笨重和庞大产品的储运成本占其产品价值的比例可能很高。这类产品的制造商要想获得竞争优势，就必须保证储运成本达到最低。一般情况下，这类制造商应当努力减少运货次数。所以，除了消费者少量购买或要求迅速交货的特殊情形外，制造商通常会采用直接分销渠道。

（2）易腐性

对容易腐烂的产品（如鲜活食品）以及易过时的产品，分销渠道设计关键是要保证制造商尽快把产品运送到最终用户手中，以减少腐烂变质的风险和损失。所以，当制造商与最终用户的距离很近时，通常采用很短的分销渠道；当距离很远时，就不得不使用几个中间商，既达到较快的运送速度，又保证经济性。

（3）单位价值

通常，产品单位价值越低，分销渠道就会越长。因为低价值导致留给分销渠道的利润空间很小，处于这类产品分销渠道中的中间商必须经营多种其他产品，创造规模经济，以分担成本，保证获得预期收益。消费品市场中的日用品和产业市场中的办公用品就属于这种情形。当一件产品的单位价值较高时，订货处理和运送成本的比例就变得很低了，即使是远距离的直接分销也是可行的。

（4）标准化程度

产品定制化程度越高，分销渠道就会越短。对完全定制化的产品，制造商总是直接出售给最终用户，因为短渠道便于制造商与用户之间的沟通以及提供必要的服务。对高度标准化的产品，通常会采取长渠道。制造商利用长渠道可以成功地拓展市场，获得更多的市场机会。

（5）技术水平

无论是在产业市场还是消费品市场上，高技术产品或者技术含量高的产品由于需要制造商派销售和服务人员开发市场，提供售前和售后服务，通常会采用直接渠道来销售。对技术含量低的产品，中间商就可以承担销售服务，制造商会利用较多的中间商。

（6）新颖性

新产品在进入市场初期需要投入大量的促销费用，但是，在长渠道中要想使所有分销渠道成员协同努力是非常困难的。采用短渠道，制造商就能选取少数愿意作出积极促销努力的中间商，提供市场开发初期所需的促销努力，缩短开发周期。

在分析企业设计分销渠道时会遇到的各种挑战和影响分销渠道设计的各种因素的同时，我们还必须特别注意到，即使是那些拥有现成的成熟渠道的著名企业，在拓展新产品、利用现有渠道销售新产品时必须非常小心，对这种做法的可行性进行认真的评估。

拓展阅读 4-1

4.2.5.3　制造商因素

与制造商有关的影响分销渠道结构设计的因素有：

（1）规模

大制造商在渠道选择中拥有更大的权力基础，在不同渠道结构的选择上具有更多的自由度和灵活性。因此，大制造商开发适合分销任务的最佳渠道的能力往往比小企业强得多。受到条件的限制，可供小制造商选择的渠道结构设计方案通常是很有限的。

（2）资金实力

在采用直接渠道的情况下，制造商通常需要配备较多的销售人员和支持服务人员，还常常需要提供零售服务，并拥有仓储和较强的订单处理能力。所有这些都需要制造商投入很多资金。大制造商本身就能承担起这些费用，对其他分销渠道成员的依赖性就较低。对无法承担这些费用的制造商来说，就必须依靠其他分销渠道成员来分担。不过，互联网的发展为那些只有有限资金的小企业们提供了直接把产品成功地销售给最终消费者的新机会。

（3）管理专长

许多制造商往往缺乏履行分销任务所必需的管理技能。此时，设计分销渠道时必须考虑到如何利用其他中间商来提供所需要的服务。经过一段时间，制造商在本身拥有了所需要的管理技能后，就可以改变分销渠道结构，以减少对中间商的依赖。

（4）目标和战略

制造商的某些目标和战略可能会对分销渠道结构设计具有限制和约束作用。如果制造商的营销目标要求对产品和服务实施高度的控制，则分销渠道结构设计中需要限制中间商的数量。如果制造商的战略是采取积极进取的促销策略和对市场的变动作出迅速反应，则分销渠道结构设计不可能选择过长的渠道或密集型分销策略。

4.2.5.4　中间商因素

与分销渠道结构选择有关的中间商因素有：

（1）可获得性

制造商能否获得所需要的足够的中间商会影响分销渠道结构的设计。当制造商发现难以获得合适的中间商时，它唯一的选择就是动手组建自己的直接渠道。戴尔公司最初就是发现，现有零售商，不管大小，都不能提供其所要求的服务，然后才采用直销渠道的。

（2）使用成本

分销渠道成员的使用成本也直接影响分销渠道结构的选择。当分销渠道管理者认为某种分销渠道成员的使用成本太高时，其就会尽量少用这类分销渠道成员。

（3）所提供的服务

分销渠道成员所提供的服务与分销渠道结构的选择也是密切相关的。制造商在分销渠道设计时需要通过评价某些特定中间商所提供的服务，来选择能以最低成本最有效地完成分销任务的中间商来作为自己的分销渠道成员。

4.2.6 选择最佳分销渠道结构

分销渠道设计应当尽可能使企业能够以最低成本获得最佳绩效，这种分销渠道结构被称作最佳分销渠道结构。要选择一个最佳分销渠道结构，分销渠道管理者需要计算和比较每种可供选择的分销渠道的预期年收入和成本。尽管可以用一些方法来计算和比较不同分销渠道设计方案之间的优劣，但大多数分销渠道管理者都无法知道所有可能的分销渠道结构，要对所有可能的分销渠道设计方案的收入和成本进行精确计算就更困难了。所以，在现实中要选择最佳分销渠道几乎是不可能的。正因为如此，我们讨论的重点不在于选择最佳分销渠道的方法本身，而在于为不同方案之间的比较提供一组客观标准。

衡量一种分销渠道结构是否比其他分销渠道更好，可以从分销渠道下游、上游和内部3个方面来评价。从分销渠道下游看，顾客要求分销渠道提供更大的效用，使顾客从分销渠道中获得更多利益。从分销渠道上游看，分销渠道结构对供应商应当是有吸引力的。从分销渠道内部看，分销渠道结构应当是有利于分销渠道协调发展的。

4.2.6.1 理想的分销渠道产出效用的分析

最佳分销渠道应当是保证顾客乐于从中购买他们所需要商品的分销渠道。顾客愿意购买的原因是寻求某种效用。不同的分销渠道设计方案能够为顾客提供的效用包括如下几个方面：

（1）便利（时间和空间）效用

顾客从不同分销渠道获得商品所需要的时间，就是衡量分销渠道时间便利性的指标。顾客通常更喜欢时间上便利的分销渠道。空间上的便利性则是指顾客方便地获得商品的程度。

（2）购买量效用

购买量是指顾客在某个分销渠道中一次交易能买到的商品数量。在有些分销渠道中，顾客在一次交易中必须购买较大数量的商品，而在另一些渠道中，顾客可以购买任意数量的商品。允许顾客购买批量越小的分销渠道，就需要提供越多的服务，所需要支付的费用也越高。

（3）选择效用

这是指分销渠道提供给顾客选择的商品种类的多样性程度。购买者通常更喜欢到有较多的商品可供选择的分销渠道中购买，因为这样可以增加满足他们需求的机会。

（4）服务效用

这是指分销渠道所提供的服务种类和增值量。分销渠道所承担的营销职能的种类越多，质量越高，相应的服务效用也越大。

对某个具体的分销渠道设计方案，分销渠道管理者可以测定其所提供的上述4种产出效用。产出效用越大，就表示这种分销渠道设计的竞争优势越大，但也意味着分销渠道的成本越高，最终用户必须支付越高的价格；这样一来又可能失去一部分青睐低价的消费者。可见，最佳分销渠道的选择必须在分销渠道产出效用的大小与分销渠道最终零售价高低之间寻求适当的平衡。同时，不同的顾客对上述不同类型效用的重视程度也不同，导致上述不同效用在顾客进行综合评价时会有不同的权重。分销渠道设计者要努力花较少的成本创造顾客心目中的尽可能大的效用。

4.2.6.2　从供应商角度看的理想的分销渠道结构

从供应商角度看，理想的分销渠道结构应当是容易获得分销渠道成员和具有成本效率的。对某种分销渠道结构来说，如果分销渠道管理者根本就无法得到适合的分销渠道成员，这种分销渠道结构就可能根本无法实施，也就不是理想的了。同时，在理想的分销渠道结构中，每个分销渠道成员加入分销渠道后都应当是能够降低分销渠道管理成本的；否则，就说明分销渠道结构还存在简化的可能，就不是理想的。

4.2.6.3　分销渠道结构对分销渠道协调发展的影响

分销渠道结构要能够激励分销渠道成员努力工作，提高分销渠道的整体效率。因此，理想的分销渠道结构应当保证分销渠道成员所得到的报酬不低于经营其他同类产品的经销商所得到的报酬，而且分销渠道内的报酬体系也应当是公平的，使分销渠道内的各个成员都能为实现分销渠道的整体目标而尽最大努力。此外，分销渠道结构要保证尽可能选择那些能够并愿意高质量按时完成分销任务的中间商作为分销渠道成员。

法治引航

网络餐饮服务第三方平台安全监督的法律责任

国家市场监督管理总局发布的《网络餐饮服务食品安全监督管理办法》（2020 年修订版）对网络餐饮服务第三方平台明确提出了以下一些法律责任：

1. 国内网络餐饮服务第三方平台提供者、通过第三方平台和自建网站提供餐饮服务的餐饮服务提供者（以下简称入网餐饮服务提供者），利用互联网提供餐饮服务及其监督管理，都适用本办法。

2. 入网餐饮服务提供者应当具有实体经营门店并依法取得食品经营许可证，并按照食品经营许可证载明的主体业态、经营项目从事经营活动，不得超范围经营。

3. 网络餐饮服务第三方平台提供者和自建网站餐饮服务提供者都应当按要求向所在地省级市场监督管理部门备案。网络餐饮服务第三方平台提供者设立服务分支机构的，也应当按要求向所在地县级市场监督管理部门备案。

4. 网络餐饮服务第三方平台提供者应当建立并执行入网餐饮服务提供者审查登记、食品安全违法行为制止及报告、严重违法行为平台服务停止、食品安全事故处置等制度，并在网络平台上公开相关制度。

5. 网络餐饮服务第三方平台提供者应当设置专门的食品安全管理机构，配备专职食品安全管理人员，每年对食品安全管理人员进行培训和考核。

6. 网络餐饮服务第三方平台提供者应当对入网餐饮服务提供者的食品经营许可证进行审查，登记入网餐饮服务提供者的必要信息，保证入网餐饮服务提供者食品经营许可证载明的经营场所等许可信息真实。网络餐饮服务第三方平台提供者应当与入网餐饮服务提供者签订食品安全协议，明确食品安全责任。

7. 网络餐饮服务第三方平台提供者和入网餐饮服务提供者应当在餐饮服务经营活动主页面公示餐饮服务提供者的食品经营许可证。食品经营许可等信息发生变更的，应当及时更新。

8. 网络餐饮服务第三方平台提供者和入网餐饮服务提供者应当在网上公示餐饮服务提供者的名称、地址、量化分级信息，公示的信息应当真实。

9. 入网餐饮服务提供者应当在网上公示菜品名称和主要原料名称，公示信息应当真实。

10. 网络餐饮服务第三方平台提供者提供食品容器、餐具和包装材料的，所提供的食品容器、餐具和包装材料应当无毒、清洁。

11. 网络餐饮服务第三方平台提供者和入网餐饮服务提供者应当加强对送餐人员的食品安全培训和管理。

12. 送餐人员应当保持个人卫生，使用安全、无害的配送容器，保持容器清洁，并定期进行清洗消毒。送餐人员应当核对配送食品，保证在配送过程中食品不受污染。

13. 网络餐饮服务第三方平台提供者和自建网站餐饮服务提供者应当履行记录义务，如实记录网络订餐的订单信息。

14. 网络餐饮服务第三方平台提供者应当对入网餐饮服务提供者的经营行为进行抽查和监测。发现入网餐饮服务提供者存在违法行为的，应当及时制止并立即报告；发现严重违法行为的，应当立即停止提供网络交易平台服务。

15. 网络餐饮服务第三方平台提供者应当建立投诉举报处理制度，公开投诉举报方式，对涉及消费者食品安全的投诉举报及时进行处理。

本章小结

分销渠道战略是为了实现分销渠道目标而制定的一整套指导方针。分销渠道战略的最终目标是为贯彻企业整体营销目标和战略服务的。分销渠道战略无论在实现企业整体营销目标和战略中，还是在营销组合、分销渠道设计开发和分销渠道管理中都有非常重要的作用。

分销渠道设计是指为实现分销目标，评估和选择各种备选的分销渠道结构，制定开发新分销渠道或改进现有分销渠道决策的过程。分销渠道设计分如下步骤：①识别分销渠道设计决策的需要；②确定与协调分销目标；③明确具体的分销任务；④开发可供选择的分销渠道结构；⑤评价影响分销渠道结构的因素；⑥选择"最佳"分销渠道结构；⑦选择分销渠道成员。

分销渠道结构设计需要考虑完成分销任务应选择的分销渠道方案，也就是可能的分销渠道结构。分销渠道结构设计主要应考虑3个方面：分销渠道层级设计、分销渠道密度设计和各层级分销渠道成员类型的选择。

影响分销渠道结构选择的主要因素有市场因素、产品因素、制造商因素和中间商因素。

最佳分销渠道结构就是能使企业以最低成本获得最佳绩效的结构。在现实中要选择最佳分销渠道几乎是不可能的。正因为如此，我们主要通过比较不同方案的优劣来选取比较理想的分销渠道。衡量一种分销渠道结构的优劣可以从分销渠道下游、上游和内部3个方面来评价。

主要概念

分销渠道战略 分销渠道设计 分销渠道结构设计 分销渠道层级 分销渠道层级密度 最佳分销渠道结构

基本训练

❖ 知识题

1.什么是分销目标？为什么分销目标必须与企业其他目标及战略相一致？

2.什么是分销渠道设计？说明分销渠道设计对企业的战略意义。

3.分销渠道设计的基本步骤是什么？

4.分销渠道结构设计的主要内容是什么？

5.结合具体企业或产品，说明和评价影响分销渠道结构设计的因素。

6.为什么企业设计和开发一个最佳分销渠道结构是非常困难的？据此企业应当采取何种对策？

7.最佳分销渠道结构是不是能带来最大利润的分销渠道结构？为什么？

❖ 技能题

1.结合具体企业，说明分销渠道战略与企业整体战略和营销战略之间的关系。

2.讨论在分销渠道中零售商的实力不断增强对分销渠道结构和分销渠道管理可能产生的影响。

❖ 案例分析题

1.根据引例，分析如果这家公司确实有建立自营渠道的想法，你认为应当如何创造条件？提出你的建议。

2.根据渠道实践4-2，你认为你在分销渠道设计中是否会使用二批商？如果使用，你会怎样使用二批商？为什么？

3.根据渠道实践4-1，你认为戴尔的渠道变革有几种可能？分析每种变革方案的前景。

第5章　分销渠道成员的选择

学习目标

知识目标

◆ 理解分销渠道成员选择的重要性、原则和步骤；掌握获得潜在的分销渠道成员名单的方法和途径；理解评价分销渠道成员的指标和方法；理解吸引和获得分销渠道成员的主要方法和手段；了解分销渠道认证和培训的特点、类型和作用。

技能目标

◆ 能结合行业和企业实际制订获取潜在的分销渠道成员名单的计划；能分析说明评价分销渠道成员的指标和方法；结合具体行业和企业，分析说明吸引和获得分销渠道成员的方法；结合具体企业，提出吸引和获得分销渠道成员的策略方案；分析IT企业分销渠道认证和培训的需要，提出分销渠道认证和培训的建议。

❖ 引例

如何评估经销商

L公司是一家知名跨国服饰公司，在拓展业务网点数量方面取得了良好的业绩，但在与大卖场、商场和超市的合作中都遇到了以下困难：虽然公司投入力度很大，但网点数量每年仍有不同程度的流失；销量好，应收款却逐月递增；合作公司突然倒闭，货款变成死账；经销商在未告知L公司的情况下，就对L公司产品直接或变相打折，利润损失惨重；零售商日益强势，供应商经常处于被支配的地位；个别网点的销售额和利润长期未能达到预期目标。

公司文总经理清醒地认识到，需要定期对经销商进行全方位的评估和甄选，并在此基础上决定后期的沟通、谈判和合作内容，保证分销渠道的健康发展。

为此，文总经理安排了由全公司各部门经理和区域经理参加的讨论会。会议先进行分组讨论，继而汇报交流，随后由营销部总结成文，征求与会成员的意见；经修改后，最终形成了如下评估和甄选经销商的资料文本：

（1）合作伙伴的类型、性质和目前的合作状态。

（2）合作伙伴的名称，所在省市，高、中、低级负责人的姓名、职位、联系方式，并对其按高、中高、中、中低和低5个经营档次进行综合评价。

（3）合作伙伴经营所在地的位置在商圈内的价值、为 L 公司所提供的经营位置在服装区的价值大小以及未来可能的变化。

（4）对客户周边 3 千米内竞争对手的地理位置、营业面积、管理水平、人气指数、购物环境和盈利能力等进行系统评估，并最终也按上述 5 个档次进行综合评价。

（5）根据对合作伙伴所经营的与 L 公司产品定位接近的其他知名品牌的铺面位置、陈列、员工素质、产品、人气等因素的评价，按上述 5 个档次对合作伙伴所搭建的业务成长平台的优劣程度进行综合评价。

（6）对主要竞争品牌的营业面积、月均销售、平面分布信息进行汇总，最后对各品牌的竞争力按 5 个档次进行评估。

（7）根据同级别的店面的销售额、销售量、装修费用、员工薪酬预估、广告、促销、管理、店庆等合计费用，结合扣率、租金和相关费用等合同条件，计算出对合作伙伴的投资回报率，再结合品牌推广、货款回收、未来发展等因素，得出对合作伙伴的投资价值评价，然后按上述 5 个档次分类。

（8）根据制造商之间彼此提供三证（生产许可证、产品合格证和质量保证书）、明确财务信息、分析经营诚信度等，得出按上述 5 个档次分类的综合评价。

（9）根据以上信息进行综合评估，并由具体推荐者或项目申请者提出后续与合作伙伴的沟通及谈判思路。

最后，文总经理总结说，制造商与经销商之间是一个永远不会停止斗争、永远不会停止合作的利益共同体。但只要制造商在充分调研基础上，对经销商进行客观的评价和甄选、加强沟通和合作，就一定能够实现合作的目标。

资料来源　刘建恒，陈琳. 最基础的是最重要的——如何对客户进行 360°评估［J］. 销售与市场（管理版），2004（26）：39-41.

5.1　分销渠道成员选择的重要性、原则与步骤

5.1.1　分销渠道成员的选择及重要性

分销渠道成员的选择是分销渠道设计中的最后一个步骤，也是非常关键的一步。分销渠道成员的选择需要从众多的同类中间商中挑选出那些能有效地执行分销任务的中间商，使其成为分销渠道成员。除了采用直接渠道的制造商以外，任何采用中间商的制造商都需要对分销渠道成员选择作出正确的决策。

分销渠道成员的选择不仅对分销渠道结构设计来说是非常重要的，而且在如下两种情形下，即使分销渠道结构不变，也常常需要对分销渠道成员进行选择：第一种情形是制造商需要扩大现有市场区域范围或者提高现有市场覆盖率，就需要物色更多合格的中间商来承担分销任务。第二种情形是制造商发现现有的某些分销渠道成员无法胜任分销任务而需要取而代之，或者是原有分销渠道成员流失，需要选择新的分销渠道成员。

分销渠道成员在很多情况下都是制造商长期的战略合作伙伴。想要营销成功的制造商

都离不开强有力的分销渠道成员的支持，所以分销渠道成员的选择是非常重要的。

分销渠道成员选择的重要性与制造商所选择的分销渠道的密度是密切相关的。分销渠道密度越大，分销渠道成员选择的重要性就越小。对采取选择性分销策略的制造商来说，制造商需要通过所选择的分销商对分销渠道和整个市场实施控制，并利用分销商确保销售成功。所以，对分销渠道成员的选择是至关重要的。但是，对采取密集型分销策略的制造商来说，总是希望获得尽可能多的分销商来保证产品覆盖尽可能大的市场。因此，事实上制造商对分销商的选择余地是很有限的，分销渠道成员选择的重要性也就相应地降低了。

❖ **渠道实践5-1**

薇姿的分销渠道选择

薇姿是法国著名化妆品公司欧莱雅集团的产品。薇姿取名于法国中部著名温泉疗养胜地薇姿市。薇姿市素以温泉著称，薇姿正是利用这点大力制造卖点。薇姿在广告及产品说明中总是不断突出薇姿市温泉的独特功效——"预防兼治疗皮肤病的天然药物"，给顾客留下"质地纯净、营养丰富、品质天然"的印象。欧莱雅集团对薇姿产品的定位是"一个给肌肤带来健康的品牌"，市场定位在中高档，目标消费者是那些理性的、更加容易接受新事物、注重品牌带来健康、不太在意价格的女性。

欧洲护肤品的销售渠道首先是超市，其次是药店，而后才是百货商店。只有极少数化妆品品牌能够通过严格的医学测试得以进入药店，而薇姿是其中之一。欧莱雅集团认为，薇姿的定位与药店的专业形象是不谋而合的，所以薇姿坚持"只在药房"销售。

但中国护肤品的销售渠道依然是百货公司、超市和专业店。所以，在薇姿进入中国市场之前，恐怕大多数中国化妆品品牌都不会想到化妆品也可以在药店里卖。薇姿进入药店，在中国是一种"前无古人"的做法，也存在一定的风险。

不过，应该看到，薇姿进入药店也有其优势和机会。化妆品市场纷繁复杂，往往会让消费者感到眼花缭乱，无所适从。在超市和百货公司，众多品牌云集一处，促销手段又极其相似，消费者经常是一头雾水，不得要领；对那些毫无经验的初次购买者而言，更是"百里挑一"，难上加难。薇姿单独选择药店，这本身就让人产生好奇，再凭借其高质量的产品和专业化的服务，自然会使得购买者对自己的选择"一目了然"，大大减少了消费者购买的时间和精力。所以，薇姿进药店销售本身也确实吸引了不少人的眼球。

药店通常能让消费者觉得"健康、放心"。薇姿更是选择大型药店，设立高档专柜，或者在高档商场内的药店里出售，不仅衬托出了它在护肤方面的专业性，而且提升了购买者对这种专业性的信任感。选择药店销售，所配备的人员自然也不是一般化妆品柜台上的营业人员，而是拥有专业执照的药剂师。专业药剂师为顾客所提供的消费体验当然也不是一般的营业人员所能提供的。

为了配合选择药店销售的分销渠道策略，薇姿在产品包装上也很适合药店所倡导的健康形象。薇姿的包装以蓝白两色为主，清雅自然，看上去没有过多的修饰，十分符合品牌清新、健康的形象。

薇姿上市初期，并没有采取任何广告手段，后来的广告也只选用了平面广告，一直到近些年才开始作电视广告和互联网广告等。不过，薇姿在专业媒体和时尚杂志上，通过专栏文章，诠释了其最基本的"专业、健康"的形象。

薇姿选择药店这一独特的渠道加上优良的品质，树立起独特的化妆品品牌的形象，在化妆品渠道选择上取得了关键性的突破，并在中国市场上培育出一批忠诚的购买者。同时，薇姿独特的渠道选择策略已经引起越来越多的化妆品品牌的注意，有不少化妆品品牌开始探讨进入药店销售的可行性。

资料来源 宋瓷. 渠道CROSSOVER：薇姿先行［J］. 新营销，2006（7）：56-57.

5.1.2 选择分销渠道成员的原则与步骤

5.1.2.1 选择分销渠道成员的原则

为保证分销渠道最终能够完成分销目标，在选择分销渠道成员时应当遵循下列原则：

（1）适合目标市场的原则

制造商在选择分销渠道成员时应当考虑到目标市场需求、购买行为和消费习惯，保证分销渠道成员顺利地把自己的产品送到目标市场顾客手中，以方便他们购买和使用。因此，所选择的分销渠道成员应当在目标市场中拥有自己的分销渠道，或者能够使自己的分销渠道到达目标市场。

（2）形象匹配的原则

在消费者眼中，分销渠道成员的形象也代表了制造商的形象。所以，制造商在选择分销渠道成员时，必须保证所选择分销渠道成员的形象符合自身形象塑造的要求；否则，即使在短期内能够产生一定的销售量，从长期看也是不合理的。

（3）提升效率的原则

一个企业的分销渠道的整体效率来自每个分销渠道成员的效率。在间接分销渠道中，整个分销渠道的效率常常是由分销渠道中效率最低的成员所决定的。制造商在选择分销渠道成员时要有利于提升整个分销渠道的效率，做到迅速高效。一方面要能够以最快速度通过分销渠道的各个环节使产品到达目标顾客手中，另一方面要保证分销渠道运行，以最少投入得到最大产出。

（4）互惠互利的原则

同一条分销渠道的成员实际上组成了一个利益共同体。分销渠道成员之间只有保持互惠互利、同舟共济、紧密合作的关系才能保证分销渠道的稳定和发展。如果某些分销商只注重本身利益，过分计较眼前小利，分销渠道运行中就会充满矛盾和冲突，甚至导致分销渠道解体。所以，制造商在选择分销渠道成员时一定要选择那些有合作意愿、共同价值观和良好合作精神的中间商。

5.1.2.2　选择分销渠道成员的步骤

分销渠道成员的选择过程包括：

❶确定潜在的分销渠道成员的名单；

❷评价和选择分销渠道成员；

❸吸引和获得分销渠道成员。

❖ **渠道实践5-2**

应当选择传统分销渠道还是现代分销渠道？

网络营销和电子商务为企业构建分销渠道提供了一种全新的选择。但是，如果企业受内外部条件的制约，一时还无法全部利用互联网渠道销售，就不得不在传统的线下渠道中作出选择。一种是以代理分销商为代表的传统分销渠道，另一种是以大型连锁超市为代表的现代分销渠道，供应商尤其是制造商在分销中应当选择现代分销渠道还是传统分销渠道呢？代表着强势力量的现代渠道的出现引发了渠道秩序的重构。任何企业都应该重视现代渠道的生命力和发展；但是，如果企业不顾自身在市场中的位置和特点，一味盲目追求渠道潮流，对企业本身也可能是有害的。下面3个案例所反映的情形令人深思。

案例1： 一位晋商在一次会议上谈起自己与国际连锁大卖场——某家超市的合作经历时，认为对方的合作条件苛刻，而且各种促销和广告费用摊派花样众多，对相关人员还要小心伺候。悔不当初！

案例2： 一个生产某种快速消费品的制造商花了很大的力气，终于如愿以偿地使自己的产品进入了一些著名连锁大卖场；但几个月过去了，半年过去了，销量毫不见增长。这个制造商原以为同类产品在大卖场如此火爆，自己的产品在大卖场也一定畅销，进了大卖场就是抱住了摇钱树，但结果是自己的产品在长期没有销量后被连锁大卖场清理出场。

案例3： 某家公司所生产的产品在市场上深受消费者欢迎。为了加速发展，公司一方面追加投资计划把生产能力扩大了1倍，另一方面想尽办法进入了某些著名连锁大卖场。公司原计划一两个月后回收的货款能用于流动资金的周转；但是4个月过去了，送到大卖场的货物已经销售一空，货款迟迟不见回笼，公司资金周转陷入了困境。

在零售层面上，传统分销商、中小零售商和百货公司与大型连锁零售商和仓储超市进行激烈的竞争；在批发层面上，传统分销渠道也和现代分销渠道开展激烈的市场争夺。

两种渠道在不同的区域市场上表现各异。在一线城市市场上，现代分销渠道的重要性越来越突出，传统分销渠道逐渐萎缩。而在现代分销渠道还远远不能涉足的二、三线城市和一些细分市场上，传统分销渠道依然是主流，但其管理难度在增大，产出在减少。

企业认真地分析选择传统分销渠道和现代分销渠道的理由，客观地评价选择某种渠道的不利影响，结合自身的条件作出合理的选择才是最明智的。

1.选择现代分销渠道的理由

（1）拥有强大的品牌影响力。现代分销渠道大多依附于著名的商业集团，有良好的品牌影响力和令人信服的财务信用。

（2）高效的运营效率。现代分销渠道交通方便，购物环境好，设备先进，人流量很大，采用开架式的销售模式，商品吞吐量大，能充分享受规模效应。

（3）科学的管理模式。现代分销渠道实行集中式、电脑化管理，所有分店都以电脑联网，统一采购、统一配销和统一结算。

2.选择现代分销渠道的弊端

（1）门槛高。现代分销渠道要求供应商具备一定的实力和条件，有能力承受大卖场所提出的各种近乎苛刻的条件和众多的费用负担。

（2）销售不畅的商品不宜。现代分销渠道对没有价值空间或消费者关注度不够的商品基本上是任其消亡或清理出场。

（3）资金周转不充裕的制造商不宜。现代分销渠道基本上采取代销的形式，回款期都很长，少则一两个月，多则四五个月，所以对那些等待资金周转的制造商是不适宜的。

3.选择传统分销渠道的理由

（1）操作简单灵活，易于控制。制造商与传统分销渠道的合作比较简单。传统分销渠道在满足批发市场的产品包装、分销深度和广度要求等方面更有优势。传统分销渠道的经销商更便于制造商控制。

（2）费用少，货款回收期短，成本低。传统分销渠道没有现代分销渠道名目繁多的费用——进场费、公关费、赞助费以及被动的促销费等；通常采用款到发货的办法。因此，对批发业务来说，管理成本更低，有更大的价格优势。

（3）渗透力强，覆盖范围广。传统分销渠道的经销商大多拥有自己庞大的社会关系网络，能把网点蔓延到城市的大街小巷，在二、三线城市市场上更拥有绝对的覆盖优势。现代分销渠道一般只能覆盖大中城市，且只在城市的主要路段上占有优势。

（4）具有分担库存风险的优势。由于经营模式的不同，积压在现代分销渠道仓库里的货物，最后都是属于制造商自己的；积压在传统分销渠道经销商仓库里的货物很大程度上都是属于经销商的。

（5）拥有仓储和物流等优势。经过多年的发展，传统分销渠道的经销商在所在区域内一般都已经形成了仓储和物流方面的优势，货物的配送比较方便。

4.选择传统分销渠道的弊端

（1）传统分销渠道已逐渐失去了原先的市场地位，受到制造商的冷落。

（2）传统分销渠道之间的竞争更无序，影响了传统分销渠道的经销商自身的发展。

（3）面临着消费者的信任危机。传统分销渠道规模小、实力弱，售后服务不规范，终端形象不佳，假冒伪劣产品时有出现。

（4）传统分销渠道的经销商的自身素质跟不上市场发展的节奏。

资料来源　顾坚.为什么我们不选择现代渠道？[J].销售与市场（管理版），2004（15）：18-19.

5.2 确定潜在的分销渠道成员的名单

选择分销渠道成员的第一步就是要发掘一批可能成为制造商分销渠道成员的中间商名单。拥有的中间商名单越长，挑选分销渠道成员的余地也就越大，所以，在确定潜在的分销渠道成员名单时应当开辟多种途径，拓宽搜索范围。此时可以利用的主要搜索途径有：

（1）本企业的销售机构

企业的销售机构长期与批发、零售等环节的中间商有业务往来，掌握许多中间商的信息，是制造商搜索潜在的分销渠道成员的重要途径。企业销售人员多半会更深入地了解当地多种分销商的情况，并对其情况作出一定的评价，因此，其所提供的中间商名单往往是很有用的。但问题在于，许多制造商并未明确地把提供有关中间商信息看作销售人员的职责，所以，销售人员也就不愿为搜索和提供中间商信息付出自己的时间和精力。想要从本企业销售人员中获得有价值的中间商信息，企业应当明确地把搜索和提供中间商信息规定为销售人员的职责。对那些确实花时间和精力搜索中间商信息并与其发展关系的销售人员应当支付报酬或给予奖励。

（2）行业与商业途径

与特定企业有关的行业协会、行业出版物、行业展销会和行业内企业名录等，都是与某个具体行业有关的潜在的分销渠道成员信息的来源。商业途径则包括贸易机构、贸易展览或交易会、各类公开和内部出版物、电话簿以及咨询机构的调研报告等。这些都是获取中间商信息的有价值的途径。

许多有实力的中间商往往会在专业性很强的媒体上刊登广告，这就给制造商提供了获得潜在的分销渠道成员信息的机会。利用这种商业渠道来获得中间商名单的方法具有主动性，利用广告吸引中间商的注意和兴趣，企业从反馈信息中进行筛选。

（3）顾客和分销商咨询

制造商通过对顾客进行正式或非正式的调查可以获得他们对市场上各类中间商的看法和评价。很多顾客愿意开诚布公地谈自己对中间商的看法，这样就可以收集到从制造商角度很难取得的资料，以便帮助制造商对不同中间商的情况作出更合理、正确的评价和判断。

制造商也可以通过咨询现有中间商或让现有中间商推荐，来获得关于分销渠道成员的信息。此外，制造商平时应该注意收集和储存那些代理或经销本企业同类产品的中间商信息，以便在需要时选用。

（4）互联网查询

在互联网上通过访问有关专业网站，可以搜索到某一行业中一批可能成为分销渠道成员的中间商名单。同时，对顾客和中间商的咨询可以通过互联网来实现。通过互联网查询的最大优点是方便快速，费用低廉，而且可以克服时空距离，所以特别适合希望获得远距离中间商或大范围市场内中间商名单的制造商。

5.3　评价与选择分销渠道成员

5.3.1　评价分销渠道成员的标准

前面已经讨论了选择分销渠道成员的原则，不过，在具体确定分销渠道成员时还需要建立一套完整的评价标准。不同地区、不同行业和不同企业都需要根据自己的实际情况来确定适合自己的具体评价标准，要设计一套完全适合所有企业的通用评价标准是困难的。下面讨论的仅仅是适合通常情况的评价标准。每一个企业在选择具体分销渠道成员并应用这些标准时，还需要根据自己的实际情况灵活地运用。

5.3.1.1　关于评价分销渠道成员标准的传统研究结果

在理论上对分销渠道成员选择标准进行的研究，开始于 20 世纪 50 年代。最早由布伦德尔（L. H. Brendel）提出了一份工业品制造企业选择分销渠道成员时可能涉及的包括 20 个问题的清单，其中大多数问题也适合消费品制造商。布伦德尔的选择标准已经成为分销渠道管理文献中的经典之作，直到今天也适用。他所提出的 20 个问题是：

❶分销商是真的需要我们的产品，还是仅仅由于目前一时的产品短缺？
❷分销商目前的经营状况如何？
❸分销商在顾客心目中的声誉如何？
❹分销商在制造商心目中的声誉如何？
❺分销商是追求积极进取的吗？
❻分销商还经营哪些其他相关产品？
❼分销商的财务状况如何？
❽分销商有没有能力给单据贴现？
❾分销商设施的规模如何？
❿分销商能否保持适当的存货以保证服务质量？
⓫分销商目前的主要客户有哪些？
⓬分销商目前还没有给哪些客户提供服务？
⓭分销商的价格能否保持稳定？
⓮分销商是否可以提供过去 5 年的销售记录？
⓯分销商的销售人员能将产品推广到哪些地区？
⓰分销商的销售人员是否接受过培训？
⓱分销商拥有多少现场销售人员？
⓲分销商有多少内部员工？
⓳分销商是否对积极合作、销售培训和推广促进感兴趣？
⓴分销商是否拥有开展上述活动的设备？

佩格勒姆（G. B. Pegram）在 20 世纪 60 年代提出来的分销渠道成员选择标准仍然是目前最有影响力和使用最广的。佩格勒姆也以实证为基础，将美国和加拿大的很多制造商作为样本，提出了一个包括很多方面的标准体系。佩格勒姆所提出的选择标准中最主要的方面是：信用和财务状况、销售能力、产品线、声誉、市场覆盖范围、销售绩效、管理的连续性、管理能力、态度和规模。

20世纪80年代，西普雷（D. D. Shipley）在研究了美国和英国几十个制造商的基础上提出了另一套选择标准，分为三大类12条：

❶销售和市场因素——市场知识、市场覆盖率、销售人员的数量和质量、销售拜访的频次；

❷产品和服务因素——产品知识、服务和存货设施、服务人员的素质；

❸风险和不确定因素——对产品的热情、以往成绩、涉及的成本、销售制造商竞争者产品的程度、经理人员的职业经历。

西普雷通过调研还对美、英两国制造商对这些标准的重要性评价进行了排序，结果发现尽管有一定差异，但两国制造商所采取的选择标准是相似的。

5.3.1.2 对评价分销渠道成员标准的总结

布伦德尔所提出的选择分销渠道成员时的20个问题的清单、佩格勒姆的包括很多方面的标准体系以及西普雷的12条标准，都说明制造商在选择分销渠道成员时需要从多个方面进行评价。综合上述观点，我们基本上可以把评价标准分为以下3个方面：

（1）分销渠道成员的能力

对分销渠道成员能力的评价是最重要的，其包括如下方面：

❶实际销售能力。中间商的实际销售能力又包括：

第一，市场覆盖范围。从市场覆盖范围看，选择分销渠道成员的基本目的是拓展市场覆盖区域。但是，在选择新的分销渠道成员时不仅要求中间商有足够的市场覆盖区域，还要注意到潜在的分销渠道成员的市场覆盖面是否太大，尽量不与现有分销渠道成员的市场覆盖区域相重叠。制造商总是希望获得最大的地理覆盖范围，同时重叠区域最小。

第二，销售能力。中间商的销售能力主要是指中间商所拥有的销售人员的素质和数量。对生产技术水平较高的制造商来说，中间商销售人员的技术能力已经成为一个越来越重要的评价指标了。

第三，销售业绩。中间商的销售业绩主要是指潜在的分销渠道成员以往的销售历史数据。

❷财务能力。制造商需要对潜在的分销渠道成员的财务和信用状况进行调查和评价。只有财务状况和信用记录良好的中间商才有可能按时结算货款，或在必要时预付货款。分销渠道成员的财务管理必须规范和高效，这样才能保证制造商的发展不受任何影响。

❸产品能力。制造商通常需要从4个方面对中间商所经营的产品线进行评价：

第一，竞争性产品。制造商通常会尽可能避免选择那些同时经营直接竞争性产品的中间商。很多中间商，特别是那些对目前的供应商有较高忠诚度的中间商，其本身也持有这种观点。不过，有许多对供应商忠诚度不高甚至毫无忠诚度的批发商和零售商都会经营相互直接竞争的产品。

第二，相容性产品。制造商通常都愿意中间商经营相容性产品，因为这些产品不会直接与制造商的产品相竞争。

第三，补充性产品。制造商也会选择那些经营补充性产品的中间商，因为这类中间商能为顾客提供更全面的产品线。

第四，产品线质量。制造商总是寻找所经营的产品质量相似或优于自己产品的中间商。

❹组织管理能力。对中间商组织管理能力的评价又包括4个方面：

第一，管理能力。对制造商来说，不值得把管理能力很差的中间商选为分销渠道成员。但是，对中间商管理能力的评判又是非常困难的，因为评判所涉及的许多因素是无法确定的。在选择分销渠道成员时，对中间商管理能力的评价主要是看其销售人员的素质和水平。拥有高素质的销售人员就是管理良好的标志之一。

第二，管理的连续性。这是指中间商管理层的稳定性，其对制造商来说是至关重要的。许多中间商往往都是独立的小企业，如果管理层不稳定，管理的连续性就无法得到保证，分销渠道成员就需要频繁地更新，这是非常不利于制造商发展的。

第三，规模。通常，规模越大的中间商越有可能帮助制造商销售更多的产品。一般来说，大型中间商业绩会更好，盈利会更多，经营更安全。因此，制造商总会把规模看作一个重要的标准。但反过来，制造商单纯考虑中间商的规模也是不合理的。中间商往往更愿意和与自己规模相当的制造商合作。实践证明，小规模的制造商即使选择了大规模的中间商作为分销渠道成员，最终也未必能成功。

第四，声誉。对制造商来说，自己分销商的声誉特别是零售商的声誉，是影响分销渠道战略成败的一个重要因素。选择不适当的零售商合作，对制造商本身的声誉会产生不良影响。大多数制造商都不会选择那些声誉不好的中间商。判断中间商声誉是否符合制造商的要求往往要由企业高层管理者参与决策。

第五，态度。从组织管理角度看，需要评价潜在的分销渠道成员是否具有积极进取心、信心和首创精神。中间商是否具有这些素质与其经营制造商的产品能否成功是密切相关的。当然，这种判断并不容易，需要长期的观察和深入了解。

（2）分销渠道成员的合作意向

制造商在选择分销渠道成员时不仅要挑选能力强的中间商，而且应当选择具有强烈合作意向的中间商。即使所选择的中间商实力强大，如果对方没有合作意愿，也是无法长期稳定发展的。所以，分销渠道成员是否具有强烈的合作意向是决定分销渠道最后能否成功的非常重要的因素。如果中间商没有合作意愿，那么即使销售能力再强，制造商也不应该把它吸纳为分销渠道成员。

传统理论总是强调制造商应当谋求对分销渠道的领导权，建立一条以自己为分销渠道领袖的渠道，对其他分销渠道成员实施控制。但是，随着市场竞争的加剧，分销渠道重心下移，越来越多的中间商尤其是零售商掌握了分销渠道领导权。在这种情况下，如果制造商过分追求对其他分销渠道成员的控制，就很容易引发矛盾和冲突。由此可见，除非制造商拥有很强的实力和对中间商的控制能力，否则不应当过分谋求对其他分销渠道成员的控制，而是应当评价潜在的分销渠道成员的合作意愿，与那些愿意共同发展的中间商建立良好的、彼此高度信任的关系。只有这样才能保证分销渠道的稳定发展。

评价分销渠道成员的合作意向就要了解潜在的分销渠道成员的价值观，并根据这些中间商以往的经营历史来判断其是否具有良好的合作精神。对那些仅仅追求本身发展和短期利润，不惜牺牲分销渠道其他成员的利益来谋取自己利润的中间商，即使口头上表示最强烈的合作意愿，也不值得制造商把其吸收为分销渠道成员。

（3）分销渠道的风险

选择不同的分销渠道成员，制造商所面临的风险不同。风险的大小受分销渠道成员以下因素的影响：

❶对制造商分销渠道结构的适应程度。通过对潜在的分销渠道成员的深入了解，制造商需要判断它们对新分销渠道的适应能力和能够融入制造商分销渠道结构的程度。此外，制造商所选择的分销渠道成员也应该对经营环境有较强的适应性，保证分销渠道结构的稳定性。

❷对制造商产品的热情。分销渠道成员必须对制造商产品有足够的热情，对销售成功有足够的信心，因为一旦遇到各种市场风险，就需要所有分销渠道成员紧密合作、真诚团结，这样才能克服困难，渡过难关。如果分销渠道成员对产品缺乏热情，其他分销渠道成员遭遇的风险就会很大。

❸分销渠道成员的成本。使用某一分销渠道成员的成本越高，制造商所需要的投入或者分销渠道承担的费用就越高，意味着制造商需要承担的风险就越大。

❹经营竞争性产品的程度。经营很多竞争性产品的中间商几乎没有精力关注或推动制造商特定产品的销售，而不经营或很少经营竞争性产品的中间商就可能集中精力或有较多的精力做好制造商特定产品的销售。

5.3.2 评价与选择分销渠道成员的方法

如上所述，选择分销渠道成员的标准并不一定适用于所有企业，但是因为其较全面地包括了选择分销渠道成员时需要考虑的方面，所以每一个制造商在选择分销渠道成员时，可以根据本身的分销目标和任务，参考上述标准制定出一套适合自身的评选标准。

评选标准确定以后，制造商就需要根据这套标准对所搜集到的名单中的中间商进行评价，并从中挑选出一组潜在的分销渠道成员。评价和挑选分销渠道成员可以采取两种方法：

5.3.2.1 定量分析法

定量分析法最常采用的是加权评分法。

首先，请一组专业人士对所确定的评价标准中的每一个因素，根据其对实现分销渠道目标的重要程度分别赋予一定的权重。

其次，对收集到的中间商资料在每一个因素上的具体表现作出评价。

再次，按加权平均法计算出每一个中间商的总得分。

最后，按得分由高到低，对中间商进行排序。

5.3.2.2 定性分析法

定性分析法是根据所确定的选择标准，请经理人员对中间商作综合评价，再从中挑选一组潜在的分销渠道成员。

正如通常的定量分析法和定性分析法各自的特点所决定的那样，在采用这两种方法对中间商进行评价时也各有优缺点，最好把这两种方法结合起来使用。先用定性分析法进行初选，在此基础上用定量分析法进行最终的评选，这样所得到的结果就会更全面、合理。

❖ **渠道实践5-3**

零售业态间的竞争与供应商对策

我国零售业发生了巨大的变化，这种变化主要是由不同零售业态之间的竞争所决定的。这种变化不仅影响了不同零售业态本身的生存和发展，而且直接影响了供应商的分销渠道策略。供应商应该选择哪些零售业态来销售自己的产品？供应商又该如何决定每种零售业态对自己的重要程度？

不同零售业态之间的竞争主要集中在两个方面：一是区域市场的竞争；二是商品分类的竞争。零售业态之间竞争的根本动因在于迎合顾客的消费能力和购买习惯。下面我们以大卖场、专业店、网上超市、自愿连锁和专卖店5种零售业态为主要研究对象，对不同零售业态的竞争力进行分析。

不同零售业态在不同层级区域的影响力分布如图5-1所示。大卖场由于受到居民消费能力和消费规模的限制，很难在五级市场上有所作为。对专业店来说，如果其销售的商品类别的总体消费水平较高，将很难在四、五级市场上生存和发展。网上超市近些年来在一至四级市场上的发展势头都很好。自愿连锁由于受到规模、品牌和经营管理能力的限制，更适合在三、四级市场上发展。制造商的专卖店在有大卖场和专业店的市场上是难以生存的，更适合在四、五级市场上发展。

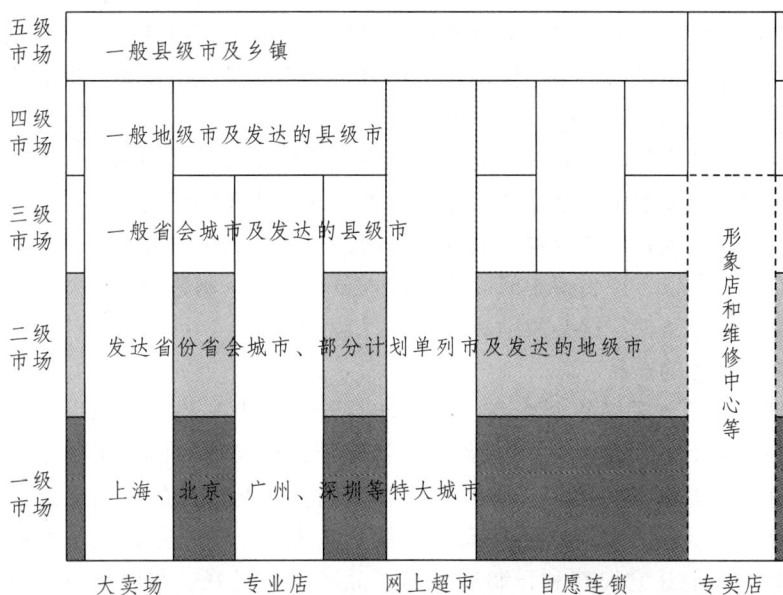

图5-1 不同零售业态的影响力分布

注：专卖店尽管更适合在四、五级市场上发展，但在一、二和三级市场上，专卖店又以形象店和维修中心这样一些特殊的形式而存在，所以专卖店的柱形图以虚线的形式伸展到一、二和三级市场上。

不同零售业态在商品类别上的竞争主要取决于消费者对该类商品的需求特征，具体包括如下几个方面：

（1）消费者在购买该类商品时对服务的需求程度。从满足消费者对服务需求的能力方面看，在上述5种业态中，专卖店的能力最强，专业店次之，大卖场较低，而网上超市及自愿连锁最低。

（2）消费者是否对该类商品形成了固定的购买习惯。大卖场和专业店都能从形成固定购买习惯的商品中获得收益，所以是最适合销售这类商品的，而其他3种业态从消费者形成固定购买习惯的商品中获益较少。

（3）消费者在购买该类商品时的平均消费额。某些店铺适合平均消费额较高的消费者，如大卖场；有些店铺适合平均消费额较低的消费者，如网上超市和自愿连锁；专卖店从平均消费额看几乎适合各类消费者。

（4）消费者在购买该类商品时对现场体验的要求。

（5）消费者在购买该类商品时对个性化要求的程度（商品标准化程度）。

资料来源　王涛. 零售通路之变与供应商应策［J］. 销售与市场，2008（1）：56-58.

5.4　吸引与获得分销渠道成员

5.4.1　吸引分销渠道成员

分销渠道成员的确定是一个双向选择的过程。在制造商选择中间商的同时，包括批发商和零售商在内的所有中间商也会对制造商作出选择，制造商所选定的潜在的分销渠道成员也许最终并不会真正进入渠道。所以，挑选分销渠道成员是一回事，能否真正获得合适的分销渠道成员又是另一回事。

一般来说，那些产品具有高知名度的大型制造商比较容易得到所选择对象的认可，而没有特别声誉和知名度的中小制造商很难被实力强大的优秀中间商所接受。当制造商想让其所选中的中间商加入自己的分销渠道时，中间商通常会提出"加入分销渠道我能得到什么好处"的问题。所以，要想使中间商愿意加入分销渠道，制造商需要对中间商实施有效的激励或者提供优厚条件。这些激励和优厚条件包括：

（1）有获利潜力的产品

中间商最看重的就是销售制造商的产品能否给它们带来利润。如果制造商确实能够让中间商相信销售其产品能够获利，实际上就无须提供其他的优厚条件了。所以，让中间商认识到这一点是非常重要的。但是，多数制造商在与潜在的分销渠道成员沟通时都只是强调产品的高质量，而忽视了产品如何能有效地保证分销渠道成员的利润。站在中间商的角度看，要能让它们获利，制造商的产品除了质量好、利润空间大以外，还要与它们的经营方向相吻合，与原有的经营产品相匹配；否则，中间商通常不会加入制造商的分销渠道。

（2）广告和促销支持

潜在的分销渠道成员非常重视制造商的广告和促销支持。无论是在消费品市场还是产业市场上，如果制造商拥有一份强有力的全国性广告支持计划，对潜在的分销渠道成员的吸引力是非常大的。制造商雄心勃勃的促销计划也对潜在的分销渠道成员有极大的诱惑力，是吸引潜在的分销渠道成员加入制造商分销渠道的有效手段。

（3）管理上的支持

潜在的分销渠道成员也很重视制造商是否会给它们提供管理上的支持。这种管理上的支持主要包括供货及时性、技术支持和售后服务等。那些实力强大的制造商往往就是通过承诺向分销渠道成员提供培训服务、市场调查和分析、库存控制办法，甚至是财务分析和计划等方面管理上的支持来吸引分销渠道成员的。不过，制造商对分销渠道成员的支持也会根据分销渠道类型的不同而变化。

（4）公平交易和友好关系

制造商同分销渠道成员间的关系不仅是一种业务关系，还是一种人际关系。在制造商与分销渠道成员之间复杂或正式的协议甚至是法律合同的背后，隐藏着人与人之间关系的因素。制造商与分销渠道成员之间的公平交易和友好关系可以弥补分销渠道关系中潜在的经济损失的风险。所以，制造商应该向潜在的分销渠道成员传达真诚希望同它们建立信任和友好关系，并关心它们的繁荣和发展的意愿。这对赢得潜在的分销渠道成员的认同也是很重要的。

由于市场日益成熟，企业想要发现没有任何现成经销商的全新空白市场已经变得越来越困难了。竞争的日趋激烈也使得企业挖掘别人现有经销商变得代价高昂且收益甚微。所以，如何发现和发掘有潜力的经销商，用全新的思路来吸引和获得分销渠道合作伙伴，是任何一个发展中的企业所面临的挑战。拓展阅读 5-1 是企业实践中的总结，可能给我们提供一些启发和帮助。

拓展阅读 5-1

5.4.2　获得分销渠道成员的策略

5.4.2.1　两阶段实施策略

中间刚进入某个行业的制造商由于知名度和声誉不高，实施分销渠道成员选择方案时处于非常被动的局面，此时就可以考虑采用两阶段实施策略。

第一步，在建立分销渠道初期，由于市场上的分销渠道成员不了解制造商，所以制造商就接受一些略低于选择标准的、较低层次的中间商作为分销渠道成员，通过它们首先获得进入市场的机会。

第二步，在产品逐渐被市场接受，在消费者中有了一定知名度以后，制造商再增加达到选择标准的优秀中间商作为分销渠道成员，逐渐淘汰低层次的分销渠道成员。

当年，索芙特公司刚挺进日化行业，在市场上推出"木瓜白"系列产品时就是采用这种策略。在推出新产品初期，由于产品还缺乏消费者和经销商的认同，企业难以招募到优秀经销商，因此，索芙特公司暂时降低了选择经销商的标准。经过一段时间的市场推广，产品引起优秀经销商的兴趣后，公司就把分销渠道更换成具有更广销售网络和更强能力的经销商。这种策略曾使索芙特的"木瓜白"系列产品在投放市场的第一年就取得了惊人的业绩。

5.4.2.2 追随参照企业分销渠道成员的策略

对许多制造商来说，采用与某个参照企业相同的分销渠道成员也不失为一种明智的选择。制造商通常会选择竞争性产品的制造商或该行业领先者作为自己的参照企业，参照企业利用哪些分销渠道成员，它们就利用哪些分销渠道成员；只要参照企业的产品出现在哪里，它们的产品也就出现在哪里。例如，可口可乐和百事可乐的饮料渠道、宝洁和联合利华的日化用品渠道，尽管都是互相竞争的企业，几乎都采用同样的分销渠道成员。由此可见，分销渠道成员的选择在很大程度上是由行业竞争结构所决定的。制造商采用参照企业的分销渠道成员作为自己的分销渠道成员有如下两个原因：

（1）分销渠道成员选择策略体现和增强了制造商的竞争策略和市场推广策略

具有较强竞争优势的企业和行业领先者所选择的分销渠道成员，通常要么拥有最大的客户群，要么拥有最大的销售量，要么具有很好的市场形象。利用这些分销渠道成员，就意味着获得了与其他同类产品公平竞争的机会，体现了制造商在竞争中毫不示弱的决心。只要产品确实具有竞争力，就能获得理想的业绩。

（2）可以更好地利用成熟的分销渠道成员的经验和能力

具有较强竞争优势的企业和行业领先者所选择的分销渠道成员通常都比较成熟，具有丰富的分销经验和较强的分销能力。制造商选择这些分销渠道成员，就能利用它们的经验和能力来完善本身渠道的建设和管理，达到事半功倍的效果。

5.4.2.3 逆向拉动策略

传统的分销渠道成员选择总是从制造商开始，由制造商选择下一级分销商，下一级分销商再选择自己的下一级分销商，如此延续，直到最终消费者。这种选择分销渠道成员的模式通常被称为制造商推动模式。但是制造商也可以倒过来做渠道：首先，通过刺激消费者对制造商产品的需求，激发零售商经营制造商产品的积极性；其次，通过零售商来吸引批发商加入制造商渠道；最后，制造商凭借所掌握的挑选分销渠道成员的主动权构筑起整个分销渠道。这种选择分销渠道成员的方法被称为逆向拉动策略。

采取逆向拉动策略要求制造商本身具有较强的市场开发和推广能力。能成功地实施逆向拉动策略的前提是，制造商通过创造轰动性的广告效应或者通过自身的直销激发起当地消费者对制造商产品的需求。这就要求制造商具有很强的策划能力，或者其产品具有独特性；否则，制造商很难实施这种策略。

5.5　分销渠道成员的认证与培训

5.5.1　分销渠道成员的认证

5.5.1.1　IT行业分销渠道认证的特点

对分销渠道成员进行认证是IT行业分销渠道管理中通行的做法。一般来说，所谓认证就是一种由可以充分信任的第三方证实某一个经鉴定的产品或服务符合特定标准或规范性文件的活动。承担认证工作的第三方一般介于买卖双方之间，要对双方负责，出具的证明文件要能获得双方的信任。

但是，对IT行业来说，认证常常表现为拥有技术或资源的上游制造商对技术人员、下游经销商或其他企业的一种考核。这种考核是对技术人员掌握某种技术的能力、对下游经销商的销售能力以及为用户提供解决方案和及时服务能力的一种确认。

IT行业分销渠道认证的实质是制造商对技术（或市场）的垄断或高度领先；同时，IT行业内迅速发展的技术和不断涌现的创新使得企业标准在某种意义上起到了行业标准的作用。因此，掌握核心技术的制造商所提供的认证具有一定的权威性。

5.5.1.2　IT行业分销渠道认证的类型

IT行业的分销渠道认证分为个人认证和经销商认证。个人认证往往是经销商认证中的技术性认证的基础，也从属于经销商认证。经销商认证可以分为：

（1）销售性认证

销售性认证是指以经销商的销售业绩为主要评价指标，按业绩规模把经销商分为不同的类别，为不同类别的经销商提供差异化的支持。销售性认证有助于衡量制造商与不同经销商之间关系的紧密程度，从而使制造商可以更好地使用其有限的资源。

例如，微软将其普通经销商分为两类：一是"经销商联盟"会员；二是"核心经销商"。加入"经销商联盟"的微软产品经销商必须缴纳一定金额的会员费。微软用这种形式来界定它的经销商身份。这样做有两个目的：一是规范经销商队伍；二是希望能给经销商更好的支持。由于培训代理商和提供最新的软件产品都需要费用，微软通过入会认证、设立门槛的形式，可以更好地从众多销售其产品的经销商中区分出愿意与微软长期合作的伙伴，从而实现资源和支持的集中投放。

总体来说，销售性认证有利于制造商更好地净化、管理渠道，更有效地使用资源。对经销商来说，获得更高级别的销售性认证意味着能得到制造商更好的支持，包括更优惠的价格和更多的培训机会等。

不过，不少制造商已经弱化了纯粹的销售性认证。这是因为：

第一，制造商越来越重视经销商的忠诚度，一些新兴的制造商甚至将保证经销商百分之百的忠诚放在选择分销渠道成员的首选因素，单靠销量已经不再能够取得制造商的一贯支持了。

第二，制造商最关心的是谁拥有最终消费者，而制造商与经销商之间纯粹的销售性认证对最终消费者并不具有实质性意义。

（2）技术性认证

这是认证的主要形式，所关注的是分销渠道成员的技术实力和支持能力。产品的技术含量越高，其对分销渠道成员的技术性认证也就越重要。因此，一些高端产品制造商的认证政策往往渗透到其整体分销渠道政策中，甚至成为分销渠道政策的基础。

思科的技术认证体系在这方面比较有代表性。思科既有对工程师的认证，也有对经销商的认证。思科对集成商或销售商的认证是一个金字塔形结构：由上而下是金牌代理、银牌代理、高级认证代理和认证代理。思科对金牌代理、银牌代理和高级认证代理的认证标准作了三方面的规定——营业额、技术支持能力及工程师的熟练水平，从而严格控制了金牌代理、银牌代理的数量，保证了经过认证的代理商的质量。每获得一个新级别的认证，代理商不仅能从思科获得更多的支持，而且本身也能够为自己的客户提供更多的增值服务，从而获得更多的利益。

当一个企业兼有高、中、低端产品时，多半会依据认证对不同产品线的重要程度来制定认证政策。

（3）服务性认证

随着IT行业的竞争从产品、技术向应用、服务的延伸，服务越来越受到制造商的重视。制造商为了增强经销商提供服务的能力，开始对经销商进行服务性认证。服务性认证是对经销商服务能力的考核。

以方正科技为例，其专门成立了技术服务公司，并以服务为主线对旗下的经销商进行分类：

第一个层级为服务联盟。所有申请加盟的授权代理商都要通过国家有关服务行业的资格考试，并遵守方正科技有关的服务政策。经销商通过相应的考试认证后，即取得方正科技的服务联盟成员资格，获得方正科技提供的服务，方正科技也会向有购买意向的用户优先推荐联盟成员。

第二个层级为方正科技的"全程服务"授权服务商。授权服务商能为用户提供更全面的服务。

5.5.1.3　认证的作用

（1）认证对制造商的作用

制造商是认证标准的制定者，其推行认证可以起到如下几个方面的作用：

❶形成技术壁垒，提高竞争门槛。制造商推出自己认证的目的在于制定某种标准，并使自己的标准尽可能地被社会所接受。如在国内，华为是首家推出全套完善的认证体系的供应商，其希望用自己拥有知识产权的技术标准打破思科对网络技术市场的垄断。

❷有利于规范渠道。在规范渠道方面，认证又具有3个功能：

一是分类功能。如IBM在服务器方面通过认证把代理商分为认证行业代理商和区域经销商。对认证行业代理商，IBM主要希望其主攻行业；对区域经销商，IBM主要希望其开拓中小城市的三、四级市场。

二是汰劣功能。制造商往往每年都会对其代理商进行重新认证，通过相关的认证考核，吸纳核心经销商，淘汰不能达到制造商要求的经销商。

三是资源调配功能。由于资源稀缺，制造商往往需要对资源进行合理的调配。认证能够为资源调配提供合理的依据和公平的标准。

❸是制造商控制经销商的手段。从经销商的角度看，想要通过制造商的各种级别的认证，就必须将其大部分资源倾斜到需要认证的制造商身上，形成对制造商的依赖。而制造商通过认证，自然也会把大部分资源分配给获得高级别认证的经销商身上，而会对没有获得认证或仅获得较低级别认证的经销商差别看待。这样，通过认证，制造商就可以吸引和控制经销商的资源投向。

（2）认证对经销商的作用

认证对经销商来说是一种门槛，想要通过认证的经销商必须投入资源和时间精力。但是，认证对经销商也有如下一些作用：

❶可帮助获得制造商政策和资源的支持。对经销商来说，在获得不同级别认证的背后往往就是来自制造商的政策和资源的支持。某种认证是否重要就在于这一认证背后制造商所提供的支持是否有价值。通过更高级别认证的经销商常常能获得更多的价格优惠、信息和技术支持。

❷有利于产品销售。被用户所认可的认证，常常能帮助经销商在竞争中获得订单。通过认证的资格至少向用户传达下列信息：

第一，我们是这个知名品牌的合法销售者；

第二，我们的售后服务是有保证的；

第三，我们的价格比较合理。

❸有利于提高工程质量。通过认证的经销商表明其拥有足够多的认证工程师，更有利于工程项目的完成和质量保证。尤其对提供的产品或服务具有较高技术含量的经销商而言，认证对提高工程质量、增强用户信任感、降低售后维护成本更是必要的。

认证是分销渠道的黏合剂。它稳固了制造商与代理商之间的渠道框架，增进了相互之间的信任。分销渠道本身就是一种关系，认证是使这种关系密切的有力手段。认证本身也是一种关系，告诉人们制造商与代理商的关系及其程度。

5.5.2　分销渠道成员的培训

5.5.2.1　分销渠道成员培训的作用

分销渠道成员初步确定以后，需要对成员进行培训，才能保证成员顺利地完成制造商所要求执行的分销渠道功能。无论从制造商的角度看还是从经销商的角度看，分销渠道成员的培训都是必要的、富有价值的。

（1）对制造商的作用

对制造商来说，激烈的市场竞争要求现代渠道中制造商与分销渠道成员之间形成一种更加紧密协作的互动关系，以提高分销渠道的整体竞争力。这种紧密协作的互动关系是单靠签订协议或合同所无法建立起来的。只有通过培训使分销渠道成员接受制造商的经营理念、管理模式、工作规范和方法，获得相应的能力，才有可能实现分销渠道设计的目标。正因为如此，制造商日益把分销渠道培训看作提高分销渠道整体竞争力的重要手段。

（2）对经销商的作用

分销渠道培训对经销商而言具有如下作用：

第一，有助于制造商建立和推广自己产品的市场标准；

第二，密切与分销渠道成员之间的关系，以便加强对分销渠道的影响与控制；

第三，有助于提高分销渠道成员的忠诚度；

第四，帮助分销渠道成员提高整体素质，直接提升分销渠道的整体竞争力。

对经销商来说，培训是认证的前提，没有接受过培训的分销渠道成员很难达到认证要求。培训也是经销商提高本身素质、与同类经销商相区别、实行差异化经营的途径和手段。凡是经过培训的分销渠道成员与制造商之间的关系会更加密切，合作会更加协调。

5.5.2.2 分销渠道成员培训的内容

（1）产品技术培训

这一直是分销渠道培训的重点，其作用主要是提高分销渠道成员的专业化水平。制造商通过向分销渠道成员提供相关产品的专业技术、服务支持以及相关的业务运作技能，可以保证把自己的专业化水平延伸到最终消费者身上。

（2）销售培训

通过销售培训，制造商帮助经销商的销售人员提高和加深对产品以及产品能够给用户带来的好处、对企业环境的影响因素等方面的理解，这对经销商的成功将起到重要的作用。

（3）管理培训

制造商通过对分销渠道成员进行企业文化、经营理念、营销战略等方面的培训，把思维方式、先进理念、销售和服务理论以及技能等传递给分销渠道成员，以提高分销渠道成员的素质水平。

5.5.2.3 分销渠道成员培训的方式

（1）建立专门的培训学院

许多有实力的大公司都专门建立自己的培训学院，承担对分销渠道成员及自身员工培训的职能。惠普公司为了提升其经销商的业务与管理能力创办了"经销商大学"，下设技术学院、销售学院、管理学院和师范学院等，全面提升其经销商的业务管理能力，使经销商和惠普公司共同成长。联想集团成立了"大联想学院"，专门为代理商提供各类培训服务。清华同方也成立了"经销商大学"，对经销商进行从产品与技术、市场与营销一直到管理与文化等内容的系列培训。

（2）公开课培训

公开课培训是最为常见的培训方式。制造商常常针对新产品的市场开拓，进行定期或不定期的培训。公开课由具有实践经验的培训师进行面对面授课，互动性强，效果好。

（3）**项目现场培训**

在项目实施现场，由培训师通过与客户不断交流、沟通、指导和示范，可以收到很好的培训效果。

（4）**网络培训**

这类培训可以突破时间和空间的限制，具有节约培训成本和实施方式灵活便捷的特点，因而也成为一些大型供应商乐于采用的培训方式。但网络培训缺乏面对面的人际交流，尤其缺乏分销渠道成员之间的相互交流和沟通，培训效果会受到一定影响。

本章小结

选择分销渠道成员要遵循适合目标市场的原则、形象匹配的原则、提升效率的原则和互惠互利的原则。

分销渠道成员的选择过程包括：①确定潜在的分销渠道成员的名单；②评价和选择分销渠道成员；③吸引和获得分销渠道成员。

确定潜在的分销渠道成员名单的途径有本企业的销售机构、行业与商业途径、顾客和分销商咨询、互联网查询。

评价分销渠道成员的标准包括 3 个方面：分销渠道成员的能力、分销渠道成员的合作意向和分销渠道的风险。分销渠道成员的能力主要包括实际销售能力、财务能力、产品能力、组织管理能力。

要吸引分销渠道成员，制造商需要对中间商实施有效的激励或提供优厚条件，包括有获利潜力的产品、广告和促销支持、管理上的支持，以及公平交易和友好关系。获得分销渠道成员可以采取两阶段实施策略、追随参照企业分销渠道成员的策略、逆向拉动策略。

IT 行业的分销渠道认证常常表现为拥有技术或资源的上游制造商对技术人员、下游经销商或其他公司的一种考核。IT 行业的分销渠道认证分为个人认证和经销商认证。经销商认证又可以分为销售性认证、技术性认证及服务性认证。

培训分销渠道成员对制造商和经销商都是必要的。分销渠道成员培训的内容可以分为产品技术培训、销售培训和管理培训。分销渠道成员培训的方式包括建立专门的培训学院、公开课培训、项目现场培训和网络培训。

主要概念

分销渠道成员选择　分销渠道成员能力　分销渠道成员合作意向　分销渠道风险
销售性认证　技术性认证　服务性认证　分销渠道成员培训

基本训练

❖ **知识题**

1.结合具体企业，说明企业获得潜在的分销渠道成员名单的途径。

2.如何寻找合适的分销渠道成员？

3.选择分销渠道成员应当遵循哪些基本原则？

4.选择分销渠道成员的标准有哪些？

5.简述分销渠道认证的含义和类型。

6.分销渠道认证的作用有哪些？

❖ 技能题

1.分析评价本章引例中文总经理的总结："制造商与经营商之间是一个永远不会停止斗争、永远不会停止合作的利益共同体。"请表达你的看法，并说明原因和依据。

2.渠道实践5-3分析了大卖场、专业店、网上超市、自愿连锁和专卖店5种零售业态的影响力。请利用同样的分析方法，研究网络直复营销和电视购物两种零售业态的影响力及发展策略。

❖ 案例分析题

1.根据渠道实践5-1，分析讨论下列问题：

（1）薇姿分销渠道选择成功的原因是什么？

（2）你认为还有哪些产品有可能在分销渠道选择中借鉴薇姿的做法？请说明理由。

2.根据渠道实践5-2，分析讨论下列问题：

（1）要想选择现代分销渠道，至少要满足哪些条件？

（2）哪些企业和产品应当选择传统分销渠道？

第四部分 分销渠道运作管理

第6章 分销渠道的权力、激励与控制

学习目标

知识目标

◆深入理解分销渠道权力的含义、类型及运用策略；掌握分销渠道激励的含义、必要性和方法；理解分销渠道控制的含义、重要性、特点、策略和方法。

技能目标

◆能结合具体行业和企业，分析某些分销渠道成员所拥有的权力及运用策略；能结合具体行业和企业，分析评价对分销渠道成员激励的办法；结合具体行业和企业，分析说明对分销渠道成员控制的方法和策略。

❖ 引例

制造商与总经销商之战

T牌饮料是某省的第一品牌，实力强，销售队伍以能征善战、经验丰富而著称。1997年T公司为向邻近的A省市场拓展，特意在A省收购了一家饮料厂，并成立了T销售分公司，作为突破A省市场的指挥部和物资中心。同时，T公司销售人员在A省开发了5个地市级的总经销商，希望借助于总经销商的力量迅速开发A省市场；但想不到的是，由此而拉开了T公司对这些总经销商10年"镇压"运动的序幕，而且最后还是一个无言的结局。

一、多年养虎终成一患

A省几乎一直处于C牌饮料的垄断之下。C牌饮料除了品牌深入人心外，其成功还与有效的分销渠道控制密切有关。C公司长期采取总经销体制，培养的总经销商个个实力强大，而二批商始终受制于总经销商，因此C牌饮料的市场地位非常稳固。T公司为了迅速拓展市场，决定复制C公司的分销渠道模式。T公司花血本从当地二线制造商的渠道体系中择优挖来了5个经销商，请它们担任T牌饮料在当地5个地级市的总经销商，负责开发各县和乡镇的二批商队伍，希望快速构建起自己的销售网络。

两年后，T公司发现，由于那些二批商都是5个总经销商亲自挑选和培养出来的，总经销商与这些二批商之间的关系远远超过与制造商销售人员的关系。总经销商凭着它们掌握着这批二批商，成了这个市场上绝对的统治者。T公司在这个市场上的话语权越来越小，分销渠道中的大小事宜全由总经销商们说了算，市场极不稳定。

二、初次调整收效甚微

总经销商"功高震主"，公司绝不"姑息养奸"，于是T公司提出了分销渠道调整思路。

（1）现有的总经销商继续保留，享受总经销商的权利和义务。

（2）将总经销商下面实力较强的二批商转化为准一批商，直接向公司提货，享受公司给予的奖励和折扣，减少中间环节。

（3）准一批商的销量计入总经销商业绩之中，总经销商根据本区域年总销量享受奖励。

对此方案，总经销商并没有表示强烈反对，但为了防止被架空，其提出了以下要求：

（1）所有的二批商在到公司直接提货前，必须先经总经销商同意，公司方可发货。

（2）所有二批商的奖励和折扣都由总经销商代结代算。如果二批商应急，总经销商还可以用现金先行垫付，提前兑现奖励和折扣。

双方都同意了对方的要求，看来这个分销渠道调整方案是皆大欢喜。可是方案执行之后，T公司说不清是喜是悲。

总经销商原来的主要职能是组织资金、完成销量；可现在总经销商直接提货量仅占区域内销量的30%，甚至更低。总经销商现在成了二批商的服务商，替准一批商到工厂核对账目，争取奖励和折扣，向公司争取政策，提高各二批商的盈利水平和争取公司的资金支持。这样做的结果是总经销商与公司各部门人员、二批商之间的关系越来越好，公司销售人员的地位则越来越低，分销渠道效率低下的问题依然没有任何改善。

三、松散的联合体成了"地雷"

与此同时，C牌饮料开始强力反攻。T牌饮料的总经销商为了完成各自的销量，不是窜货就是杀价，导致市场价格混乱。T牌饮料的各级经销商开始抱怨经营T牌饮料不赚钱。

为了解决这个问题，当时的T公司的销售分公司经理将5个总经销商组织成一个松散的联合体，定期召开协调会，统一公布公司政策和价格，希望通过沟通和了解，减少相互间的冲突。可是，这个看似松散的联合体后来成了真正的"地雷"。几年下来，这个联合体居然成了向区外窜货的指挥部，相互配合默契，使公司无从查证。每年与公司谈判合同时，联合体常常以停货为由要挟公司接受其不合理要求。更可气的是，公司给的政策越好，其向区外窜货的力度也越大。

不过，T公司又断然不敢取消总经销商，那样的话会把几乎半个省的市场拱手让给竞争对手，并造成市场大乱。为此，T公司不得不采取比较缓和的调整办法。

四、拆分区域，难拆联合体

公司内一直传闻各总经销商可能贿赂T公司的销售分公司的高层，但是调查始终没有找到任何证据。于是，后来T公司将原来管辖上述5个地级市的一个办事处拆分成两个办事处，希望借助管辖权的分立来解散联合体，同时撤换了销售分公司经理。但此后5家总经销商变得更加团结了，每年在与公司的合同谈判中团结一致，对公司施加压力，通过联合体捞到了不少政策好处。

五、再次调整，无言的结局

T公司发现小规模拆分区域根本无法打破5家总经销商的联合体，于是痛下决心，将办事处按5个区域彻底拆分为5个办事处，并要求各办事处主管以调整分销渠道为首要任务，并不惜取消各总经销商。但半年下来，T公司只取消了最弱的一个总经销商，其余4个则因实力较强，对二批商的号召能力强，短期内难以撼动，最后只得作罢。

T公司与这些总经销商10年僵持，最后是无言的结局。

现实中更多制造商与总经销商之间的争斗依然每天都发生。这种争斗的本质就是各方对分销渠道权力的争夺。除非一方拥有能够控制对方的绝对权力，或者一方能够给另一方满意的激励，否则这种争斗就不会停止。所以从某种意义上讲，制造商与总经销商之间的战争永远也不可能消失。

资料来源　杜江. "镇压"总经销商：一场十年的拉锯战［J］. 销售与市场（管理版），2007（6）：66-68.

6.1　分销渠道中的权力管理

6.1.1　分销渠道中的权力的含义及分类

分销渠道成员之间的依赖使得分销渠道成员必须通力合作，才能最大限度地实现分销渠道设计的战略目标，但是，每个分销渠道成员又都会追逐自己的利润最大化。由于实现分销渠道设计的总体战略目标并不一定保证每个分销渠道成员的利润都最大化，因此，分销渠道创建者就需要对其他分销渠道成员施加影响，确保分销渠道设计的总体战略目标的实现。我们把一个分销渠道成员对同一个分销渠道中其他成员的影响力定义为分销渠道权力（channel power）。

我们可以借鉴心理学的研究结果，从权力来源的角度对分销渠道中的权力进行分类：

（1）奖励权力

奖励权力是指一个分销渠道成员对遵从其影响的另一个分销渠道成员给予奖励的能力。这种奖励能够让遵从另一个分销渠道成员意愿的一方得到增加获利的机会。对制造商而言，奖励权力就是为各类中间商提供更大的折扣、更多的品种或优先供货的机会等。对批发商和零售商来说，奖励权力就是为制造商提供更多的销售机会，销售更多品种及数量的产品。

（2）强制权力

强制权力与奖励权力正好相反，是指一个分销渠道成员对不遵从其影响的另一个分销渠道成员的惩罚能力。某些分销渠道成员凭借自己在行业或渠道中的主导地位对其他分销渠道成员施加压力，迫使其他分销渠道成员遵从其意愿，否则就给予惩罚，这就是一种强制权力。当拥有奖励权力的一方对不遵从其意愿的其他分销渠道成员取消或威胁要取消某种奖励时，也就在使用强制权力。不仅制造商可能拥有这种强制权力，而且其他分销渠道成员也可能拥有这种权力。拥有这种强制权力的通常总是分销渠道中大型的、处于优势地位的企业。

（3）法定权力

法定权力是指分销渠道中的某个成员法定拥有的影响其他分销渠道成员行为的权力。法定权力与强制权力之间的差别就是它有法律保证，而强制权力并无法律保证。在一个跨组织的分销渠道系统中，要保证分销渠道系统的有效性，这种法定权力往往是必要的。但是，在一个松散的分销渠道系统中，往往缺乏具有法定权力的分销渠道成员。此时，如果分销渠道成员不能有效地运用其他权力来规范其他成员的行为，则整个分销渠道就会显得缺乏效率。特许经营体系就是特许人运用法定权力来规范受许人行为的最典型情形。

（4）认同权力

当某个分销渠道成员由于目标或形象得到其他成员的认可，成为其他成员的参考群体时，它就可能试图影响其他分销渠道成员的行为，这时它就拥有了认同权力。在整个分销渠道系统中，那些拥有卓越品牌的制造商常常拥有很高的认同权力。制造商能够对经营其产品的批发商和零售商施加相当大的影响。反过来，如果处于下游的分销渠道成员具有很高的市场声望，则处于上游的分销渠道成员也会乐于接受下游分销渠道成员的意见，以便利用下游分销渠道成员的声誉来改善自己地位。

（5）专长权力

当某个分销渠道成员拥有了其他成员所不具备的某种特殊专业知识或技术专长时，其就有可能利用这些专业知识或技术专长对其他成员的行为施加影响，这就是专长权力。在特许经营中，特许人常常靠自己所掌握的某种专业知识或技术专长来维持特许经营体系，并获得受许人的加盟费。尽管这种专长权力确实是普遍存在的，但是，分销渠道成员想要获得并持久拥有和使用专长权力并不容易。

首先，某个分销渠道成员要运用专长权力，必须获得其他成员的信任。但在由众多独立机构所组成的分销渠道中，要做到这点往往需要很长时间的努力。

其次，一旦其他分销渠道成员也掌握了这种专业知识或技术专长，这种专长权力就会大大削弱。因此，拥有专长权力的分销渠道成员只有设法长期保持其他分销渠道成员对自己专业知识或技术专长的需要，才能继续保持自己的专长权力。

6.1.2　分销渠道中权力的运用

分销渠道成员要想运用权力实施影响必须解决如下问题：

6.1.2.1　识别可能运用的权力

分销渠道成员要运用权力，首先需要识别出它们可能运用的权力。尽管在某些情况下，分销渠道成员可能难以识别出自己可以运用的权力，但是，对制造商来说，它们可能运用的权力在多数情况下根据下列因素来决定：

（1）分销渠道成员的规模

规模大的制造商相对于规模小的分销商而言，通常会拥有较高的奖励权力和强制权力。反过来，那些实力强大的、占有主导地位的经销商相对于小型制造商而言，往往也拥有非常高的奖励权力和强制权力。当然，规模本身并不自动赋予分销渠道成员以某种权力，只是提供了拥有权力的可能性。规模大的分销渠道成员是否确实拥有某种权力还取决于它们能否真正建立起这种权力。

（2）分销渠道组织

在分销渠道组织方式方面，依靠规范的契约建立起来的分销渠道，如特许经营体系，就为特许人赋予了法定权力。在常规松散的分销渠道中，分销渠道成员不可能拥有法定权力。

（3）分销渠道环境因素

分销渠道环境不同，分销渠道成员可能运用的权力也不同。例如，在新产品引入期，制造商有可能运用专长权力对经销商施加影响；但在产品进入成长期以后，制造商多半只能利用其他权力来施加影响。

6.1.2.2　建立起分销渠道权力

分销渠道成员常常可以通过投资来建立和增加分销渠道权力。例如，一个分销渠道成员可以进行信息技术方面的投资，建立有特色的存货管理系统或独一无二的数据库，从而在分销渠道成员中获得专长权力。分销渠道成员可以通过对自身品牌资产的投资，在分销渠道其他成员中建立起认同权力；也可以投资于法定权力的构建，以获得权力。

6.1.2.3　运用分销渠道权力影响其他分销渠道成员的行为

（1）5种权力的综合运用

尽管在前面分析中，我们把分销渠道权力分为5种类型，但是在现实中分销渠道成员需要综合运用这5种权力，从而产生一种综合效果。法定权力可以加强专长权力，反过来也一样。适当地使用奖励权力能增强认同权力。为了加强法定权力，有时采用一定的强制权力是必要的。分销渠道成员在采用奖励权力时，如果同时使用专长权力、认同权力和法定权力，就能更有效地促进其他分销渠道成员改变它们的行为。但是另一方面，分销渠道成员应当注意到不同权力之间可能存在冲突。某个分销渠道成员运用强制权力就可能对其原有的认同权力产生破坏作用。强制权力的运用也可能影响到以信任为前提的专长权力。

分销渠道成员还应当认识到，运用各种不同权力，往往需要承担不同的经济、社会和政治方面的成本。分销渠道成员在运用分销渠道权力前必须考虑到这些成本。

（2）运用权力的影响策略

一个分销渠道成员想要影响和改变其他成员的行为可以采用多种不同策略。这些策略可以归结为6种类型。当然，每种策略的实施都是以拥有特定的分销渠道权力为基础的；如果本身没有特定的分销渠道权力，就不可能执行相应的权力影响策略。

❶许诺策略（promise strategy）——如果你按照我们说的去做，我们就给你某种奖励或好处。执行许诺策略是以拥有奖励权力为基础的，如果分销渠道成员本身没有奖励权力，则实施的许诺策略也经常是无效的。许诺策略从实施者角度看是一种奖赏，是正面的；但是，其他分销渠道成员可能会把它看成对自己表现的不满和隐含性批评，是鼓励其他分销渠道成员也作出许诺来回应的手段。所以，其他分销渠道成员担心许诺策略会引发一场螺旋式的讨价还价。但是无论如何，如果能长期实施许诺策略，它确实是改变分销渠道成员行为的有效办法。

❷威胁策略（threat strategy）——如果你不按照我们说的去做，我们就会以某种方式惩罚你。实施威胁策略是以拥有强制权力为基础的。威胁策略的运用常常会增加分销渠道冲突，可能导致其他分销渠道成员产生比其他策略更多的不满。在由契约联结的渠道中，实施威胁策略会削弱分销渠道的稳定性。

❸法定策略（legalistic strategy）——你必须按照我们说的去做，因为根据契约（合同或备忘录）你已经同意这样做了。实施法定策略当然是以一方拥有法定权力为基础的，但是，在实践中契约并不总是具有人们所期望的那种效力。法定权力不仅由权威决定，还受到商业规范、价值观和信仰的影响。所以在实施法定策略时，也要注意上述因素对法定策略有效性的影响。法定策略与威胁策略都是很严厉的策略，所以这是两种最不常使用的策略。

❹请求策略（request strategy）——请你按照我们说的去做。实施请求策略是以分销渠道成员拥有认同权力、奖励权力或者强制权力为基础的。由于这种策略是非强制性的，对对方造成的压力是最小的，因此，分销渠道成员都喜欢采用这种策略。在实践中，这是一种使用最普遍的策略之一。

❺信息交换策略（information exchange strategy）。这是一种并不直接说明自己想让对方做什么，只是为对方提供信息或与对方探讨采取什么方式对双方合作更为有利的方法。这种策略采用间接的方法，劝说对方改变态度和看法，自愿作出有利于自己的决定。信息交换策略是以专长权力和奖励权力为基础的。信息交换策略不会令对方产生压力和严厉的感觉，可以增进各方的满足感；但是，这种策略常常是有风险的。如果一方向对方提供了信息或采取了积极行动，但对方根本就不考虑改变行为，那么这种策略会毫无结果。

❻建议策略（recommendation strategy）。这种策略与信息交换策略类似，但是它会指明结论，如"如果你按照我说的去做，你就能获得更多盈利"。建议策略与信息交换策略都是以专长权力和奖励权力为基础的，它们都不需要强制权力。但是，与信息交换策略相比，建议策略没有风险。建议策略与请求策略都不会给对方造成很大压力，所以这两种策

略都属于最温和的、使用最普遍的策略之一。

❖ 渠道实践6-1

经销权危机

经销商们感到制造商和零售商的扩张与变革日益威胁到自己在分销渠道中的地位，可能使自己的经销大权旁落。

一、王老板面临下课

王老板是"米洁"公司的经销商，经销米洁的产品已有6年，赚取了上亿元的利润。但是，现在米洁公司为了增强市场竞争力，准备进行分销渠道调整。米洁的老总给了王老板3种选择：

一是公司在当地建分公司，聘请王老板任顾问；

二是王老板出资与公司建立合资分公司，由米洁公司全权负责管理；

三是王老板放弃米洁的产品，彻底退休。

王老板思前想后，还是想不出任何对策。因为王老板明白自己的下线经销商肯定愿意和制造商直接合作，消费者也喜欢制造商的米洁品牌，对王老板的经销商品牌几乎一无所知。

由此可见，没有任何独立性的经销商从与制造商合作的第一天起就必须做好与制造商"分手"的准备。

二、方经理该怎么办？

方经理经销工业用阀门。原先这个行业比较封闭，经销商们大都能获得满意的利润。但后来有人办了一个关于工业阀门的DM杂志，并建立了相应的网站，向终端用户大量发布有关工业阀门的商情信息，以牟取利润。大量透明的产品直销价格使这个原先封闭行业的价格急剧下降，而且价格透明以及随之而来的采购信息的透明使得越来越多的客户要求与厂方直接建立业务关系，仅以传统方式经营产品的经销商面临着严峻的生存挑战。经过向专家咨询，方经理决定对企业进行重新定位，由原来的工业阀门贸易商转型为工业生产设备控制问题的方案提供商，主动向终端用户提供商品详细信息、解决方案、系统维护、成套服务、设计及使用方面的专业培训。与制造商不同的是，经销商为客户所提供的方案可以包括很多优秀品牌，客户具有更多的优秀产品组合的机会，而这是单一制造商所做不到的。不过，这样做意味着无论在经营思路还是员工队伍方面，方经理都需要作大调整。方经理对自己能否胜任，心里也没有底。

三、林先生遭遇过河拆桥

林先生是上海新光生物科技公司的石家庄地区经销商。经过5年的努力，林先生使上海新光的药品和医疗器械产品占领了当地95%的医院，对上海新光的发展可谓立下了汗马功劳。但现在上海新光突然宣布取消原有的经销商销售模式，采用制造商对医院的直销模式。因为上海新光发现自己的产品已经完成了在全国主要医院的普及工作，经销商的作用越来越小了。更何况由于医疗仪器使用过程中试剂的专用性，上海新光从试剂中获得的利润也是非常可观的，它不愿意和经销商共同分享这一利润。

对仪器设备这类工业品而言，客户相对集中，数量相对少，初期市场打入很难，在产品销售初期往往需要利用经销商的力量来开拓客户；一旦市场突破以后，客户就会形成使用习惯，要想更换供应商也会使客户自己面临很大的风险。这时制造商就不再希望与经销商继续共享市场开发的成果了。

四、启示

经销商如何才能保住自己的经销权，享受市场开发的成果呢？有人认为，经销商不应当消灭自己所有的竞争对手；单一产品的市场普及率也不应超过40%；要随时关注替代品的出现，给自己保留后退的空间。

对工业品经销商的建议是：

（1）永远争取在自己手中掌握一个现有产品的竞争性产品，至少是一个可以替代现有产品的产品。

（2）不要屈从于制造商的威逼利诱。

（3）条件允许时想办法通过资本输出控制上游企业，保障货源。

对快速消费品经销商的建议是：

（1）多开发终端零售客户，不把经营业绩压在几家主要客户的身上，因为没有一个制造商有能力管理多如牛毛的零售终端。

（2）与工业品经销商同样的是，它们手中也需要有替代品，随时准备打击现在正在经营的产品。制造商之间的竞争是永远的。经销商要鼓励这种竞争，竞争越激烈，经销商的生存空间就越大。

对耐用消费品经销商的建议是：服务是耐用品消费者的最大期望，同时，耐用品消费群体又极为庞大，不是任何一个制造商可以独立承担的。控制了服务也就控制了市场。控制有3种途径：建立经销商自己的服务声誉及品牌；通过资本渗透控制服务网络所有权；通过管理人员输出控制服务网络的实际经营权。

资料来源　程烈. 经销权危机［J］. 销售与市场（管理版），2005（9）：54-55.

6.2　分销渠道激励

6.2.1　分销渠道激励的含义及必要性

分销渠道激励是指对分销渠道成员的激励，是制造商为完成分销目标所采取的促使分销渠道成员高度合作的行为。制造商只有通过对分销渠道成员的激励才能成功地利用分销商销售产品，提供市场所需要的服务，最终获得市场份额和知名度。制造商需要对分销渠道成员实施激励的原因在于，分销商的特殊地位决定其需求和所面临的问题与制造商是相当不同的，尤其是在下列几个方面：

❶分销商并不认为自己是制造商的分销渠道环节中的一员，而是分销系统中独立的一环。它们常常会有自己的目标，设定自己的职能并决定自己的政策和策略。

❷分销商首先把自己看作顾客的购买代理，其次才是制造商的销售代理。它们的兴趣在于销售顾客愿意购买的所有产品，而不是单单帮助某个制造商销售某种特定产品。因此，分销商的销售重点在于获得合适的制造商的产品系列清单，以便进行合理组合，再卖

给顾客，而不是在某个产品上。

❸对分销商来说，除非得到某种激励，否则它们不会保存单一品牌的销售资料。这些资料对制造商进行新产品开发、定价、包装设计或制订促销计划可能是很有用的，但是实际上常常被埋没在分销商的记录之中。有时，分销商甚至会故意对制造商隐瞒某些有价值的信息。

由此可见，维系分销渠道成员之间合作关系的纽带，只能是对共同利益的追求。制造商不可能通过对其他分销渠道成员发号施令来实现自己的分销目标。制造商分销渠道管理的重要内容之一就是对分销商进行有效激励，以不断增强维系双方关系的利益纽带。

6.2.2 分销渠道激励的方法

分销渠道激励的方法有很多，归结起来可以分为三大类：

6.2.2.1 政策性激励

制造商可以通过制定适当的分销政策对分销商实施政策上的激励。这些分销政策包括：

（1）销售专营权的激励

授予某个特定分销商在一定范围内的销售专营权常常是一种非常有效的激励措施。为了保证销售专营权的激励效果，通常会对销售专营权的范围从如下几个方面加以限定：

❶区域限定。分销商总希望获得尽可能大的销售制造商产品的区域，而且通常喜欢独占自己所销售地区内的所有交易。因此，制造商在分销商经营区域内授权分销商的数目，以及是否授予独占特许权，会极大地影响分销商的积极性。明确地将某块市场区域，如省、市或县内的销售权授予某个分销商，使分销商获得该地区的分销权利，这本身就是一种激励。当然，对分销商来说，授予独家经销权的激励作用就更大了。

❷期限限定。制造商授权时间的长短也影响分销商的积极性。授权时间太长或太短，激励作用都不大。所以，制造商对分销商授权期限的规定一定要合适。

❸分销规模限定。制造商对分销商的市场占有率、销售量或销售额等指标的限定对分销商也具有强烈的目标激励作用。

要提高销售专营权的激励作用，在授予销售专营权的同时，还应当明确规定双方的违约处理办法。双方违约处理办法可以是罚款、取消销售专营权或诉诸法律等。同时，对已经明确授权的地区，要尽量保证所有产品都经过拥有地区销售专营权的分销商转手，制造商不应再直接向该区域内的其他下级分销商供货，从而既保证地区分销商的利益，也保证销售专营权的激励作用。

（2）奖励政策

制造商的奖励政策一般分为返利政策和年终奖励政策。

返利政策包括：

❶返利标准。要使返利政策起到预期的激励作用，返利标准一定要分清品种、数量和

返还额度等。在制定返利标准时既要考虑竞争对手的情况，也要考虑返利标准的现实性；同时，要考虑返利标准可能带来的不利影响，如抛货或窜货等。

❷返利时间。返利可以是月返、季返或者年终返还，制造商应当根据产品特性以及货物的流转周期来决定返还时间，并在兑现时间内完成返利结算。如果返利时间不合理或者到时不能兑现，返利政策就会失去预期的激励作用。

❸返利形式。返利形式可以是现金返还、货物返还，或者是两者结合。如果是货物返还，还必须明确规定是否包括在下期任务数之中。

❹返利的附属条件。返利政策一定要规定附属条件；否则，不仅不能促进销售，还可能产生相反的效果。返利的附属条件通常包括严禁跨地区销售、严禁擅自降价和严禁拖欠货款等。

制定返利政策时，返利标准不能规定得过于宽松；否则，返利政策的激励作用就不大了。同时，返还的利润数也不应太大；否则，易造成价格下滑或窜货。返利政策不仅在制定时要考虑全面，而且在执行时要严格把握，这样才能保证起到应有的激励作用。

年终奖励政策实际上只是一种特殊的返利政策，它与一般的返利政策基本一致。在实践中，许多制造商的年终奖励政策非常优惠，导致分销商为了得到可观的年终奖而低价抛售或越区销售，冲击正常的价格秩序和市场环境。因此，制造商应当积极引导分销商从日常销售中获利，而不是仅仅把希望寄托在年终奖励政策上。

（3）价格折扣

价格折扣是对分销渠道成员在原定价格基础上的再优惠。作为一种激励，应当只对销售任务完成得好的分销商实施价格折扣，对未完成任务的分销商取消这项优惠政策。

价格折扣可以采取多种形式，主要有如下几种：

❶按货款回收的快慢来决定价格折扣。总的原则是，货款回收越快，价格折扣越大。价格折扣具体分为按回款速度确定的价格折扣、按付款期限确定的价格折扣和按信用承兑时间确定的价格折扣。

❷订货数量折扣，可分为一次性进货数量折扣和累计数量折扣。

❸季节折扣，是指对淡季和旺季实施不同的价格折扣。

❹协作力度折扣，是指制造商对合作程度和投入的合作努力不同的分销商，相应地执行不同的价格折扣。

❺进货品种搭配折扣。制造商对同时订购不同品种和规格产品的分销商给予一定的价格优惠，以鼓励分销商推销滞销的品种。

（4）放宽交易条件

制造商最经常采用的是延期付款和分期付款政策，对分销商实施激励。延期付款或分期付款可以帮助分销商克服资金周转的困难，并吸引更多的分销商积极进货。另一种常用办法是压批付款，就是制造商把一定数量的第一批货给经销商压货，以后经销商每次在进货时给制造商回款，但扣除已经约定好的压批数量。

6.2.2.2 经济性激励

上面所述的奖励政策和价格折扣既是政策性激励，也是间接的经济性激励。制造商还可以对经销商实施各种费用补贴和实物激励手段，以换取它们的支持和合作。

（1）费用补贴

制造商常用的费用补贴有以下几种：

❶广告补贴。制造商为了促使经销商积极利用广告媒体或其他途径来宣传自己的产品，对经销商由于宣传自己产品而产生的广告宣传方面的开支给予补贴。广告补贴主要适用于两种情形：

一是制造商对受资源限制而无法开展大规模广告宣传的中小经销商实行广告补贴，使之利用补贴开展宣传推广活动；

二是制造商在产品推广中对在当地媒体上投入广告宣传的经销商实施广告补贴。

❷陈列展示补贴。陈列展示的开支包括人员工资、场地租用费、展示制作费和宣传制作费等。制造商为了鼓励经销商把自己产品展示在经销商专柜、大型商场重要区域或者大型商业活动中，应当给愿意承担这些工作的经销商以一定的费用补贴。

❸示范、表演和咨询活动等补贴。制造商为了鼓励经销商组织各类销售现场的示范、表演和咨询等促销活动，可以对经销商开展的现场促销活动实施补贴。现场促销活动补贴可以有多种形式：

一是制造商可以对经销商组织的时装表演、新产品使用示范和新药品推广咨询等活动实施全额或部分补贴。

二是制造商对经销商店庆活动、定期或不定期的促销活动实施补贴。

在很多情况下，大型零售商在组织这类活动前就会告诉制造商促销活动的内容以及要求制造商的参与程度。制造商在承诺实施补贴的同时，如果积极地参与这些促销活动的组织和实施，就能够大力促进相互之间的合作。

❹特定期间存货补贴。制造商经常对经销商在特定促销期间的库存量增加给予一定补贴，由此鼓励经销商在促销前多进货，促销期间尽可能多销售。有时，制造商为要求经销商对库存进行处理，会按经销商在一段时间内所处理的库存量进行补贴。

❺恢复库存补贴。在促销活动结束后，经销商的库存会下降。此时，制造商常常会对经销商实施恢复库存补贴，刺激经销商继续进货。

（2）实物激励

制造商可以对经销商实施各种实物形式的激励。

❶随货激励。制造商在经销商进货时以一定数量为单位，赠送一定比例的同种产品或者其他产品作为激励手段，提高经销商销售制造商产品的积极性。随货激励既可以是针对批发商的，也可以是针对零售商的。

❷赠品券、代金券和抽奖券等激励。制造商可以为批发商和零售商提供各种赠品券、代金券和抽奖券，作为激励的方式。有些制造商采用热门线路的旅游券、明星演唱会门票或热门体育竞赛门票等作为赠券，其激励作用更大。

❸陈列附赠。为了方便经销商产品陈列，制造商采用为零售商提供销售现场陈列设备，如冰箱、陈列架和售卖机等，或者陈列样品及宣传展示工具等方法，对零售商进行激励。

6.2.2.3 服务性激励

尽管从总体上看分销渠道成员之间有共同利益，但是不同分销渠道成员常常追求不同的利益，即使同一个分销渠道成员在不同时期也会追求不同的利益，而且有时会存在一定的利益冲突。无论是制造商还是经销商，采用政策性激励和经济性激励都会受到多方面条件的制约而难以达到预期目标。此外，分销渠道关系实质上是一种合作关系，如果某个分销渠道成员能为其他分销渠道成员提供支持和服务，也就起到了良好的激励效果。因此，服务性激励具有政策性激励和经济性激励所没有的优点，是一种更富有发展潜力的激励方法。

向分销渠道成员提供各种合作性支持方案是一种最广义的服务性激励。这类合作性支持方案既可以就某次促销活动或者某个产品的分销计划为其他分销渠道成员提供具体的合作方案，也可以向其他分销渠道成员提供强化分销渠道伙伴关系直至建立战略联盟的一揽子合作计划。关于分销渠道成员之间的合作与战略联盟问题，我们将在第7章再进行具体讨论。

制造商可以提供的狭义服务性激励主要包括下列内容：

（1）为经销商提供各类人员培训

制造商既可以为经销商的销售人员提供销售培训，也可以为经销商提供管理上的培训，从而既帮助经销商增强销售能力，也帮助经销商提高整体管理水平和效益。

（2）为经销商提供咨询服务

这类咨询服务可以帮助经销商建立和完善客户投诉处理办法、售后服务措施、配送制度和订（发）货程序等各种规范的管理制度，也可以帮助经销商进行目标市场调研。制造商可以帮助经销商建立专门的组织，如经销商协会，一方面向经销商提供它们所需要的制定分销渠道决策相关的信息；另一方面为经销商创造一个相互沟通、交流和协调的场合和机会。

（3）为经销商提供技术援助和支持

通常，经销商很少有高水平的专业技术人员，技术力量比较薄弱，而制造商的技术力量大都比较强。当新产品刚进入分销渠道时或者经销商业务拓展到新领域时，分销渠道成员都非常需要有人提供技术援助和支持。制造商如果能及时提供这类支持，则无疑是一种有效的激励措施，对提高经销商的积极性和培养经销商的忠诚度有很大作用。

（4）为经销商提供促销援助和支持

对经销商来说，制造商最有效的促销援助和支持就是在自己广告中提到经销商、分销商甚至零售商的名称。这样做不仅提高了经销商的知名度，而且明确表示了制造商对它们的信任。这种信任可以有效地影响最终消费者的购买行为，促使经销商业绩的提高。

❖ **渠道实践6-2**

激活"小富即安"的分销渠道成员

一、"小富即安"心态造成分销渠道缺乏活力

A厂是湖南省一家知名度较高、具备一定规模、年销售额近2亿元的建筑涂料制造商，一直采用"自有门店+经销商"的渠道模式进行销售，自有门店渠道的销售额约占80%。

由于涂料市场需求较旺，所以制造商曾经销售量增长较快。后来，虽然整个市场仍然保持较快的增长势头，但 A 厂的销售量增长速度明显减缓，新客户开发停滞不前，甚至部分老客户流失。尽管制造商采取了不少措施，但收效不大。

经过调研分析，制造商发现销售量增长缓慢的根源是分销渠道成员中存在"小富即安"的思想。正因为部分分销渠道成员安于现状、不思进取，所以不仅新客户的开发几乎停滞、部分老客户流失，而且分销渠道成员落实制造商的促销政策也不力，与制造商之间缺乏沟通，市场信息反馈不及时，导致制造商对市场变化不能及时作出反应和调整。

二、造成"小富即安"心态的原因

1.制造商的分销渠道模式中缺乏淘汰机制

一直以来，制造商都采取以自有门店为主、少数经销商为辅的分销渠道模式。门店具有比经销商更高的忠诚度和稳定性等优点，但缺乏淘汰机制。一些门店达到一定的销售量以后，进取心减弱，守着几个固定客户过日子，影响了制造商销售量的增长。

2.分销渠道管控重回款、轻开发

制造商所实行的绩效考核指标中，对销售回款的考核是最严格的，处罚和奖励的幅度都很大。因此，制造商的销售回款率完成得相当不错，达到了95%以上。但这种政策的负面结果就是门店经理只重视货款的催收，忽视新市场和新客户的开拓。有些门店经理甚至表示，宁愿守着几个信誉好的老客户，即使销售量完不成任务，也不愿承受开拓新客户带来的货款回收风险。

3.分销渠道成员素质低、怕风险

多数门店经理文化素质低、小农意识严重，做到一定的销售量，每年都能得到满意的高收入，衣食无忧，满足于现状，缺乏危机感，逐渐由初期的创业心态变成了守业心态。同时，多数门店规模小、条件差、管理落后，直接限制了业务的发展。

4.分销渠道政策缺乏针对性，落实不到位

针对分销渠道活力不强的现状，制造商虽然也出台过种种政策，但由于针对性不强，措施不力，效果不佳。

三、对策与措施

分销渠道成员产生"小富即安"心态的根本原因是，其既没有压力，也没有动力，更害怕风险，这实际上是制造商渠道政策与管理不当的结果。因此，制造商采取了多种办法和措施对分销渠道成员进行激励。

1.引入"虚拟门店"，激发鲶鱼效应

为了增强分销渠道成员的活力和危机感，制造商认为有必要在分销渠道内部引入竞争。结合实际情况，制造商推出了"虚拟门店"计划，即招聘一批优秀的业务精英，加以系统培训，然后由制造商提供一定的资金和政策，让他们在制造商划出的不与原分销渠道成员销售区域冲突的销售片区内进行业务拓展。在业务达到一定量后，由制造商出资建立门店，并分配给门店经理一定的股份作为奖励，鼓励其创业。"虚拟门店"改变了原来由门店经理与制造商共同出资建门店的做法，给予新晋销售人员一个创业的机会。这既有利于调动他们的积极性，也有助于制造商开拓新的区域市场以及新客户，提高销售量。更重要的是，"虚拟门店"是一种改造原有分销渠道的大胆尝试。如果"虚拟门店"计划成功，则可以逐渐引入到原有模式中，取代原有能力较差的门店。

与此同时，制造商也强化了对原有门店和经销商的绩效考核制度，推行淘汰制，取消绩效不佳的门店和经销商的资格，其市场由"虚拟门店"经理接管，以此来增强原有分销渠道成员的危机感，促使其产生竞争意识。

2. 用信用风险管理替代僵硬的货款控制政策

针对僵硬的信用政策规定导致一些分销渠道成员担心货款风险而不敢大胆开拓市场的状况，制造商引入了信用风险管理机制，制定了信用风险管理办法，帮助门店和经销商制定了客户分类管理办法、客户风险评估资料和信用档案等。对信用良好的客户给予优惠的信用销售政策，既降低了分销渠道成员开拓新市场的风险，也提高了它们开拓市场的积极性。同时，制造商本身对分销渠道成员建立了同样的风险管理制度，对信用优秀的门店和经销商也给予优惠的信用销售政策。

3. 提高分销渠道政策的执行力度

首先，制造商重新制定了门店和经销商的激励和绩效考核制度，改变了过去"只罚不奖，重罚轻奖"的做法，采用正面激励的办法，增加了年度销售奖名额和奖金数，鼓励其市场开拓。

其次，制造商成立了市场督导组，加强对分销渠道政策落实情况的监督及违规行为的处罚力度。

4. 通过培训和交流，提高分销渠道成员素质

首先，对分销渠道成员进行营销管理知识的系统培训，提高专业知识水平；

其次，编制门店管理和市场开发报告制度的规范文件；

最后，树立典型，组织门店经理之间的学习交流。

在制造商采取上述措施后，分销渠道成员的积极性明显提高，渠道重新焕发出了勃勃生机。

资料来源　阙东岳. 激活小富即安的渠道成员［J］. 中国商论，2004（10）：50-51.

6.2.3　分销渠道激励方法的运用

（1）对分销渠道成员需求和问题的调研

对分销渠道成员的有效激励是建立在分销渠道成员需求基础上的，所以，在制定和实施激励方法以前，制造商应当了解有关分销渠道成员的需求和问题。但是，分销渠道管理者不能单纯依靠从现有分销渠道的正常沟通中获得所需要的信息，要了解分销渠道成员的需求和问题需要超出现有正式沟通系统的局限。

制造商通常会注意到通过对最终用户的调研，掌握最终用户的需求和消费行为，但是很少对分销渠道成员的需求开展调研。有时，直接对分销渠道成员的调研是发现它们需求和问题的唯一途径。

（2）分析分销渠道成员积极性下降的原因

一旦发现分销渠道成员积极性下降，制造商就应当分析原因，然后采取最有针对性的方法对分销渠道成员进行激励。分销渠道成员积极性下降既可能是由分销渠道外部环境变

化引起的，也可能是由分销渠道成员本身的原因造成的。造成分销渠道成员积极性下降的外部环境原因可能是竞争激化导致成员利润下降，也可能是消费者需求变动引起销量下跌，更可能是制造商价格体系混乱等。分销渠道成员本身原因包括内部管理水平下降、财务上出现困难或人员变动等。针对各种不同原因，制造商应当尽可能帮助分销渠道成员制定克服困难的办法，促使它们积极与制造商合作，提高渠道业绩。

6.3 分销渠道控制

6.3.1 分销渠道控制的含义与重要性

分销渠道控制（channel control）是指某个分销渠道成员希望成功地影响另一个成员的某种决策的行为。分销渠道控制与分销渠道权力及其运用有密切的关系。分销渠道权力是一种渠道影响力，分销渠道控制既可以通过分销渠道影响力的成功使用来实现，也可以通过其他方式，如合作、参与、关系和关系的发展等来实现。

分销渠道控制的重要性主要体现在以下几个方面：

（1）分销渠道控制是实现分销渠道功能的基础

如第1章所讨论的，分销渠道承担着调研、促销、接洽、谈判、产品配组、物流、风险分担和融资等众多功能，而所有这些功能必须依靠分销渠道成员之间的协调和配合才能实现。整体分销渠道是由所有分销渠道成员组成的一个系统，只要某些成员的行为失控，采取违背分销渠道整体利益的行为，分销渠道功能就无法顺利完成，分销渠道目标就无法实现。而适当控制分销渠道成员的行为，可以充分发挥分销渠道的功能，节约流通成本，提高交易数量和企业经济效益。

（2）分销渠道控制是维持分销渠道生存和发展的前提条件

分销渠道生存和发展是以分销渠道控制为必要前提条件的。分销渠道如果失去控制，不仅企业原来所拥有的分销渠道优势会荡然无存，而且失去控制的分销渠道一定没有凝聚力，连分销渠道本身的生存也会受到严重威胁。一度著名的三株公司从一个营销巨人迅速垮塌就是一个最有雄辩力的案例。能对分销渠道进行有效控制的企业，通常就可以更有效地保护现有市场和开发新市场，保证其成本低于竞争对手，确保企业生存和发展。

（3）分销渠道控制是分销渠道协调内部关系、创造竞争优势的重要途径

在市场环境多变和竞争激烈的情况下，利用分销渠道来获取竞争优势已成为越来越多企业的选择。许多企业深刻地体会到，得渠道者得天下，失渠道者失天下。但是，缺乏有效管理和控制的分销渠道必然产生分销渠道成员之间的冲突，削弱整体分销渠道的竞争力。相反，对分销渠道进行有效管理和控制的企业能够减少分销渠道冲突的发生；即使发生冲突，也能较好地处理和解决好，并通过优化分销渠道关系，维持和创造竞争优势。

6.3.2 分销渠道控制的特点

由于分销渠道结构的复杂性，分销渠道控制所面临的问题具有多样性。在直销渠道或者公司型垂直分销渠道中，分销渠道控制实际上是组织内部的控制问题。但在一般情况下，分销渠道控制主要是对中间商渠道的控制问题，这是一个跨组织的控制问题，并不能采用基于企业层级体系的各种控制方法和手段。分销渠道控制交织着组织内部控制与跨组织控制问题，所以显得比一般的控制问题更困难。具体地说，分销渠道控制具有如下特点：

❶分销渠道控制的目的不同于一般控制。对中间商渠道的控制是对各自独立法人组织的控制。不同中间商不仅具有独立的法人资格，而且具有不同的企业文化，追求各自不同的利益，会实施不同的战略，自然就会有不同的行为方式。分销渠道控制的目的并不是限制对方的行为，更不是限制其他分销渠道成员的发展，而是要建立、发展和维持一种相互依赖、互惠互利的分销渠道关系。

❷分销渠道控制对象具有相互性。分销渠道成员常常互为控制者与被控制者。某个分销渠道成员在某个或某几个方面上有较大发言权，就可能希望在这些方面控制其他成员，但在另外一些缺乏发言权的方面又可能会受到其他成员的控制。传统上，制造商常常拥有对经销商的控制权，但近些年来越来越多的制造商受到了经销商的控制。

❸分销渠道控制力源于市场控制力与制度控制力的组合。分销渠道成员之间的控制既可以利用市场机制来实现，也可以利用组织内的层级制度控制力来实现。一般来说，中间商渠道控制力是上述两种控制力的混合。有时，组织内的制度控制力较强，如特许经营渠道中的那样；有时则是市场控制力特别强，如一般的贸易渠道中的那样。

❹分销渠道控制在方法上更多的是建立在平等原则基础上的沟通或影响，而不是建立在层级制度基础上的命令和指挥。

企业在选择分销渠道控制问题的解决方法时，首先应当进行战略层面上的思考与选择，对可能影响分销渠道控制的有关策略作出合理的决策，再考虑选择哪一些方法进行控制。

6.3.3.1 谋求成为分销渠道领袖

如前所述，分销渠道领袖是指分销渠道中拥有相对于其他分销渠道成员更大的影响力，发挥对其他成员的领导作用的企业。由于分销渠道领袖利用多种领导行为协调整体分销渠道的运行过程，提高分销渠道的效率和增强竞争优势，使每一个分销渠道参与者都能得到应有的利益，因此，分销渠道领袖自然地控制整体分销渠道。

传统上，在我国的分销渠道中，分销渠道领袖一般都是由大型制造商来承担的。随着市场环境的变化，各类中间商充当分销渠道领袖的例子也屡见不鲜了。世界上最大的零售商——美国的沃尔玛通过采用自有品牌的方式，委托制造商生产各类产品，在自己超市中销售，从而获得了对很多制造商产品销售的控制权，自然成为这些制造商所在分销渠道的领袖。

❖ **渠道实践6-3**

基本的分销渠道控制模式

根据对分销渠道实施主要控制权的主体不同来分析，我们可以发现3种分销渠道控制模式是最基本的：

一、M渠道模式

由制造商（manufacturer）主控的分销渠道简称M渠道模式。

其最大优点是企业不依靠任何中间商，自己直接控制整体分销渠道，可控制性强，对竞争反应快，便于企业快速发展。同时，M渠道模式有利于多品牌和多品种的市场推进推广，并在市场一线培养自己的营销队伍。

然而，M渠道模式的缺点也很明显：企业无论是自建渠道的费用还是运作分销渠道的成本都非常高，队伍庞大，费用也很昂贵。所以，M渠道模式要求企业有雄厚的实力和较强的管理能力。

这种渠道模式在我国早期市场中较为流行，其原因除了企业内部因素外，主要是专业化大型批发商和零售商业态尚未形成气候。20世纪90年代，TCL曾经通过自建渠道掌握渠道主动权和控制权，既提升了TCL彩电的销售业绩，也带动了TCL手机业绩突飞猛进的地增长。而三株的失败是企业无法克服自建渠道弊端的结果。

二、W渠道模式与R渠道模式

由经销商（wholesaler）主控的W渠道模式和由零售商（retailer）主控的R渠道模式在本质上是一样的，都是专业化分工的必然结果。

这两种渠道模式的最大优点是节约了制造商自建渠道的成本，降低制造商对渠道的投资风险和销售管理的难度。当然，对制造商而言，这两种渠道模式都不利于对渠道实施控制，也可能无法及时了解到一线的市场信息。

在我国家电行业发展中，2022年已经进入破产清算的国美电器曾经是一家建立了经销商主控的W渠道模式的典型例子。在世纪之交前后的大约二十几年时间内，它以经销商身份对家电渠道实施了强有力的控制。不过，随着环境变化和电商的兴起，国美电器因未能适应变革而如今风光不再。宜家（IKEA）是来自瑞典的知名家具和家居零售商，百思买（Best Buy）是来自美国的全球最大的家用电器和电子产品零售集团，它们都依据其所建立的零售商主控的R渠道模式而取得了巨大成功。

从理论上讲，W渠道模式和R渠道模式主要适用于那些实力不强、规模不大的成长型制造企业。这类企业选择W渠道模式或R渠道模式可以借助经销商的专业化渠道使产品迅速到达终端消费者。当然，由于分销渠道资源的稀缺性，某些强势品牌为了抢占尽可能多的经销商货架，也可能会选择这两种分销渠道模式。

当然，企业也可以在上述3种基本的渠道模式基础上，进行组合和创新，创造出新的渠道模式来。例如，格力的"利益共同体"模式就是兼顾了M渠道模式和R渠道模式的优点的结果。

资料来源 吴水龙，卢泰宏. 渠道管理：掌控中国企业生命线［J］. 销售与市场（管理版），2008（35）：40-45.

不过，并不是分销渠道中规模大、实力强的成员就一定能成为分销渠道领袖。分销渠道中某个要想成为分销渠道领袖必须发挥领导作用，使分销渠道成员之间产生凝聚力，为共同繁荣而努力，创造出单个企业很难获得的渠道优势。因此，一个分销渠道成员要想成为分销渠道领袖必须做到以下几点：

（1）树立分销渠道领袖的意识，形成分销渠道凝聚力

一个企业要想成为分销渠道领袖必须在自己的分销渠道中拥有一批追随企业，并具有对这些企业的掌控权。为此，想要成为分销渠道领袖的企业必须让中间商相信两点：一是这个企业对市场的洞察力和判断能力高于自己；二是接受这个企业作为分销渠道领袖有助于提高自己的盈利能力和发展。要做到这两点的前提是，想要成为分销渠道领袖的企业必须坚持互惠互利和多方共赢的宗旨和行为准则，带领所有分销渠道成员一起成长。只有这样才能形成对分销渠道所有成员的凝聚力。相反，如果一个企业只想利用其他分销渠道成员的力量来发展自己，或者通过侵蚀其他成员的利益来发展自己，就很难成为分销渠道领袖或者继续保住自己的领袖地位。

（2）确定和创造分销渠道领袖的竞争优势

一个企业要成为分销渠道领袖的必要条件是企业掌控分销渠道发展过程中的关键资源。所以，从根本上说，这个企业要正确地把握市场需求，并为市场提供有吸引力的产品和服务，同时创造良好的市场形象，造成其他分销渠道成员对自己的依赖。企业一旦拥有了一批紧紧依赖自己的、能够被自己牢牢地掌控的中间商，也就自然成为所在分销渠道的领袖了。这种影响和决定分销渠道发展的关键资源可能因产品和市场性质的不同而不同。例如，对需要较多研发费用的产品（如轿车、专利药品和通信设备等）来说，决定分销渠道发展的关键因素就是大量的研发费用，所以承担这些研发费用的企业往往拥有对分销渠道的控制权。不过，对大多数消费品而言，拥有知名品牌就意味着掌控了分销渠道发展的关键资源，一般就成为分销渠道领袖。

（3）做好与其他分销渠道成员的沟通协调

分销渠道成员之间的关系是一种既合作又竞争的关系。从根本上说，所有分销渠道成员的利益都是一致的，只有顺利地通过分销渠道实现商品销售，才能最终获得收益。但是在具体的如资金占有、付款方式和对竞争性产品的代理等方面，分销渠道成员之间又会经常出现分歧，导致分销渠道成员对分销渠道控制权的竞争。这种既合作又竞争的关系就需要由分销渠道领袖进行充分的协调和沟通，因此，要想在分销渠道中取得领袖地位的企业，就应当积极地把握沟通主动权，协调各方利益，使所有分销渠道成员体会到企业的诚意和实力，增强对企业的认同感。

（4）掌控分销渠道的利益分配权，坚持利益共享

把握分销渠道的利益分配权是对中间商进行管理和控制的前提和基础，所以，要想成为分销渠道领袖的企业应当把握分销渠道的利益分配权。这并不意味着本身要占有分销渠道中的大部分或全部利益，因为如果其他分销渠道成员不能得到足够有吸引力的利益空间，中间商就不会全力合作，分销渠道的整体利润就会下降，企业本身利益也会受到影响。如果其他中间商得到的利益过多，不仅损害企业本身利益，而且使中间商的期望过高，实力增长过快，最终导致企业本身丧失对分销渠道的控制权。

（5）提供和完善分销渠道服务，实现多方共赢

分销渠道是一条完善的价值链，最终消费者和其他分销渠道成员不仅要求分销渠道提供好的产品，还要求提供优质服务。提供优质服务已经成为企业增强市场影响力和在分销渠道中的议价能力的重要手段，也就成为控制中间商的一种手段。因此，想要成为分销渠道领袖的企业应当为各类中间商提供培训和其他多种服务，既提升整个分销渠道的竞争能力，又有利于企业确立在分销渠道中的领袖地位。

6.3.3.2　通过分销渠道战略选择获得对分销渠道的控制

在前面研究分销渠道设计问题时，我们曾经讨论过，从分销渠道密度的角度看，企业的分销渠道策略有 3 种选择：密集型的、选择性的和独家经营的。其实，从分销渠道控制的角度看，这 3 种策略也正是实施分销渠道控制的不同选择。

（1）密集型渠道策略

密集型渠道策略意味着企业需要在某个区域市场内争取到尽可能多的中间商来销售自己的产品，所以，在分销渠道成员的选择上很难加以严格控制；否则，就无法达到密集型分销的目的。采用这种策略时，分销渠道成员众多，因此，分销渠道控制的难度最大。分销渠道控制的主要问题是控制分销渠道长度和成本。

（2）选择性渠道策略

选择性渠道策略在特定区域内只挑选那些合格的分销商作为分销渠道成员。严格挑选可以确保所选定的分销渠道成员有较高的合作意向，通过选择过程来获得对其他分销渠道成员的实际控制力。然而，选择性渠道策略下的分销渠道管理和控制也是比较复杂的，也最可能发生分销渠道冲突。这种策略下分销渠道控制的主要内容是区域控制、价格控制和物流控制。

（3）独家经营的渠道策略

独家经营的渠道策略在特定区域内只挑选一家中间商，因此，企业可以通过与授权方签订严格的独家经营合约对其进行控制。在独家经营的渠道策略下实施分销渠道控制是最严格的。不过，此时由于分销渠道控制的对象和目标都非常明确，所以控制的实施相对容易一些。在独家经营的渠道策略下分销渠道控制面临的问题主要包括事前控制、合作关系控制以及二级网点控制等方面。

6.3.3.3　定期进行绩效评估

定期对分销渠道成员绩效进行检查和评定，也是取得分销渠道控制权的有效途径。如果发现某些分销渠道成员的绩效没有达到预定标准，既要帮助其分析原因，必要时对标准进行适当修正，也要对长期绩效不佳的成员提出限期整改的要求，一再达不到预定指标的就应考虑取消其资格。制造商通过对分销渠道成员绩效的评估，再根据环境和发展目标的变化，适时增加或者减少成员，对分销渠道体系进行适当调整，能够增强对成员的控制力。

6.3.4　分销渠道控制的具体方法

（1）运用强制性权力

这主要是指对其他分销渠道成员实施禁令或惩罚措施。但是，运用强制性权力进行控制往往是一种不得已而为之的选择，因为从长期看，它的效果不如那些能产生积极作用的措施。不过，这种方法能够在短期内迅速见效。

在选择强制性权力进行控制时，必须保证所采用方法的合理性，防止违反公平竞争的原则或者违背反垄断的规定。在非常情况下，使用强制性权力进行控制可以收到最起码的效果，那就是在分销渠道成员的头脑中强化利益观念，促使所有分销渠道成员团结合作，保证整个分销渠道体系的完整、稳定和发展。

（2）利用品牌知名度

知名品牌意味着丰厚的利润、巨大的销量和受人追捧的形象，也意味着更高的渠道效率。因此，拥有知名品牌的企业可以利用品牌对消费者的影响来获得对整个分销渠道的影响和控制。无论对制造商、批发商还是零售商来说，拥有知名品牌都是获取分销渠道控制权的有效办法。制造商一旦拥有知名品牌，就对经销商的市场推广与促销的投入要求相对低了，销售成本也会降低，还能带动经销商其他商品的销售，因此，比较容易取得对中间商的控制权。中间商拥有知名品牌也是获得分销渠道控制权的有效方法。无论是批发商还是零售商，拥有知名自有品牌后，可以利用自有品牌在消费者中的强有力影响对整个分销渠道施加影响，利用品牌优势来获得对分销渠道的控制权。

（3）利用良好服务

无论对制造商还是中间商来说，拥有完善的服务体系，为其他分销渠道成员或最终消费者提供优质服务，能产生强大的吸引力和影响力，由此赢得对分销渠道的控制。对制造商来说，利用服务来获得分销渠道控制权更是一种明智的选择。一般来说，经销商的管理能力和人员素质都比制造商要差，存在希望其他机构帮助自己提高管理水平的客观要求。制造商通常拥有各类专业人员，制造环节对管理的要求一般也比流通环节要高，因此，就可能具备对经销商提供各类服务的能力。在制造商向经销商提供的众多服务中，最通常、最有效的服务就是培训。制造商在把产品销售给经销商的同时，根据经销商的具体需求提供不同的培训课程，对经销商的业务人员和管理人员进行培训，这样既能提高经销商的整体水平，又能培育经销商的忠诚度，实现对经销商的控制。其实，对经销商来说，为适当的对象提供良好服务同样是一种获得分销渠道控制权的有效办法。

（4）利用"助销"制度

"助销"制度是指制造商直接通过投入各类资源来支持中间商发展的一种渠道运作策略。其具体做法是，制造商向中间商派出专业销售代表，协助中间商进行营销策划、市场开拓、销售队伍培训、营业推广以及市场管理，同时提供必要的费用支持。"助销"制度的实质是，制造商通过帮助中间商进而影响中间商，达到控制中间商和终端市场的效果。"助销"制度之所以有效，是因为制造商通过提供培训和参与策划，控制经销商的理念和策略，实现文化和思想上的控制；通过参与市场开发和管理活动，实现管理过程上的控制。这种"助销"制度最早是由宝洁公司率先采用的，随后，娃哈哈、美的和格兰仕等企业也成功地推行了这种方法。

（5）掌握尽可能多的下游经销商

在合同无法约束中间商行为的情形下，制造商为获得对分销渠道的控制权，可以通过掌握尽可能多的下游经销商或者今后可替代现有分销渠道成员的中间商来实现。这样做，即使在遇到特殊情况需要更换现有经销商时，也不会因受到其制约而失去对分销渠道的控制。在多层分销渠道的情况下，如果制造商只掌握下一级经销商，而不了解更下游的经销商，则一旦下一级经销商停止业务或改旗易帜加入竞争对手的渠道，制造商就会失去整条分销渠道，或者冒竞争渠道迅速壮大的风险。如果制造商本身也掌握着一批更下游的经销商，下一级经销商就不可能把其下级的经销商全带走，制造商就会在分销渠道管理和控制上占有主动权。如果制造商还掌握着其他可替代的中间商，现有经销商的行为将更加谨慎，其结果就强化了制造商的控制权。

（6）利用激励手段

如前所述，激励也是一种权力，而且是一种很有效的权力。所以，分销渠道成员，不管是制造商还是中间商，只要拥有分销渠道激励资源，如授予独家经营权、额外价格优惠或市场推广费用支持等，也就获得了对分销渠道成员一定程度的控制权。不过采用激励手段进行控制时，要兼顾个体和全局、现在和将来的利益，同时要权衡成本和效益。

在讨论了渠道权力、激励和控制的一般理论以后，本章最后将提供一个关于这方面的最著名的案例分析——拓展阅读6-1。与大多数案例分析旨在分享成功企业的经验不同，这是在世纪之交中国市场上最有影响力的失败企业。无论是它早期的迅速崛起，还是它出乎所有人意料的、一夜之间的突然崩溃，都让人不可思议，给人们留下了众多的疑问。如果我们利用本章所介绍的有关理论，认真地分析三株成功与失败的原因，由此发掘和继承三株留给我们营销遗产，将有助于我们企业稳步成长，直至成功。

拓展阅读6-1

法治引航

网络直播应遵守国家广播电视总局网络直播规定

党的二十大报告指出："健全网络综合治理体系，推动形成良好网络生态。"随着网络技术的发展和普及，许多企业和个人利用网络直播进行直销，称之为"带货"。特别是一些拥有大量"粉丝"的明星和名人，往往能通过带货获得惊人的销售量。但是，网络直播必须遵守国家广播电视总局的网络直播规定，否则就可能受到违规处罚。

国家新闻出版广电总局（2018年3月改为国家广播电视总局）在2017年下发《关于加强网络视听节目直播服务管理有关问题的通知》（以下简称《通知》），重申相关规定，要求网络视听节目直播机构依法开展直播服务。

《通知》指出，根据《互联网视听节目服务管理规定》《广电总局关于发布〈互联网视听节目服务业务分类目录（试行）〉的通告》，开展网络视听节目直播服务应具有相应资质，必须拥有相应的许可证。

不拥有相应许可证的机构及个人，均不得利用网络直播平台（直播间）开办新闻、综艺、体育、访谈、评论等各类视听节目，不得开办视听节目直播频道。未经批准，任何机构和个人不得在互联网上使用"电视台""广播电台""电台""TV"等广播电视专有名称开展业务。

《通知》要求，开展网络视听节目直播服务的单位应具备相应的技术、人员、管理条件，以及内容审核把关能力，确保播出安全与内容安全，在开展直播活动前应将相关信息报属地省级以上相关行政部门备案。

《通知》还对直播节目内容，相关弹幕发布，直播活动中涉及的主持人、嘉宾、直播对象等作出了具体要求。直播节目应坚持健康的格调品味，不得含有国家法律、法规和规定所禁止的内容，并自觉抵制内容低俗、过度娱乐化、宣扬拜金主义和崇尚奢华等问题。

本章小结

分销渠道权力是指一个分销渠道成员对同一个分销渠道中其他成员的影响力。分销渠道中的权力可从权力来源的角度划分为奖励权力、强制权力、法定权力、认同权力和专长权力等。

分销渠道成员要想运用权力实施影响必须解决3个问题：一是识别可能运用的权力；二是建立起分销渠道权力；三是运用分销渠道权力影响其他分销渠道成员的行为。分销渠道成员运用权力影响和改变其他成员行为的策略有许诺策略、威胁策略、法定策略、请求策略、信息交换策略和建议策略。

分销渠道激励是指对分销渠道成员的激励，是制造商为完成分销目标所采取的促使分销渠道成员高度合作的行为。分销渠道激励的方法分为三大类：政策性激励、经济性激励和服务性激励。

分销渠道控制是指某个分销渠道成员希望成功地影响另一个成员的某种决策的行为。分销渠道控制与分销渠道权力及其运用有密切的关系。分销渠道权力是一种渠道影响力，分销渠道控制既可以通过分销渠道影响力的成功使用来实现，也可以通过其他方式，如合作、参与、关系和关系的发展等来实现。

与分销渠道控制有关的策略选择有3种形式：谋求成为分销渠道领袖、通过分销渠道战略选择获得对分销渠道的控制、定期进行绩效评估。实施分销渠道控制的具体方法有运用强制性权力、利用品牌、利用良好服务、利用"助销"制度、掌握尽可能多的下游经销商和利用激励手段。

主要概念

分销渠道权力　奖励权力　强制权力　法定权力　认同权力　专长权力　许诺策略　威胁策略　法定策略　请求策略　信息交换策略　建议策略　分销渠道激励　政策性激励　经济性激励　服务性激励　分销渠道控制

基本训练

❖ **知识题**

1.举例说明几种主要的分销渠道权力的含义。

2.在建立和管理分销渠道中，为什么需要运用分销渠道权力?

3.分销渠道权力对分销渠道行为的影响策略有哪些?

4.为什么要激励分销渠道成员?对分销渠道成员进行激励可以采用哪几种方法?

5.如何认识分销渠道控制的重要性?

6.如何进行有效的分销渠道控制?

❖ **技能题**

1.制造商常常认为不应该与更强大的经销商打交道，经销商也常常认为不应该与更强大的制造商打交道。说明产生这种观点的原因，并评述这种说法的合理性。

2.分析运用分销渠道权力的6种影响策略分别要以哪些分销渠道权力为基础，并说明这6种影响策略之间的关系。

❖ **案例分析题**

1.从分销渠道权力的角度，分析本章引例中T公司与各地总经销商之间的僵持争斗最后是无言的结局的原因。

2.根据渠道实践6-1，讨论分析下列问题:

(1) 3个案例中，制造商各是利用什么分销渠道权力剥夺或试图剥夺经销商的经销权?

(2) 案例中提出的经销商保住自己经销权的建议，你认为对制造商有何价值和意义?

第7章 分销渠道冲突与合作管理

学习目标

知识目标

◆深入理解分销渠道冲突的基本概念和类型；理解引起分销渠道冲突的主要原因；理解和掌握解决分销渠道冲突的策略和方法；理解和掌握渠道窜货及其对策；理解分销渠道战略联盟的基本概念、必要条件和形式。

技能目标

◆能结合具体行业和企业，分析引起分销渠道冲突的间接和直接原因；能结合具体行业和企业，分析解决分销渠道冲突的策略和方法；能分析和提出解决渠道窜货的对策；能结合具体行业和企业，分析和提出建立分销渠道战略联盟的形式。

❖ 引例

分销渠道冲突的成败

几乎同样的分销渠道冲突，但结果可能是迥然不同的。

刘经理是A仪器厂（以下简称A厂）在华北地区的总经销商。A厂觉得刘经理开发新市场不力，因而产生不满，在6年中与刘经理产生了两次冲突。但由于双方处理方式不同，结果也完全不同：一次是以握手言和，皆大欢喜收场；另一次却是分道扬镳，两败俱伤。

一、第一次冲突皆大欢喜

尽管刘经理的销售业绩逐年增长，但A厂对刘经理在开发新市场方面的表现还是不满，总希望借机敦促一下刘经理。趁当地召开一年一度的"高校仪器设备展示会"，A厂故意绕开了刘经理，联合了另一家产品具有互补优势的经销商，共同租赁了展台，一起参加展示会，向来自全国数百家高校的潜在客户作了A厂产品的宣传。通过展示和资料介绍，不少潜在客户都对A厂产品产生了强烈的兴趣。A厂还默许该经销商在展会上跟客户达成订购意向，兼售所展示的系列产品。

刘经理消息灵通，很快就知道了展会上的情况，怒气冲冲地直奔A厂总部，严正交涉，于是分销渠道冲突爆发。A厂在盛情招待的同时，向刘经理"摆事实，讲道理"，说明高校市场的潜力和价值，分析了高校的需求特点及市场开发策略。最后，A厂强调，如果刘经理不加大对高校市场开发的投入和新产品推广力度，就让别的经销商来经营，窜货事件也还可能再度发生。

权衡利弊之后，刘经理提出了开发高校市场的计划，并立下了军令状：一年内销售额翻一番，两年内在该市场全面盈利。A 厂则承诺在价格政策上给予 5%～10% 的特别折扣支持，还拨出了专项开发资金。

自此，分销渠道冲突得以解决。A 厂的市场份额不断扩大，A 厂和刘经理双方的利润都持续增长，实现了制造商和渠道的双赢。

二、第二次冲突两败俱伤

A 厂与刘经理合作 5 年后，刘经理的业务又趋于平稳，增长后劲不足。A 厂觉得该行业总体增长势头仍然良好，认为应当再次给刘经理一点儿刺激。A 厂再次以参加展销会和举办研讨会的名义，直接面向客户，宣传直销政策，制造了一起纵向分销渠道冲突，希望以此给刘经理强大的压力和威慑力，并借以激起刘经理的市场开发热情。

然而事与愿违，此举激起了刘经理的强烈不满。他认为 A 厂忘恩负义，萌生决裂之念。此时，A 厂的一个竞争对手又乘虚而入，开始与刘经理接触并开出更优惠的合作条件。面对新制造商的诱惑，刘经理还是有些犹豫不决。但这时，A 厂仍然没有合理引导，甚至没有和刘经理主动沟通。僵持了大半年之后，刘经理怨气越来越重，遂将库存的 A 厂产品清空，一纸传真结束了与 A 厂的 6 年合作。

此时，A 厂傻眼了。由于短期内难以找到合适的经销商，A 厂华北地区的销量一蹶不振，两年后才逐渐复苏。而刘经理与新制造商也磨合了一年多才逐渐走上正轨。真是一场决裂，两败俱伤。

两次分销渠道冲突，结果迥然不同，令人深思。

资料来源　蒋胜发. 刻意的渠道冲突缘何一成一败［J］. 销售与市场（管理版），2007（36）：40-41.

7.1　分销渠道冲突概述

分销渠道冲突是指分销渠道中的某一个成员由于各种原因对另一个或几个成员采取敌对态度和行为的情形。分销渠道成员之间的冲突不同于通常的竞争，冲突可能比竞争更加激烈。竞争时一方只要比对方表现更好就能取得竞争的成功。分销渠道冲突中，一方会把另一方看作自己的对手，看作需要跨越的障碍或打击的对象。有人把竞争比喻为游泳和田径比赛，一个人只要比其他人表现得更好，就能取得竞争的胜利；冲突就像拳击和足球比赛，一方只有把对方击败才能取得胜利。

7.1.1　分销渠道冲突的类型

（1）横向分销渠道冲突

横向分销渠道冲突也称水平分销渠道冲突，是指某个分销渠道中处于同一层次的分销渠道成员之间的冲突。例如，经销同一制造商产品的同级批发商或同级零售商为争夺市场而产生冲突；同一连锁企业的不同分店之间为争夺客源而发生冲突。产生横向分销渠道冲突的原因，大多是制造商或上一级批发商对目标市场中的经销商数量或分销区域没有作出合理的规划，使下级经销商为各自的利益互相倾轧。横向分销渠道冲突常常表现为跨地区销售、压价销售和不按规定提供售后服务等。

（2）纵向分销渠道冲突

纵向分销渠道冲突也称垂直分销渠道冲突，是指某个分销渠道中处于不同层次的分销渠道成员之间的冲突。如果处于分销渠道上游的中间商从自身利益出发，同时采取直销与分销两种方法，就可能与下游中间商争夺客户，从而挫伤下游中间商的积极性，自然就会引起纵向冲突。有时，制造商为了更多销售自己的产品，越过一级批发商直接向二级批发商甚至更下一级的中间商供货，也会引起纵向分销渠道冲突。反之，如果处于下游的经销商在具备足够实力后，为在分销渠道中拥有更大权力向上游分销渠道成员发起挑战，绕过上一级经销商向更高一级经销商进货，也会引起纵向分销渠道冲突。纵向分销渠道冲突比横向分销渠道冲突更为普遍。

（3）分销渠道间冲突

分销渠道间冲突也称交叉分销渠道冲突，是指处于不同分销渠道上的两个经销商之间的冲突。分销渠道间冲突既可能是在某个制造商采用多渠道的复合分销系统时，两个或更多个分销渠道成员为占领同一市场所引起的冲突，也可能是属于不同制造商渠道的经销商之间产生的冲突。这类冲突主要发生在某一渠道经销商擅自降低价格或者某经销商自行降低毛利销售时。

❖ **渠道实践7-1**

线上和线下渠道的争夺

曾经"双11"几乎是淘宝一家的促销日。到2012年，"双11"变成了所有大型电商平台共同参与的促销日。到现在，"双11"时，不仅所有电商全部参与血拼升级，而且传统商场也幡然醒悟，奋起反击，形成了线上和线下的渠道争夺战。

2013年的"双11"活动之前，天猫进一步拓展了思路，提出的主题是线上和线下一起"玩"。天猫联系了300多个品牌、3万多家线下门店，搞从线上到线下的促销，意图使线上和线下共享流量。消费者通过电子地图找到身边的"双11"线下门店，体验或试穿实体产品后，可用天猫无线客户端扫描商品二维码，添加到天猫购物车。实体店得到的好处究竟是什么？天猫说：我是在给你引流，这是双赢。但众多线下大佬们对此极度不爽，于是不约而同地选择了集体"亮剑"。家居、家电和百货店等传统零售商都以不同的方式抱团，共同分割"双11"的消费额。

家居业选择了坚决"抵制"的方式。包括吉盛伟邦、居然之家、红星美凯龙和广东罗浮宫等在内的19家大规模家居卖场共同签署了坚决抵制"让卖场成为电商线下体验场所的行为"。许多线下大卖场的商户都开展了针对"双11"推出的特价活动。许多实体家居卖场打出了出厂价、直击价，提出了劲省50%的口号；更有家居卖场打出了"买家具送家电""消费免单"等口号。

家电连锁商们则采取了"反攻"的方式。由国内10多家核心家电零售商发起，多家区域家电连锁商从11月9日到11日进行全国联动促销，提出线上和线下"同款同城同价"的口号，意图让消费者回归线下实体店。为了方便消费者上网比价，有的门店免费提供 Wi-Fi，有的门店专门配有可上网的电脑。为搞好这些活动，部分商品还进行了集中采购，以便向供应商拿到更好的资源。家电连锁商利用线下实体店具有的体验优势，通过同款同价，更让消费者从"线下看货，线上买单"变成"线上比价，线下买单"。

传统百货店则选择了"借势"的办法。许多传统百货商场借助电商的节日造势气氛，策划了多种多样的促销活动。各商家也提出了"同款同价同天猫"的促销口号。对传统百货店来说，11 月份本来是传统的淡季，如今电商所营造的"双 11"活动氛围带动了实体店的销售。

资料来源　王玉．O2O，到底谁利用谁？[J]．销售与市场（管理版），2014（1）：47-48．

7.1.2　分销渠道冲突的发展过程

分销渠道冲突通常会经历一个由弱到强、由隐蔽到明显的发展过程。该过程可以分为 5 个阶段，每个阶段的冲突具有各自不同的特点。

（1）潜伏冲突阶段

分销渠道冲突总是由分销渠道成员的一方对其他一方或几方有不满情绪开始的。但是在冲突的第一阶段，这种不满情绪尚未公开表达出来或者尚未传递到另一方。

（2）觉察冲突阶段

分销渠道成员能彼此感知到对方的不满，但双方还没有以明显的方式表达出来。

（3）感觉冲突阶段

随着分销渠道成员接收到有关冲突的信息，双方会产生紧张、焦虑和不满的感觉。

（4）公开冲突阶段

冲突的一方明确表达不满，并采取强烈的阻碍另一个分销渠道成员实现目标的行为。

（5）冲突余波阶段

根据解决冲突的结果不同，双方会采取相应的行动。

在上述的多种冲突阶段当中，公开冲突会直接影响一个分销渠道成员对另一个成员的行为。

7.1.3　分销渠道冲突的结果

人们通常认为，分销渠道冲突会损害分销渠道成员关系的协调，影响渠道正常运行。但是实际上，分销渠道冲突的结果并不一定阻碍分销渠道目标的实现；相反，在某些情况下还能改善渠道成员之间的关系。所以，分销渠道冲突的结果有下列两种情形：

7.1.3.1　良性的分销渠道冲突结果

在许多情况下，分销渠道成员之间的冲突能使各方感受到对方的贡献，并认识到任何一方的成功都离不开另一方的努力。此时，冲突结果就是良性的、建设性的。在良性分销渠道冲突的情形下，各方虽然相互对立，但仍然会认识到目前的渠道关系是实现渠道目标的最佳途径。因此，它们就不会损害相互关系；相反，会互相促进，提高它们的绩效。确实，在一个没有任何冲突的渠道中，渠道成员会变得不求创新，最终渠道本身也会失去竞争力。同时，不存在任何冲突的渠道成员间的关系并不一定就是和谐的，很可能是冷漠的。渠道成员之间虽然没有争论，但也没有沟通，没有共同语言。这类渠道成员之间的关系比存在适度冲突的成员之间的关系更令人担忧，因为这类渠道往往可能是短命的。

渠道成员一起工作，紧密合作，发生争执和异议是不可避免的。因此，保证分销渠道冲突得到良性的结果是渠道能够成功的关键，应当是渠道成员的共同目标。要保证分销渠道冲突结果是良性的，要做到如下方面：

首先，渠道成员应当是尽责的，能够承担起渠道所分配的职责。

其次，渠道成员应当把产生冲突看作正常现象，对冲突抱忍耐态度，不因冲突而损害相互间的信任。

最后，要保证冲突结果是建设性的，还需要对刚显现出来的冲突和分歧及时采取适当的办法，加以引导，使冲突保持在一定限度内。一旦冲突升级和扩大，冲突就不可避免地变成危害性和破坏性的了。

7.1.3.2 恶性的分销渠道冲突结果

当分销渠道冲突加剧到一定程度时，分销渠道冲突的结果就变成是恶性的了。恶性分销渠道冲突的结果首先反映在分销渠道成员对从渠道中得到的利益不满。随着恶性分销渠道冲突的加剧，渠道成员的利润指标会下降，成员对渠道会产生一种失望的情绪。恶性分销渠道冲突不仅会导致成员对渠道财务绩效的不满，还会损害到成员间的关系，妨碍成员之间信任的建立和维持。而渠道成员之间一旦失去信任，整个渠道的竞争力也就丧失了，成员之间的关系也就难以继续维持了。

由于恶性分销渠道冲突会导致分销渠道成员蓄意破坏、损害或阻挠其他成员的行为，所以这类冲突无论是对渠道有关各方还是整个渠道系统，都可能导致恶意的破坏行为。整个渠道必须尽可能避免这类冲突。

7.2 分销渠道冲突的原因

7.2.1 分销渠道冲突的根本原因

导致分销渠道成员之间冲突的原因有很多，最根本的原因可以归结为分销渠道成员存在以下问题：

7.2.1.1 目标不一致

分销渠道中的每一个成员都有自己独特的，而且常常与其他成员不一致的目标，这就可能产生冲突。目标不一致是引起分销渠道冲突的最普遍的原因。在渠道成员中，供应商与经销商至少在财务目标、市场覆盖目标和经营的产品线目标等方面可能存在差异。

在财务目标方面，供应商与经销商都要保证自己获得最大利润。供应商为了获得最大利润自然希望提高供应价格，认为经销商应当保证更大的销售额，希望经销商有更大的销售投入，而且想减少给经销商的补贴。站在经销商角度，为了保证自己获得最大利润，总想要有更大的经销差价，减少经销中的投入和开支，为加快资金周转而降低库存量，而且希望获得供应商更多的津贴和支持。于是，双方都认为对方没有给自己足够的支持。供应商可能抱怨经销商的销售价定得太高，而经销商可能抱怨按供应商的意见定价会无利可图。

在市场覆盖目标方面，供应商与经销商也往往不一致。供应商为了扩大市场覆盖面会选择多个目标市场，在同一个区域市场中也会利用多条渠道和尽可能多的经销商。而经销商认为供应商应当选择特定的细分市场，只向它们所在的市场供货，在一个区域内最好实行独家经销。结果是，供应商总是不满足于经销商的市场拓展结果，寻求更大的市场覆盖面和市场拓展的努力；经销商会抱怨供应商只顾自己，而不关心经销商利益。

在所经营产品线方面，供应商与经销商的目标也会产生差异。供应商希望经销商专注于供应商所提供的产品和品牌，最好是经销供应商产品线的全部产品，并向传统优势以外的领域扩展。而经销商会更专注于所在的地区市场和现有客户，更愿意提供多种品牌让顾客有更多选择，而且不愿经销供应商手中的那些滞销产品。所以，供应商常常认为经销商经营了太多的产品线，对供应商的特定品牌没有给予足够关注，对供应商不够忠诚。经销商则认为只有让顾客满意才能保证生存和发展，供应商应当削减那些销售不畅的产品线。

7.2.1.2　观念上的差异

在同样的市场环境中，分销渠道成员所关注的焦点往往是不同的。制造商和上游供应商更倾向于关注其产品的制造与分销过程，而处于下游的经销商更关注自己的利益和顾客反应。面对环境的变革，渠道成员由于认识不同，所采取的行动也会不同。制造商认为在超市搞现场促销既有利于制造商的产品销售，也有利于超市本身，超市应当大力支持。但是，超市常常认为制造商利用了超市的空间资源，所以常常要向其收取促销费用。制造商常常为零售商提供印刷精美的宣传资料，希望零售商展示和分发给潜在购买者，借此向顾客传递关于商品使用方法、质量和服务等信息。但是，零售商常常把这些资料视为垃圾，并不愿意将资料进行有效的展示和分发。

7.2.1.3　期望上的差异

这里所说的期望包括两方面含义：

（1）对环境条件的预期

如果制造商对外部经济趋势和市场发展的预期比较乐观，而经销商比较悲观，则制造商自然会要求经销商销售更多、更高档的产品，而经销商可能拒绝制造商的要求。

（2）一个分销渠道成员对其他成员行为的预期

如果一个分销渠道成员对其他成员可能采取行为的预期错误，就可能采取错误的行为。

7.2.1.4 角色不相称

分销渠道中的角色是指对各分销渠道成员应该发挥的功能、作用和活动范围的界定。分销渠道中的每一个成员对自己和其他成员究竟"应该做什么""应该怎样做"都会有一定的认识。当分销渠道成员之间对各自"应该做什么""应该怎样做"产生认识差异时，分销渠道冲突自然就发生了。

首先，如果某个分销渠道成员未能发挥其他成员认为它应当发挥的功能，如售前和售后服务、存货功能时，分销渠道冲突就会不可避免。

其次，当某些分销渠道成员的角色模糊不清时，成员间的功能就会重叠，既造成渠道资源的浪费，又容易引起投机行为。凡是有利可图和容易做的事，成员就抢着做，而无利可图又难做的事，就相互推托。

7.2.1.5 争夺稀缺资源

供应商和经销商如果都试图占有更多的稀缺资源，则会引起分销渠道冲突。分销渠道中最常见的稀缺资源是那些业绩好的大零售商以及富有销售潜力的市场区域。

制造商为了保证自己的利益，总是试图把市场上那些规模大、业绩好的零售商作为自己直销的客户，以便加以重点控制。但各类经销商自然反对这样做，认为这不公平。这就难免引起冲突。

当经销商之间需要对市场进行分配时，那些富有销售潜力的市场区域就成为稀缺资源，试图获得这些稀缺资源的渠道成员间就可能产生冲突。这种情形在特许经营体系中比较常见。在特许经营体系中，某个受许人授权经营的区域就是一种资源。如果特许人在已经存在受许人的市场区域中再授权另一个新的受许人，就意味着从现有受许人手中收回了部分资源，损害了现有受许人的利益。这样，现有受许人与特许人之间就会产生冲突，现有受许人会不惜借用法定权力阻止特许人的侵权行为。

7.2.1.6 对决策权认识的分歧

分销渠道成员都会试图谋求自己拥有更多的决策权。所以，在像特许经营这样的渠道中，特许经营合同会非常明确地规定渠道各方所拥有的决策权力。但是，在那些传统的、由独立企业所组成的松散渠道中，每个渠道成员都会试图获得更多的决策权。因此，决策权往往是有争议的。在涉及究竟哪个渠道成员拥有制定这一决策的权力时，常常会引发冲突。

渠道成员之间对价格决策权的争端是这方面最典型的例子。很多零售商认为，价格制定应当属于它们的决策范围，但有的制造商认为它们才拥有定价权。制造商往往很巧妙地让零售商知道，如果零售商不接受制造商的定价建议，它们就将失去对该产品的经营权。如果零售商认为该产品市场竞争激烈，试图获得灵活定价权，就难免会导致与制造商之间的激烈冲突。

7.2.1.7 沟通上的障碍

分销渠道成员之间的紧密合作需要渠道成员之间经常而良好的沟通。如果沟通中存在障碍，则原本良好的合作关系也会迅速转化为冲突。为了在与经销商的谈判中拥有更大的主动权，制造商或供应商可能会有意对经销商隐瞒，诸如新产品上市信息、价格调整计划和其他地区市场的产品经营状况等信息。而经销商出于同样原因，也会向制造商或供应商隐瞒本地市场的实际销售情况，以及自己的获利情况。

除了上述人为的沟通障碍以外，渠道成员之间还可能存在由文化差异或地域差异所造成的沟通障碍。当渠道成员之间存在文化或地域差异时，沟通多半是不及时的和缺乏效率的。渠道成员之间由于观点和对现实判断的不同所引起的冲突也就难以避免了。即使是在没有文化差异或地域差异的渠道成员之间，制造商和经销商获取信息的来源不同，所掌握的信息也会有差异，也许每一方所拥有的都是不完全信息。这就更容易引起渠道成员之间的冲突了。

7.2.2　分销渠道冲突的直接原因

尽管存在上述众多的引起渠道成员冲突的潜在原因，但是最终导致冲突实际发生的导火线往往是下列一些因素：

（1）价格或折扣

这是引起分销渠道冲突的最常见诱因。制造商常常抱怨经销商不按自己的价格政策定价，产品销售价格不是过高就是过低，从而影响产品的定位与市场形象。经销商抱怨，如果按制造商的要求定价，则自己无利可图。类似地，制造商或上级经销商为了保证自己的利润，只愿意给下级经销商较低的折扣率，而下级经销商也要求利润最大化，当然要求获得更高的折扣率，于是冲突由此产生。

（2）存货水平

无论是制造商还是经销商，为了保证自己的利润，节省成本开支，都希望把自己的存货控制在最低水平。因此，制造商会要求经销商提前订货，保持尽可能多的库存，以便分担制造商存货的压力。而经销商认为保有更多库存就要承担价格下降或产品过时的风险，希望制造商能够随时供货，自己只想保持最低库存。

由上述不同的思路所引起的矛盾和冲突，在产品具有淡、旺季的情形下会变得特别严重。在旺季，经销商会要求制造商大量供货，提供供货的保证，防止产品脱销。在极端情形下，经销商在旺季甚至会不惜超限度囤货，以致打乱制造商的供货计划。在淡季，制造商往往要求经销商保持更多的库存。这样做既有利于制造商资金的正常周转、生产正常进行，也为旺季销售做好准备。但经销商出于自己的利益，一般不愿意在存货上投入大量资金，于是冲突往往就不可避免了。

（3）大客户

一般来说，每个区域市场上都有一些大客户，其交易量大、信誉好，常常是分销渠道成员争夺的对象。制造商往往试图与这些大客户建立直接的购销关系，而把其余的市场交给经销商去经营。经销商则认为，如果这些大客户直接向制造商购买，就会威胁经销商自身的生存。制造商与经销商之间的许多矛盾就是由经销商对制造商从其手中抢走大客户的担心所引起的。

（4）货款回收

制造商总是希望经销商尽快返回货款，加快资金周转，缓解自己的资金压力，最好是经销商先付款后提货。而经销商希望尽量延迟付款，最好等到下级分销商回款后再付款，以便降低自己所承担的风险。实际情形中，通常是各级分销商都是在支付订金或完全依靠信用的基础上，先行提货，待货物出售后再付清全部货款。当分销渠道较长时，整个回款链条也会变得很长，货款回收将是一个漫长的过程。一旦某个分销环节出现问题，回款链条就会断裂，整个风险都会转嫁给制造商。如果制造商与经销商都想要获得货款回收中的主动权，那么自然会出现冲突。

（5）技术咨询和服务

制造商希望经销商除销售产品外，还能够提供良好的技术咨询和服务。因为在一个竞争越来越激烈的市场上，技术咨询和服务对制造商来说也是一种增强竞争能力的有效手段。如果经销商不能提供良好的技术咨询和服务，制造商就可能转而采用直接销售的方式。这又是经销商所不能接受的。

（6）经销商经营竞争对手的产品

制造商当然不希望经营自己产品的经销商同时经营竞争对手同样的产品，特别是在工业品市场中，因为客户的忠诚度可能并不高；经销商则认为经营多个制造商的产品有利于扩大其经营规模，并免受制造商控制。

（7）渠道调整与变革

制造商有时出于适应环境或自身发展的需要不得不对分销渠道进行调整或实施变革，这也会直接导致分销渠道成员间的冲突。分销渠道调整中无论是增加、减少或者更换经销商，都可能引起现有成员的不满，导致它们忠诚度下降。如果分销渠道发生变革，原有渠道中的权力分布被打乱，成员又会为谋求权力、寻求控制与反控制而产生冲突。

7.3 解决分销渠道冲突的策略与方法

7.3.1 在分销渠道设计中建立防范冲突的机制

7.3.1.1 促进信息共享机制

通过创造一条分销渠道内制度化的、信息共享的途径，减少渠道成员之间在观念、认识、目标和期望等方面的差异，有可能防止或减少冲突。渠道成员之间实现信息共享，就有可能通过沟通达成共识，有利于确立共同的目标和价值观，也能促进渠道成员之间的相互认可和共同参与。组织所有渠道成员参加会议或其他活动，让每个渠道成员都明确自己的权利、义务和责任，提高渠道成员合作的积极性，就能降低冲突发生的可能性。

这方面的一种有效办法是管理人员交换。可能产生冲突的渠道成员中的一方派遣管理人员到对方，或双方互派管理人员到对方工作一段时间，可以促进有关人员对对方情况的了解，体会和理解对方的处境和困难，加强沟通，消除误会，增进合作。

7.3.1.2 建立调解和仲裁机制

调解和仲裁都试图借用与渠道无关的第三方力量来解决争端，就有可能防止冲突升级或使冲突保持在一定范围内。

调解中第三方要么劝说双方继续谈判，要么劝说双方考虑接受由调解人所提出的建议。合适的调解人一般对局势会有比较独到的见解，有可能看到冲突双方所看不到的机会。因此，冲突双方就可能接受调解人所提出的方案。调解也鼓励和促进渠道成员在目标方面增进相互之间的沟通和理解。因此，调解人也能协助冲突各方设计出合理决策，帮助渠道成员找到一种兼顾多方利益的解决方案。

仲裁是调解之外的另一种选择。如果渠道成员将争端置于仲裁机构管辖之下的做法制度化，那么本身有助于预防冲突的发生，因为相对于第三方的外部干涉，渠道成员总是希望将分歧通过内部处理来解决，而不是让分歧发展到非要第三方介入的地步。仲裁解决冲突比诉讼有更多方面的好处。仲裁非常迅速，也能保持机密，无论是关于争端还是关于仲裁的结果，都不向社会公布。仲裁费用也远比诉讼费用低廉得多。仲裁使渠道成员在冲突处于萌芽阶段时就能着手处理问题，这远比到冲突后期才处理要容易得多。仲裁通常是由行业内的专家来作出裁决的，一般来说比较公平。

7.3.2 选择适当的解决分销渠道冲突的谈判策略

当分销渠道冲突发展到直接公开的阶段时，渠道成员之间就面临着谈判。渠道成员在决定自己在谈判中的态度时会考虑到两个因素：一是坚持自己目标的程度；二是合作意愿的强弱。根据卷入冲突的渠道成员对这两个因素的考虑，有4种策略可供选择（如图7-1所示）。

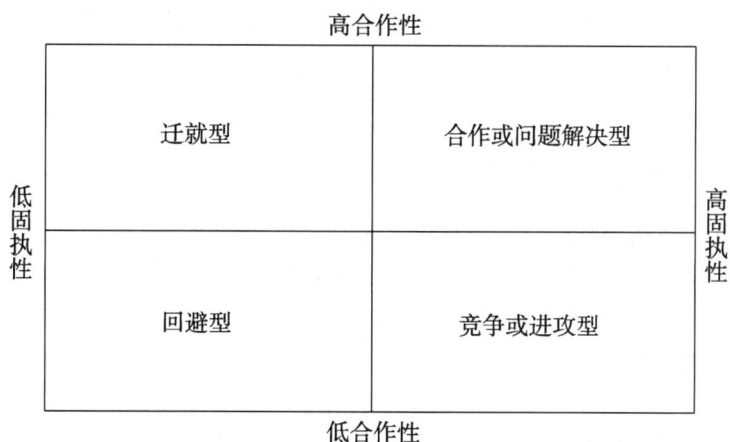

图7-1 解决冲突的谈判策略

注：合作性是指关心另一方的结果；固执性是指关心自己的结果。

资料来源 科兰，安德森，斯特恩，等. 营销渠道［M］. 蒋青云，孙一民，等译. 6版. 北京：电子工业出版社，2003：224.

7.3.2.1 合作或问题解决型策略

如果分销渠道成员强烈坚持自己的目标，同时它很希望与其他成员合作，此时可以采取合作或问题解决型策略来处理冲突。尽管渠道成员强烈坚持自己的目标，但是由于具有合作的愿望，因此会一再地妥协，寻求解决问题的方案，努力使每一方都能达到自己的目标。采用这种策略有利于维持渠道成员之间紧密的、忠诚的关系，也能保证渠道成员得到它们各自想要的东西。看起来，这是一种双赢的理想策略。但是，这种策略实际操作起来可能存在诸多困难。首先，这种策略的成功常常依赖一定的外部条件；其次，实施这种策略要求渠道成员在设计使双方共同得益的解决方案时具有创造性。

合作或问题解决型策略要求有关渠道成员具有一个共同的目标。如果冲突双方的目标很不一致，则合作策略充其量只能用来处理一些小冲突，因为只有小冲突是最容易使双方让步、加速问题解决的。当渠道成员间目标一致时，有可能坦诚地直接讨论问题，消除相互间的分歧。

这种策略在解决同一条渠道中成员之间的冲突时特别有效。由于面临着渠道间冲突的压力，同一渠道的成员可能形成一个"超级目标"。超级目标是指渠道成员通过共同努力，可以达到的单个成员所不能实现的目标。当面临渠道间冲突的压力时，同一渠道的成员都感受到同样的威胁，就会以某种方式明确拟定单个成员无法承担、只有通过合作才能实现的目标，即超级目标。超级目标的内容包括渠道生存、市场份额和顾客满意等方面的指标。

确立超级目标是实施合作或问题解决型策略的有效办法。如果能形成和拟定出超级目标，就能促使渠道成员认识到紧密合作、共同发展的价值与重要性。

实施这种策略的主动权往往掌握在面临分销渠道冲突的成员中实力更强的一方手中。这在特许经营体系中体现得特别明显。在特许经营体系中，经常是特许人拥有更强的势力。对它们来说，实施合作型的冲突解决办法是很有效的。但是，受许人采取这种策略的结果就依赖特许人的态度了。当受许人面临冲突的压力时，请求第三方介入的办法将是更有效的。

7.3.2.2 竞争或进攻型策略

当分销渠道成员强烈坚持自己的目标，同时它与其他成员合作的意愿又不强时，它就会采取竞争或进攻型策略来处理冲突。这种策略会加剧冲突，助长相互之间的不信任，会威胁到渠道生存。渠道成员中有一方采取这类策略，就意味着渠道本身的稳定性被打破了，渠道成员之间的相互关系很难长期维持了。一种最富有进攻性的策略就是把相关的对方清理出渠道。

由于这种策略对现有渠道具有极大的破坏性，所以除非万不得已，渠道成员是不应采用这种策略的，特别在主张维持长期关系的渠道成员之间更不应该采用这种策略。

7.3.3.3 迁就型策略

如果分销渠道一方不强烈坚持自己的目标，同时它很希望与其他成员合作，此时只能采取迁就型策略来处理冲突。迁就型策略体现出一种合作的、互惠的真诚意愿，是想通过满足另一方渠道成员的要求来强化渠道关系，建立起渠道成员间更长时期内的信任和承诺。但是显然这种策略也是相当被动的，如果对方不作出相应的姿态，则采用这种策略的一方需要做好长期承受损失的准备。

7.3.3.4　回避型策略

如果渠道的一方不强烈坚持自己的目标，同时与其他渠道成员合作的意愿也不强，那么可采取回避型策略来处理冲突。渠道中某个成员试图以不对其他成员提太多要求、尽量减少与其他渠道成员之间的信息交换，来避免讨论争端，防止冲突发生。

实施回避型策略的极端情形就是退出，这也确实是解决分销渠道冲突普遍采用的办法。不过，一个计划采用退出方法来解决冲突的分销渠道成员应该制订好退出后的行动计划。除非其同意完全退出原有行业，否则，要么改变其原先的业务目标，要么选择进入其他可供选择的分销渠道。在计划选择进入新分销渠道时，分销渠道成本是一个主要的考虑因素。新渠道的成本至少不应高于现有渠道的成本，或者它愿意花更大的成本来避免现有矛盾；否则，退出的做法就是不明智的。

7.3.3　调整分销渠道

7.3.3.1　建立分销渠道战略联盟或渠道一体化

从长远看，建立分销渠道战略联盟，使渠道成员之间形成一个风险-利益联盟体是解决分销渠道冲突最有效的方法。关于建立分销渠道战略联盟的问题，我们将在本章后面进行详细讨论。

渠道一体化实际上是分销渠道战略联盟发展的极端情形，也是解决分销渠道冲突的根本办法。正如我们在第2章所分析的那样，制造商为了加强对市场的控制，降低与经销商之间因签订合同、履行合同所产生的交易费用，降低终端零售价格，可能会逐步缩短销售渠道，直至取消批发环节，并购零售商，最终自己拥有整个渠道网络，完全控制市场，杜绝渠道成员冲突的可能。这是解决分销渠道冲突的最彻底的方法。

7.3.3.2　渠道扁平化

正如我们在第2章所分析的那样，尽管传统的多层次渠道体制具有辐射能力强的特点，但是随着渠道层级的增加，制造商对渠道的控制能力也随之减弱，而且多层次渠道中各层级之间的价差也是引发垂直冲突的主要原因。渠道扁平化减少了层级，也就减少了冲突的可能性。

然而，需要注意的是，渠道扁平化应当避免渠道成员间矛盾的激化。如果制造商为了缩短渠道，绕开分销商直接向零售终端供货，威胁到原来代理商的生存，就应当采取谨慎的平衡策略。

渠道开发的一般规律是，制造商在开发一个大市场的初期，考虑到所需要的巨大投入和高风险，通常首先会在各省范围内发展一批包销商和代理商，利用这批包销商和代理商的力量作前期的市场开发。待市场成熟到一定程度以后，出于对市场进一步开发和加强控制的目的，制造商一般会在各省设立自己的销售分支机构或办事处，致力于重点大客户开发。若制造商决定深度介入市场，如绕开分销商直接向零售终端供货或自己直接从事零售业务，就应当注意到渠道扁平化可能损害下游经销商的利益，而导致与经销商和代理商矛盾的激化。此时，合理的做法是将自己的销售分支机构或办事处改造成纯粹的营销服务平台，不再参与具体经营；把省级包销商和代理商发展成物流配送的二级平台，负责分销和发货；地区级分销商可以改造成品牌展示、服务中心兼具区域物流配送职能的旗舰专卖店；原来的分销零售终端则可以改变为加盟专卖店。

一系列改变渠道成员角色的措施有可能既避免渠道成员之间的冲突，又实现渠道扁平化，提高渠道的效率。

❖ 渠道实践7-2

经销商如何应对分销渠道冲突

经销商选择处理分销渠道冲突的策略时，应当考虑到两个因素：一是经销商与制造商合作的基础与前景是好还是差；二是冲突对经销商自身的影响是短期的、较小的，还是长期的、较大的。经销商应对冲突的合理策略应当是权衡上述两个因素的结果。根据两个因素的不同组合可以得出4种不同的策略（如图7-2所示）：

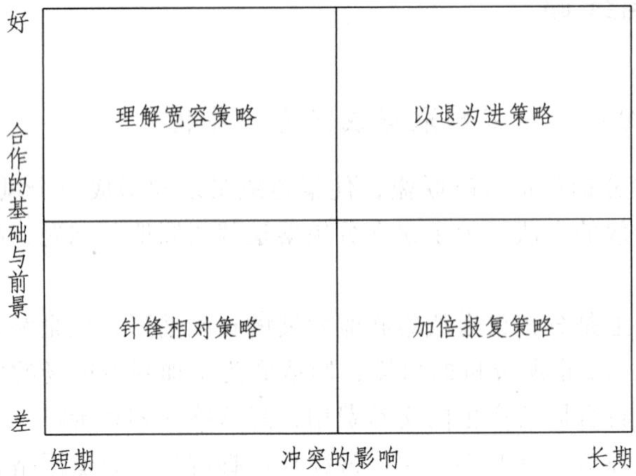

图7-2　经销商应对分销渠道冲突的策略选择

1.理解宽容策略

如果经销商与制造商之间合作的基础与前景较好，冲突的影响也是短期的，有客观原因，在现有格局下经销商还有利可图，就可以采取这种策略。产生冲突往往是由区域划分和消费习惯等因素导致一些自然窜货，或者某些超级终端单方面违反价格政策，将所经销的产品进行低价倾销。处理这类冲突时，经销商应充分理解制造商的难处，积极配合制造商将冲突的负面影响降到最低，不宜盲目报复。

2.针锋相对策略

如果经销商与制造商之间合作的基础与前景较差，冲突的影响虽然也是短期的、较小的，但制造商由于主观原因，肆意违反双方合作协议导致冲突，则经销商应坚持原则，针锋相对，不惜以终止合同和对簿公堂相威胁，要求对方立即停止违约行为，并进行相应的补偿。

当然，经销商在采取这一策略时，应当权衡利弊，这毕竟可能导致合作的破裂。所以这一策略主要应用于处理经销商与二线品牌制造商之间的冲突。在经销商有相对实力的情况下，制造商往往容易就范。若是一线品牌，而这种冲突已经导致无法继续合作，则可采用此策略。知名企业会担心负面影响的扩大，因小失大，常常会及时解决冲突，补偿经销商的损失。

3. 以退为进策略

如果经销商与制造商之间合作的基础与前景较好，但冲突影响是长期、较大的，则应当采取以退为进策略。经销商与一线品牌之间的合作常常属于这种情形，特别是当分销渠道冲突起因并非制造商刻意违约，而是有市场背景和行业发展趋势等深层次原因时。此时，明智的经销商应主动与制造商协商对策，及时调整双方的责、权、利关系。例如，经销商可以在核心市场上转为只做物流配送商，而集中力量向周边二、三级市场发展，构建深度营销网络。这种主动转型的做法不仅避免了冲突，更重要的是扩大了区域市场的覆盖范围，增强了渠道竞争力，增加了与制造商谈判的筹码，是一种双赢的做法。

4. 加倍报复策略

如果经销商与制造商之间合作的基础与前景较差，但冲突影响又是长期、较大的，经销商已经无利可图，则应当采取加倍报复策略。这种情形主要是某些经销商只想不劳而获，屡屡用"窜货乱价"的违规方式来赚取制造商返利；制造商也是短期行为，只想"跑马圈地"，无意于精耕细作，不花大力气考虑整顿市场的计划和措施。经销商采取加倍报复策略来处理这类冲突，尽管难以挽回全部损失，但至少可以尽量减少损失。采取这种策略的结果当然是经销商另选合作制造商了。

资料来源　程绍珊，慕凤丽. 经销商如何应对渠道冲突［J］. 销售与市场，2004（6X）：57-58.

7.4　渠道窜货

7.4.1　窜货的概念及表现形式

窜货又称冲货或倒货，是指分销商在利益驱动下发生的产品越区销售行为，也就是向其合法经营区域以外的地区销售产品。窜货是分销渠道冲突的最典型情形，也是渠道管理者最头痛的问题。

窜货有如下几种常见的表现形式：

（1）分公司之间窜货

当一个制造商在不同区域设立分公司，并分配销售指标，按业绩考核时，某些难以完成指标的分公司就会将产品卖向那些需求量大的分公司所在的地区，造成分公司之间的窜货。

（2）经销商之间窜货

经销商为了获取制造商按业绩提供的奖励，会将产品运到区域以外，进行低价抛售。

（3）经销商低价倾销过期或即将过期的产品

对像食品、饮料和化妆品等有明确的有效使用期的商品，经销商为了避免风险或减少损失，会在过期之前采取低价倾销的方法将商品销售出去。

（4）经销商为获取高额利润，销售假冒伪劣商品

最恶劣的窜货现象是，经销商为获得更多的市场份额和不正当利润，将假冒伪劣商品掺杂在正牌商品中销售。

7.4.2 窜货的类型

窜货可以分为自然窜货和恶性窜货两种类型。

7.4.2.1 自然窜货

自然窜货是指经销商在正常销售时，无意中向自己辖区以外的市场销售商品。自然窜货常常是很难完全避免的。只要有市场分割，就会有这类窜货。这类窜货的量若不是很大，并不会带来严重的后果。但是，如果窜货量很大，就会影响到正常渠道的价格体系，使正常渠道成员的利润下降，打击渠道成员的积极性。所以，对自然窜货如果不加以管理和控制，就发展成为恶性窜货。

不过，市场开发初期的自然窜货常常是一种良性的窜货。良性窜货是指在市场开发初期制造商会倾向于选择流通性较强的市场，而这些市场的经销商会有意无意地将商品销售到其他区域或空白市场。自然窜货，特别是良性窜货，在短期内对推广制造商的产品、提高制造商的市场份额、提升品牌知名度会有一定的帮助。

7.4.2.2 恶性窜货

恶性窜货是指分销渠道中的成员为了获得非正常的利润，蓄意以低于制造商规定的价格向自己辖区以外的市场低价倾销商品。恶性窜货对企业具有极大的危害性，具体来说，会导致如下一些问题：

（1）引发经销商的不满，对制造商的品牌失去信心

恶性窜货会破坏商品的价格体系，降低分销渠道的利润，引发分销渠道混乱，挫伤渠道成员的积极性，甚至出现拒售的现象。

（2）导致消费者对品牌失去信任

在恶性窜货的情况下，某些经销商为了获得超额利润，常常将假冒伪劣商品混在正规渠道的商品中一起销售，从而严重损害企业的品牌形象。消费者由于惧怕买到假冒伪劣商品便会尽量选择其他企业的商品。因此，恶性窜货会严重打击消费者对品牌的信心，使制造商的品牌战略受到灾难性的打击。

（3）严重地破坏整个分销渠道体系

企业的整个分销渠道体系都是建立在制造商、经销商、批发商和零售商之间的相互信任基础上的利益共同体。恶性窜货打乱了渠道中的价格体系，损害某些渠道成员的利益，从而破坏渠道成员之间的信任，对渠道生存和发展构成严重威胁。因此，恶性窜货最终有可能毁坏整个分销渠道体系。

7.4.3 渠道窜货的原因

商品流通的基本规律总是从低价地区向高价地区流动,从滞销地区向畅销地区流动。对同一种商品,只要存在地区价格差异,或者不同地区间畅销程度不同,就很可能出现窜货行为。窜货既有来自制造商方面的原因,也有来自经销商方面的原因。

7.4.3.1 制造商方面的原因

尽管很多窜货都是由经销商引起的,但是窜货的根本原因还在于制造商。许多窜货都是因为制造商在渠道设计和渠道管理方面失误或考虑不周,导致经销商利用这些漏洞窜货。具体地讲,导致窜货的制造商方面的原因有如下几类:

(1)制造商的多层次渠道交叉,造成价格体系混乱

许多制造商会采取传统的三级批发定价体制,即总经销价(一级批发价)、二级批发价和三级批发价,再加上建议零售价,在每两级价格之间都有一定的价差。这种价格差异从表面上看是合理的,但是当制造商采取双重或多重渠道来销售产品时,窜货就会不可避免。总经销商和其他批发商一方面可以把商品销售给下一级批发或零售商,同时可以兼作零售。由于它们购进商品的价格较低,就能够通过降低价格来争取更多顾客。可是零售商或接近终端的经销商由于购进价格较高,就难以通过降价来争取顾客。特别是制造商为了争取某些特别重要的大客户而把经销商抛在一边,自己直接签约,并提供一个特别优惠的低价,窜货自然就会发生。

(2)营销区域划分不合理

目前,大部分制造商或供应商都会采取区域分销的办法。这种做法的一个好处是可以缩短渠道,并便于对下级经销商进行管理。但是这种做法同时要求对经销商区域划分要合理。区域分销办法的核心是对经销商的经营区域加以限制,促使其最大限度地开发限定区域内的市场。但是如果对经销商区域划分不合理,各个区域内的经销商就不一定按照制造商或供应商划分的区域去进行销售。实际上,营销区域的划分,或者更进一步的营销体制及渠道的调整,都会触及一部分渠道成员的利益,引起部分渠道成员的不满。在这种情况下,经销商就常常会采取报复性的窜货行动。当然,营销区域的合理划分确实不是一个简单的问题,它涉及渠道成员的切身利益。合理的区域划分要求制造商或供应商不仅要对市场有深入的了解,而且要掌握各个渠道成员的实力状况;同时,要在制造或供应商与各渠道成员之间达成共识。

(3)渠道目标和奖励政策不合理

制造商或供应商如果对某个区域的市场销售量究竟能达到多少缺乏正确认识,给经销商制定一个根本不可能完成的任务,实际上就迫使经销商把产品销售到其他地区去,形成窜货。为了促使经销商更多地销售自己的产品,制造商或供应商会制定一系列的奖励政策。奖励政策中对窜货影响最大的就是"返点"政策了。所谓返点政策,就是制造商或供应商对经销商承诺,在年终或期末按经销商实际销售量的一定百分比返还利润。返点政策的出发点是保障渠道成员的基本利润,并保证价格体系完整,避免渠道体系内部的价格战。但是，由于返点数是按实际销售量来计算的，为了鼓励经销商有更大销售量，返点政策总是规定销售量越大，返还利润的百分比越高。这项政策自然会引诱甚至迫使渠道成员为获得更大销售量而窜货。

此外，制造商或供应商不重视过程，而采用仅重视结果的考核制度，以及平时对渠道窜货行为监管不力、赏罚不清，都是产生窜货的原因。如果考核制度不合理，则某个渠道成员即使冒险也会窜货，因为一旦成功，就可以获得相对丰厚的利润；即使不成功，也不会受到严厉的处罚。这种做法实际上就是鼓励渠道成员通过窜货来获得更丰厚的利润。

7.4.3.2 经销商方面的原因

当制造商或供应商将给予经销商的折扣与它们的销售量直接挂钩时，某些经销商就会受高额折扣率的诱惑，不顾一切地窜货。在实行返点政策的渠道中，经销商同样会为了获得更高一个档次的返利而跨区域销售，形成窜货。无论出现哪一种情形，市场上都会有部分商品的价格甚至比当地经销商正常的进货价格还要低。这种价格"倒挂"的现象从表面上看是某些经销商在做亏本生意，实际上是这些经销商在利用窜货作为价格战的手段。这些经销商期望获得高折扣或年终高返点来弥补低价销售的亏损。确实，不少经销商正是通过这种办法来获得更多利润的。这种利用窜货低价倾销的行为，既损害了其他经销商的利益，又违反制造商或供应商的规则；同时，本身要承受很大的风险，实际上是不可取的。

7.4.4 渠道窜货的对策

从本质上看，窜货现象发生的根源在于制造商和供应商，所以制造商和供应商必须采取切实有效的措施，防止窜货现象的发生。

（1）完善渠道管理的约束机制

为防止窜货，制造商和供应商应当在自己的销售部门设立分销渠道的管理机构，配备一定数量的具有较强责任心的人员，既明确责任，又授予一定的监督权，保证企业专门有人员管理渠道窜货问题。同时，要完善防止窜货发生的规章制度，使对窜货问题的处理有章可循。制造商和供应商在建立这些规章制度时，应当与各地的主要经销商进行商讨，在取得经销商认同后，将有关条文列入经销合同之中，严格执行。制造商和供应商的分销渠道管理机构在接到窜货投诉后应到现场作市场调查，掌握第一手资料，为正确处理窜货提供依据。

（2）合理划分市场

制造商和供应商对希望新加盟分销渠道的经销商，除了考察其本身条件外，还应该派人到当地市场去进行实地调研，比较准确地确定当地的可能销售量。这样，就能根据可能销售量来科学地确定经销商的任务指标，保证每个经销商都拥有足够大的市场空间，都有能力完成自己的销售任务，即使不窜货也能获得一定的销售奖励。

（3）应用新技术

处理窜货问题的难题之一是，如何判断某批产品是属于窜货销售还是正常销售。为此，制造商可以对销往不同地区的产品在外包装上进行区别。例如，可以对销往不同地区的产品给予不同编码，贴上不同的条形码，或者直接在产品包装上用文字注明产品允许销售的地区。

7.5 分销渠道战略联盟

7.5.1 分销渠道战略联盟的含义与特点

7.5.1.1 分销渠道战略联盟的含义

分销渠道战略联盟是指渠道关系发展到一定阶段，处于同一分销渠道中的双方或多方成员通过协议形成的长期利益共同体。在分销渠道战略联盟中，渠道成员按照协议的规定，共同开发市场，共同承担市场责任和风险，共同管理和规范销售行为，公平地分享经济利益和合作成果。

战略联盟本质上是一种承诺。只有当渠道成员既有维持一种渠道关系的愿望，又愿意为维持这种关系而付出或承担某种责任和义务时，联盟才能得以维持。付出或承担某种责任和义务可能意味着放弃短期利益或者其他机会，而宁愿将组织资源投入联盟中去。联盟及相应的承诺也意味着渠道成员要承受增加对其渠道伙伴依赖性的风险。作出承诺的渠道成员必须承受这种风险，并采取适当的措施进行管理。承诺意味着一种长期的眼光，促使联盟中的渠道成员作出短期的牺牲，以保持和发展联盟关系。

尽管联盟中各方的承诺可能存在不对称的情形，但在分销渠道战略联盟中承诺往往是对称的，要么各方都作出承诺，要么各方都不作出承诺。

7.5.1.2 分销渠道战略联盟的特点

❶各个分销渠道成员具有共同的目标；否则，一旦遇到困难的决策，冲突就自然导致联盟的消亡。

❷分销渠道成员之间交换技术、产品、技能和知识，以分享资源和挖掘市场机会。

❸分销渠道成员形成协同的竞争优势，获得更为优越的竞争地位。

7.5.1.3 分销渠道战略联盟的优缺点

建立分销渠道联盟确实有很多好处，如渠道成员可以实现资源共享、风险共担，更好地发挥联盟内各个成员的优势，从而获得其他渠道系统所难以获得的竞争优势。但是，建立分销渠道联盟也可能会引起渠道运作成本的上升；如果联盟的基础不牢固，也可能会导致联盟内投机行为盛行；联盟也可能捆住渠道成员的手脚，而使企业失去竞争中所必需的灵活性。因此，理解渠道成员建立和加入分销渠道联盟的动机，并据此对分销渠道联盟进行管理是必要的。

7.5.2 建立分销渠道战略联盟的动机

分销渠道联盟总是由上游企业和下游渠道成员组成的。尽管渠道成员寻求分销渠道战略联盟的根本原因都是希望获得能带来利润的持久竞争优势，但是具体地讲，上游企业与下游渠道成员构建分销渠道战略联盟的动机还是有一定差异的。

7.5.2.1 上游企业构建分销渠道战略联盟的动机

尽管站在制造商的角度，想要获得中间商的支持，除了构建联盟以外，还有许多其他办法，如行使权力，促使其他分销渠道成员接受自己的观点或行动方案。但是，建立联盟是一种能够更有效而持久地激励下游渠道成员的方式。具体地说，上游企业往往出于如下几个原因构建分销渠道战略联盟：

（1）寻求与下游渠道成员之间更广泛的合作

上游企业，尤其是制造商，通过联盟可以更紧密地协调与分销商的营销合作，促使渠道高效通畅。上游企业担心下游渠道成员出于经济方面的考虑，可能会有意隐瞒最终购买者的信息，以便在谈判中利用这些信息获得主动权。通过构建联盟，上游企业就可以消除这种障碍，与下游渠道成员共享信息，实现更广泛的合作。

（2）上游企业希望稳定地拥有现有渠道

批发和零售层面上的大规模并购使得制造商可以选择的渠道合作伙伴的数量在减少。同时，那些经过并购洗礼的幸存者的实力通常都是很强大的。面对这种情形，上游企业，尤其是制造商，担心失去现有分销渠道，自然就愿意与下游渠道成员结成分销渠道战略联盟。

（3）谋求建立针对竞争对手的有效壁垒

运作良好的分销渠道是一种非常有效的竞争对手很难模仿的壁垒。通过与下游渠道成员结成战略联盟，上游企业，特别是制造商，可以促使下游渠道成员拒绝经营竞争对手的产品。

7.5.2.2 下游渠道成员构建分销渠道战略联盟的动机

（1）保证其所需产品的稳定供应

下游渠道成员希望更好地保障产品的供应，为自己的客户提供更好的服务，实现更大的销量和利润。

（2）通过联盟降低分销成本

建立分销渠道战略联盟后，下游渠道成员不仅可以稳定供货价格、降低成本，还能保持较低的库存水平，提高存货周转率，更少出现缺货的情况。

（3）通过联盟实现差异化，使自己区别于其他分销商

通过与制造商建立分销渠道战略联盟，分销商有可能实现其产品和服务的差异化、形象和定位的差异化，达到自己的营销目标。

7.5.3　建立分销渠道战略联盟的必要条件

只有在同时具备以下4个条件时，分销渠道战略联盟才能顺利地建立和维持，渠道成员才能达到自己预期的目标：

（1）一方在营销资源或能力上有特殊需要

这就表示渠道成员的某一方很难在市场上获得所需要的营销资源或能力，要么过于昂贵，要么对获得的资源或能力的满意程度较低。

（2）另一方有满足这些需要的能力

这就创造了分销渠道战略联盟合作的基础，明确限定了可能加入联盟的渠道成员的范围。

（3）双方加入联盟之后都能获益

这既是建立分销渠道战略联盟的基础，也是建立联盟的原则。

（4）双方彼此承诺，构筑起较高的退出壁垒

这是保护分销渠道战略联盟各方成员利益所必需的。双方彼此的高度承诺使得联盟的各方都不能随意退出，任何一方单方面退出联盟，都会遭受损失。只有这样，分销渠道战略联盟才能真正起到战略性作用，才能维持较长的时间。

7.5.4　分销渠道战略联盟的形式

分销渠道战略联盟有多种形式，常见的有会员制、销售代理制和联营公司等。其实，特许经营也可以看作一种特殊的分销渠道战略联盟，不过，由于我们在前面已经讨论过，就不再重复了。

7.5.4.1　会员制

会员制战略联盟是渠道成员通过协议的方式成立一个类似于俱乐部的组织，组织内的成员之间有较高的信任度，大家互相协调、互相帮助，共同遵守游戏规则，谋求共同发展。这是分销渠道战略联盟的一种初级形式，约束力不是很强。

会员制分销渠道战略联盟根据参与者的不同，又可以分为4种形式：①制造商与经销商（批发商）的联盟；②批发商与零售商的联盟；③制造商与零售商的联盟；④零售商之间的联盟。

为了便于控制，分销渠道战略联盟会员制的核心企业可以根据自己的地位和其他分销渠道成员的接受程度，向会员企业收取一定的保证金或签订具有较强约束力的保证协议。这里的保证金或保证协议实际上就是核心企业要求参与企业作出的行为承诺或书面承诺。当然，保证协议一般也会有关于参与企业权利的条文，那就相当于核心企业作出的书面承诺。这种承诺能强化联盟成员间的相互信任，有利于渠道合作。如果没有某种形式的承诺，联盟就缺乏约束力，组织就是松散和脆弱的。

7.5.4.2 销售代理制

分销渠道战略联盟的销售代理制不同于一般意义上的销售代理制,一方面要求销售代理商签订销售代理合同,另一方面要求制造商签订制造承包合同。因此,分销渠道战略联盟的销售代理制,从制造商角度看是销售代理制,而从销售代理商角度看是制造承包制。它是一种比会员制更紧密的分销渠道战略联盟,制造商要利用和依赖销售代理商的销售能力与渠道优势,而销售代理商要利用和依赖制造商的生产能力与优势。

分销渠道战略联盟销售代理制有如下一些特点:

❶一般采用独家总代理或某地区独家代理的形式。制造商只能委托一个代理商从事产品销售,被授予独家代理权的经销商在同类产品中也只能代理委托人一家的产品。一般销售代理制则不受此限制。

❷一般采用佣金代理的形式。销售代理商一般并不拥有产品所有权,只是帮助制造商销售产品,获取佣金。

❸代理商与制造商之间所签订的代理协议约束力较强,双方在权利和义务方面约定的面较宽,规定的内容也比较详尽。双方之间的协议通常由销售代理和制造承包两份协议所构成,一份协议的履行是另一份协议有效的前提。一般的销售代理协议的约束力较弱,涉及的条款内容较少,双方只需签订一份协议就够了。

❹所签订的协议有效期较长,有时可以达到10年以上。而一般销售代理制的合作期限较短,通常一年续签一次。

7.5.4.3 联营公司

联营公司是指合作双方为充分发挥各自优势,通过法律程序而建立的联合经营体。一般来说,建立联营公司要求联盟各方在利益上有更高的一致性,风险共担、利益共享,所以只有当渠道成员间的合作发展到较高水平时,才会建立联营公司。联营公司主要包括两种形式:

(1)合资经营

合资经营由联盟双方共同出资、共同经营、共同管理、共担风险、共享利润,一般按照双方的股份分担风险和享受利益。联盟双方以各自的优势资源投入合资经营企业,能使这些资源发挥更大的作用,更好为联盟双方服务。

(2)相互持股

相互持股是联盟各方为加强联系和合作而相互持有对方一定数量的股份,双方资产和人员不必合并的一种联盟形式。在这种分销渠道联盟中,你中有我,我中有你,所以联盟关系更加紧密,有利于渠道成员之间进行长期合作。

拓展阅读 7-1

拓展阅读 7-2

法治引航

明星代言须谨记法律和社会责任

党的二十大报告指出："全面依法治国是国家治理的一场深刻革命，关系党执政兴国，关系人民幸福安康，关系党和国家长治久安。必须更好发挥法治固根本、稳预期、利长远的保障作用，在法治轨道上全面建设社会主义现代化国家。"

近年来，不少明星都在广告代言的路上栽了"跟头"。例如，《中华人民共和国广告法》规定，保健食品广告中不得利用广告代言人作推荐、证明，某演员以自己的名义和形象为保健食品作推荐和证明，就构成违法代言广告行为。艺人的道歉具有一定的警示效应，但事后道歉无法弥补违法广告代言行为造成的危害。

明星代言具有广泛的示范效应，须谨记法律和社会责任。《中华人民共和国广告法》以及一系列法律规范，已经给广告代言行为立了很多规矩。2022 年 10 月 31 日，按照中央宣传部文娱领域治理有关工作部署，市场监管总局会同中央网信办、文化和旅游部、广电总局、银保监会①、证监会、国家电影局等七部门联合印发《关于进一步规范明星广告代言活动的指导意见》，进一步规范明星广告代言活动，依法追究广告代言违法行为各方主体责任，要求相关部门加强广告代言活动全链条监管，严厉查处明星代言的虚假违法广告。

监管部门应在全面深入开展普法工作、教育引导明星增强代言自律意识的基础上，利用"大数据检索+人工检查"的方式，加强对依托网络、电视等媒介发布的明星代言广告的监督，鼓励社会各界积极举报明星违法代言的线索，形成监管高压态势。对明星违法代言问题，发现一起、严查一起，并实施联动惩戒、曝光案例，让违法代言明星付出代价，切实绷紧法律弦、责任弦，规范代言行为。

资料来源　李英锋. 明星代言须谨记法律和社会责任［N］. 人民公安报，2022-12-29（3）.

本章小结

分销渠道冲突是指分销渠道中的某个成员由于各种原因对另一个或几个成员采取敌对态度和行为的情形。分销渠道冲突可以分为横向分销渠道冲突、纵向分销渠道冲突和渠道间冲突。分销渠道冲突的发展过程可以分为 5 个阶段：潜伏冲突、觉察冲突、感觉冲突、公开冲突和冲突余波阶段。分销渠道冲突的结果既可能是良性的，也可能是恶性的。

导致渠道成员之间冲突的根源有多种，最基本的可以归结为以下 7 个方面：渠道成员目标不一致、观念上差异、期望上差异、角色不相称、争夺稀缺资源、对决策权认识的分歧和沟通上的障碍。导致分销渠道冲突的直接原因主要有价格或折扣、存货水平、大客户、货款回收、技术咨询和服务、经销商经营竞争对手的产品和渠道调整与变革。

---

①　2023 年 3 月，中共中央、国务院印发了《党和国家机构改革方案》。在中国银行保险监督管理委员会基础上组建国家金融监督管理总局，不再保留中国银行保险监督管理委员会。2023 年 5 月 18 日，国家金融监督管理总局正式揭牌，银保监会正式退出历史舞台。

　　解决分销渠道冲突的方法，首先是在分销渠道设计中建立防范冲突的机制，其次是选择适当的解决分销渠道冲突的谈判策略，最后是调整分销渠道。

　　窜货是指分销商在利益驱动下发生的产品越区销售行为。窜货可以分为自然窜货和恶性窜货。恶性窜货可能会引起严重的后果，需要认真防范。从本质上看，发生窜货现象的根源在于制造商和供应商。制造商和供应商防止窜货现象发生的主要办法包括：①完善渠道管理的约束机制；②合理划分市场；③应用新技术。

　　分销渠道战略联盟是指渠道关系发展到一定阶段，处于同一分销渠道中的双方或多方成员通过协议形成的长期利益共同体。建立分销渠道战略联盟无论对上游企业或下游渠道成员都有很多好处。分销渠道战略联盟中，上游企业与下游渠道成员构建联盟的动机可能有一定差异。建立分销渠道联盟必须具备一定的条件。分销渠道战略联盟有多种形式，常用的有会员制、销售代理制和联营公司等。

主要概念

　　分销渠道冲突　　横向分销渠道冲突　　纵向分销渠道冲突　　渠道间冲突　　渠道窜货　　分销渠道战略联盟

基本训练

◆ 知识题

1.说明分销渠道冲突与渠道间竞争的区别。

2.造成分销渠道冲突的根本原因和直接原因各有哪些？

3.分销渠道冲突有哪几种类型？化解和避免分销渠道冲突的方法有哪些？

4.什么是窜货？窜货有哪些类型？其对销售会产生什么样的影响？

5.形成窜货的原因有哪些？解决渠道窜货有哪些办法？

6.说明分销渠道战略联盟的含义和特征。渠道成员为什么要组建或加入分销渠道战略联盟？

7.说明建立分销渠道战略联盟的必要条件和常用的分销渠道战略联盟形式。

◆ 技能题

1.收集资料，分别给出渠道间竞争和分销渠道冲突的两个例子，区分两者之间应对策略方面的差异。

2.收集分销渠道冲突的实例，分析其冲突的根本原因和直接原因。

3.在网络上检索关于渠道窜货方面的文章，分析窜货的原因和解决办法，作出评价并提出改进建议。

◆ 案例分析题

　　根据本章引例，分析经销商刘经理与A厂之间两次冲突会得到完全不同结果的原因。对刘经理与A厂的渠道管理人员，你各有什么建议？为什么？

第8章 分销渠道管理中的营销组合问题

学习目标

知识目标

◆ 深入理解各类产品决策对分销渠道管理的影响及两者之间的关系；深入理解定价决策对分销渠道管理的影响及两者之间的关系；深入理解促销决策对分销渠道管理的影响及两者之间的关系。

技能目标

◆ 结合具体案例，分别说明产品决策与分销渠道管理之间的影响、定价决策与分销渠道管理之间的影响、促销决策与分销渠道管理之间的影响，并分别提出建议。

❖ 引例

渠道重要，但仅仅靠渠道是不够的

——国内手机市场霸主地位的争夺

一、靠渠道优势，国产手机创造了第一次辉煌，却昙花一现

2000—2004年，国产手机在市场上风光无限。2003年波导和TCL手机分别占有了国内市场第一和第三的市场份额，但随后国产手机就开始衰落。

第一代国产手机制造商为什么会在2003年取得这样的辉煌，然后突然落寞呢？总的说来，它们当初集体发力的秘诀都在于渠道，通过授权、特许经营等方式覆盖了中国的二、三线城市渠道，辅以铺天盖地的宣传，实现了对消费者的垄断，通过存货实现了挤压竞争对手的战略。但是当第一代国产手机制造商洋洋得意地提出"终端为王"的时候，它们忽视了手机最根本的需求要素是产品。

第一代国产手机制造商几乎都采用来料加工和仿制生产的作坊式经营理念。它们尽管抓住了市场机遇，但核心技术匮乏，售后服务问题严重，难免在短期辉煌后迅速落寞。

二、依靠硬件和品牌综合优势，三星手机曾成功占据国内手机市场霸主地位

2002年，三星手机开始进中国市场。三星手机在屏幕表现、音质特色、拍照优化等方面有着自己独特的优势，而国内手机还处于"山寨"高发期，没有真正扛得住的国产手机品牌能与三星相抗衡，给三星手机留下了一个真空市场。三星手机凭着其硬件和品牌优势，同时辅之以大量的广告宣传，在中国市场上成功地拥有了自己的渠道。随后，三星手机在中国市场的份额逐年提升，到 2013 年占据了中国智能手机市场 20% 的份额，成为国内手机市场份额最高的霸主，并一直保持到 2014 年年初。

2014 年 2 月，三星发布了其旗舰机 Galaxy S5，期望这个机型帮助其继续保持霸主宝座，因此投入了巨额营销费用；但这款手机即使在渠道大力拉动下也并未取得预期的市场效果。有分析人士认为，三星 Galaxy S5 除了在产品上缺乏创新外，发布时机也有问题。其从 2 月首次曝光到 4 月正式发布，陆续在全球开始上市。此时苹果的 iPhone 6，尤其是大屏的 iPhone 6 Plus 的曝光度越来越高。很多用户在看了 Galaxy S5 之后，没有感到特别惊艳，决定等到苹果发布 iPhone 6 及 iPhone 6 Plus 之后再决定购买哪种手机。因此，三星铺到运营商及渠道的手机很大部分都成了库存，后续的结果是苹果完胜。此外，作为挑战者华为的 Mate 7，不仅有溢价，而且随后很长一段时间仍然一机难求。可以说，比 Galaxy S5 晚发布的 iPhone 6、iPhone 6 Plus 以及华为 Mate 7 成功地将 Galaxy S5 在中国市场给"绞杀"了。

另据相关统计，从渠道实际出货量看，三星手机销量的下滑幅度比想象中的还要严重，整个 2014 年的渠道出货量几乎每个月都在往下走，到 2015 年下滑到仅仅 10% 左右。三星手机出货量最高的时候，在中国的市场份额一度能够达到 28% ~ 30%。

面对 2014 年销售业绩的下滑及 2015 年依然存在的销售压力，三星的渠道商希望三星能在电商渠道上授权，以便在京东、天猫等平台上发力。在互联网和电商领域，中国本土公司显然更有优势和经验。相比小米、联想和华为，三星此前更多的是靠传统的广告营销模式来支撑品牌和市场的，要想转变传统营销思维并不是一件容易的事。

三、全面提升市场营销竞争力，国产手机迎来第二次辉煌

2014 年后，国产手机品牌慢慢崛起，先后出现了华为、小米、vivo、OPPO、魅族等佼佼者。2016 年之后，国产手机品牌彻底崛起，国内手机市场的 90% 左右的份额被国产手机品牌所占领。这些国产手机制造商各有自己独特的优势。华为实现了多个细分品牌对不同细分市场的完美布局。低价、电商渠道和公关传播使小米手机在提高手机配置的同时，可以大胆地降低市场零售价。

据英国调研机构 Canalys 于 2020 年年初发布的一份中国手机市场报告，2019 年，华为以 38.5% 的市场份额继续占据国内市场份额第一的位置，OPPO（17.8%）、vivo（17.0%）、小米（10.5%）和苹果（7.5%）占据了从第二到第五名的位置。这 5 个牌子共占据了 91.3% 的市场份额。其他各种牌子只占据 8.7% 的份额，而三星在国内手机市场的份额连 1% 都不到。

之所以出现上述结果，既不是国产手机巨头们依靠营销乐此不疲炒作的结果，也不是依靠单纯的渠道优势而获得的。华为在 2019 年抓住机遇，基本上在各条手机产品线都进行了 5G 更新：Mate30 系列 5G、nova6 5G、荣耀 v30 5G，给大家提供了新的购机选择和一个快速体验 5G 网络的机会，同时丰富了自己的产品线。华为其他的 4G 旗舰销量依旧很好，所以坐稳头把交椅不是意外。OPPO、vivo 和小米也快速更新了自己的产品线，销量也不错。大家一起竞争，压缩了 iPhone 的市场份额，苹果排在第五也不出意料。

科技市场独立分析机构 Canalys 的数据显示，2024 年第一季度，华为以 17% 的市场

份额在中国智能手机市场排名第一，出货量达 1 170 万台。OPPO 以 16% 的市场份额排名第二，出货量达 1 090 万台；荣耀以 16% 的市场份额排名第三，出货量为 1 060 万台；vivo 和苹果分别以 1 030 万台和 1 000 万台的出货量，排名第四和第五，市场份额均为 15%。

第一代国产手机的短暂辉煌让我们意识到，单纯的渠道优势并不是手机产品可持续发展之路。三星凭借其硬件和品牌优势，逐渐在中国市场上拥有了渠道优势，占据霸主地位；但最终又因为产品本身失去竞争力，而丢失了渠道优势。现在，国产手机之所以能够重创辉煌，又是因为几乎所有的国产手机巨头在努力健全渠道优势的同时，也都在创造自己产品的特色。所以，有专家指出，营销渠道也并不是万能的，唯有把握创新的发展趋势，才能不断保持自己的优势地位，创造更大的辉煌。

资料来源　[1] 关昊. 从渠道到营销，国产手机只会玩一招？[J]. 销售与市场（评论版），2015（2）：62-64. [2] 杨海峰. 渠道之殇：三星手机中国市场没落背后 [EB/OL]. （2015-04-07）[2024-04-01]. http://tech.sina.com.cn/zl/post/detail/t/2015-04-07/pid_8475745.htm.

渠道管理的根本问题在于如何获得更好的整体营销活动效率和效果。由于营销组合 4 个因素之间的相互依赖与作用，渠道管理人员需要理解产品、价格和促销等营销组合因素是如何与渠道之间相互作用、相互影响的，以及它们对渠道管理的含义，以便协调营销组合 4 个因素之间的关系，形成一种协同优势，最大限度地保证分销目标的实现。

8.1　产品决策与分销渠道管理

尽管不同产品的特点和消费者购买行为不同，对渠道管理的影响也不同，但是几乎所有的产品决策都与分销渠道管理相互作用和影响，充分认识这些作用和影响对保证分销渠道管理的成功是必要的。

8.1.1　新产品开发与分销渠道管理

新产品的成功除了产品本身的特征、价格、促销的有效性，以及市场环境条件外，还取决于其从分销渠道中获得多少支持。没有分销渠道成员之间的紧密合作，新产品要想获得营销的成功，困难会大大增加。新产品开发管理要求分销渠道成员之间开展更紧密的合作，为此，分销渠道管理需要从以下几方面入手：

8.1.1.1　鼓励分销渠道成员参与新产品开发

这是促使分销渠道成员关心和接受新产品的有效方法。分销渠道成员可以采取多种形式参与新产品开发计划：

❶在新产品开发的概念设计与试验阶段，制造商征求分销渠道成员对新产品的意见和建议。

❷在试验性营销阶段，制造商从某些分销渠道成员那里获得信息反馈等。

❸分销渠道成员对新产品规格和包装方面的意见与建议常常是特别有价值的。

想要分销渠道成员参与新产品开发，制造商就应当让成员了解有关的新产品开发计划。但是，出于竞争的原因，制造商常常不愿在早期把这些计划透露给分销渠道成员。不过，如果竞争所造成的影响不是太大，那么制造商还是应该在适当时间告诉分销渠道成员，争取得到它们对新产品的热情支持。

8.1.1.2 促使分销渠道成员接受新产品

由于新产品通过分销渠道成员之手才能到达最终用户，所以新产品销售要成功，首先让分销渠道成员接受新产品。然而，对新产品来说，分销渠道成员所关心的与最终用户所关心的并不一样。最终用户最关心的是新产品的使用价值，而分销渠道成员最关心的是新产品能否带来利润。要促使分销渠道成员接受新产品，制造商既要实事求是地向批发商和零售商传达关于盈利的信息，又要让成员相信新产品是能够销售出去的，促使成员有热情去经营新产品。此外，在新产品设计中需要关注分销渠道成员对产品陈列和储存的要求。

8.1.1.3 使新产品适合分销渠道成员的产品组合

如前所述，分销渠道成员会把它所销售的所有产品都看作销售给顾客的产品系列中的一员。所以，制造商在开发新产品时，应当考虑到现有分销渠道成员是否认为新产品适合加入它们的产品组合中，消除它们对在现有产品组合中增加新产品的疑虑。

8.1.1.4 对分销渠道成员进行新产品培训

新产品营销极大地依赖分销渠道成员的认知。如果分销渠道成员不相信新产品能够销售出去，它们就不会有信心和热情去销售。如果它们不知道销售中可能会有什么问题及如何去克服，它们就会放任自流，自生自灭，结果对新产品自然是非常不利的。对分销渠道成员的销售人员进行培训，使它们树立对新产品销售的信心，告诉它们如何展示和介绍是非常必要的。分销渠道管理部门在新产品进入市场前就应当预先制订对分销渠道成员的培训计划。

8.1.1.5 确保新产品的完美

任何一个分销渠道成员都不会愿意经销一种可能给自己带来麻烦的新产品。但是，制造商常常很难预计新产品销售中的所有问题。这些问题包括从可能引起严重后果的产品质量问题，一直到包装、储存或者产品说明书的编写等。尽管要避免新产品销售中所有可能的问题是不现实的，但是认真地制订新产品推广计划，就可能使制造商在产品通过分销渠道成员流到顾客手中之前发现新产品的缺陷，进行修改。无论如何，保证通过分销渠道成员之手交给顾客的产品是完美的，对制造商来说至关重要。

8.1.2 产品生命周期与分销渠道管理

产品生命周期的不同阶段对渠道管理的要求不同，按照具体要求来实施管理是必要的。

8.1.2.1　引入期的渠道管理

在新产品引入期，广告和其他形式的促销是最重要的。但是，如果受到促销刺激的顾客很难在通常的销售渠道中买到促销所推广的新产品，则促销努力将付诸东流。所以，在新产品引入期，确保新产品对渠道成员有足够大的覆盖面是渠道管理的重要任务。但是，要做到这一点往往并不容易。因为如果市场需求增长缓慢，就很难争取到足够的中间商成为渠道成员；如果需求增长非常迅速，那么制造商可能发现现有的生产能力只够覆盖很少一部分渠道成员。所以，在这一阶段渠道管理需要对市场覆盖目标制订严密的计划，并进行科学的协调。

8.1.2.2　成长期的渠道管理

在成长期，市场对新产品的需求迅速增长，使渠道管理面临着两方面的挑战：一是确保渠道成员能为市场提供足够的新产品，以避免顾客和渠道成员不满；二是认真地观察竞争者行为对新产品销售的影响。

此时，要保证渠道成员满足快速增长的市场需求会越来越困难。但如果渠道成员不能满足需求，市场也就不会持续接受新产品，为此，就需要对渠道中产品的流通情况进行有效的监控。大多数制造商会利用自己的销售系统，如销售报表、销售人员的报告等来实施监控。但是越来越多的制造商发现，委托独立的营销研究机构来收集有关这类监控信息，所得到的结果将更加客观。

成长期产品销量的快速增长肯定会引起竞争者的注意，并采取对抗性行动。所以，了解竞争对手的反应并监控渠道成员对竞争对手产品采取的行动，是制造商渠道管理的任务。制造商渠道管理人员需要尽可能地预计竞争对手可能对渠道的冲击，并制订对渠道成员的支持计划，以应对所面临的竞争。

8.1.2.3　成熟期的渠道管理

由于增长缓慢而竞争激烈，许多渠道成员在产品成熟期会减少订购量、降价，甚至停止销售。为避免和缓和渠道成员这些行为的严重后果，渠道管理人员需要使产品对渠道成员重新产生吸引力。此时，提高渠道成员的利润率和降低分销风险是对它们最有效的激励办法，如给予折扣和津贴等。

成熟期还需要考虑是否需要改变分销渠道结构。当然，制造商不应该轻易改变分销渠道结构，但是如果通过调查发现，把成熟产品转移到一条新渠道上去有很大的可能开发出新市场，那就是值得的。

8.1.2.4　衰退期的渠道管理

进入衰退期，许多渠道成员的销售量明显下降，这有可能造成渠道成本的提高，侵蚀制造商的利润。此时，渠道管理就需要考虑是否应当缩减渠道成员，取消那些销量很小的渠道成员。当然，这需要权衡不同渠道成员的收入和服务成本。不过，在减少或取消渠道成员，甚至是完全取消处于衰退期的产品时，制造商还需要注意到渠道成员可能的消极反应。如果缩减渠道成员，减少衰退期产品的供应，可能会引起部分渠道成员或顾客转向其他竞争对手，或者影响到制造商其他产品的销售，那么缩减渠道成员的做法就显得不明智了。

8.1.3 战略性产品策略与分销渠道管理

8.1.3.1 产品差异化战略与渠道管理

产品差异化战略是制造商试图通过创造使消费者感受到的产品重要差别来谋求竞争优势、促使购买的办法。其实，制造商也可以利用选择不同的渠道或渠道成员来实现产品差异化。这就是利用渠道差异化来实施或强化产品差异化。出售产品的商店类型、产品陈列和销售方式以及所提供的服务都是创造产品差异化的有效办法。当制造商计划通过渠道差异化来创造产品差异化时，首先，需要选择和争取那些与制造商试图塑造的产品形象相吻合的渠道成员；其次，渠道管理人员需要对渠道成员的销售人员提供关于产品展示和介绍所需要的支持与帮助。

8.1.3.2 产品定位战略与渠道管理

尽管产品定位战略能否成功取决于很多因素，但渠道成员的类型、渠道成员的产品陈列和促销方式等对产品定位也有重要影响。确实，像软饮料和功能饮料类产品定位战略的实施，在很大程度上取决于其所选择的渠道成员，以及这些成员的销售方式。如果产品主要在超市出售，就被定位为一种大众化软饮料，价格就只能逐渐降低；如果主要在餐厅和自动售货机出售，就更可能保持特定的品牌形象和较高价格。所以，制造商在实施产品定位战略前，应当考虑到产品定位战略与产品出售地点之间的可能联系，并且在执行产品定位战略前就对零售商提供与定位有关的支持计划。

8.1.3.3 产品组合调整与渠道管理

制造商对自己产品组合的任何调整，都可能引起某些渠道成员的不满。制造商在拓展产品组合时，一部分渠道成员可能会抱怨新的产品组合使它们库存成本增加了，销售工作也复杂了。在缩减产品组合时，又会有渠道成员抱怨说，其实它们还拥有大批需要那些被缩减的产品的顾客，缩减产品组合使它们失去了部分盈利机会。事实上，制造商产品组合的调整也可能要求渠道成员经营策略的变化，渠道成员适应新的产品组合需要花费一定的时间。

由此可见，经销商对产品组合的要求与制造商的要求可能是很不相同的。制造商在根据自身利益对产品组合作调整前，尽可能地考虑所有渠道成员的意见是有价值的。在确实需要对产品组合作调整时，制造商也应该努力向渠道成员说明必须对产品组合作调整的原因，消除渠道成员的疑虑，争取它们对制造商产品组合调整的理解和支持。此外，对产品组合的任何变化，制造商也应该努力提前通知渠道成员，让它们有足够的时间作调整的准备。

8.1.3.4　产品品牌战略与渠道管理

制造商在决定自己产品以什么品牌在市场上销售时可以有多种选择，既可以用自己的制造商品牌，也可以采用经销商的自有品牌，甚至可以同时采用上述两种品牌。值得注意的是，制造商的品牌战略对渠道管理也会产生某些影响。当制造商采取几种不同类型的渠道成员来销售，又希望避免它们彼此之间相互竞争时，采用不同的制造商品牌就能避免它们相互之间直接竞争。但是，当制造商既采用制造商品牌又采用经销商自有品牌时，就会导致渠道成员间的直接竞争。

事实上，由于制造商生产能力过剩，采用这种双重或多重品牌营销战略的制造商已经越来越多了。在这种情况下，最终用户既可以选择制造商品牌，也可以选择渠道成员的自有品牌。两者都是同一制造商生产的，很可能导致制造商与渠道成员之间严重的直接竞争。如果两种同一制造商生产的不同品牌产品由同一个经销商出售，经销商自然会把自有品牌的价格定得比制造商品牌的低一些。尽管由于知名度的差异，开始时制造商品牌的销量会大于自有品牌的销量，但随着越来越多的消费者认识到产品实际上是一样的，制造商品牌的销量就会迅速下降。

由此可见，对计划实施双重或多重品牌营销战略的制造商，为了防止两种不同品牌产品之间的直接竞争，应当采取以下的策略：不把制造商品牌和经销商自有品牌出售给同一渠道成员；在不同的地理区域分别销售制造商品牌和自有品牌的产品；尽量创造两种不同品牌产品之间的差异化。

8.1.3.5　产品服务战略与渠道管理

随着产品服务在营销中的重要性不断提高，想要在竞争中取胜的制造商必须满足用户对产品服务的各类需求。但是，在许多情形下，由于制造商与最终用户之间隔着经销商，制造商必须依靠经销商才能为最终用户提供服务，所以制造商在渠道管理中必须面对一个现实问题：如何才能满足最终用户对产品服务的需求。这就要求制造商在选择和争取渠道成员时，重点开发那些具有完善的服务设施和良好服务形象的渠道成员，并向它们提出为最终用户提供服务的要求和标准。同时，在渠道运作中，制造商应对提供产品服务的渠道成员实施激励。

❖ **渠道实践 8-1**

如何避免渠道拓展所引起的冲突

传统企业在拓展网络渠道时往往会遭遇网络渠道与现有的实体店的冲突，结果可能导致两败俱伤。为避免网络渠道冲击线下的实体店，企业可以采取如下一些办法：

一、不同渠道不同品牌

华润家纺为了避免网上商店干扰实体店的定位和价格形象，决定在网上不采用原先实体渠道所用的品牌，专门针对网络渠道客户推出了全新的 Luxlulu 网络旗舰店品牌。网络渠道上的 Luxlulu 家纺商品质量与华润家纺实体渠道的质量相接近，尽管因为客户及渠道成本的差异，Luxlulu 品牌的定价只有实体店的四折，但也没有对实体店产生冲击。

哈森（Harson）集团在拓展网络渠道时也舍弃了自己高知名度的实体知名品牌资源不用，而在网上推出了"梅森之邦"的网络渠道品牌。新的网络渠道品牌虽然需要从头培养，发展缓慢，但由于没有庞大实体店渠道的牵制和包袱，有很大的发展空间。

二、不同渠道不同规格型号

对差异不大、几乎是同样的商品，制造商可以在不同渠道销售规格型号不同的产品，从而避免由消费者的过度比较带来的竞争压力。笔记本电脑制造商就习惯采用这种办法来应对不同渠道价格竞争的压力。制造商甚至会专门为那些特别喜欢采用价格竞争手段的渠道商推出标上特定规格型号的产品。对渠道竞争特别激烈的产品（如数码产品），或者是面对渠道成本差异过大的情形（如百货公司、电视购物、便利店、网店），传统品牌也多半会借用不同渠道来实现产品差异化，从而使实体店和网店拥有各自的优势。

三、网络渠道卖线下的过季产品

对时尚性的或受流行趋势影响较大的品牌，在拓展网络渠道时可以采取实体店卖当季产品、网上卖过季产品的策略。任何一个时尚品牌，即使是高端的国际时尚品牌，也会有很多滞销的过季库存。采用网络渠道打折来出清库存，可以既不影响实体店所传达的高端精致的品牌精神，又成功地出清库存，达到两者兼顾的目的。

资料来源　林文钦. 借鉴传统渠道冲突的平衡术 [J]. 销售与市场，2010（9）：41-42.

拓展阅读8-1

8.2　定价决策与分销渠道管理

制造商的定价决策总是以消费者需求、生产成本和市场竞争为基础的。但是从分销渠道管理的角度看，如果分销渠道成员是由独立公司所组成的，就必须考虑定价决策对成员行为的影响，以及成员对制造商定价决策的反应。

作为独立公司存在的分销渠道成员，它们如果认为制造商的价格与它们的利益相一致，就愿意积极参与合作；如果认为制造商的价格不符合它们的要求，合作热情就会降低，甚至发生冲突。因此，从分销渠道管理的角度看，制造商和所有分销渠道成员的定价决策都应当促进分销渠道成员之间的合作，避免分销渠道冲突，或使分销渠道冲突最小化。

8.2.1　分销渠道的定价原则

与制造商简单的定价决策相比，考虑到分销渠道的定价决策面临许多特殊问题，要求采用独特的定价原则。

8.2.1.1 保证分销商获得满意的利润率

站在分销渠道成员的角度看，能够让它们满腔热情地去经营产品，至少要保证让它们有合理的利润率。特别是从长远看，分销渠道成员不会经营那些无利可图的产品。所以，制造商如果不能让分销渠道成员得到它们预期的利润，就会失去它们的支持，成员会去寻找其他的制造商或者创立自有品牌。不仅如此，任何分销渠道成员对它们希望获得的利润率都会有一个习惯的标准，除非给出强有力的理由，否则没有一个成员会接受背离标准的利润率。

因此，分销渠道管理人员应该经常检查分销渠道成员的利润率结构，看看成员对它们的利润率是否满意，评价竞争状况的变化是否影响了现有成员的利润，调查是否需要对成员的利润结构作出调整。

8.2.1.2 保持不同层次分销商利润率间的合理比例

由于不同层次分销商在分销渠道中所承担的责任和履行服务的成本不同，所以它们所得到的利润率也应不同。在理想状态下，分销渠道管理人员可以按不同渠道成员所履行的职能直接决定各自的利润率，但实际上，只有很少制造商有能力这样做。所以，大多数制造商分销渠道管理人员所能做的就是对不同层次分销渠道成员所履行的职能和它们得到的利润率结构进行定期检查，并尽可能地进行协调。凡是承担库存职能的，大量购买的，提供维修、信息和运输服务的，以及帮助培训销售人员的渠道成员，都应得到更高的利润率。如果分销渠道成员所履行的职能发生变化，则它们所得到的利润率也应作相应的调整。

8.2.1.3 维持制造商产品与竞争性产品利润率之间的合理比例

如果分销渠道成员经营制造商产品的利润率明显低于竞争性产品，则成员不会投入太多精力去促销制造商产品。所以，维持制造商产品与竞争性产品利润率之间的合理比例是分销渠道管理的任务。但是，分销渠道成员对经营不同品牌产品利润率差异的容忍限度往往会随情况而变，没有一个固定答案。所以，分销渠道管理人员需要根据具体情形对自身产品和竞争性产品利润率之间的比例是否合理进行权衡，并据此决定对策。

8.2.1.4 维持产品线的不同品种和规格的产品利润率之间的合理比例

制造商应该允许、说服并促成分销渠道成员在经营同一产品线中不同品种、规格的产品时获得不同的利润率。制造商同一产品线中不同品种、规格的产品往往扮演着不同角色。为了尽快开发市场，制造商应当允许经营新产品的分销渠道成员获得更高的利润率，以提高它们的积极性。对那些利润率低下的品种，制造商需要说服分销渠道成员，激发它们的促销热情。只要让成员认识到这些不同品种、规格的产品在产品线中的意义和价值，它们多半是愿意接受制造商意见的。此外，制造商应当尽量保持同一产品线内不同产品的价格差异与产品特征之间的差异相关联；否则，分销渠道成员在让消费者接受价格差异时就会感到困难。

❖ 渠道实践8-2

分销渠道价格的管控

一、分销渠道价格管控的重要性和失控原因

在电商时代，价格越来越透明，批发商和零售商陷入囚徒困境，相互杀价行为尤为突出，分销渠道价格管控也尤为重要。

贝因美奶粉曾经是中国奶粉第一品牌。2014—2016年，其持续3年业绩下滑，重要原因是企业高管动荡，不重视分销渠道价格管控。批发商相互冲货、窜货；零售商相互降价、杀价；渠道商或微利，或无利，甚至亏损严重。大量经销商及零售商不得不放弃贝因美奶粉的经销，企业业绩受损严重。贝因美奶粉2016年的年报亏损大约7.5亿元。

同是奶粉业，作为高端品牌奶粉引领者，合生元视统一零售价为品牌生命线。同一规格的产品，线上各大平台做到同价，线下2万多家婴童店、商超及药店，也做到线上和线下统一价。这种价格管控能力业界无出其右。数年来，合生元高端奶粉品牌的地位稳如泰山，严密的价格管控作用功不可没。

营销界皆知道分销渠道管控的重要性，但为什么还有大批企业包括知名企业的分销渠道价格失控，引发价格崩盘呢？

第一，企业高管受限于工作经验和专业能力，既不重视营销，也无专业的营销管理副手，自然不重视分销渠道价格管控。

第二，多数知名企业高管尽管懂营销，也深知渠道价格管控的重要性，但为了短期业绩或为了降低企业库存，美化财报，不得已采用进货奖励这种留下无穷后患的渠道压货政策。对营销职业经理来说，季末、年末业绩达成率是一道坎：完成任务就能得到丰厚奖金；完不成任务不仅拿不到业绩提成，还可能被解雇，所以还不如急功近利，渠道压货完成任务再说。至于分销渠道价格能否管控、是否影响品牌形象，那是以后的事了。

二、分销渠道价格管控的方法和要点

1.制定合理的分销渠道利润分配价格表

分销渠道利润分配可以分为顺加法和倒扣法两种（见表8-1）。

表8-1   **分销渠道利润的分配方法**

项　目	出厂价	批发价	零售价
顺加法（以出厂价为基数）	100%	120%	150%
倒扣法（以零售价为基数）	60%	80%	100%

无论是采用顺加法还是倒扣法，都必须给批发商、零售商留出合理的利润空间。行业不同，分销渠道对产品利润的要求也不同。消费品批发商一般要求毛利在20%左右，服装类批发商、零售商则要求在50%以上。纯网络销售的制造商可以忽略批发商环节的利润，但不可忽略设定合理的零售利润。不管线上还是线下，一旦制定符合各方利益的分销渠道利润价格表，渠道各方就必须严格遵守，不得擅自调高或调低批发和零售价。为避免不必要的法律风险，与批发商、零售商签订的销售合同中，制造商必须有价格限

定条款。

2. 制定严格的分销渠道违规惩罚政策

为防止中间商因资金、竞争、客户等原因有意无意地擅自降价或涨价，引发渠道价格混乱，企业在销售合同里可以约定相关的惩罚措施。这些惩罚措施包括：书面警告或渠道通告；取消经销权或零售权；收取履约保证金，罚金从保证金里全部或部分扣除；取消年度返利或折扣等。

3. 企业高层必须担负起分销渠道价格管控的责任

为防范职业销售经理人员为个人利益而故意压货、忽视分销渠道价格管控的行为，在他们的绩效考核指标中必须有分销渠道价格管控方面的规定。企业最高决策层必须包括销售管理方面经验丰富的专业人士，企业也应当设立专门的分销渠道价格管控部门。

资料来源　罗建幸. 电商时代的渠道价格管控，做到就赚大了 [J]. 销售与市场（渠道版），2017（3）：24-26.

8.2.2　分销渠道价格的管理与控制

8.2.2.1　分销渠道价格的管理

级差价格体系是制造商针对渠道中的一级批发商、二级批发商和零售商等不同对象，分别实施总经销价、出厂价、批发价、特价和团购价的综合价格体系。级差价格体系能否成功的关键在于渠道各层次成员之间的利差是否合理。利差设计的核心就是如何分配最终零售价与出厂价之间的流通利润，谁得到这些利润，以及得到多少利润。分销商是否努力销售、推广某种品牌产品一般是由利差和销售量所决定的。利差设计合理就意味着一级批发商、二级批发商和零售商之间的利润分配是合理的，所有渠道成员都得到激励；否则，某些渠道成员就可能没有积极性。如果制造商把大部分利差都给予中间环节，则终端网点所获得的利润会很少，产品就很难在终端形成热销；反之，则会影响批发商的积极性。

级差价格体系既要求对渠道内不同成员按照它们所在的层次来确定价格，也需要按照客户的重要程度来确定价格。按照现有客户的实际购买量或潜在购买量分别确定不同的价格折扣率，对购买量大的客户给予较大的折扣，对购买量小的客户给予较小的折扣。

级差价格体系建立起来以后，还需要实施严格的管理；否则，如果分销商之间相互杀价倾销或跨区域窜货，就会严重扰乱渠道秩序，危害渠道的生存。在制定级差价格体系时特别要注意以下几点：

❶要保证二级批发商和三级批发商等中间商有合理的利润空间。一级批发商和零售商的利益一般比较能够得到保证，而处于中间层次的二级批发商和三级批发商的利润受到一级批发商和零售商的两头制约，很难保证；但这样会破坏整个级差价格体系。

❷为保证级差价格体系的稳固，无论是制造商、一级批发商，还是二级批发商，在面

对团购和个人消费者时，应严格按照团体批发价和零售价出售，确保不冲击零售市场。如果上游中间商以低于零售商的价格出售，就意味着抢了零售商的客户，会激起渠道成员间的矛盾，可能招致零售商的报复行为，甚至将产品撤柜。

❸为保证各地一级批发商进货价格一致，制造商与一级批发商可以按到岸价结算，所有运费都由制造商承担，以尽可能杜绝一级批发商之间的窜货。

❹对大型超市的特供价一般也不应低于批发价格。这样即使超市降价促销，也不至于低于批发价，不会扰乱整个价格体系。

为了保证级差价格体系的合理性和切实得到执行，制造商要注意3个方面：

首先，要尽可能地掌握定价主动权，一旦确定以后，就严格执行。如果放任由中间商随意定价，就可能导致价格失控。

其次，既要使级差价格体系相对稳定，也要使其随渠道环境变化作适当改变和调整，以保持级差价格体系的合理性。

最后，在合理的级差价格体系中，对每个中间商不应该只规定单一价格，而应当对不同地区、不同细分市场、不同购买时间和不同订购量，确定不同的价格区间。

8.2.2.2 分销渠道价格的控制

（1）制造商对分销渠道价格的控制

从制造商角度看，在很多情况下，对渠道成员的定价实施某种程度的控制是必要的。例如，为了维持产品定位和形象，制造商不能允许渠道成员大幅降价；相反，为了保证产品促销效果，制造商还会要求渠道成员不追求过高的利润率。因此，制造商要有效地进行自己的定价决策，需要渠道成员的支持与合作。但是，渠道成员对定价往往会有自己的考虑，坚持自己对定价的自主权。只要制造商试图对渠道成员的定价决策实施控制，渠道成员就会认为制造商侵犯了它们的自主权，从而引起矛盾和冲突。由此可见，制造商在试图对渠道成员实施价格控制时，应当掌握如下两条原则：

❶除非必要，制造商应当尽量避免对渠道成员进行价格控制；否则，可能导致与渠道成员之间关系的恶化。无论如何，制造商不应采用强制手段来控制渠道成员的价格。

❷即使在制造商感到确实有必要对渠道定价实施控制时，也应该采取劝说的办法。一方面，向渠道成员说明执行制造商定价策略的必要性；另一方面，在确实影响渠道成员的利益，又需要它们的合作时，可以考虑对它们提供补贴，以换取它们的服务。

（2）积极应对定价策略变化引起的反应

制造商常常因生产成本上升、竞争加剧或其他环境因素的变化，需要改变定价策略。但是，渠道成员一般不愿意接受这种改变，只习惯与采用某种固定模式来定价的制造商打交道。对制造商定价策略的改变，许多经销商会反对。因此，制造商在计划对定价策略作任何变化时，都应当估计到渠道成员的可能反应，并制定适当的应对策略。

（3）主动应对分销渠道成员的涨价行为

在制造商不得不提高价格，并将其转嫁给下一个渠道成员时，如果每一个渠道成员都依次把涨价转嫁给下一个成员，并最终为消费者所接受，这是皆大欢喜的事。但是，一般情况下，这种涨价通常不能全部转嫁给下一个成员，每一级渠道成员都应消化一部分或全部涨价。这时，制造商就应当考虑如何缓和涨价所带来的消极影响，而不仅仅是简单地转嫁涨价了。

在计划涨价之前，制造商应该认真地权衡涨价与保持原价之间的利弊。有时，尽管从短期看涨价好像是必要的，但是从长期看，可能是完全不值得的。对制造商来说，只要不损害长期利益就应当尽量维持原价不变。在不得不涨价的情形下，制造商也应尽量给渠道成员，甚至最终消费者提供非价格的其他优惠条件，也可以通过改变营销组合的其他因素，来消除涨价给渠道成员带来的消极影响。

（4）争取分销渠道成员对价格激励的支持

为了提高销售量，制造商常常会把定价策略作为一种促销手段来运用。尽管消费者对价格促销会作出积极反应，但是如果价格促销的办法过于复杂，渠道成员就往往会表现得热情不足，因为它们担心占用过多的时间和精力。因此，把价格促销做得尽量简单易懂，同时争取获得零售商的支持是至关重要的。

❖ **渠道实践8-3**

多重渠道的阶梯式定价

为避免多重渠道间的冲突，并调动不同渠道经销商的积极性，公司可以采用阶梯式定价的办法。某建材经销商就采用这种办法较好地解决了多重渠道的操作问题，既调动了下级经销商的积极性，也实现了自己销量和利润的同步增长。

该公司以自有的分销渠道为主，还有家装、工程、建材超市等多种渠道。为了给不同渠道确定合适的价格，制造商将自己的批发价格设定为P，根据不同渠道给予适度的利润空间，规定最低零售限价和最高零售限价。在每一个渠道的价格空间设置上，采用定型价格、不同返利延后的方式，来控制整个价格体系。

（1）对传统渠道，代理商供货价确定为P（1+30%），分销商供货价确定为P（1+30%+15%），零售价最低不能低于该价格。

（2）对直销渠道，供货价为P（1+50%）。

（3）对家装渠道，家装公司供货价为P（1+50%）（包括家装公司返利，在正常价格体系中给予一定的折扣率。根据实际的销售量给予各种销售奖励，如达到多少销售额给予现金、贵重礼物或旅游等不同形式的奖励）。

（4）对工程渠道，根据每一项工程的实际情况给予以竞争为导向的价格优惠。

（5）对建材超市渠道，供货价格设为P（1+40%），专业连锁/连锁超市结算价为P（1+40%+6%），连锁超市的最高零售限价可以再加上15%。

以上价格体系不包括特价产品，特价产品根据实际情况采取买断包销、分区域供货的方式。

各渠道除了享有现有的价格空间外，还根据其销售量和市场秩序的维护情况给予延后的销售奖励，通常为总销售额的10%左右，延后1个月。

资料来源 侯定文. 冲破多重渠道的迷雾［J］. 销售与市场（管理版），2008（15）：64-65.

8.3 促销决策与分销渠道管理

8.3.1 两种促销策略与分销渠道管理

一般来说，渠道促销有两种基本方式：拉式渠道促销和推式渠道促销。渠道成员究竟采取哪种渠道促销方式，需要考虑预算、产品特点、产品所处的生命周期和价值，还需要研究市场条件等。

8.3.1.1 拉式渠道促销

拉式渠道促销是指制造商通过刺激最终消费者对某种产品的需求，来拉动中间商对这种产品的需求的一种促销方式。制造商通过有效的销售促进，促使最终消费者大量购买本企业产品，由此促使零售商向批发商求购产品，继而促使批发商向制造商要求供货。

一般来说，拉式渠道促销最通常使用的是以广告方式来刺激最终消费者的需求。当然，也有企业采用公共关系和营业推广等方法，以对最终消费者产生吸引力，诱发其购买欲望。

8.3.1.2 推式渠道促销

推式渠道促销的实质是制造商和渠道成员在制定与实施促销策略方面的共同努力和合作。推式渠道促销方式的成功离不开制造商对渠道成员的促销激励，以换取它们的合作与支持。为了获得渠道成员的合作，制造商可以采用多种促销手段。但研究表明，各类折扣在促销中的作用是有限的。经常性地给予渠道成员以折扣，会导致它们单纯为折扣而购买，造成对制造商订货的波动和冲击。同时，渠道成员往往并不愿将所享受的折扣传递给顾客，或者提供制造商所期望的服务支持，使折扣失去意义。此外，研究表明，短期的和经常的各类推式渠道促销也并不能获得渠道成员长期稳定的合作与支持。

由于众多因素都会影响渠道成员对促销的反应，所以制造商在实施大型的推式渠道促销活动之前，应当仔细研究渠道成员的实际需要。在促销活动以后，制造商还应该评价渠道成员对推式渠道促销活动的反应，以便不断提高推式渠道促销的有效性。

在实施推式渠道促销方式时，制造商推销人员的能力在取得渠道成员支持方面起着至关重要的作用，是远比其他手段更重要的方法。因此，制造商应当将促销的重点更多地放在建设和强化销售队伍上。

8.3.1.3 两种渠道促销方式的比较

比较两种不同的渠道促销方式的特点，我们可以得出，推式渠道促销更强调制造商的主动性和市场开拓能力，更有利于制造商建立一条稳定的销售渠道。推式渠道促销主要应用于新产品促销，而且往往能够迅速取得效果。不过，推式渠道促销如果使用不当也可能影响老产品的销售，同时产生的总营销费用比较高。

拉式渠道促销方式的效果主要取决于下级中间商或最终消费者的主观判断能力，因此，该方式有可能弱化制造商对分销渠道的重视程度。比较起来，拉式渠道促销方式的成本比较低，但由于需要通过广告引起最终消费者或中间商的购买愿望，所以它真正的促销效果还取决于产品特点和广告覆盖范围。在不成熟的市场中，依靠拉式渠道促销方式有时能取得一定的效果，也可能为企业赢得大量利润，但是在竞争激烈的市场中，推式渠道促销方式的作用和效果常常更为直接和明显。

由于两种渠道促销方式各有不同的特点，所以制造商通常会灵活运用两种渠道促销方式，以获取最好的促销效果。许多制造商会采取"先推后拉"的渠道促销方式。先用推销人员建立起一定的促销渠道，在产品形象树立起来以后，再用广告等手段以拉式渠道促销方式来培育稳定的购买群体和市场。也有许多制造商会采取"先拉后推"的渠道促销方式。首先利用广告等手段让最终消费者和下级中间商注意到市场上有一种新产品，然后使用推式渠道促销方式把产品送到中间商和最终消费者手中。当然，两种方法可以同时使用，在通过大量的广告刺激市场需求的同时，向中间商开展强有力的推销，双管齐下，效果会更佳。

尽管"推"与"拉"两种策略各有千秋，而且最好同时使用，但是随着批发商和零售商规模不断扩大和权利不断增加，从总体趋势上看，制造商越来越把促销的重点放在推式策略而不是拉式策略上。此外，制造商实施推式渠道促销方式要求渠道成员实际参与并提供更多的合作。因此，下面我们主要将讨论以推式渠道促销方式为重点的促销策略。

8.3.2　推式渠道促销的具体形式

在推式渠道促销方式中，要获得渠道成员的支持可以采用多种形式，其中最主要的有：

8.3.2.1　合作广告

合作广告又称共同付费广告，是在零售商购买制造商产品的情况下，双方共同按比例出资，为产品进行广告促销。合作广告是制造商给予渠道成员最常见的促销支持形式。制造商一般希望能够对合作广告活动实行某种程度的控制，所以关于广告形式和广告媒体的选择一般都是由制造商来计划的。然而，制造商合作广告的有效性在很大程度上取决于渠道成员的支持程度。不过，要想得到这种支持，制造商就需要对合作广告进行有效的管理。如果没有有效管理，渠道成员就很可能采取一些影响促销和制造商利益的行为。有些零售商经常以较低的价格购买媒体资源，然后以较高价格向制造商索要支持费用。个别零售商甚至根本不作广告，把制造商支付的合作广告费用直接变成利润，从而损害制造商的利益。由此可见，对合作广告进行有效管理，保证在合作广告中渠道成员之间的真正合作，对制造商来说是非常必要的。

8.3.2.2　促销折扣

制造商可以给渠道成员以各种方式的折扣，鼓励零售商购买更多的制造商产品，给这些产品提供更好的陈列位置、更多的展示和促销机会。近些年来的发展趋势是，制造商给零售商提供的折扣在急剧上升，导致制造商费用激增。所以，对制造商来说，需要研究自己花在促销上的争取渠道成员合作和支持的资金是否值得；在制订提高对渠道成员折扣的计划时，应当保证折扣计划与渠道成员的要求相一致。

8.3.2.3　进场费

进场费是制造商支付给渠道成员，多半是零售商的一种特殊费用，目的是希望对方能接受、展示和支持制造商产品的销售。进场费是一种最有争议的促销形式。制造商认为这是零售商凭借自己拥有渠道终端而对制造商索要非法收入的强迫行为。而许多支付不起高昂进场费的小型制造商认为，进场费更是一种歧视性手段。但是，零售商认为，进场费是对新产品可能卖得不好的风险的一种弥补，也是对它们销售新产品所作努力的一种回报，更是对制造商新产品占用它们有限促销空间（仓库和货架等）资源的一种补偿。

不过，无论如何，接受进场费的制造商和零售商已经变得越来越多了，进场费所覆盖的产品种类也在增加。随着零售商变得更大、更强，不仅进场费的形式会继续保持下去，而且很可能成为大型零售商在交易中要求促销补偿的一种主要形式。问题在于，渠道管理中应当尽可能探索一种公平地设置进场费的办法，保证制造商和零售商都满意。

8.3.2.4　展示、销售支持与店内促销

展示、销售支持与店内促销对许多产品来说都可能是非常有效的，尤其是当制造商寻求多种促销方法之间的整合效应时更是如此。但是，由于零售商经常会收到大量的展示、销售支持与店内促销类物品，在很多情况下零售商对使用它们来促销某个制造商的特定产品缺乏热情。零售商可能压根儿就不打开它们，而把它们抛弃。为了改进展示、销售支持与店内促销的效果，渠道管理人员在制订促销计划前就必须与渠道成员沟通，搞清楚这些展示、销售支持与店内促销是否确实有用，同时尽可能地激发起零售商对计划采用的促销手段的热情。

无论采用什么形式的展示、销售支持与店内促销，渠道管理人员最需要关注的是零售商能否从中获益。如果零售商不能通过某种促销活动或手段获益，就会失去对这种促销活动或手段的热情。

8.3.3　推式渠道促销方式下的支持活动

除了采用上述直接的推式渠道促销方式以外，为了增进推式渠道促销方式的效果，制造商还可以实施其他一些支持性的活动，以加强与渠道成员之间的合作。

8.3.3.1　为渠道成员提供培训

通过培训提高中间商销售人员的绩效可能是赢得渠道成员合作的最有效策略之一。无论是批发商还是零售商，迫于日常业务工作的压力，大多没有时间和精力进行促销培训。制造商如果能够为中间商提供所需要的培训，并让它们的销售人员取得实效，就能大大激发中间商合作的热情。对中间商销售人员的培训应当包括制造商产品知识和销售技巧两个方面。但是，由于批发商销售人员与零售商销售人员需求之间的差异，在培训的内容和重

点选择方面应当有所侧重。

8.3.3.2　确定销售任务指标

制造商为中间商规定在一定时期内需要达到的销售量，既是对中间商的激励，也是一种有效的渠道促销手段。不过，要达到对中间商的促销支持效果，所规定的销售任务指标必须公平、可行、灵活和可控。制造商不应当强迫中间商接受销售任务指标，而应当与中间商共同在充分发掘渠道销售潜力的基础上，确定一个合理科学的销售任务指标，该指标将对中间商起到积极的支持作用。

8.3.3.3　现场协助销售

制造商派内部销售人员帮助渠道成员开展销售活动，可以从事下列工作：处理订单、检查批发商和零售商的存货水平、宣传新产品、帮助安排橱窗和店内陈设、解答中间商销售中的问题、提供销售建议和培训、协调制造商与渠道成员之间的关系等。

8.3.3.4　参加贸易展览

制造商自行组织或者参加各类贸易展览会，不仅可以直接销售产品，也可以获得向最终消费者和中间商展示新产品与新战略的机会，同时获得一个与渠道成员进行社会交往和沟通的机会。经常参加各类贸易展览会的制造商更容易获得最终消费者的青睐和媒体关注，对渠道成员的促销支持作用也更大。

❖ **渠道实践 8-4**

渠道与品牌的对决：拉式渠道促销的结果

南京医药股份有限公司（以下简称南京医药）下属数百家药店，受托管理100多家医院，拥有相当规模的渠道体系。西安杨森制药有限公司（以下简称西安杨森）是合资制药企业，是美国强生公司在中国的子公司。

一、制造商之间的利润之争

2006年，南京医药销售的西安杨森产品超过4亿元（占西安杨森整个销售额的10%以上），然而毛利仅为1.74%。当年西安杨森的销售收入为30多亿元，净利润为5亿元，利润率高达16%，与国内其他制造商相比，简直是"天文数字"般的利润。

南京医药叫板西安杨森也正是由此而起。双方交锋始于2007年4月。当时南京医药开始暂停购进西安杨森的所有药品，要求以"全面对话"的方式与西安杨森谈判，诉求渠道利润重新分配。但西安杨森一直没有公开回应南京医药的公开叫板，只是半公开地表态，认为南京医药的行动"太突然，没有遵守先前已经签订的合约条款"。同时，它加紧筹建南京医药的替代渠道。而南京医药一方面通过媒体向西安杨森频频施压，另一方面与数十家上游客户签订了西安杨森替代药品的2亿元金额的采购合同，积极物色同类产品，试图实现快速替代，为最后的谈判增加砝码作准备。

二、焦点：品牌强势下的渠道危机

西安杨森长期以来主要以消费者品牌宣传的拉式手法倒逼渠道商，实际上使渠道处于不加控制的"散点布局"状态，放任中间商之间竞争，结果是既不得不倚重渠道商来开发市场，又无法保证渠道商的利益。西安杨森的大多数产品都有为数众多的替代品，其凭自己品牌的强势，为谋求高利而制定高价。因此，最终消费者和渠道经销商对西安杨森产品价格过高的质疑也成了很自然的事。

有人评价，南京医药叫板西安杨森事件，南京医药是有组织、有策略的，而西安杨森显得相当被动。这也正说明中国医药市场上以生产企业为本位的营销策划已经遭到流通企业营销策划的冲击和补充。

三、评析和启示

西安杨森最大的失误就是没有能够平衡好"推"和"拉"促销战术，只注重了"拉"式促销，却忽视了"推"式促销；重视了消费者品牌的培育，却忽视了渠道品牌、行业品牌，未能站在行业高度与渠道终端客户建立更高层次的战略联盟。西安杨森的渠道品牌和行业品牌都没有能完全建立起来，所以落到难堪的境地。即使像西安杨森这样的著名外企，在中国市场的渠道和终端决策方面也需要重新学习。

南京医药在事件中彰显了"渠道为王"的意味。就如终端永远是一种稀缺资源一样，商业渠道也是一种稀缺资源。当制造商的同质化产品众多造成渠道拥挤时，渠道商的选择权就大大增加了。

资料来源 代航. 渠道PK品牌：南京医药叫板西安杨森［J］. 销售与管理，2007（7）：62-64.

本章小结

几乎所有的产品决策都与渠道管理相互作用与影响。为了提高新产品开发的成功率，在渠道管理的过程中就需要鼓励渠道成员参与新产品开发，促使渠道成员接受新产品，使新产品适合渠道成员的产品组合，对渠道成员进行新产品培训，并确保新产品完美。

产品生命周期的不同阶段对渠道管理的要求、内容和方法也不同。产品差异化和产品定位往往可以通过渠道管理来实现；同时，渠道差异化是实现产品差异化和产品定位的有效办法。此外，产品组合策略、品牌和服务战略与渠道管理都会相互影响。

从渠道管理的角度看，制造商和分销渠道成员的定价决策都应当促进成员之间的合作，避免分销渠道冲突，或使分销渠道冲突最小化。为此，制造商在渠道定价中要遵守下列定价原则：保证分销商获得满意的利润率、保持不同层次分销商利润率之间的合理比例、维持制造商产品与竞争性产品利润率之间的合理比例、维持产品线中的不同品种和规格的产品利润率之间的合理比例。

为了保证渠道价格体系的合理性，制造商一般采用级差价格体系；对级差价格体系实施管理和控制是必要的。

渠道促销有两种基本方式：拉式渠道促销和推式渠道促销。尽管"推"与"拉"两种策略各有千秋，而且最好同时使用，但是从总体趋势上看，推式渠道促销变得越来越重要。推式渠道促销的具体形式包括合作广告，促销折扣，进场费，展示、销售支持与店内促销等。在推式渠道促销方式下，制造商应当为渠道成员提供下列支持活动：为渠道成员提供培训、确定销售任务指标、现场协助销售和参加贸易展览等。

主要概念

分销渠道差异化　分销渠道价格管理　分销渠道价格控制　级差价格体系　推式渠道促销　拉式渠道促销　合作广告　进场费

基本训练

❖ 知识题

1.说明新产品推广中获得渠道成员支持的重要性。

2.产品生命周期的不同阶段对渠道管理的要求各是什么？

3.阐述战略性产品策略与渠道管理之间的关系。

4.说明分销渠道在售后服务中的作用。

5.渠道定价中的特殊性和原则是什么？

6.说明级差价格体系的含义及管理办法。

7.比较两种渠道促销方式的特点，说明制造商应当如何应用这两种渠道促销方式。

8.说明制造商如何组织实施推式渠道促销方式。

❖ 技能题

1.选取某种采用多渠道销售的产品，分析其渠道之间是否存在差异化，以及差异化是否合理，并提出改进意见。

2.选取某种熟悉的产品，调研其在渠道中的价格结构，并分析实施级差价格体系的可能性。

3.分别站在制造商和经销商的角度比较拉式渠道促销与推式渠道促销的优劣势。

❖ 案例分析题

1.根据第4章的拓展阅读4-1所提供的材料，从渠道管理与营销组合相互作用的角度分析评价案例的结果，并提出管理上的策略建议。

2.根据第5章的渠道实践5-1，从营销组合策略的角度分析"薇姿"成功的原因，并提出管理上的启示。

第9章　渠道物流与信息管理

学习目标

知识目标

◆ 深入理解渠道物流与物流管理的含义、内容和任务；理解和掌握常用的物流与供应链管理技术的特点与实施办法；理解和掌握常用的物流信息管理方法的特点与实施办法。

技能目标

◆ 能结合行业和企业，提出分销渠道物流管理的内容和任务；能结合具体行业和企业，分析说明可以采用的物流管理技术和方法，以及可以采用的物流信息管理方法。

❖ 引例

供应链需要变成"共赢链"

徽泰是一个专业的鼠标制造企业。在经历了长期的为国际知名鼠标制造商代工业务以后，徽泰开始加强工业设计，于2011年年底开始面向市场推出自主研发的产品，正式从定牌加工向经营自主品牌转型。然而，2013年上半年的财务报表当头浇了徽泰一大盆冷水。企业当年净利润环比下降幅度高达80%，成为自2011年年底自主品牌鼠标开售以来的最差纪录。

徽泰管理层发现，问题主要出在供应链上。徽泰在解决了产品设计和营销宣传问题后，供应链却成了它的另一个短板。部分高科技元件供应严重不足且信息不准，导致徽泰鼠标的成本过高，市场销售范围也远小于计划，直接影响了产品竞争力甚至生命力。这些问题几乎都是由供应链不给力所造成的。

看来企业在关键的战略转型期需要重视供应链的改革创新。供应链管理对提高企业竞争力、确保利润的稳定增长具有非常重要的作用，但是如何使供应链成为利润增长的保证又是一门深奥的学问。

资料来源　吴勇毅. 供应链变身"共赢链"[J]. 销售与市场（管理版），2013（34）：85-87.

9.1 渠道物流与物流管理

9.1.1 渠道物流与物流管理概述

在所有的分销渠道中，产品必须在适当的时间、以适当的数量转移到特定的地点，以便能最有效地送到最终用户的手中。这就需要依靠物流来实现。物流（logistics）是从渠道管理中早期的实体分配概念发展而来的。实体分配（physical distribution）的概念所关心的主要是成品的分销，认为只有成品才是分销渠道应该研究的内容。现代物流的概念在传统实体分配概念的基础上又有了很大发展。现代物流是以满足顾客需求为目的，通过最高效率和最大成本效益，对包括原材料、在制品、最终成品在内的商品、服务及相关信息从生产地到消费地实现高效、低成本流动和储存而进行的规划、实施和控制过程。现代物流过程主要包括运输、储存、包装、装卸、搬运、流通加工、配送和信息处理等。物流活动可以为顾客创造时间和空间效用。

现代物流管理就是根据物流规律，应用管理原理和科学方法，对物流活动进行计划、组织、指挥、协调、控制和监督，使各项物流活动实现最佳协调和配合，以降低物流成本，提高物流效率和经济效益。物流管理的任务可以概括为5项"正确"，即以最小的成本，在正确的时间（right time）、正确的地点（right location）、正确的条件（right condition），将正确的商品（right goods）送到正确的顾客（right customer）手中。

为了实现物流管理5项"正确"的目标，物流管理就必须考虑到速度、安全、可靠、低费用等因素。由于这些因素之间经常存在此消彼长的关系，所以物流管理中需要树立"权衡"（trade-off）的理念。物流管理要以尽可能低的成本为客户提供最好的服务。

物流管理在渠道管理中具有非常重要的作用。组织良好的物流管理可以大大降低企业流通的成本。物流成本可以占到商品总价值的30%～50%。可见，通过降低物流成本来降低商品价格有很大潜力。在发达国家，不仅物流成本大大超过制造成本，而且从时间上看，与储存、搬运、运输、销售和包装等活动所消耗的时间相比，产品的加工时间只有这些活动耗时的1/20，几乎可以忽略。因此，强化物流管理也将大大缩短商品在渠道中的整个流通过程。降低资源的消耗是"第一利润源泉"，降低劳动消耗构成"第二利润源泉"，人们把物流合理化称为"第三利润源泉"。

尽管物流管理最初是作为渠道管理的一个分支而发展起来的，但是现在物流管理已经发展成一门独立学科。物流管理本身也在向供应链和供应链管理的方向发展，形成了独立的供应链管理理论。供应链（supply chain）是指与从供应商到顾客的，与最终产品或服务的生产与交付有关的一切业务活动。与物流管理相比，供应链管理更强调对"供应商—制造商—分销商—零售商—顾客"的整个价值链的管理。供应链管理试图把企业在外部市场中存在的竞争优势和机会也包含在内，通过集成和联盟，重塑与代理商、顾客和第三方联盟的关系，来寻求竞争优势和生产率的提高。

渠道物流与供应链管理主要包括订单处理、库存管理、仓储管理、运输管理和配送管理等，其中最核心的是库存管理、运输管理和配送管理。

9.1.2 库存管理

9.1.2.1 库存的含义与分类

库存是指仓库中处于储存状态的物资。无论对制造商还是中间商，库存都是物流与供应链中的重要环节，在价值增值过程中承担着重要职能。

从生产过程的角度看，库存可以分为原材料库存、零部件及半成品库存、成品库存。从商品流通和经营过程的角度看，库存又可以分为经常库存、安全库存、生产加工和运输库存、季节性库存、促销库存、投机库存和积压库存。

9.1.2.2 库存的作用

有人认为"库存是必要的魔鬼"，这是因为库存是必不可少的，但它也可能给企业带来很多不利的影响。库存具有如下一些作用：

（1）使企业获得规模经济

企业想要在采购、运输和制造等过程中获得规模经济效应，拥有适当的库存是必要的。库存能够降低原材料的单位采购成本、制造成本和成品运输成本。

（2）平衡供求关系，预防供求中的不确定性

适当的库存可以防止由需求的迅速增长所引起的缺货风险。

（3）适当的库存可以缩短生产的准备期，更及时地满足市场需求

一般来说，产品从产地到销地都需要一定的运输时间，制造商和经销商只有保持一定的库存量，才能迅速满足顾客的订货需求。

库存也需要企业支付库存持有成本。库存的持有成本包括库存物资的资金占有成本、物资储藏费用，以及由产品过期或变质所造成的损失等。

9.1.2.3 库存量的控制方法

库存过小，达不到保持库存的目的；库存过大，会引起费用的急剧上升。只有对库存进行适当的控制，才能以较少的库存持有成本保持较高的顾客服务水平。传统的库存控制方法主要有3种：

（1）ABC分类法

ABC分类法是依据库存物资的不同重要性，分别进行不同的管理。把库存品种数目少但资金占用多的物资称为A类，归于特别重要的一类库存，实施严格管理和控制。把库存品种数目多但资金占用少的物资称为C类，归于不重要的一类库存，很少或基本不加以管理和控制。处于上述两类之间的物资被称为B类，归于一般重要的一类库存，实施中等程度的管理。

（2）订货点法

订货点法是在顾客需求不确定导致预测不准，但企业又要保证顾客服务水平的情况下确定订货时间的一种方法。它规定现有库存量降到预定水平，即订货点时就开始订货。当顾客需求不确定时，订货点的确定是由两部分组成的：一是为补偿需求的不确定因素所设定的安全库存；二是基本订货量，由平均日需求量与订货的平均交货期所决定。

（3）经济订货批量法

经济订货批量（EOQ）法是通过综合考虑商品的储存成本和订货成本，来确定使有关总成本达到最小的订货批量的一种方法。一般来说，当需求比较均衡时，平均库存就等于订货批量的一半。因此，订货量越大，平均库存就越大，每年的库存维持成本就越高。但订货量越大，每年所需要的订货次数也就越少，订货总成本也就越低。在一定的订货批量下，既需要支付库存持有成本，也需要支付订货成本。企业所追求的应当是订货成本和库存持有成本之和的总成本最低，由此可以确定计算经济订货批量的公式。由于其他许多教材中都有对这些内容的讨论，所以这里就不详细介绍了。

9.1.3　运输管理

9.1.3.1　运输工具及其特点

常用的运输工具有铁路、公路、水路、管道和航空等，每种工具都有不同的运营特点。

（1）铁路运输

铁路运输的特点是运量大、运输成本低、速度快、安全可靠、受气候和自然条件的影响较小，适宜运输距离长、批量大、单位价值较低的笨重货物，如煤炭、矿石、砂、农产品和木材等。铁路运输的费用率计算复杂，如果需要中转，运输时间就较长。

（2）公路运输

公路运输具有机动、灵活、适应性强、受自然条件影响不大等特点，比较适合短途运输。公路运输也可以实现门对门的直达，货物在途中的损耗小，对货物的包装要求也不像其他运输方式那样严格。对批量较小、只需要短途运输的商品，采用公路运输的费用要比铁路运输低。

（3）水路运输

水路运输的特点是载运量大和运输成本低。不过，水路运输在很大程度上受自然条件的限制，如河流宽度和长度、通航季节和自然流向等。另外，水路运输速度慢，受气候条件影响大。水路适合运送笨重的超大型货物，如煤炭、粮食、石油和金属矿石等体积大、价值低和不易腐败的产品。

（4）管道运输

管道运输主要适用于液体和气体货物，如石油、天然气及煤气等。其优点是基建投资和运输成本低。运输管道可以埋在冻土层以下，不受气候限制，不占用空间，对环境和生态也没有影响，而且运送途中损耗量较少。管道运输的不足之处是运输量的变化范围小，输送品种单一，还需要具备水和电。

（5）航空运输

航空运输的优点是速度快，不受地形限制，能够深入其他运输方式难以抵达的地区，但缺点是成本高、运能低、运费高。航空运输一般只适合高附加值的产品、生鲜易腐品（如鲜花）或精密产品（如高技术仪器设备）等。

9.1.3.2 影响运输工具选择的因素

各种不同的运输工具各有优点和缺点，企业在选择时应当结合自己的经营特点、产品性能、市场需求和时间上的紧迫程度，综合考虑运输工具的运载能力、速度、频率、可靠性和成本等因素，选择适当的运输方式。

(1) 产品性能

产品性能是影响运输工具选择的重要因素。一般来说，粮食、煤炭等大宗货物适合水路和铁路运输；鲜花、电子产品、宝石及季节性很强的产品适合航空运输；石油和天然气等适合管道运输。

(2) 运输速度和路程

运输速度和路程决定了货物的送达时间，这对能否及时满足销售需要、减少资金占用有重要影响。通常，批量大、价值低、运距短的产品适合水路或铁路运输；批量小、价值高、运距长的产品适合航空运输；批量小、距离近的产品适合公路或内河运输。

(3) 运输能力和密度

运输能力一般应以某一时期的最大业务量为标准。对季节性产品应以满足旺季需求为标准。运输密度是指各种运输工具的班次（如车、船、飞机的班次）以及各班次的间隔时间。企业在选择运输工具时必须了解和规划各种运输工具的运输密度，尽量缩短产品的待运时间，加快货物运输速度。

(4) 运输费用

企业要根据其经济实力以及运输费用的制约条件来决定所选择的具体运输工具。

(5) 市场需求的缓急程度

市场急需的产品必须选择速度快的运输工具，如航空运输或汽车直达运输；反之，则可以选择成本低、速度较慢的运输工具，如铁路或水路运输。

9.1.3.3 运输方式的组织

企业应当根据产品的技术特性及要求达到的运输服务质量，灵活机动，因地制宜地选择适当的组织方式。

(1) 分区产销平衡，合理运输

这是指在组织物流活动中，对某种货物，使一定的产区对应于一定的消费区，根据产销分布情况和交通条件，在产销平衡基础上，按照近产近销的原则，使货物走最短里程。这种方式主要适用于品种单一、规格简单、生产集中、消费分散，或生产分散、消费集中、调运量大的货物，如煤炭、木材、粮食、生猪和矿建材料等。

(2) 直达运输

这是指在组织货物运输中，越过各种中转环节，把货物从产地或起运地直接运到销售地或顾客手中，以减少中间环节。对体积大、笨重的物资，如煤炭、钢材和建材等，制造商通常就直达运输到顾客手中。对某些规格简单的商品，制造商也可以越过二级批发环节，直接运输到三级批发商、大型商场或顾客手中。

(3) 直拨运输

这是指批发企业在组织货物调运过程中，对自己所收到的货物，不运进自己仓库，而是采取直拨办法，直接运送到下级批发商、零售商或顾客手中，减少中间环节。

（4）合并运输最大化

在铁路货运当中，有两种托运方式：整车和零担。两者之间的运价相差很大。采取合装整车的办法，可以减少一部分运输费用，并节约社会劳动力。所以，无论是制造商还是经销商，在小件杂货运输中，可以将本来要用零担托运的货物组配在一个车皮内，以整车方式托运到目的地后，再中转分运。

（5）提高技术装载量

把某些比重大的物资与另一些比重小的物资搭配起来运输，既最大限度地利用车船的载重吨位，又充分使用车船的装载容积，从而提高运输效率。

9.1.4 配送管理

9.1.4.1 配送的含义与特点

物流配送就是根据顾客要求，在物流节点上进行分货和配货工作，并将配好的货物送交收货人的活动。

配送有两大特点：

第一，配送不是一般意义上的订货、进货，而是送到顾客手中的一种服务性供应，是一种"门到门"的服务。

第二，配送是在全面配货基础上，完全按顾客要求进行的运送，是"配"与"送"的有机结合。

配送与送货之间存在以下区别：

首先，两者目的不同。送货是制造商的一种促销手段，目的是多销售产品。配送是物流企业为满足用户需求所从事的业务活动。

其次，两者内容不同。送货是生产什么送什么，只能满足用户部分需求。配送是需要什么送什么的特殊的送货形式。它不是单纯的运输，而是运输与其他活动共同构成的组合体。

最后，两者执行单位不同。送货一般由制造商来承担。配送由专业性的物流企业来承担，最终会形成现代化的配送中心。

9.1.4.2 配送中心及其成本控制

配送中心是指专门从事货物配送活动的组织或场所。它们汇集连锁门店的要货信息进行采购，从供应商手中接收多品种、大批量的商品，进行储存、配货、分拣、流通加工、信息处理，把按各门店需求配齐的商品，以令人满意的服务，迅速、及时、准确、安全、低成本地进行配送。

配送管理的主要内容是在提高服务水平与配送成本之间寻找平衡点，即在一定服务水平下使配送成本最低，或在一定成本下尽可能提高服务水平。因此，在服务水平一定的情况下，配送中心的成本管理就是配送管理的核心。配送中心的成本控制包括两项主要内容：

（1）通过对配送环节的规划与控制实现对成本的控制

对配送环节的规划与控制，具体包括确定合理的配送路线、选择合理的车辆配载和加强商品配送的计划性。在确定合理的配送路线方面，应当注意：最大限度地缩短商品配送的时间；不要超出配送中心配送货物的能力范围；在商品规格、品种、数量及时间上满足各店铺的配货要求。选择合理的车辆配载就应注意商品的组合搭配，以便充分利用车辆的有效体积和载重能力。加强配送的计划性就是要求配送中心及时掌握各店铺的存货和需求情况，实现及时、准确、安全和经济的配货。

（2）通过采用不同的配送策略来降低成本

配送中心通过采用不同的配送策略，确实能够降低配送成本。常用的配送策略包括：

❶差异化策略，是指当一个企业拥有多条产品线时，按不同产品所具有的特点、销售水平来设置不同的仓库、运输方式及储存地点，提供不同的配送服务。

❷混合策略，是指当企业的产品品种多变、规格不一，并且销售变化比较大时，可以将配送业务的一部分外包给第三方物流，另一部分由自己完成，通过合理安排来尽可能地降低配送成本。

❸合并策略，其包括配送方法上的合并与共同配送这两个层次。配送方法上的合并就是根据商品包装的要求、储运性能的不同，以及重量和体积之比的差异，进行重量、体积方面的搭配装车。共同配送是指几个企业联合起来，配送资源共享，共同利用统一配送设施进行配送。

❹延迟策略，是将产品的生产及配送尽可能延迟到接到顾客订单后再进行的一种策略。延迟策略可以尽量避免风险。

9.1.5 渠道物流和供应链管理的任务与第三方物流

9.1.5.1 渠道物流和供应链管理的任务

渠道物流和供应链管理主要应当解决如下 4 个关键问题：

（1）明确渠道成员所需要的各种物流服务标准

制造商为渠道成员提供的物流服务的标准越高，成本也就越高。如果向渠道成员提供它们所不想要的或超过了其需求的过高标准的物流服务，就会增加渠道成员的成本，自然不会受它们欢迎和被它们所接受。因此，渠道管理所面临的关键问题是：准确地确定渠道成员所希望的物流服务的类型和水平。

事实上，制造商认为渠道成员想要的物流服务，并不一定真实地反映渠道成员所希望的服务类型和水平。在实施物流管理前，渠道管理者就需要对渠道成员的需求和想法进行调研，搞清它们究竟需要哪种标准的物流服务，它们对物流服务质量是如何感受的。制造商要保证所制定的物流服务标准确实考虑到了渠道成员的看法和需要。

（2）确保物流规划符合渠道成员的服务需求

企业物流规划常常是由物流领域的专家来完成的，但是制造商必须确保最终的物流规划确实符合渠道成员的需求，为此，应当邀请渠道成员参与物流规划的制定。实际上，即使采用最新和最先进技术的物流规划，也不一定能满足渠道成员的需要。这样，物流规划就不可能得到渠道成员的支持。因此，对初步制定的物流规划必须进行充分的评价，估计它实际能发挥什么作用，以及有错误发生时会产生什么后果等。

（3）使渠道成员接受物流规划

制造商在制定物流规划后，必须让渠道成员认识到这一规划的价值，并最终接受它。站在渠道成员的角度看，最能让它们接受物流规划的理由主要有 3 个：

❶减少缺货。缺货会使得渠道成员失去销售机会。如果一个制造商能够让渠道成员确信，新的物流规划将真正帮助它们减少缺货或者使缺货可能最小，这个物流规划就很可能被渠道成员所接受。科学合理的物流规划确实能改善现状，使得缺货可能减少到最小。不过，如果制造商试图用虚假、误导或夸张的承诺来吸引渠道成员，就可能导致不愉快的结果。

❷减少所需要的库存。为维持正常交易，每个渠道成员都需要保持一定的库存，由此而产生不少费用。一份设计合理、响应性好的物流规划可以缩短订货周期，减少所需要的存货。一个设计完美的物流系统，如 JIT，其目的就是能确定满足用户生产需要的存货，而不再需要备用库存。如果物流规划设计科学，渠道成员之间合作紧密，物流规划运行良好，那么渠道成员的存货成本确实能大大降低。这一结论在汽车制造行业中已经被多次证明，可以应用于任何其他行业中。

❸增加制造商对渠道成员的支持。制造商如果能使渠道成员相信，新的物流规划能帮助渠道成员取得更大成功，那么它们自然会热情地接受新的物流规划。新的物流规划的目标也就是增强制造商与渠道成员之间的关系，构建对渠道成员的支持，帮助渠道成员提高整体营销绩效。物流规划也为制造商提供了一种构建渠道成员之间的支持和忠诚度的强有力工具。物流规划还为渠道成员之间的伙伴关系和战略联盟奠定了基础，成为一种战略性的营销工具。

（4）对物流规划的实施结果进行监控

在一个新的物流系统付诸实施以后，我们也不应当指望它一定运行良好，能始终满足渠道成员的需要，因为即使设计最完美的物流系统也可能因遇到意外而影响运行效果，渠道成员需求的变化也会造成物流系统无法满足新需求。在实施新的物流系统以后，渠道管理者应当持续地对物流规划的实施结果进行监控。

对物流规划的实施结果进行监控的最有效办法是直接对渠道成员进行调研，了解它们对物流规划的实施结果的反应，以便找出需要改进的地方。制造商必须重视渠道成员对新物流系统的意见，并立即主动地采取改进措施；否则，渠道成员对新物流系统的兴趣就会大大降低。

9.1.5.2　第三方物流

传统的物流是自营物流，是指由交易一方，或者制造商，或者中间商，提供全部物流服务功能。随着社会分工的发展，社会上涌现出一批专业性的物流公司。无论是制造商还是中间商，都致力于建立自己的核心竞争优势，愿意实行物流外包。同时，信息技术的发展为由第三方来提供物流服务提供了基础。因此，渠道物流与供应链管理向第三方物流发展。

第三方物流（the third party logistics）又称合同物流或外包物流，是指由物流业务的供方和需方之外的第三方来承担物流功能。第三方物流公司一般是专业化的物流公司，能够承担全部物流服务，所以有时又称全方位物流公司。

第三方物流是由第三方物流提供者在特定时间段内，按照特定价格向使用者提供的个性化系列物流服务。第三方物流服务业本身并不拥有货物，而是为其外部客户的物流作业提供管理、控制和专业化作业服务的企业。第三方物流也不同于传统的外包物流。传统的外包物流只限于一项或一系列分散的物流功能，如运输和仓储等；第三方物流服务则根据合同条款规定，提供多功能甚至全方位的物流服务。

采用第三方物流，企业至少可以得到以下方面的好处：

首先，制造商或经销商都可以集中精力做好其核心业务，如产品质量、品牌管理或销售等。

其次，可以利用专业物流公司的规模效应达到降低成本的目的。

最后，专业物流公司可以随着专业化的发展不断简化、优化物流过程，为用户提供更好的服务。

无论是制造商还是经销商，与第三方物流公司之间的合作都是一种长期的战略联盟关系。因此，选择合适的第三方物流公司对任何企业而言都是至关重要的。为保证决策的正确性，应当遵循科学的办法。

首先，应根据企业业务发展的前景，合理地确定对"外协物流服务"能力的核心要求。

其次，要尽可能多地收集各种物流服务供应的信息，经比较分析后从中初步确定备选公司名单。

最后，要求备选物流公司根据要求提出虚拟运作方案，然后由专门的评估小组来评定，确定最终的第三方物流合作伙伴。

❖ 渠道实践9-1

光明乳业怎样让重点客户的牛奶更新鲜？

供应商管理库存（vendor managed inventory，VMI）的基本思路是从下游客户的需求出发来提高整个分销链的分销效率。因此，光明乳业希望通过实施VMI来更好地满足最终顾客和零售终端的需求，增强产品在分销渠道上的竞争力。对顾客来说，光明乳业希望达到"无间断供货"的目标，尽最大努力降低缺货率；对零售商来说，则想通过VMI提高订单精确度和处理效率，进而最终实现电子订货、网上对账及支付。

在实施VMI前，光明乳业对重点客户管理感到非常头痛，具体地说是遇到了如下困难：

第一，由于乳制品是保鲜品，它的渠道和配送都有很高的特殊性，是其他快速消费品几乎不能相比的。仅以联华超市的一个重点客户为例，每天所发出的订单都达到几千份，这使供需双方的工作量都很大，订单采集和处理的成本很高。

第二，以往光明乳业靠跑店的销售人员传回订单，但时常会产生误差，即使给销售人员配备了手持终端扫描仪也没法防止误差。销售人员的判断和预测会有局限性，而且销售人员一旦流动又会导致信息异常，引起大批订单的损失。

第三，销售部门采用手持终端扫描仪每天只能导入一次订单，无法实现二次配送。

但对零售终端来说，很多商品一日两配是很常见的，无法及时配送就不能满足消费者的需求。

在确定实施VMI的具体目标时，光明乳业首先要求兼顾短期和长期的利益目标，同时要求尽可能使项目兼顾公司本身和零售商双方的利益，具体地设定了如下目标：

（1）根据重点客户分销中心或终端门店的销售数据进行客户需求预测。

（2）提高订单处理的效率和精确度，降低订单采集成本。

（3）防止库存不足，提高客户服务水平和库存周转率。

（4）降低重点客户和上游供应商的库存水平，降低整个供应链成本。

（5）优化物流配送体系的运作。

（6）提高供应链管理水平，根据客户实际销售来决定配送情况，变"推式供应"为"拉式供应"。

（7）提升供应商和零售商之间合作伙伴关系的层次。

分销领域有很多不同类型的指标，光明乳业在实施VMI过程中确定了3个关键指标：产品新鲜度、库存积压率和按时到货率。产品新鲜度用生产日期分布来确定。库存积压率按保鲜牛奶库存3天以上的比例来确定。按时到货率按奶制品城市配送至门店的时间段分布来确定。对按时到货率，还具体确定了早晨6：30以前到货、6：30—7：30到货、7：30以后到货3种情形各自的比例要求。

实施VMI要求信息流与物流之间高效结合，利用终端数据使信息流达到及时、准确和无纸化，使物流达到连续、快捷和不间断。按此要求确定实施VMI的整个体系运行的结构如图9-1所示。

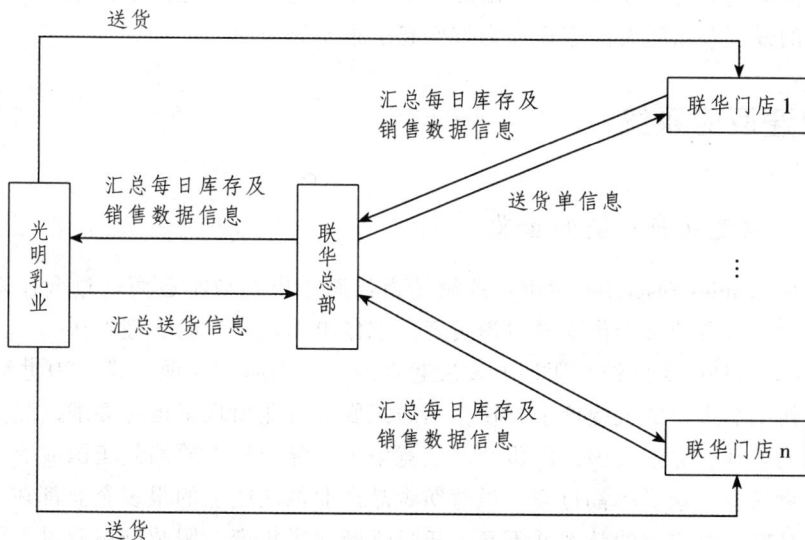

图9-1 光明乳业实施VMI整体运行图

根据这个体系，光明乳业源源不断地接收零售终端的信息，由此判断零售终端何时接近缺货，该在什么时候补货，而且企业不再需要中转，把货物直接送到门店就可以了。门店也不再需要持有很多库存，占用资金及仓库了，只要专心销售就可以。通过供应商管理库存，企业与分销渠道成员真正实现了共赢。

光明乳业在实践中体会到，实施 VMI 时最困难、最关键的是建立好预测模型，建立预测模型的关键又是确定影响乳制品销售的因素。影响乳制品销售的因素有很多，每天的变动幅度也很大，节假日和促销也会对销售产生影响，因此要作出绝对精确的预测是不可能的。但是，只要综合所有影响因素，就能保证预测结果达到一定的精确度。光明乳业最终确定了如下影响因素：每日销量、历史销量、当天库存、天气、节假日、促销、冷柜尺寸和其他因素。在确定了以上因素后，企业还需要结合一线销售人员的经验来确定这些因素对实际需求影响的程度。

通过对联华超市 43 家门店试行 VMI 结果的统计，试行 3 个月后早晨 6：30 以前按时到货率已经从项目开始时的 94.9% 提高到了 96.0%，光明乳业的销售额高出 7%～10%。

资料来源　张斌. VMI 项目：怎样让 K/A 的牛奶更新鲜？［J］. 销售与市场，2004（15）：78-79.

拓展阅读 9-1

9.2　物流与供应链管理技术

物流与供应链管理的发展已经逐渐形成了一系列先进的管理技术，这些技术在推动物流与供应链的发展和增强渠道管理能力方面起了重要的作用。

9.2.1　快速反应系统

9.2.1.1　快速反应系统的含义

快速反应（quick response，QR）系统是指强调零售商与制造商通过合作来共同管理零售商的库存，以便使整个供应链对消费者需求作出迅速反应的管理方法。

QR 系统最早是由美国纺织服装业发展起来的一种供应链管理方式。20 世纪 70 年代后半期，美国纺织品进口的大幅度上升使美国纺织服装行业出现了迅速萎缩的趋势。经过大量调查，人们发现，导致美国纺织服装产品竞争力下降的根本原因是美国成衣制造周期过长，造成存货成本与缺货率都过高。虽然纺织品产业供应链上的很多企业都在注重提高自身效率，但是整个供应链的效率并不高，于是逐渐在零售商、服装制造商以及纺织品供应商之间建立起战略联盟，减少从原材料到销售点的时间和整个供应链的库存，最大限度地提高供应链管理的运作效率。

9.2.1.2　快速反应系统的优点

QR 系统最初从美国纺织服装业中发展起来是由服装消费的特点所决定的。对服装，特别是时装，由于商品多变，消费者在准备购买之前往往并不知道他们想要什么，他们只有在看过、试过以后，才会形成自己的判断。因此，对服装这种时尚商品来说，零售商会推出一系列商品，观察消费者的反应。如果某种服装因面料、颜色或款式等因素比其他服装更畅销，零售商就希望迅速地大量进货；对销售不畅的商品就不会继续进货了。同时，由于时尚不会长期保持，所以零售商要求补货迅速；一旦流行时尚发生变化，零售商就不再进货。

基于这种思维，零售商实际采取的策略总是小批量地试销，观察结果；如果某种款式的商品畅销，就迅速地大量进货。这就要求制造商保持制造能力的柔性或灵活性，同时准确、及时地掌握零售市场的动态，对生产中所需要原材料的订购也要有一定的预见性；等到发现某种款式畅销再去订购原材料，可能为时已晚。

QR系统通过零售商和制造商共享零售终端的销售时点信息（POS），来预测不同款式商品的未来补货要求，监测市场发展趋势和机会，以便保证整个渠道对市场需求作出更快的反应。同时，QR系统的各方又利用电子数据交换技术来加速信息流动，共同组织供应链各环节的活动，来使各环节的准备时间和费用达到最小。

综上所述，对制造商来说，实施QR系统具有如下优点：

首先，能直接按照来自零售商销售终端的准确信息进行短期预测，并安排生产和采购计划。这样能提高制造商本身的库存周转速度，降低经营成本。

其次，与零售商信息共享可以降低制造商的管理费用。

最后，可以保证制造商为零售商提供更好的服务，增进双方协调发展和长期保持友好关系。

对零售商来说，实施QR系统也有如下优点：能实施自动补货系统，既缩短订货周期，减少库存，又保证供应，大大降低缺货风险和由滞销带来的降价损失。这样既能增加销售额，又能降低采购成本和减少各类费用。

9.2.1.3　实施快速反应系统的基本条件

研究表明，企业要成功地实施QR系统需要具备如下条件：

❶改变传统的经营方式、经营意识和组织结构，树立起与供应链各方建立合作的伙伴关系，以及努力利用各方资源来提高经营效率的现代经营意识。

❷大力开发和应用现代信息处理技术。这些技术包括条形码技术、电子订货系统（EOS）、销售时点信息系统、电子数据交换技术、供应商管理库存和连续补充库存计划（CRP）等。

❸与供应链各方建立合作伙伴关系，一方面积极寻找和发现战略合作伙伴，另一方面在合作伙伴之间建立分工和协作关系。

❹改变传统的对企业商业信息保密的做法，与合作伙伴交流与共享销售信息、库存信息和生产信息，并在此基础上，与各方一起发现问题、分析问题和解决问题。

❺供应商必须缩短生产周期，实行多品种、小批量的配送，降低零售商库存。为此，供应商本身也需要采用新的生产组织方式，降低自身的库存水平。

9.2.1.4 实施快速反应系统的步骤

企业在具备上述实施 QR 系统的基本条件后，实施 QR 系统需要经历 6 个步骤，每一步骤都需要将前一步骤作为基础：

❶安装、使用条形码系统和 EDI。

❷自动补货。供应商根据软件对零售商销售情况的定期预测和库存情况确定订货量，更快、更频繁地对零售商补货，保证零售商不缺货。

❸建立先进的补货联盟。零售商和制造商之间建立起先进并且稳定的补货联盟，共同检查销售数据，制订未来需求计划，在保证供应和减少缺货的情况下降低库存水平。

❹零售空间管理。制造商与零售商一起根据每个店铺的需求模式来确定其经营商品的品种和补货决策。

❺联合产品开发。对时尚类产品，制造商之间联合开发新产品，缩短新产品从开发到上市的时间。

❻QR 系统的集成。通过重新设计业务流程，将前 5 步工作和企业的整体业务集成起来，以支持企业的整体战略。

9.2.2 高效客户响应系统

9.2.2.1 高效客户响应系统的含义

高效客户响应（efficient consumer response，ECR）系统是由制造商、批发商和零售商等各方开展相互协调和合作，以用更低的成本，更好、更快地满足客户需求为目的的供应链管理方法。

ECR 系统是 20 世纪 90 年代在美国食品杂货行业首先提出来的。当时，一方面是许多传统的非食品杂货经销商也开始大量经销这类商品，对食品杂货行业的分销系统构成了巨大威胁；另一方面，食品杂货行业中零售商和制造商的交易关系由制造商占支配地位向零售商占主导地位转变。制造商和零售商为取得供应链主导权，为制造商品牌和中间商自有品牌占据零售商货架空间的份额展开激烈的竞争，导致供应链整体成本上升。这种情形对制造商、零售商和客户都产生了不利的影响。有关的行业协会和企业经过调研，认为造成这种局面的主要原因是这一行业的市场需求多变，渠道结构复杂，而制造商又无法对客户需求作出有效的响应。作为一种应对办法，以实现对客户的需求高效率响应为目标的 ECR 系统被提出来了。

因此，ECR 系统实际上是以最大限度地降低物流费用为原则，并能对客户需求及时作出准确反应，使提供的物品供应或服务流程最佳化的一种供应链管理方法。

为了实现上述目标，构建和实施整个 ECR 系统都贯穿着一个理念，就是对客户不产生附加价值的所有浪费，都从供应链渠道上排除掉，以达到最佳效益；确认供应链内的合作体系和结盟关系；实现准确、即时的信息流，以信息代替库存。

实施 ECR 系统的思路是：首先联合整个供应链所涉及的供应商、分销商以及零售商，改善供应链中的业务流程，使其最合理并有效，然后以较低成本使这些业务流程自动化，进一步减少供应链的成本和时间。

实践证明，企业实施ECR系统，可以减少多余活动，节约相应成本，提升企业竞争力，最终提高销售额。对制造商来说，可以促使制造费用、销售费用和货物储运费用明显减少，从而增加总盈利；对批发商以及零售商来说，可以减少库存量和货物储运费用，增加每平方米营业面积的销售额，从而提高企业利润。

9.2.2.2　实施高效客户响应系统的主要策略

制造商、批发商和零售商为了实现ECR系统通常采用下列策略：

（1）有效的店内布局

ECR系统通过有效的商品分类，促使店铺储存客户所需要的商品，重点促销高销量和高利润的商品。同时，零售商借助电脑化的空间管理系统提高货架的利用率，最终通过有效利用店铺的空间和店内布局，来最大限度地提高商品的获利能力。

（2）高效的订货和补货

从生产线到收款台，通过EDI，利用以需求为导向的自动连续补货和电脑辅助订货技术等手段，使补货系统的时间和成本最优化，从而降低商品售价。

（3）有效的交叉平台分销

ECR系统并不把仓库或配送中心仅仅看作储存接收到货物的地方，而是看作为紧接着的下一次货物发送作准备的一种分销系统。仓库和配送中心所有的入库和出库运输尽量同时进行，构成交叉平台分销系统。

（4）有效的促销

简化分销商和供应商的贸易关系，将经营重点从采购转移到销售，保持贸易和促销系统的高效率。

（5）有效的新产品导入

一方面，制造商通过采集和分享供应链伙伴间时效性强的、更加准确的购买数据，提高新产品成功率；另一方面，制造商可以与零售商紧密合作，鼓励零售商接受新产品。为此，制造商常常为零售商提供多种形式的折扣和其他奖励，并让客户和零售商尽早接触到新产品，把新产品放到店铺进行试销，然后按照客户类型对试销结果进行分析，并进行新产品的最终决策。

9.2.2.3　高效客户响应系统与快速反应系统的比较

ECR系统与QR系统都是先进的供应链管理技术，有很多类似的地方，但是两者也有很大区别。

（1）主要目标不同

ECR系统与QR系统的研究对象不同，因此主要目标不同。ECR系统主要是以食品杂货行业为研究对象提出来的，其主要目标是降低成本、提高效率，重点关注的是效率与成本。QR系统最初是以提高纺织品和一般商品的设计、制造和流通效率为研究出发点提出来的，其主要目标是提高补货和订货的速度，对客户需求作出快速反应。

（2）适用行业不同

由于ECR系统与QR系统的目标不同，适用行业也有差异。ECR系统主要适用于单价低、周转快、毛利低的产品，通过减少渠道中不必要的成本和费用为客户带来更大利益。QR系统主要适用于产品生命周期短、季节性强、存货周转慢、存货削价幅度大、毛利高的零售行业，重点是补货和订货的速度，以便最大限度地消除缺货。

（3）手段和策略不同

ECR系统与QR系统所采取的手段和策略也不同。ECR系统以消除渠道系统中不必要的成本和费用为目标，强调供应商和零售商要为客户带来更大效益，而进行紧密的战略性合作。而QR系统为了提高补货和订货速度，强调的是对客户需求作出快速反应。这是由食品杂货行业和纺织服装行业所经营的产品特点不同所造成的。食品杂货行业除了生鲜食品外，一般产品生命周期较长，经营的关键是降低成本，提高竞争力，即使订购数量过多或过少，所造成的损失也较小。纺织服装行业所经营产品的生命周期较短，对订货数量估计的失误所造成的损失会较大。

9.2.3 MRP、MRP II 与 ERP

库存管理一直是传统渠道管理中实体分销的重要内容，也是现代物流与供应链管理的重要内容。库存管理包括采购管理和仓库管理，主要解决与储存有关的问题。解决储存问题最常用的传统方法是订货点法。订货点法的思路是，以过去的库存经验为依据确定安全库存量，当不断出库使库存量降到安全库存量时就立即发出补货订单，进行补货，使库存恢复到预定值，以保证任何时候仓库都有一定的储存量。但是，物料消耗和需求都是随生产和订单情况而变化的，订货点法的应用受到很大的限制。

为了克服订货点法的缺点，美国的约瑟夫·奥列基（Joseph A. Orlicky）等3位专家在20世纪60年代首先提出了物料需求计划（material requirement planning，MRP）的概念和基本框架。MRP是根据对市场需求的预测和客户订单，制订出产品生产计划，再根据产品的结构和库存，由电脑推算出所需材料的数量和时间，最后确定加工进度和订货日程的一种实用技术。

到20世纪80年代，奥列基等人将MRP的功能由生产、材料和库存管理扩大到营销、财务和人事管理等方面，提出了制造资源计划（manufacturing resource planning，MRP II）。

到20世纪90年代，随着市场竞争的激化，MRP II 已经无法满足企业管理的要求了，于是，企业资源计划（enterprise resource planning，ERP）出现了。ERP是在MRP II 的基础上，通过物流和资金流，把客户需求和企业内部生产活动，以及供应商的制造资源结合在一起，体现完全按用户需求制造的一种供应链管理思想和规划方法。ERP可以大大提高企业适应市场和客户需求快速变化的能力。

9.2.4 准时生产方式

准时生产（just in time，JIT）最早是由日本丰田汽车公司在20世纪50年代综合了单件生产和批量生产的特点与优点而创造出来的一种在多品种、小批量混合条件下的高质量、低消耗的生产方式。

9.2.4.1　JIT 的基本概念

JIT 的基本思路是"只在需要的时候，按需要的量，生产所需要的产品"，也就是追求无库存或库存量达到最小的生产系统。JIT 强调，供应商要按照需求方所需要的品种、规格、质量、数量、时间和地点等要求，将物品配送到指定的地点，不多送，也不少送，不早送，也不晚送，所送的品种要保质保量，不可有任何废品，这样就避免了由生产过剩所引起的人员、设备和库存费用等一系列浪费。JIT 体现了一种与以往有关生产和库存的观念完全不同的思想。

JIT 既是一种生产体制，也是一种新采购方式。实施 JIT 后，企业要采用较少的供应商，甚至是单源供应；对供应商的选择标准更严格，交货准时性要求更高；供需双方信息要高度共享，物资采购要采用小批量的办法。

JIT 的实施策略是以准时生产为出发点的。首先要揭露出生产过量和其他方面的浪费，然后对多余的设备和人员等进行淘汰和调整，达到降低成本、简化计划和加强控制的目的。在生产现场控制方面，JIT 的原则是在正确的时间生产正确数量的零件或产品。JIT 的目标是彻底消除无效劳动和浪费。

9.2.4.2　JIT 的优点

JIT 管理方式具有很多优点，主要包括：

❶向零库存进军。用户需要多少，就供应多少。尽量不备库存，最大限度地减少资金占用。

❷最大化节约。大大减少库存，就可以避免商品积压、过时变质和过时淘汰等浪费，也可以避免装卸、搬运及库存管理等费用。

❸向零废品进军。JIT 实施后，废品只能停留在供应商手中，不可能送达给客户，这就最大限度地限制了废品流动所造成的损失。

9.2.4.3　JIT 的基本手段

JIT 的基本手段可以概括为下述 4 个方面：

（1）平准化生产

这是指为了及时应对市场变化而组织的一种以小批量、多品种为特点的作业管理体制。平准化生产的要求是物料采购必须即时化。采购部门根据生产经营情况形成订单后，供应商立刻着手准备作业。在编制详细采购计划过程中，生产部门就开始调整生产线，做到敏捷生产，而供应商在最短的时间内将最优的产品交付给用户。

（2）看板生产方式

这是指遵循内部客户的原则，把客户的需要作为生产依据。传统的生产采用上道工序向下道工序送货，加工过程由前道工序向后道工序送货，从第一道工序向最后一道工序推进，是一种"推动式"的生产方式。看板生产则采用"拉动式"的方式，由后道工序根据"看板"向前道工序取货。前道工序按后道工序所需要的材料品种、数量和时间实行及时供应，以保证生产系统连续顺畅进行。

（3）消除浪费

这些浪费主要包括过量生产的浪费、等待时间的浪费、运输的浪费、库存的浪费、工序上多余或要求过高的浪费、动作的浪费以及产品缺陷的浪费等。

（4）目标管理方式

JIT 为了达到彻底消除无效劳动和浪费的目的，围绕下列具体目标开展目标管理：批量小，不生产过量的产品；准备时间最短；减少零件搬运次数和搬运量；库存量最低；生产提前期最短；降低机器损坏率；废品量达到最低。

9.2.5 供应商管理库存系统

9.2.5.1 供应商管理库存系统的由来与含义

库存是库存拥有者应对自己客户需求波动的一种手段。当一个渠道成员无法精确地预测客户需求的变化时，就试图通过设立库存来应对不稳定的需求和环境不确定性。在传统的供应链中，每一个企业喜欢各自管理自己的库存，以便于控制。但是由于制造商、批发商和零售商都会有自己不同的库存控制策略，因此不可避免地会产生需求扭曲的现象，即需求放大现象或牛鞭现象，使供应商无法快速地响应客户的需求。同时，从整个供应链的角度看，各个渠道成员根据各自的需要独立运作，会导致重复建立库存，引起整个渠道成本上升。可见，传统的库存管理模式存在诸多弊端。

供应链管理的思路强调整个供应链各个环节的活动都应该是同步进行的，因此就能以系统的、集成的管理思想来进行库存管理。供应商管理库存（vendor managed inventory，VMI）系统就是体现这种思想的一种先进的供应链库存管理技术和方法。通常认为，VMI系统是一种在客户和供应商之间的合作性策略。它把零售商和供应商看作一个连续体，一方面共享信息，由零售商帮助供应商更有效地制订计划；另一方面采用寄售的方式，在一个相互统一的目标框架下，由供应商完全管理和拥有库存，直到零售商将其售出为止。

因此，VMI系统的主要思想就是供应商在客户的允诺下设立库存，确定库存水平和补给策略，并拥有库存控制权。

9.2.5.2 VMI系统的原则

VMI系统主要体现如下原则：

❶合作的原则，即供应商与用户企业相互信任，保持信息透明，双方培养较好的合作精神。

❷互惠的原则，即通过减少储存和运输费用，努力使双方成本保持最小。

❸目标一致的原则，即双方通过订立框架协议，明确各自的责任，使关于库存、补货和费用等问题达成一致的目标和认识。

❹连续改进的原则，即通过使双方共享改进的利益，不断地消除浪费。

9.2.5.3 VMI系统的优势

VMI系统由供应商帮助客户管理库存，具有如下优势：

❶增强企业经营的主动性和灵活性。供应商通常比零售商更了解自身的生产提前期和生产能力，由供应商管理客户的库存就更能够根据市场需求来调整生产和采购计划，既避免积压浪费，也避免短缺。因此，VMI系统能够增强整个供应链的经营主动性和灵活性，从而增强竞争能力。

❷降低成本。VMI系统可以把客户从库存陷阱中解放出来，不再需要进行采购、进货、检验、入库、出库和保管等一系列工作。同时，VMI系统可以使供应商减少产量的波动，允许小规模的生产批量和较低的库存水平。VMI系统不仅能降低储存费用，而且通过供应商协调不同客户的补货过程，能使运输成本减少。

❸VMI系统可以提高物流和整个供应链的服务水平。VMI系统由于实现了供应商与客户共享市场需求信息，能大大增强供应商对多个客户补货的协调能力。此外，VMI系统使供应商改进现有产品、开发新产品变得更加方便，从而使供应商的服务得以明显改善。

9.2.5.4　VMI系统的实施

实施VMI系统需要改变订单的处理方式，建立起基于标准的托付订单处理模式。

首先，供应商和批发商一起确定供应商订单业务处理过程所需的信息和库存控制参数。

其次，建立起一种标准的订单处理模式。

最后，把订货、交货和票据处理等各项业务功能集成在供应商一边。

下游企业库存对供应商是透明状态，这是实施VMI系统的关键。只有这样，供应商才能随时跟踪和检查客户的库存状态，从而快速响应市场需求的变化，对自己的生产或供应状况作出相应的调整。为此，就需要建立一种能够使供应商和客户的库存信息系统相联结的方法。

VMI系统的实施应当分为如下一些步骤：

第一，建立客户情报信息系统。这样才能使供应商获得客户的有关信息，掌握需求变化的情况，把由下游分销商进行的需求预测和分析功能集成到供应商系统中来。

第二，建立销售网络管理系统。供应商建立自己的销售网络管理系统，是要保证自己产品的需求信息和物流畅通。

第三，制定供应商与分销商之间的合作框架协议。供应商与分销商一起通过协商确定订单处理的业务流程以及库存控制的有关参数，选择库存信息的传递方式。

第四，组织结构的变革。传统上，供应商由会计部门处理与客户有关的事情，引入VMI系统后要由订货部门来负责控制客户库存、库存补给和服务水平，这自然会改变供应商的组织模式。

实施VMI系统应注意的问题是：

第一，要进行深入的基于活动的成本分析。实施VMI系统的前提是进行基于活动的成本分析，以及在多大程度上采用VMI系统。进行这种成本分析时，要从供应链起点开始，一直到供应链终点——消费者为止。除了传统的会计成本外，还需要着重考虑其他一系列与存货有关的成本，包括时间成本、机会成本、货物过期成本、短缺成本、价格变化成本、税收成本、保险成本、仓储成本、人力成本、系统运行成本、固定资产投资成本、运输成本和保管条件成本等。

第二，要组建多功能小组。与所有其他的新系统一样，VMI系统的成功实施依赖供应商和客户有关人员的参与，因此，需要由供应商和客户多个部门抽调人员组建一个多功能小组。该小组不仅要承担分析存货成本的任务，还需要确定加入VMI系统的供应商标准。多功能小组邀请各方面的人士参加，有助于尽早了解实施VMI系统时可能出现的潜在问题。多功能小组的组建也可以增强供应商的协调能力，并减少浪费。

第三，拟定一份全面合理的框架协议。VMI系统的实施将改变供应商和客户许多部门的责任和权利，有人会把实施VMI系统看作对他们在企业中地位的威胁，不愿意接受新的变革，所以拟定一份包括与库存和补货有关的所有细节的标准和评价体系的全面合理的框架协议是非常必要的。当然，这份框架协议也不可能包括所有可能发生的情况，还需要根据VMI系统完成的情况定期进行调整和更新。与此同时，供应商与客户之间畅通的交流和反馈也是非常重要的。

9.3 渠道信息管理技术

9.3.1 电子数据交换技术

9.3.1.1 电子数据交换技术简介

电子数据交换（electronic data interchange，EDI）技术是指按照商定的协议，将企业间往来的商业文件标准化和格式化，并通过电脑网络，在贸易伙伴的电脑网络系统之间进行数据交换和自动处理的一种信息技术。现在，EDI已经成为企业物流管理的主要信息技术手段之一。

在供应链运作过程中，供应链成员与其贸易伙伴进行通信，交换数据，要产生和依靠大量的纸张文件。纸张文件是传统商业贸易重要的信息流载体。纸张文件的处理速度慢、效率低、差错多、非自动化，影响供应链各环节效率的提高，于是人们设法用电子化文件来代替纸张文件，即按照贸易伙伴间规定的一套格式将纸张文件的内容变成电子文件，然后在贸易伙伴的电脑系统之间进行数据交换并自动进行处理。这就是EDI的来源。

企业利用EDI技术的目的在于，通过建立企业之间的数据交换网，实现票据处理、数据加工等事务作业的自动化、省力化、及时化和正确化；同时，通过对销售信息和库存信息的共享来实现经营活动的效率化。在物流信息系统中，EDI技术的主要功能是交换、传输和储存电子数据，转换文书数据标准格式，提供信息查询、安全保密、技术咨询和信息增值服务等。由于EDI技术可以减少整个供应链中的纸张文件，所以又称"无纸贸易"。

EDI技术具有如下一些优点：

❶避免数据重复录入。在EDI系统中，渠道成员中一方录入的数据能够直接传输给其他各方使用，避免了其他各方数据录入中的错误，降低了差错率，保证了数据的准确性和可靠性。

❷提高企业信息管理及数据交换水平。EDI技术可以大大提高企业数据处理和交换的速度和可靠性，加速企业实施准时生产计划和零库存管理等新的经营战略。

❸确保企业间单证传输的安全和迅速，从而加速资金周转。

❹提高企业工作效率，进而提高对客户的服务水平。

9.3.1.2 电子数据交换技术的实施

EDI技术由EDI硬件及软件、通信网络和数据标准化构成。EDI技术的具体工作方式是：用户在自己的电脑应用系统上进行信息编辑处理，然后通过EDI技术转换软件将原始单据格式转换为中间文件。中间文件是从用户原始资料格式到EDI技术标准格式的过渡文件，通过翻译文件，中间文件被变成EDI技术标准格式文件。最后在文件外层加上通信交换加密专用软件，利用通信软件经过网络送到用户手中。用户则进行反向处理，最终转换为用户应用系统能够接收的文件格式，并进行收阅处理。EDI技术的整个过程不需要人工介入，或以最少的人工介入达到无纸化，完成数据交换。

实施EDI技术需要应用下列的关键技术和条件：

（1）电脑数据通信网络

这是实现EDI技术的基础。一个电脑通信网络由主机、电脑终端、数据传输和数据交换装置组成。EDI技术并不是简单地通过电脑网络来传输标准数据文件，它还要求对接收和发送的文件进行自动识别和处理。因此，EDI的用户必须具有完善的电脑处理系统。EDI用户的电脑系统可以划分为两部分：一部分是与EDI技术密切相关的EDI子系统，包括报文处理和通信接口等功能；另一部分是企业内部的电脑信息处理系统，一般称为EDP（electronic data processing）。EDI和EDP会互相影响，因此要将EDI和EDP全面、有效地结合起来，才能获得最大的经济效益。

由于EDI所传输的是具有标准格式的商业文件和单证等有价文件，因此要求通信网络除了具有一般的数据传输和数据交换功能外，还必须具有格式校验、确认、跟踪、防篡改、防被窃、电子签名和文件归档等一系列安全保密功能，并且在客户间出现法律纠纷时，能够提供法律证据。

（2）数据标准化

EDI为了实现商业文件和单证的互通与自动处理，必须制定一套各方所共同遵守的电子数据交换标准，即EDI标准。通过采用统一的编码单证格式、标准语言准则和标准通信协议来传递商业文件，使渠道中的各方都能对传递的数据进行接收、认可、处理、复制、提取、再生和服务，实现整个环节的自动化。

数据标准化是实现EDI技术的前提、基础和关键。EDI技术的数据标准化主要包括以下4类标准：

❶通信标准。EDI技术通信网络建立所依据的通信协议是标准化的，以保证网络互联。

❷EDI报文标准，即各种报文类型格式、数据源编码、字段、语法规则及报文生成用的程序设计语言等。

❸EDI技术处理标准，是指关于EDI技术报文同其他管理信息系统和数据库之间的接口标准。

❹各行业的数据交换标准。

9.3.2 电子订货系统

电子订货系统（electronic ordering system，EOS）是指批发商与零售商输入电脑的订货数据，通过电脑通信网络，以在线连接的方式与总公司、供应商或制造商进行订货作业和订货信息交换的系统。EOS能处理从新商品资料说明到会计单证等所有商品交易过程中的作业。由于零售商面临寸土寸金的状况，已没有许多空间用于存放货物，在要求供应商及时补货时，非常需要EOS。

9.3.2.1 EOS的流程

EOS并非由单个零售商与单个批发商组成的系统，而是由许多零售商和许多批发商组成的大系统整体运作方式。EOS首先是在零售商的终端利用条形码扫描器获取准备采购的商品条形码，并在终端机上输入订货材料；利用网络把信息传送到批发商电脑中，批发商开出提货传票，并根据传票，同时开出拣货单，实施拣货，然后依据送货传票进行发货；送货传票上的资料便成了零售商的应付款资料及批发商的应收款资料，并传到应收款系统中去；零售商对送到的货物进行校验后，便可以上柜进行销售了。

9.3.2.2 EOS的组成

EOS由批发和零售商场、商业增值网络中心和供应商3个部分组成。它们各自起着不同的作用：

❶批发和零售商场的采购人员收集并汇总各机构要货的商品名称和数量，再根据供应商可供货信息，向指定供应商下达采购指令。采购指令按照商业增值网络中心的标准格式填写，并经网络中心转换为标准的EDI单证发送至商业增值网络中心，然后等待供应商发送有关信息。

❷商业增值网络中心不参与交易双方的交易活动，只提供用户链接界面。每当接收到用户发送的EDI单证时，自动核查EOS交易伙伴关系，并长期保留每一笔交易记录以便备查。

❸供应商根据商业增值网络中心转来的EDI单证和经转换为EDI的标准订单，及时安排出货，并将出货信息通过EDI系统传递给相应的批发和零售商场，完成一次基本的订货作业。

9.3.2.3 EOS的效益

EOS可以为零售商带来如下好处：
❶每次订货量比较低，能降低库存量；
❷通过条形码订货，能减少订货和交货失误；
❸操作方便，能提高订货业务的效率。
EOS可以为批发商带来如下好处：
❶满足客户多品种、少批量、多次的订货要求，提高服务质量；
❷缩短交易检验时间和交货时间，避免退货和缺货，降低物流成本；

❸提高送货派车的效率，减少错误，提高物流体系的工作效率。

9.3.3 销售时点信息系统

销售时点信息（point of sale，POS）系统是指通过自动读取设备（如收银机）在商品销售点直接读取商品销售信息（如商品名、单价、销售数量和购买顾客等），并通过通信网络和电脑系统传送至有关部门进行分析加工，以提高经营效率的系统。POS系统最早应用于零售业，以后逐渐扩展到其他行业，如金融和旅馆等服务部门。

POS系统除了包括主机、显示器和常用的输入和输出设备（键盘、打印机和顾客显示屏）外，通常还配有发票打印机、条形码扫描器、电子秤、磁卡读入机、供电子转账用的智能信用卡读出设备和通用接口等外设接口，以及相连接的专用设备。

POS系统主要有如下功能：

❶通过收银机自动记录商品销售的原始资料和其他相关资料，并保留一段时间。

❷自动储存和整理所记录的日销售资料，反映每一个时点、时段和即时的销售信息。

❸打印各种收银报表、读账、清账，以及形成时段账和部门账。

❹总部信息中心可利用通信网络了解各分部的情况，作为决策依据，同时向分部下达管理指令和配送信息等。

从渠道管理角度看，POS系统的实施有助于调整商品结构和订货数量，降低营业成本；有助于企业加强价格管理；帮助企业合理配置作业人员，节省人工和编制报表的时间，提高经营效率；实现对商品销售的动态分析，提高决策水平。

9.3.4 条形码技术

条形码技术是在电脑技术与信息技术的基础上发展起来的一种集编码、印刷、识别、数据采集和处理于一身的技术。条形码技术的核心内容是利用光电扫描设备识读条形码符号，从而实现机器的自动识别，并快速、准确地将信息录入到电脑进行数据处理，以达到自动化管理的目的。条形码是有关制造商、批发商、零售商和物流公司等经济主体进行订货和接受订货、销售、运输、保管、出入库检验等活动的信息源。

条形码技术主要包括符号（编码、设计和制作）技术、识别（扫描和辨识）技术和应用系统（由条形码以及识读、电脑和通信系统组成）设计技术。条形码几乎可以包含任何信息，并可与其他技术（如EDI）结合起来使用，提供更快、更精确的信息交换。

条形码是由一组粗细不同、黑白（或彩色）相间的条与空白所组成的图形。按使用目的不同，条形码可分为商品条形码和物流条形码。

本章小结

物流是在传统渠道实体分配的基础上发展起来的。现代物流是以满足顾客需求为目的，通过最高效率和最大成本效益，对包括原材料、在制品、最终成品在内的商品、服务及相关信息从生产地到消费地，实现高效、低成本的流动和储存而进行的规划、实施和控制过程。

　　渠道物流管理主要包括订单处理、库存管理、仓储管理、运输管理和配送管理，其中最核心的是库存管理、运输管理和配送管理。渠道物流管理主要解决如下关键问题：明确渠道成员所需要的各种物流服务标准、确保物流规划符合渠道成员的服务需求、使渠道成员接受物流规划和对物流规划的实施结果进行监控。渠道物流与供应链管理向第三方物流发展。

　　快速反应系统是指强调零售商与制造商通过合作来共同管理零售商的库存，以便使整个供应链对消费者需求作出迅速反应的管理方法。

　　高效客户响应系统是由制造商、批发商和零售商等各方开展相互协调和合作，以用更低的成本，更好、更快地满足客户需求为目的的供应链管理方法。

　　此外，MRP、MRPⅡ、ERP、JIT和VMI系统等极大地推动了渠道物流的发展。渠道信息管理技术主要包括电子数据交换技术、电子订货系统、销售时点信息系统和条形码技术。

主要概念

　　渠道物流管理　快速反应（QR）系统　高效客户响应（ECR）系统　准时生产（JIT）供应商管理库存（VMI）系统　电子数据交换（EDI）技术　电子订货系统（EOS）

基本训练

❖ 知识题

1.说明物流与传统的产品实体分销之间的差别。

2.分析有人认为"库存是必要的魔鬼"的原因。

3.说明快速反应系统的含义、特点和实施要点。

4.说明高效客户响应系统的含义、特点和实施要点。

5.比较分析MRP、MRPⅡ、ERP、JIT和VMI系统的目的和特点之间的差异。

6.说明电子数据交换技术的含义、特点和实施中的关键技术与条件。

7.说明电子订货系统的含义、系统流程和组成。

8.说明POS系统的构成和功能。

9.分析条形码在分销渠道信息管理中的作用。

❖ 技能题

1.从分销渠道管理的角度，评价"零库存"策略的优点和缺点。

2.通过比较QR系统和ECR系统的特点，分析我国目前最适宜应用这两种系统的行业或企业有哪些，并说明原因。

3.供应商和零售商可能从POS系统的数据中加工得到的有用的信息资料有哪些？

❖ 案例分析题

　　根据本章引例，分析讨论下列问题：

（1）企业处于战略转型期时对供应链管理特别需要注意哪些问题？请说明原因。

（2）请分析徽泰供应链不给力的表现和原因，并提出改进徽泰供应链管理的方法和建议。

第 10 章　分销渠道绩效的评价

学习目标

知识目标

◆ 理解和掌握分销渠道绩效评价的基本概念、特点与评价步骤；理解和掌握企业分销渠道整体绩效评价的内容、标准与方法；深入理解和掌握分销渠道成员绩效评价的内容与方法。

技能目标

◆ 能够运用企业分销渠道整体绩效评价的方法，对具体企业的分销渠道整体绩效实施评价；能够运用分销渠道成员绩效评价的方法，对成员绩效实施评价。

❖ **引例**

如何评价分销渠道绩效

梁经理是 3 个月前刚从省公司调入 J 市某通信公司任经理的。J 市某通信公司近年来业绩严重下滑，梁经理的任务就是找出原因，扭转业绩下滑的趋势，促使公司健康发展。经过一段时间的调研，梁经理发现，公司分销渠道缺乏有效管理可能是造成这种局面的原因之一。公司分销渠道实际上是随着公司成长过程和竞争的需要自发形成的，由于缺少对渠道的合理规划与设计，渠道体系庞杂，内部关系不顺，难以实施有效的管理。J 市某通信公司的渠道包括如下 5 种形式：

（1）重点客户渠道。其内部又分为集团客户和个人大客户两大类，分别由政企客户经理和个人大客户经理负责。

（2）电子自助服务渠道。这包括公司互联网的主页、电话客服中心以及电子自助营业厅。

（3）自办营业厅。它不仅为客户办理所有业务，而且起着为公司塑造形象的作用。

（4）增值合作渠道。其主要是与各品牌电脑销售网点合作推广无线网卡等增值业务。

（5）社会代理渠道。它又分为零售网点、普通代理渠道和核心代理渠道等，在 J 市通信业务的市场竞争中发挥重要作用。

上述渠道体系在移动通信快速发展时期曾经起到了巨大作用，但近年来随着用户规模发展速度的放缓，这种粗放型渠道模式也日益暴露出严重的管理问题。其主要体现在：

（1）渠道成员目标不一致。某些代理商为追求短期利益，采取了严重的违规行为。其中最严重的就是在发展某品牌用户时，为谋取更多的用户发展酬金，放松了对新入网用户资格的审核，被不法套利分子利用，导致大量的恶意欠费，严重损害了公司的利益。

（2）抱团与公司叫板，谋求过高佣金。随着市场的逐渐饱和，公司为压缩成本，适当减少了入网代理佣金，但多家渠道结成联盟，向公司提出不合理的要求，使得公司异常被动。

（3）无法适应服务转型的要求。随着电信行业日趋成熟，公司发展战略的重点也由之前的发展用户调整到客户服务上来，但某些渠道由于缺乏相关专业知识和能力，无法达到服务转型的要求。

尽管导致上述问题的原因有很多，但梁经理认识到，首先对上述 5 类不同渠道的业绩以及它们分别在公司业务中的地位和作用做作评价是必要的；只有在评价的基础上，才能对渠道调整作出正确的决策。

但是，究竟应当从哪些方面、具体采用哪些指标来进行评价呢？梁经理准备组织业务部门讨论一次，希望明确应当从哪些方面来衡量分销渠道绩效，并列出一组尽可能具体的评价指标。

资料来源　本案例由本教材主编根据企业管理咨询中所遇到的实际案例撰写而成。

10.1　分销渠道绩效评价概述

10.1.1　分销渠道绩效评价的定义及特点

10.1.1.1　分销渠道绩效评价的定义

分销渠道绩效评价是制造商的分销渠道管理者通过系统化的手段或措施，对分销渠道系统及其成员的效率和效果进行客观的考核与评价的活动。

10.1.1.2　分销渠道绩效评价的特点

与其他对象的绩效评价相比，分销渠道绩效评价显得更为复杂。这主要表现在如下两个方面：

（1）宏观层面与微观层面评价角度的差异

从宏观层面看，即站在整个社会的角度看，分销渠道绩效是指分销渠道系统对整个社会的贡献。从微观层面看，即站在制造商与分销渠道管理者的角度看，分销渠道绩效是指制造商的分销渠道系统或分销渠道成员对制造商所创造的价值或服务的增值。所以，对分销渠道绩效的评价既包括对整个分销渠道系统绩效的评价，也包括对分销渠道成员绩效的评价。

（2）多渠道系统使分销渠道绩效评价变得更加复杂

许多制造商都拥有多条渠道组成的渠道体系。多种渠道的并存使得分销渠道体系变得越来越复杂。不同分销渠道及其成员所追求的目标常常是各不相同的，因此，它们的行为往往也有很大的差异，使用某一种传统的评价指标不合适了。但是，如果对每个单一渠道都采用15或20个指标来评价，当企业扩展到5或6条渠道时，就可能需要约100个评价指标。然而，随着指标数目的增加，评价人员会发现越来越难以说明分销渠道的整体绩效情况了。所以，从众多的评价指标中精选出少数特别重要的评价指标是必要的，但这又是相当困难的。

10.1.2　分销渠道绩效评价的步骤

分销渠道绩效评价一般分为4个步骤：

10.1.2.1　明确企业总销售目标

分销渠道绩效评价的第一步是在企业总体经营目标与渠道行为之间建立更紧密的联系，方法就是将企业的总体经营目标分解成一系列具体明确的销售目标。这些销售目标可以是将总销售额提高20%，或者是将销售成本降低5%，也可以是加强在战略性目标市场中的渗透，争取使这一目标市场中的份额达到3%等。在把企业的总体目标分解成一组具体明确的销售目标时要注意以下几个问题：

（1）将企业的每个经营目标一一分解为对应的销售目标

为保证企业实现其战略性的经营目标，应该把每一个经营目标分解成为一些可明确量化的、具体的销售指标。如将经营目标"提高销售环节中的经营利润"直接分解成"销售额提高8%""销售成本降低5%"，这样销售指标就更具体明确，便于评价考核了。

（2）将企业的经营目标分类是必要的

企业的经营目标大致可以分为3类：增加收入、提高利润和提高客户忠诚度。尽管企业的具体目标千差万别，但大多数企业的目标都适用于这种分类法。采用这种简单的方法将企业的经营目标进行分类，可以为企业设定合理的销售指标提供思路与指导。

❶与增加收入的经营目标相对应的销售目标包括致力于获取新客户、扩大客户群的范围、加强对新市场的开发，以及提高对已有市场的渗透。

❷与提高利润的经营目标相对应的销售目标包括致力于保留老客户、降低交易成本、将销售重点放在大多数能带来利润的客户身上，以及更有效地运用销售资源。

❸与提高客户忠诚度相对应的销售目标包括着重改善客户服务质量、提供更强大的售后服务支持、向重点客户提供更有价值的销售资源以及更灵活的渠道配置。

当然，上述3类目标之间并不是相互排斥的。通过把企业经营目标分解成上述3类，就能保证企业所设定的销售任务和销售目标更明确、更合理。

（3）最终确定3至5个主要目标

许多企业为了更好地引导分销渠道成员的行为，往往会对渠道提出十几个甚至更多的销售目标。但是，数量过于庞大的销售目标并不能起到引导分销渠道成员行为的作用，如果某些目标之间相互矛盾，则会使人无所适从；相反，少数几个经过精心挑选的销售目标更有助于指导渠道的有效运作。事实上，确定3至5个主要的销售目标，就已经足够为制定分销渠道绩效评价指标提供有效的指南了。

10.1.2.2 拟定一组分销渠道绩效评价指标

分销渠道绩效评价指标为评价分销渠道成功与否、衡量渠道运行状况提供了一个基准，是分销渠道绩效评价的核心。合理的分销渠道绩效评价指标也有利于制造商采取补救措施，促使分销渠道绩效与期望保持一致。合理的分销渠道绩效评价指标的确定，是以销售目标和销售过程中渠道的作用这两个因素为前提的。

销售目标就是所有销售行为的总目标。在确定某一条具体渠道的绩效评价指标时，必须以能够帮助企业实现其销售目标为导向。

另外，在确定某一渠道的绩效评价指标时，也必须反映销售过程中每条渠道各自扮演的角色。企业为每条渠道设定的期望值必须能够反映该渠道在销售过程中所承担的特定职责。因此，对拥有多条渠道的企业而言，认真地考察并确定销售过程中每条渠道所承担的职责，以及它们能为企业实现销售目标带来的最大贡献，是一项富有挑战性的工作。

此外，在确定每条渠道的绩效评价指标时还要注意：分销渠道绩效评价指标必须是具体且定量的；为每条分销渠道的绩效评价指标设定最后期限是必要的；由于分销渠道绩效的显著提高需要一个过程，所以在确定分销渠道绩效评价指标时，企业应对分销渠道绩效与分销渠道成员的行为间可能存在的滞后时间有一个正确的估计。

10.1.2.3 确定分销渠道绩效评价的主要指标

确定分销渠道绩效评价的主要指标的目的是使企业能够随时跟踪渠道的绩效状况，确保实际结果符合期望与要求，并揭示绩效方面可能存在的任何问题。

由于分销渠道绩效评价的复杂性，最初拟定的用于绩效评价的指标可能会有几十个甚至上百个，按照这组指标对分销渠道绩效进行评价，将是一项十分复杂的工作。合理的做法是从最初所拟定的一组绩效评价指标中挑选出一些主要评价指标。所谓主要评价指标，就是那些能直接并强有力地影响渠道综合绩效的渠道行为指标。通常的做法是，通过对初步拟定的绩效评价指标按重要性进行比较、排序和权衡，最终确定出3至5个最主要的绩效评价指标。这些最主要的绩效评价指标通常能为我们提供评价渠道的综合性绩效的指标体系。较少的评价指标不仅可以大大减少收集数据和报告的工作量，也可以保证分销渠道绩效评价工作的可操作性。

10.1.2.4 识别分销渠道绩效差距并制定渠道行为规划

上一阶段中所得到的分销渠道综合性绩效的主要评价指标有两个基本用途：

首先，它们是可以用来对分销渠道绩效进行连续检测的强有力的工具。连续的绩效评价可以随时把分销渠道的实际绩效与预期值进行对照，由此对渠道实施动态管理。

其次，这组主要评价指标为企业提供了一个认清渠道的现有水平与实现销售目标所需要的未来绩效水平之间差距的机会。这就能帮助企业明确每条渠道为了达到未来的绩效水平而在现在必须采取的行动。这就是渠道行为规划。

渠道行为规划就是确定一条渠道为实现目标绩效水平而必须采取哪些行动的强有力的

管理手段。制定渠道行为规划有如下步骤：

第一步是根据前面所确定的每一个销售目标，确定衡量销售目标完成程度的绩效评价主要指标；

第二步是记录现有渠道在绩效评价主要指标上的实际绩效；

第三步是确定计划期末分销渠道绩效指标必须达到的水平，从而确定分销渠道绩效方面的差距；

第四步是提出一组能够帮助渠道减少和消除现有绩效与期望绩效之间差距的行动。

渠道行为规划通过利用和分解企业的销售目标，得到一组绩效评价主要指标来衡量分销渠道绩效差距，明确渠道努力的方向，有利于企业发挥渠道优势，促使分销渠道绩效达到目标要求。所以，渠道行为规划是渠道管理中一个重要的组成部分。

10.2 分销渠道整体绩效的评价

对分销渠道整体绩效进行评价可以有两种不同的角度：一是站在整个社会的角度；二是站在制造商的角度。在两种不同的情形下，评价所采用的指标也应当是不同的。

10.2.1 分销渠道社会贡献的评价标准

从社会的角度看，广义的分销渠道绩效包括 3 个部分：效益、公平和效率。这 3 个构成要素反映了整个渠道在宏观水平上的绩效贡献（如图 10-1 所示）。

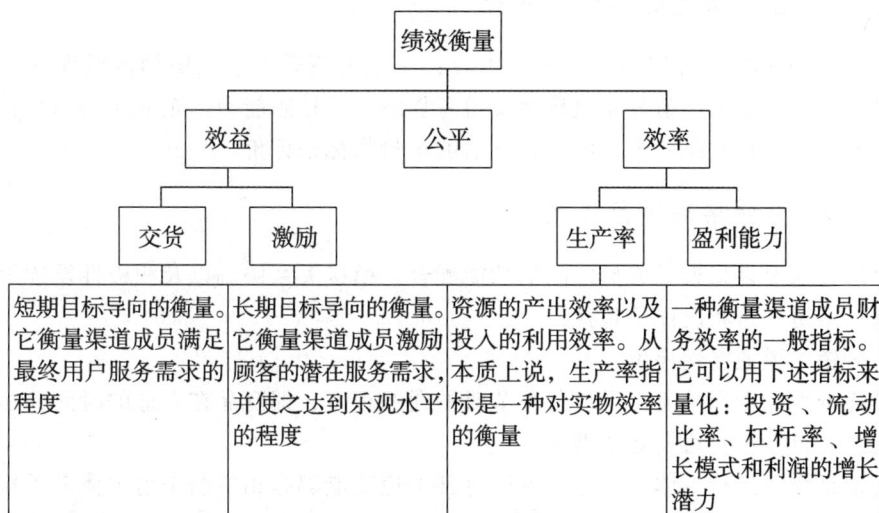

图 10-1 分销渠道绩效衡量的内容

资料来源 斯特恩，安瑟理，库格伦. 市场营销渠道 [M]. 赵平，廖建军，孙燕军，译. 5 版. 北京：清华大学出版社，2001：264.

10.2.1.1 效益

渠道的效益是指渠道以尽可能低的成本向最终用户输送商品或服务的能力。一般地说，拥有更好的基础设施和处于稳定的市场环境中的渠道具有更好的渠道效益。

10.2.1.2 公平

渠道的公平是指一个国家的每一个成员都有相同的机会和能力去使用与接近现有的渠道。世界各地的渠道公平性大多都是相当差的，在我国目前情况也是如此。处于内陆地区或农村的消费者往往比沿海地区或城市的消费者支付更高的价格，但只能得到质量相对差的商品和服务。

10.2.1.3 效率

渠道的效率是指在完成某项具体任务时社会资源或者费用使用的有效程度。高效率的分销渠道绩效就能以较少的社会资源完成某项具体任务。由于渠道的分销任务通常总是针对某个细分市场中的目标消费者提供商品或服务的，所以渠道的效率和效益是紧密相联的。渠道效率的提高主要依赖物流和信息技术的应用。

10.2.2　企业对分销渠道整体绩效的评价

企业对分销渠道整体绩效的评价，可以从分销渠道管理组织、分销渠道运行状况、分销渠道服务质量和分销渠道经济效益4个方面进行。前3项主要是定性分析，最后1项是从财务角度进行的定量分析。

10.2.2.1 分销渠道管理组织评价

渠道管理组织的评价包括两方面的内容：一是考察渠道系统中销售经理的素质和能力；二是考察制造商的渠道分支机构对渠道零售终端的控制能力。企业应当结合自己渠道管理组织的特点，针对每一个方面选择合适的衡量指标来评价。

10.2.2.2 分销渠道运行状况评价

渠道运行状况是指渠道成员之间的功能配合、衔接关系协调以及积极性发挥等方面的综合表现。渠道运行状况评价包括：

（1）分销渠道通畅性评价

渠道通畅性是指商品流经渠道各环节时的通畅程度，即商品在合适的时间到达顾客手中的程度。渠道系统要通畅必须做到：

❶渠道系统的运行主体要到位，保证每种渠道功能都有相应的渠道主体来承担。

❷渠道功能配置要合理到位，保证渠道各种功能的配置完整而且合理。

❸渠道各环节的衔接要协调无缝，保证渠道成员间能相互协调、默契配合。

❹渠道成员间要有长期合作关系，保证渠道的长期性和稳定性。

尽管渠道通畅性的含义包括上述内容，但是一般可以通过如下两个指标来评价渠道的通畅性：

❶商品周转速度，是指商品在流通领域停留的时间。商品周转的时间越长，商品周转速度就越慢，渠道就可能越不通畅；相反，商品周转的时间越短，商品在流通领域停留的

时间就越短，渠道就越通畅。

❷货款回收速度，是指从资金的角度来反映渠道是否通畅，可以用货款回收率来衡量。货款回收率越高，渠道就越通畅；反之，则越不通畅。其计算公式为：

$$货款回收速度=\frac{已收货款}{应收货款}×100\%$$

（2）渠道覆盖面评价

渠道覆盖面是指渠道所覆盖的最大销售区域。渠道覆盖面越大，就意味着有更多的顾客能接触到某种商品，购买该商品的顾客数量也就越多。渠道覆盖面与下列因素有关：

❶渠道成员的数量。一般地说，渠道成员数量越多，市场覆盖面就越大；反之，则越小。

❷渠道成员的市场分布状况。渠道成员的市场分布越广，渠道覆盖面越大，商品销售区域也就越广。

❸零售商的商圈大小。对某种商品的分销渠道而言，其市场覆盖面就是该渠道中所有零售商的商圈的不重复部分的总和。

评价渠道覆盖面主要采用如下两个指标：

❶渠道的市场覆盖面。这可以直接根据分销渠道终端零售商的商圈大小来计算，公式为：

市场覆盖面=各个分销渠道终端零售商的商圈覆盖面之和－重叠的商圈覆盖面之和

❷市场覆盖率。这是指某条渠道在一定区域内的市场覆盖面与该区域总面积的比例。市场覆盖率越高，分销渠道的网络分布就越广，密度就越高，空白点就越少。其计算公式如下：

$$市场覆盖率=\frac{某商品渠道的市场覆盖面}{该市场的全部面积}×100\%$$

（3）渠道流通能力及利用率评价

分销渠道的流通能力是指平均单位时间内经由该渠道销售的商品数量或金额。对分销渠道流通能力的评价是对渠道本质功能的评价，也是考察渠道是否有能力完成预期销售目标的主要环节。

一般地说，分销渠道的流通能力取决于渠道的瓶颈部分。在"制造商—批发商—零售商—消费者"的渠道链中，整个渠道系统的流通能力是由流通能力最弱的某个环节的流量来决定的，这就是整个渠道流通能力的瓶颈。分析并确定渠道中的瓶颈环节，就明确了渠道建设中的薄弱环节，从而可以通过弥补薄弱环节的不足来增强渠道的流通能力。

渠道流通能力利用率可以用渠道的实际流通量与渠道的流通能力之比来表示。渠道流通能力利用率通常用平均发货批量、平均发货间隔期、日均零售数量和平均商品流通时间等指标来考核。

（4）分销渠道冲突评价

无论怎样设计和管理分销渠道，要完全消除分销渠道冲突是很困难的。过多的分销渠道冲突会导致渠道效率和效益的低下，但一定程度的分销渠道冲突可能产生积极的影响，增强分销渠道成员的发展动力。评价分销渠道冲突的主要目的并不是完全消除冲突，而是对分销渠道冲突加强管理。

评价分销渠道冲突主要是识别：冲突是恶性冲突还是良性冲突；现有渠道利润减少是分销渠道冲突的结果还是渠道成员本身的问题；某类渠道的衰败是否会威胁到企业整体的利润水平。

10.2.2.3　分销渠道服务质量评价

对服务质量的评价可以从信息沟通、实体分配服务、促销效率和顾客抱怨及处理等方面进行。

（1）信息沟通

信息沟通质量主要是考察下游渠道成员对上游渠道成员所反馈的市场信息与产品信息是否有效。衡量信息沟通质量的指标包括沟通频率、沟通内容、沟通时间和沟通方式。

（2）实体分配服务

实体分配服务质量是指渠道成员满足顾客需求的及时程度。及时满足顾客需求不仅要求快速完成谈判、签订合同，而且要求快速交货，以便顾客在需要时能立即购买到产品。

（3）促销效率

促销效率是指在促销活动前后渠道中产品流通数量的变化与预期效果的比较。对渠道促销效率的评价可以采用多种不同的指标。例如，对零售商促销效率的评价可以根据促销活动期间零售商的销量、商店货架空间的分布和零售商对合作广告的投入等指标来进行。

（4）顾客抱怨及处理

顾客抱怨是由顾客对商品或服务不满意引起的。顾客抱怨实际上也是企业改进工作、提高顾客满意度的机会。企业在收到顾客抱怨以后，不仅应当全面了解顾客抱怨的前因后果，而且要及时采取积极的应对措施。企业对顾客抱怨的处理效率是非常重要的。处理效率低下就容易激化矛盾，处理及时则往往能够保持顾客满意。

10.2.2.4　分销渠道经济效益评价

从评价方法上看，渠道经济效益的评价通常主要采用两种方法：

（1）历史比较法

历史比较法是将分销渠道系统或渠道成员的当期销售量与上期销售量进行比较，得出上升或下降的比率，再与整体市场的升降百分比进行比较：高于整体市场平均水平，说明渠道系统或渠道成员是好的；低于整体市场平均水平，说明渠道系统或渠道成员是差的。

（2）区域比较法

区域比较法是将各分销渠道成员的绩效与该区域销售潜量分析所得到的值进行比较，可以得出各分销渠道成员绩效占该地区销售潜量的比例，并按比例对所有渠道成员进行排序。

从评价内容上看，渠道经济效益评价是从渠道投入与产出两方面进行比较。

经济效益的具体评价内容通常包括如下5个方面：

（1）销售分析法

销售分析法用来评价销售计划与目标的实现情况。其进一步可以分为两种方法：

❶销售差异分析法，是从影响销售额的众多因素中确定不同因素影响销售额变化的程度。例如，如果简单地考虑销售额=销售量×单价，认为销售额受销售量和单价两个因素

的影响，则当实际销售额与目标销售额产生差异时，我们就可以确定这两个因素对销售额差异分别产生影响的大小。假如某企业年计划销售产品5 000台，每台单价为600元，年度销售额为300万元，但是到年末实际销售4 500台，单价为580元，仅实现销售261万元，则我们就可以通过销售差异分析来探究销售量和单价分别对销售额差异的影响程度。由于销售额的总差异是39万元（300-261），所以，销售量和单价对销售额差异的影响程度分别为：

销售量下降对销售额差异的影响程度=600×（5 000-4 500）÷390 000×100%=76.9%

单价下降对销售额差异的影响程度=（600-580）×4 500÷390 000×100%=23.1%

根据计算可知，销售额差异的76.9%是由销售量的下降造成的，而销售额差异的23.1%是由单价下降造成的。我们还可以对影响销售量下降的原因进行深入分析。

❷区域/产品分析法，是指按产品类别和不同的销售区域分别分析销售目标的完成情况，找出影响销售目标完成的原因及影响程度的大小。

（2）市场占有率分析法

市场占有率分析法相对于销售分析法的优点在于，可以剔除一般环境因素的影响来考察企业本身的经营状况。市场占有率分析提供企业的绩效相对于竞争对手而言是更好还是更差的较为客观的评价。

根据研究目的的不同，市场占有率有3种不同的计算方法：

❶全部市场占有率，是指企业的销售额占全行业销售额的百分比。应用全部市场占有率指标时需要明确，究竟是以销售量还是以销售额来计算，还要正确认定行业范围，即所包括的产品和市场区域等因素。

❷可达市场占有率，是指企业销售额占所服务市场总销售额的百分比。所谓可达市场，是指企业计划进入的重要目标市场。提高可达市场占有率对企业来说具有非常重要的意义。

❸相对市场占有率，是指企业销售额与主要竞争对手的销售额之比。根据比较对象的不同，相对市场占有率又可以分为两个不同的指标：一是较之3个最大竞争者的相对市场占有率；二是较之市场领导竞争者的相对市场占有率。前者以企业销售额与最大的3个竞争者的销售额总和的百分比来表示，后者以企业销售额与市场领导竞争者的销售额的百分比来表示。

在计算得到企业市场占有率的变动情况后，还需要进一步分析市场占有率变动的原因。深入分析市场占有率的变动可以从产品大类、顾客类型、地区市场以及其他方面来考察。

（3）渠道费用分析法

分销渠道系统的费用会直接影响企业的经济效益，所以渠道费用分析是分销渠道绩效评价的重要内容。分销渠道的总费用一般是指产品的零售价与制造成本之差。分销渠道总费用的大小以及其中各项费用之间的比例关系，直接影响不同渠道成员的利润，需要进行认真分析与评价。

渠道费用是由如下一些费用项目构成的：

❶直接人员费用，包括直销人员的工资、奖金、差旅费用、培训费用及招待费用等。

❷促销费用，包括广告媒体成本、赠品费用、展览会费用、促销方案设计与执行管理

费用等。

❸仓储费用，包括租金、维护费用、折旧、保险和存货成本等。

❹运输费用。

❺包装与品牌管理费用，包括包装费用、产品说明书制作费用和品牌管理费用等。

❻其他营销费用，包括营销管理人员的工资和办公费用等。

对渠道费用进行分析评价应当遵循两个原则：一是费用比例与功能、地位的匹配性；二是费用增长与销售增长的匹配性。

渠道费用的构成应当与分销功能相匹配，各种分销功能的有效运行都需要一定的费用作保证，重要的、难度大的分销功能应当配备较多的渠道费用，只有这样才能保证渠道费用的合理使用。

渠道费用与产品销售额也应当保持合理的比例关系。当市场竞争趋于激烈时，经常会出现渠道费用大幅度增长而销售额增长缓慢的情形。此时，渠道费用增长的效果被竞争因素抵消了。这就说明有必要采取有力措施，扭转这种局面。理想的情形应当是渠道费用的增长幅度低于销售额的增长幅度。

（4）盈利能力分析法

盈利能力分析法主要通过一些重要的财务指标来进行。这些指标包括：

❶销售利润率。其计算公式是：

$$销售利润率 = \frac{税后利润}{销售额} \times 100\%$$

对分销渠道整体而言，上述公式中的销售额应当是渠道中最后环节的销售额，即零售额，而税后利润是指分销渠道中各个成员的税后利润之和。因此，其计算公式就变为：

$$销售利润率 = \frac{分销渠道各成员税后利润之和}{零售总额} \times 100\%$$

❷总资产收益率。其用于衡量企业运用全部资产获利的能力。为了使同行业之间具有可比性，总利润通常采用税后息前利润，而企业全部资产采用年初与年末的平均总资产。其计算公式如下：

$$总资产收益率 = \frac{利润总额 + 利息支出}{平均总资产} \times 100\%$$

企业的资产价值是经常变动的，特别容易受到固定资产折旧等因素的影响。为了避免受资产变动的影响，可以考虑采用净资产收益率来进行评价。净资产是指固定资产总额减去折旧总额后的余额。净资产收益率就是净利润与平均净资产之间的比率。

$$净资产收益率 = \frac{净利润}{平均净资产} \times 100\%$$

（5）资产管理效率分析法

要分析评价渠道是否处于有效的运行状态之中，除了盈利能力分析外，还需要评价渠道资产（如资金、货物等）管理的效率高低。评价指标有：

❶资金周转率，反映分销渠道中现有资金被循环使用的次数。资金周转率与企业的获利能力密切相关。在销售利润率一定的情况下，资产收益率与资金周转率成正比，即资金周转率越高，资产收益率也越高。资金周转率的计算公式为：

$$资金周转率=\frac{产品销售收入}{资产占用额}$$

❷存货周转率，用于衡量企业在一定时期内存货资产的周转次数。其计算公式是：

$$存货周转率=\frac{营业成本}{平均存货}$$

一般地说，存货周转率高，说明存货周转快，渠道资金的循环使用次数就多，效率就高。

10.3 分销渠道成员绩效的评价

分销渠道成员绩效评价是对分销渠道成员绩效的一种定期的、综合的评价。对分销渠道成员的绩效评价主要包括3个步骤：一是确定衡量成员绩效的标准；二是以这些标准为基础定期对成员绩效进行评价；三是提出纠正成员不合理行为的措施。

10.3.1 确定绩效的评价标准

众多的研究者和企业提出了多种不同的评价分销渠道成员绩效的标准，但是大多数制造商会采用如下一些指标：

10.3.1.1 分销渠道成员的销售绩效

制造商在评价分销渠道成员的绩效时，既要掌握制造商自己对成员所实现的销售额，也要掌握成员对其顾客所实现的销售额。当然，要得到分销渠道成员对其顾客所实现的销售额并不容易，但是这对评价成员的整体销售绩效是很有用的。此外，在掌握这些销售绩效后，制造商需要从3个不同的角度对成员的绩效进行评价：

❶成员的现有销售额与历史销售额之间的比较。据此，我们可以发现某个成员销售绩效的增长趋势。

❷某一成员销售额与其他成员销售额之间进行交叉比较。成员之间的销售额交叉比较可以帮助我们发现那些最有增长潜力的、值得重点扶持的成员。

❸成员实际销售额与目标销售额之间的比较。这项比较的结果不仅可以使我们认识成员完成目标任务的程度，也能帮助我们评价为成员所设定的销售目标的合理性，为今后确定销售指标提供依据。

10.3.1.2 分销渠道成员维持的存货

制造商需要了解分销渠道成员的整体存货水平，了解制造商自己的产品和竞争对手的产品在成员存货中占有的货架或空间。制造商还需要了解成员存货中是否有积压滞销的产品，成员是否为减少滞销库存采取了某些措施。

10.3.1.3 分销渠道成员的销售能力

分销渠道成员的销售能力是指成员的销售人员的销售能力。销售能力不同于销售绩效，因为它与分销渠道成员分配的负责制造商产品的销售人员的数量直接相关，又取决于成员所指定的销售人员的素质水平。这一指标对从事批发业务的分销渠道成员来讲是很有价值的。不过，制造商要想获得这些信息并不容易，需要努力说服分销渠道成员进行合作。

10.3.1.4　分销渠道成员的态度

如果分销渠道成员对制造商及其产品持欢迎的态度，它们就可能采取各种积极的措施，最终提高销售制造商产品的能力和绩效；反之，它们就会对这种产品听之任之，让其自生自灭。通常，当销售情况良好时，制造商一般很少去关心和评价分销渠道成员的态度；然而，当成员的绩效较差时，评价成员对制造商及其产品的态度就显得很有必要了。为了防止因分销渠道成员的态度而影响成员的销售能力和绩效，制造商最好独立于成员的销售绩效和能力，而仅仅对成员的态度进行评价。这样可以保证在分销渠道成员的态度影响绩效之前就发现消极的态度，采取有效的对策进行纠正。

10.3.1.5　分销渠道成员面临的竞争

评价分销渠道成员所面临的竞争可以促使我们对成员绩效作出更合理的评价。评价成员面临的竞争需要考虑两个方面：

（1）来自其他成员的竞争

深入考察来自其他分销渠道成员的竞争，可以帮助我们对成员的绩效作出客观公正的评价。特别是当制造商决定通过增加新的成员来扩大渠道覆盖区域或替换现有成员时，这种评价就变得更加必要，而且非常有用。

（2）来自成员本身所销售的其他产品的竞争

这主要是指成员相对于制造商产品而言给予竞争对手的产品多少支持。如果成员将支持重点转向竞争对手的产品，则制造商应当及时主动地采取适当的措施来加以纠正。

10.3.1.6　分销渠道成员的总体成长前景

制造商对分销渠道成员总体成长的期望也是今后制定渠道策略的基础。对那些符合制造商的市场拓展计划要求的分销渠道成员，制造商会给予更多的支持；对增长性、适应性、专业化和总体能力发展良好的成员，制造商会进一步加强合作。

10.3.1.7　其他的辅助评价标准

除了上述最经常使用的评价标准外，制造商还需要结合其他一些标准来评价：

（1）分销渠道成员的财务状况

分销渠道成员的财务状况将直接影响制造商渠道中的现金流，所以在评价时也必须认真考虑。在环境状况发生变化或竞争恶化时，分销渠道成员的财务状况可能发生重大变化，制造商就有必要对其作定期的评价检查。

（2）分销渠道成员的声誉

成员的声誉也是随时都有可能发生变化的，一旦发生了实质性的变化，可能就不适合作为合作伙伴了。所以，定期或经常性地对分销渠道成员的声誉进行评价也是必要的。

（3）分销渠道成员为顾客提供的服务质量

分销渠道成员为顾客提供的服务质量最终将影响它们自己的销售绩效。制造商应当通过定期调研，掌握分销渠道成员所提供服务的状况；对所提供的服务不能满足顾客要求的成员，及时采取措施加以纠正是非常必要的。

10.3.2 应用绩效评价标准

在建立了一套分销渠道成员绩效的评价标准后，制造商就可以根据这些标准对成员进行评价了。在评价中既需要把多个标准结合起来使用，也需要把定性与定量评价方法结合起来使用，以便对分销渠道成员的总体绩效作出合理的评价。

如上所述，从不同角度来评价分销渠道成员绩效时有众多标准。如果同时采用所有标准来进行评价，往往会发现缺乏现成的资料，会遇到很多困难。所以，制造商经常会采用其中的一个或几个标准来评价，但这种对总体绩效的评价往往是不够全面的。只有把多重标准有效地综合起来，才能对分销渠道成员总体绩效作出正确的评价。

另外，在上述众多的评价标准中，对某些指标，可以通过计算得到很客观的评价值，但是另一些指标的评价值可能在很大程度上需要通过人们的主观判断来得到，而且对不同的分销渠道成员来说，某个指标对总体绩效的影响也会因不同的情形而发生变化。所以，结合定性和定量评价方法所得到的结果才能更合理地反映对总体绩效的正确认识。

10.3.3 提出改进措施

对评价中未能达到制造商要求的最低绩效水平的分销渠道成员，制造商应当提出纠正措施，以帮助它们提高绩效，而不是简单地取消它们的资格。在考虑纠正措施时，制造商应当努力去查找这些分销渠道成员绩效水平低的原因，帮助成员找到问题所在和发生的原因。这些原因既可能是成员本身的，也可能是制造商对成员的管理和支持不足，还可能是外部环境发生了变化。通过仔细地分析这些问题和原因，制造商才能提出有针对性的改进措施和建议。

本章小结

分销渠道绩效评价一般分为4个步骤：明确企业总销售目标、拟定一组分销渠道绩效评价指标、确定分销渠道绩效评价的主要指标、识别分销渠道绩效差距并制定渠道行为规划。

对分销渠道整体绩效的评价可以有两种不同的角度。从社会角度看，广义的分销渠道绩效包括3个部分：效益、公平和效率。从企业角度对分销渠道整体绩效的评价，可以从分销渠道管理组织、分销渠道运行状况、分销渠道服务质量和分销渠道经济效益4个方面进行。前3项主要是定性分析，最后1项是从财务角度进行的定量分析。其中，对分销渠道运行状况的评价包括分销渠道通畅性、覆盖面、流通能力及利用率以及冲突等指标。

对分销渠道成员绩效的评价主要包括3个步骤：一是确定衡量成员绩效的标准；二是

以这些标准为基础定期对成员进行评价；三是提出纠正成员不合理行为的措施。评价分销渠道成员绩效最常用的指标包括成员的销售绩效、成员维持的存货、成员的销售能力、成员的态度、成员面临的竞争和成员的总体成长前景等。

主要概念

分销渠道绩效评价　分销渠道整体绩效评价　分销渠道成员绩效评价　分销渠道效益　分销渠道公平　分销渠道效率　分销渠道通畅性　分销渠道覆盖面　分销渠道流通能力及利用率

基本训练

❖ **知识题**

1. 说明分销渠道绩效评价困难的原因。
2. 说明从社会的角度与从企业的角度评价分销渠道绩效之间的差异。
3. 说明分销渠道运行状况评价的含义，以及主要采用哪些指标来评价。
4. 说明分销渠道服务质量评价的内容及主要指标。
5. 说明评价分销渠道整体经济效益的方法、内容和主要的评价指标。
6. 说明应当从哪些方面对分销渠道成员的绩效进行评价。

❖ **技能题**

1. 选择所熟悉的同行业的两个制造商，运用分销渠道运行状况指标进行分析比较，对分析比较的结果进行讨论，并提出你的建议。
2. 选择所熟悉的一个制造商的渠道，收集其有关分销渠道服务质量的信息，评价其分销渠道服务质量的状况，提出改进建议。
3. 调研某类产品的分销渠道成员的绩效，并站在制造商的角度对其绩效进行评价。

❖ **案例分析题**

1. 根据第1章的渠道实践1-2，分别对制造商分销渠道整体绩效和分销渠道成员绩效进行分析评价，并提出管理上的策略建议。（分析提示：任何分销渠道结构设计和策略制定都是以分销渠道绩效评价为基础的，而且对分销渠道绩效的衡量和评价必须以长期的分销渠道整体绩效为依据。渠道实践1-2中的制造商在设计和实施分销渠道结构调整策略时，恰恰只考虑了分销渠道内某些成员的短期绩效，导致分销渠道整体绩效无法支撑渠道的生存和发展，直至渠道崩溃。）

2. 根据本章引例，你认为梁经理应当从哪些方面、利用哪些指标来评价J市某通信公司的分销渠道状况？

第五部分 分销渠道管理实务

第11章 不同行业和产品分销渠道的构建

学习目标

知识目标

◆ 深入理解快速消费品分销渠道结构模式和管理特点；深入理解耐用消费品分销渠道结构模式和管理特点；理解服务业分销渠道的结构特点；掌握IT和高科技产品分销渠道结构模式和管理特点。

技能目标

◆ 能够分析和评价某种快速消费品分销渠道，并提出改进建议；能够分析和评价某种耐用消费品分销渠道，并提出改进建议；能分析和评价服务企业分销渠道结构，并提出改进思路；能够提出IT和高科技产品分销渠道结构设计的意见和建议。

11.1 快速消费品分销渠道

11.1.1 快速消费品常见分销渠道模式

快速消费品是指那些使用寿命短、消费循环速度较快的日常消费品，如酒类、牛奶、食用油、香烟、饮料、包装水和饼干等产品。快速消费品一般价格低廉，需要时随时购买，且购买时不需要作太多的选择。这类产品的生产行业进入门槛比较低、所需要的投资规模小、资金回收较快，因此经常吸引大批新进入者在这一市场中一展身手。快速消费品属于目前市场上竞争比较激烈的产品。

由于快速消费品的购买行为强调"便利和便宜",因此对分销渠道的要求是短而宽,覆盖面要广。以快速消费品中的食品饮料类商品为例,常见的有如下4种渠道模式:

11.1.1.1 制造商直控模式

这是一种由制造商直接提供给零售终端进行销售的渠道模式。其结构是:制造商—零售商—消费者(如图11-1所示)。可口可乐公司就是采用这种模式的典型代表。

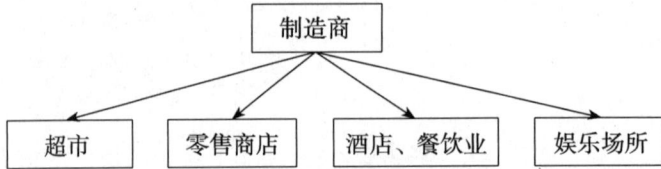

```
                    制造商
        ┌──────┬──────┬──────┐
        ↓      ↓      ↓      ↓
      超市  零售商店  酒店、餐饮业  娱乐场所
```

图11-1 制造商直控模式

这种模式的优点是渠道短、对市场反应迅速、服务及时、价格稳定、促销到位且易于控制。

这种模式的缺点是:受交通因素的影响较大,仅局限于交通便利和消费集中的城市地区采用;在渠道构建过程中,容易出现销售盲区;由于采用直供模式,投入大、费用高、管理难度大。

11.1.1.2 网络渠道模式

这种渠道模式的结构是制造商—经销商—二批商—零售商—消费者(如图11-2所示)。娃哈哈和康师傅是采用这种渠道模式的代表。网络渠道模式适用于大众产品、农村和中小城市市场。

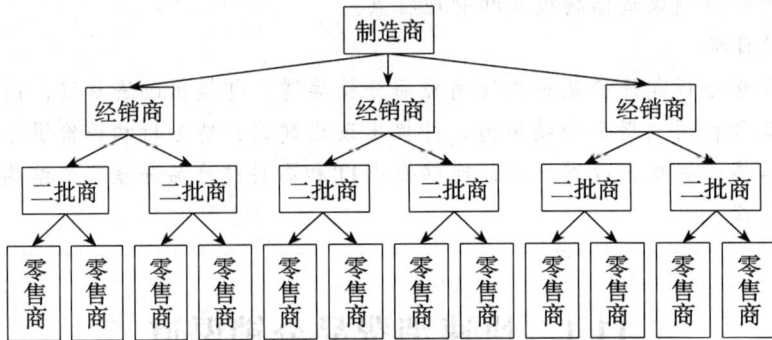

```
                        制造商
        ┌─────────────┼─────────────┐
        ↓             ↓             ↓
      经销商          经销商          经销商
      ┌──┴──┐      ┌──┴──┐      ┌──┴──┐
      ↓     ↓      ↓     ↓      ↓     ↓
    二批商 二批商  二批商 二批商  二批商 二批商
     ┌┴┐   ┌┴┐   ┌┴┐   ┌┴┐   ┌┴┐   ┌┴┐
     ↓ ↓   ↓ ↓   ↓ ↓   ↓ ↓   ↓ ↓   ↓ ↓
    零 零  零 零  零 零  零 零  零 零  零 零
    售 售  售 售  售 售  售 售  售 售  售 售
    商 商  商 商  商 商  商 商  商 商  商 商
```

图11-2 网络渠道模式

这种模式的优点是渠道覆盖面广,市场渗透力强,各级渠道成员之间的职责分明,通过共同利益构筑起庞大的渠道网络。其缺点是容易造成价格混乱和区域之间的窜货,对市场变动的反应可能比较迟缓,要求渠道管理者具有高超的管理技能。

11.1.1.3 平台渠道模式

这种渠道模式的结构是:制造商—经销商—零售商—消费者(如图11-3所示)。百事可乐公司是采用这种模式的代表。这种销售模式适用于密集型消费的大城市。制造商通过经销商平台构筑起销售平台。每个经销商管理几条街、几百家店，送货上门，从而真正做到深度分销。

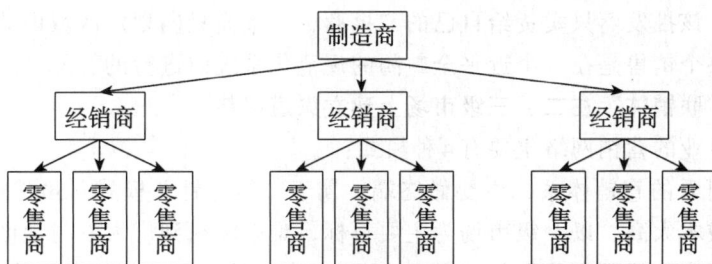

图 11-3　平台渠道模式

这种渠道模式的优点是：责任区域明确而严格，服务半径小，送货及时、服务周到，渠道网络稳定、基础扎实，受低价窜货的影响小，精耕细作、深度营销。其缺点在于：受区域市场的条件制约较多，必须经由制造商直达送货，需要配备较多的人员。

11.1.1.4　专业市场渠道模式

这种渠道模式的结构是：制造商—专业市场—批零兼营终端—消费者。专业市场是我国改革开放以后出现的一种独特的流通渠道（如图 11-4 所示）。这种渠道所具有的灵活性使得它至今依然保持一定的活力。

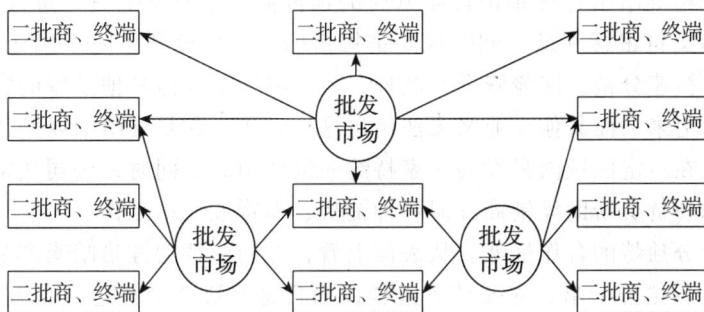

图 11-4　专业市场渠道模式

这种渠道模式的优点是：无规则地自由流通；不受行政区域的限制；经营灵活，薄利多销；品种繁多，配货方便；辐射力强。其缺点是：交易关系松散，没有固定的网络和客户；以价格优势为主要手段来吸引顾客，容易导致相互压价和低价窜货；专业市场经营者往往缺乏深层的服务意识。

11.1.2　典型快速消费品分销渠道分析

11.1.2.1　娃哈哈分销渠道体系

在众多的快速消费品分销渠道体系中，娃哈哈公司的渠道体系具有典型性，总体上是成功的。分析娃哈哈公司的渠道体系的发展演变和特点，能为我们提供很多启示。

娃哈哈的渠道建设经历了 3 个发展阶段：第一阶段是组建"联销体"，在二、三级市场上建立起娃哈哈的渠道优势。第二阶段是娃哈哈发动"蜘蛛战役"，把县级批发商也吸收到娃哈哈的门下。第三阶段是决胜终端和反攻一线市场。娃哈哈希望在一个区域内只选择一个批发商。该批发商只卖货给自己的二批商，二批商只向划定区域内的三级批发商和零售商销售，整个销售是在一个近乎全封闭的规范化系统内进行的。

（1）通过"联销体"在二、三级市场上建立渠道优势

中国饮料企业的营销网络主要有4种模式：

一是可口可乐的直销体系，主要做终端，属于"绣花针"模式。虽然市场基础扎实、控制力强，但成本太高，以一级市场为主要目标，难以辐射到广大农村地区。

二是统一和康师傅两家公司的兼顾"直营+渠道"的模式，但也是以终端为主。

三是早期健力宝的批发市场模式。

四是娃哈哈的联销体模式。

娃哈哈的联销体以借用独立经销商的力量为主体，以二、三级市场（城镇和农村市场）为主要销售市场，更好地整合社会资源，企业成本低，具有价格优势；同时，市场推广速度快，还较易实施"农村路线"。由于二、三级市场零售网点分散，分布区域较广，通过经销商的力量可以有效地实现渗透，形成局部优势。

联销体初期的基本构架为：总部—各省区分公司—特约一级经销商—二级批发商—三级批发商—零售终端。与集团直接发生业务关系的为特约一级经销商。做娃哈哈的特约一级经销商必须先给娃哈哈打进年销售额10%的预付款，业务发生后，每月须分两次补足。娃哈哈向经销商支付银行利息，同时规定销售指标，年终返利，完不成任务者动态淘汰。这样可使经销商快速分销，回笼资金。此外，公司将经销商做其他品牌的资金无形中调配到娃哈哈的品牌上来，而其他企业又无法模仿这一做法。这是娃哈哈联销体的威力所在。

娃哈哈保证在一定区域内只发展一家特约一级经销商。同时，公司还常年派一名或若干名销售经理和理货员帮助经销商开展各种铺货、理货或促销工作。

这是一种十分独特的合作框架。从表面上看，经销商帮助娃哈哈卖产品，却还要先付一笔不菲的预付款给娃哈哈，对某些大经销商而言这笔资金会高达数百万甚至数千万元；娃哈哈方面则"无偿"地出人、出力、出广告费，帮助经销商赚钱。

对经销商而言，无疑也十分喜欢娃哈哈这样的制造商：一是企业大、品牌响，有强有力的广告造势配合；二是系列产品多，综合经济效益高，可以把经营成本摊薄；三是有娃哈哈销售公司派理货人员无偿地全力配合，还可以不折不扣地享受到娃哈哈总部的各项优惠政策。

与别的企业往往把促销措施直接针对终端消费者不同，娃哈哈的促销重点是经销商。公司会根据一定阶段内市场变动、竞争对手异动以及自身产品配备情况，推出各种各样的促销政策，长年不断。

针对经销商开展促销，既可以激发其积极性，也可以保证各层经销商的利润，还可以促进销售，又不扰乱整个市场的价格体系。相反，依赖直接让利给消费者的促销会造成经销商无利可图而缺乏动力，最终竞相降价，就可能打乱零售价格体系。

娃哈哈联销体模式使各级大大小小的经销商可以帮助娃哈哈产品迅速进入一个陌生的市场，大大降低了市场的导入成本。由于游戏规则清晰明确，娃哈哈与经销商团队之间实现了市场制衡。这些与娃哈哈既为一体又非同根的经销商团队成为保证娃哈哈市场创新、增长和降低风险的重要力量。

娃哈哈认为渠道成功的关键是"利益的有序分配"。娃哈哈与经销商之间的关系不是简单的"控制"与"反控制"的关系,而是共赢。渠道协调不是控制,而是与经销商之间的"互动"。渠道协调包括两方面的内容:

第一,协调什么,就是协调"价差",是产品批零渠道3到4个环节之间利益分配的层次。只有有序地让每个环节都有合理的利润,经销商才会有积极性。"价差"如何控制是一个艺术性问题。

第二,怎样协调。这是指企业要保证"价差"的有效执行。价差的协调又包括两个方面:一是对经销商本身的协调;二是对销售区域的选择,即控制窜货。

尽管娃哈哈的联销体模式已经做得很透了,但它还想把市场做得更深、更透。要把娃哈哈的渠道触角延伸到每一个角落,单靠一级经销商的网络是远远不够的。虽然以往娃哈哈的经销渠道中也设有大量的二批商,但没有规范的体系来管理,整个二批商市场并没有做深、做透。所以,娃哈哈又开始了对联销体网络的改造,建立了特约二批商营销网络。所谓特约二批商,就是由娃哈哈销售公司亲自掌握的核心二批商。它们每年要向娃哈哈的特约一批商打预付款,由此获得更优惠的政策。通过控制特约二批商,娃哈哈渠道控制的重心就可以下移了。

特约二批商制度的建立使娃哈哈联销体的网络体系变得更细更密:特约一级批发商—特约二级批发商—二级批发商—三级批发商—零售终端。娃哈哈靠这种环环相扣的办法逐步编织起了封闭的营销体系,不仅增强了公司产品的快速渗透力,同时提高了经销商对市场的控制力,从而做到了布局合理、深度分销、加强送货能力、提高服务意识、顺价销售、控制窜货。

娃哈哈在建立联销体和特约二级批发商网络的基础上,实行了销售区域责任制。本着与经销商精诚合作、互惠互利的原则,娃哈哈对原有经销商队伍进行了考核和筛选,引进了部分经营理念先进的新客户,并对所有经销商合理布局,划清责任销售区域,消灭了销售盲区。娃哈哈保证特约经销商在所在区域内独家经销娃哈哈产品的权利,避免因经销商销售区域交叉导致无谓的内耗竞争。明确经销商的市场范围后,经销商变被动为主动,积极配合企业共同做品牌的长远战略规划,大大提高对企业的忠诚度和对产品的认同感。

(2)"蜘蛛战役"构筑全封闭的营销网络

2001年后,娃哈哈集团又实施了推进渠道网络建设的"蜘蛛战役"。目的是控制渠道终端,让渠道网络往下渗透,把网络织得再细一点。娃哈哈计划构筑全封闭的全国营销网络,并将重心下移,将最具有实力的县级饮料销售商聚集到自己的旗下,变产品的自然性流向为控制性流向。

娃哈哈的经验是,分销渠道模式的好坏不仅体现在对经销商的控制上,也体现在对终端的争夺上。娃哈哈的策略就是要打通中间流通环节,让产品在终端畅通无阻。

娃哈哈在渠道建设上讲究建设网络的节奏和细密度,节奏很快,密度很细,但是又不太凶猛,通过联销体的形式使经销商和企业共同承担市场风险,所以娃哈哈整个市场运作是在低风险、高合作的态势下进行的。娃哈哈绝不绕过联销体自己去做市场,而是同联销体一起加强精细化市场运作。

娃哈哈的渠道战略是永远坚持搞代理制,从联销体网络构建,到特约二批商网络建设、区域责任制、封闭式销售、将二批商和零售商也发展成为娃哈哈联销体的网络成员，都体现了这一点。这才是娃哈哈渠道模式的最成功之处。

（3）决胜终端，反攻一线市场

在激烈的市场竞争中，与娃哈哈交过手的品牌有很多，对手一一溃败的原因并非娃哈哈有多强大，而是娃哈哈拥有遍布全国城乡的、难以匹敌的强势销售网络，它使得娃哈哈能够长久立足。但是，这种渠道模式并不难复制，所以一批跟进者弄清了娃哈哈的做法以后，便纷纷开始模仿，建立娃哈哈式的渠道和网络。在渠道、网络建设和产品一样日益同质化的今天，娃哈哈的网络优势必须升级，才能继续保持优势。

❖ **渠道实践11-1**

只有适合的才是最好的

有人喜欢比较可口可乐、康师傅和娃哈哈的渠道模式之间的差异，还非要分出个孰优孰劣来。事实上，它们各自的渠道模式对它们各自来讲都是合适的，原因是它们各自营销的主战场不同。

可口可乐和康师傅的主战场在大城市，所以它们采用扁平化的渠道模式，并配合深度营销。公司直接派业务人员走访经销商、大型连锁超市和卖场，以及众多独立超市和食杂店，收集订单。娃哈哈的营销主战场在广大农村，这使得它必须采用多层级的渠道模式。娃哈哈的创新之处在于将二批商也纳入渠道管理，加强了对二批商的控制，实现了渠道重心下沉。

中国地域辽阔，市场区域结构复杂。市场结构大致可以分为如下层次：中心城区、县级市、乡镇及农村。中心城区涵盖了从直辖市到重点地级市之间的所有大中城市。其市场特点是消费需求容量大、商业网点集中、市场集约化程度高。大部分县级市的市场缺乏足够的规模，而乡镇和农村市场缺乏集约化。

因此，设置渠道层级的一般原则是：如果企业的主要市场在中心城区，就可以采用扁平化的短渠道模式；如果主要市场在县级市、乡镇及农村，就应该采用多级分销模式。对主攻二、三级市场的多数企业，其渠道组织结构应当是在地级市建立销售平台。只有少数企业才适合将基本销售单元下沉到县级市，因为基本销售单元的过度下沉会带来极大的成本风险。

资料来源　汤志庆. 建设适合自己的渠道模式［J］. 销售与市场，2009（24）：43.

11.1.2.2　宝洁与纳爱斯的渠道竞争

宝洁与纳爱斯，一个是实力强大且有百年历史的跨国公司，另一个是中国洗涤品行业的龙头老大，为争夺中国市场必然开展激烈的争夺。不仅如此，农村市场一直是宝洁觊觎已久的一块蛋糕，而这个市场恰恰又是纳爱斯的活力源泉。因此，两家公司在渠道方面的竞争几乎处于胶着状态，也是任何其他行业中从来没有过的。

（1）宝洁渠道体系的变革

1997年之后，宝洁整个产品的销售进入了低谷，分销商疲于奔命，宝洁发现很难对经销商体系实现严格的管理。到1999年，销售开始好转，当年7月，宝洁（中国）推出了"分销商2005计划"，对分销商进行整改。按照这个计划，宝洁将削减一些处于边缘的小经销商,只留下与宝洁配合最好、关系最密切的大分销商。这样宝洁就可以对分销商进行"紧密控制",同时推进分销商转型。分销商角色将由依靠低进高出、以获得产品差价为目的的传统商人,向提供市场分销覆盖、实施补货、保证物流供应,以及帮助制造商进行零售终端、店内管理和资源争夺,目的是获得服务佣金的现代专业服务提供商转变。

根据计划,宝洁的分销商将扮演 3 种重要的角色:一是向其零售和批发客户提供宝洁产品的首要供应商;二是现代化的分销储运中心,向制造商提供潜在供应商;三是向中小城市客户提供管理服务的潜在供应商。

宝洁希望通过"分销商 2005 计划"优化自己的分销网络结构,建成具有战略优势的分销网络。但是,变革出现了问题。2000 年以后,宝洁(中国)淡化了"分销商 2005 计划",并对某些问题作了纠正。

2002 年,宝洁的销售大为改观,原有的销售管理体系已经不能适应新的形势了,所以宝洁又推出了分销管理新模式。这次,宝洁采用优胜劣汰的分销政策来推动大分销商的出现。从 2002 年下半年开始,宝洁推出了分级定价政策。例如,对一次订货 1 000 件的分销商实行可得返利 1% 的政策。这使得实力强的分销商能得到额外利润,刺激其向规模化发展,而小分销商因订货量小、获利少而被迫放弃。

通过一系列优胜劣汰的政策,宝洁分销商已经从 1997 年的三四百家削减到 2004 年的一百多家,销售量却有了大幅增长。

从 2005 年开始,宝洁出于竞争和市场开拓的需要,一直致力于农村市场的开发。宝洁分别启动过 Road Show 项目、乡镇终端网络计划、万村千乡工程和 China Three 项目,并通过大篷车将飘柔、潘婷、汰渍等品牌推进到了农村市场,实施进一步削减小分销商、重点培养大分销商等政策。同时,与宝洁一起实施开发农村市场的还有联合利华和欧莱雅。这 3 家日化巨头实施下乡计划,减少中间经销商的环节,品牌直接搭建线上和线下的销售平台,这为制造商留下了利润的空间。三大日化巨头同时致力于开发农村市场,既是看中了中国农村市场的巨大消费潜力,也与竞争和业绩增长的压力有关。

宝洁对渠道建设的看法是,公司成长离不开经销商的支持,所以宝洁努力为经销商提供超值服务。例如,宝洁每年都会为经销商作一定的市场调查,调查消费者的购物习惯和消费心理,从而帮助经销商增强满足消费者需求的能力,改进现有店铺销售中存在的问题。

(2)纳爱斯的渠道变革

在纳爱斯这边,随着"雕牌"产品销售量上升,渠道管理混乱逐渐成为阻碍其发展的绊脚石。纳爱斯在每个县都有一两个经销商直接与公司发生业务关系,地区和市级也有总经销商,整个市场渠道格局异常复杂,于是相互杀价成了家常便饭,市场价格混乱,最后的结果是经销商没有赚到钱。于是,纳爱斯开始意识到,若不提高经营纳爱斯产品经销商的门槛、限定条件、锁定网络,就不能让经销商获利和消费者受惠,纳爱斯势必大业难成。于是,从 2003 年下半年开始,纳爱斯就对渠道进行了大规模的有效调整。

纳爱斯实施渠道变革的总思路是:

首先,纳爱斯开始转变市场战略,从以前的农村包围城市策略转为在全国各地实行分公司制,直接与超市、商场合作,形成城市辐射农村的格局。公司总部努力进行网络扁平化管理,减少中间环节,降低经营成本。市场策略改变后,纳爱斯的经销商成倍增加,市场大大拓展，为公司扩大发展铺平了道路。

其次，继续推行经销商保证金制度。纳爱斯把经销商保证金看作对经销商品牌经营和品牌忠诚度的"试金石"。纳爱斯的经销商保证金类似于娃哈哈特约经销商预付款。纳爱斯在要求经销商支付保证金的同时，也向经销商承诺年底给予一定返利。由于纳爱斯促销比较有吸引力，又有高强度广告支持，保证金制度能够被经销商接受。经销商的大量预付款又使纳爱斯的生产和广告有了可靠的流动资金保证。同时，保证金制度抽空了经销商的流动资金，也确保了经销商对纳爱斯的忠诚度。

根据上述思路，纳爱斯的渠道变革着重做好了以下几方面工作：

第一，突出重点，抓好重点市场渠道建设。为了更好地协调全国各省市之间跨区域终端销售，更便捷地直营终端，纳爱斯在上海设立了跨区域终端部。纳爱斯还在广州设立了销售公司，并按各地区设立分公司，使广东市场进一步得到细分；在浙江设立了公司，统管全省分公司；在全国其他许多城市设立了分公司，加大了渠道建设的力度。

第二，畅通运输。纳爱斯在武汉、汕头和哈尔滨等地成立了配货中心，在全国范围内形成了一个庞大的配销与合作网络，保证纳爱斯产品在全国各地品种齐全、货源充足，有效地改变了现有运输因天气、节假日等因素造成的渠道瓶颈，填补了市场空白。

第三，加强终端维护。跨区域终端部负责在全国范围内整治市场价格，逐步理顺各地间价格的差异，统一正常供货价和促销价格标准，使价格体系更加规范有序。终端商业部门则加大对市场的投入，配合卖场、超市的各项活动，做好货架陈列、堆头、端架和POP等各项宣传。

11.2　耐用消费品分销渠道

11.2.1　耐用消费品分销渠道的特点

耐用消费品是指使用寿命较长（一般在一年以上）、多次使用、重复消费率低的消费品，如家具和汽车等。由于消费者在耐用消费品与快速消费品的购买行为方面存在较大的差别，因此两者在渠道结构和管理方面也存在诸多不同之处。

在产品上市之初，耐用消费品与快速消费品一样都会采用较长的销售渠道，以便迅速完成对市场的铺货，更有利于刺激市场需求。长渠道有利于利用当地经销商和代理商的力量，加快对渠道终端覆盖的步伐，提高渠道终端的展示效果。

在相对成熟的市场中，耐用消费品的渠道一般以长渠道为主，同时辅之以短渠道。整个渠道中各种批发商、经销商和零售商并存。零售终端既可能由制造商控制，也可能由一级批发商控制，有些甚至是由特定经销商专供的。与快速消费品相比，耐用消费品销售终端的数量较少，单个终端规模较大。因此，制造商和经销商都会更注重渠道终端的建设，尽可能提高产品在终端展示的效果。许多家电企业的专营店和店中店以及轿车制造企业的4S店就是这方面的典型例子。

在渠道管理方面，制造商对耐用消费品渠道的管理通常采用办事处制，而快速消费品制造商大多采用分公司制。在办事处体制下，办事处负责所在区域内经销商、零售终端的业务及管理工作。采用办事处制的原因是，耐用消费品所面对的终端数量较少，采用这种形式更便于制造商总部的管理与控制。快速消费品渠道管理所面对的分销网络庞大，工作内容也更繁杂、琐碎，采用分公司制，赋予当地渠道管理机构更大的权力，简化当地渠道管理机构的办事程序，有利于提高对市场的反应速度。

11.2.2　典型耐用消费品分销渠道分析

11.2.2.1　国内空调制造商的主要渠道模式

（1）传统的空调渠道模式

没有哪一个行业对销售渠道的依赖像国内空调行业这般强烈。从20世纪末21世纪初开始，国内空调的主要制造商就形成了如下几种独具特色的渠道模式系统：

❶美的模式，是指批发商带动零售商。美的几乎在国内每个省都设立了分公司，在地市级城市设立办事处。在区域市场内，美的分公司和办事处一般通过当地批发商来管理为数众多的零售商，批发商可自由地向区域内零售商供货。这种模式的优点是可以从渠道融资，吸引经销商淡季预付款，缓解制造商资金压力。

❷海尔模式，是指以零售商为主导的渠道系统。海尔几乎在全国每个省都建立了自己的销售分公司——海尔工贸公司。海尔工贸公司直接向零售商供货，提供相应支持，并将很多零售商改造成了海尔专卖店。海尔也有批发商，但海尔更希望和零售商直接做生意，构建自己的零售分销体系。

❸格力模式，是指制造商股份合作制。格力在每个省和当地经销商合资成立销售分公司，使分销商之间化敌为友。地市级经销商也成立由多方参股的销售分公司，由这些合资企业负责格力空调的销售工作。制造商以统一价格对各区域销售公司供货，当地一级经销商必须从销售公司进货，严禁跨省市窜货。格力总部划定统一的价格标准，销售公司在批发给下一级经销商时，允许"有节制地上下浮动"。

❹志高模式，是指区域总代理制。志高模式倚重经销商。志高一般在各省寻找一个非常有实力的经销商作为总代理，把全部销售工作转交给总代理商。总代理商可能是由一个，也可能由两三个经销商联合组成的公司。和格力模式不同的是，志高在其中没有权益，双方只是客户关系。

❺苏宁模式，是指前店后厂的模式。南京苏宁电器原本是一家空调经销商，后获得超常规迅速发展。从2000年开始，苏宁电器①开始走连锁经营道路，在各地建立家电连锁销售企业，并在2001年参股上游企业，出资控股空调制造商，开始销售定牌生产的苏宁牌空调。

上述空调传统渠道模式在2005年后或多或少有一些变化，但是这5种传统渠道模式是最典型的，且对其他制造商的渠道选择也有较大影响。

---

① 2013年2月，苏宁电器更名为苏宁云商集团股份有限公司（简称苏宁云商）。2018年2月，苏宁云商集团股份有限公司更名为苏宁易购集团股份有限公司（简称苏宁易购）。

（2）电商渠道的发展

2005 年以来我国家电制造商在进一步深耕传统渠道的同时，也开始开发互联网渠道。大多数著名家电制造商开始相继布局网上渠道，建立独立网站开展网上销售，随后逐渐地出现了一批像阿里巴巴和京东等的专业电子商务公司。它们慢慢发展成为电商渠道的主力军。同时，一批家电连锁经销商也迅速布局网上渠道，出现了国美在线和苏宁易购等一批有实力、有影响力的网上渠道。

近些年来电商渠道已经成为家电销售重要的渠道形式，深刻地改变了家电渠道的原有格局。家用空调网上渠道的销售额迅速增长。据奥维云网所发布的《2023 年中国空调市场年度报告》提供的信息：2023 年，中国空调市场销售实现零售 4 779 万台，同比增长 9.1%。其中，线下占比为 80.7%，为 3 856 万台，同比增长 1.3%；线上占比为 19.3%，为 923 万台，同比增长 60.8%，增速迅猛。在销售额方面，全年销售额达到 1 606 亿元，同比上年上升 9.7%。线下销售额达到 1 369 亿元，占 85.2%，同比上升 3.3%；线上销售额达到 237 亿元，占 14%，同比增长 70.5%。相较于历年空调市场销售规模，在过去 5 年中，无论是线上市场的销售量占比还是线上市场的销售额占比，都是逐年递增的。这表明线上空调市场的发展更为迅猛。从市场的地区与品种看，总体上来说，一、二线主销市场逐渐饱和，销量更多体现在新兴城市；城乡市场差距逐渐缩小，三、四级城市成长明显。智能空调市场表现突出，成为空调市场新的卖点。

11.2.2.2　格力和国美电器渠道之争的前世今生及启示[①]

2004 年，格力和国美电器由于当年合作的协议没有谈妥，双方矛盾激化，最终"分手"。格力宣布全面退出国美电器。这一事件对我国制造商合作关系和渠道运作模式产生了巨大影响，也引起人们的广泛关注。当时，业内人士评价，国美电器作为一个有实力的新兴连锁销售渠道商彰显出霸气和强势；格力作为一家有实力的著名制造商，不甘心屈服于中间商的压力，显示出足够的骨气。这场品牌运营商与零售渠道商之间的"博弈"导致了影响深远、名噪一时的家电行业的"离婚事件"，最后以分手告终。

10 年后，零售渠道商不再"独霸天下"。国美电器也发生了很大的变化，开始着力于转变经营模式，从卖场经营转为商品经营。而格力退出国美电器之后，一直与之紧密合作的家电零售巨头苏宁易购，为了应对"电商化"的冲击，提出线上和线下同价的策略。这一策略的提出又引发了格力和苏宁易购的"分手"。因为格力主要依托专卖店来销售空调，担心一旦线上和线下同价，对其价格体系和专卖店带来冲击。而苏宁易购不想破坏线上和线下同价策略的落实，希望线下价格向线上价格看齐。格力则要维护其原有的价格体系，避免损害专卖店和经销商的利益。双方都触碰到了各自的底线。

此外，格力面对自身渠道的拓展、产品多元化，以及国际家电品牌对国内家电品牌在一线市场的冲击，也不敢贸然"甩开"家电行业的传统零售巨头。格力需要传统零售渠道稳固一线市场的品牌地位，更需要有实力的品牌运营商"撑场"。于是，格力和国美电器再次"联姻"。有人评价这真是一出由渠道利润所引发的"反转剧"。真是世界上没有永远的朋友，也没有永远的敌人，只有永远的利益。

---

① 王紫剑. 格力的"反转"[J]. 销售与市场，2014（20）：46-48.

其实，格力和国美电器重归于好的另一个原因是，格力计划通过和国美电器合作，强化其在线销售。格力希望借助"国美在线"的优势，迅速扩大自己的销量，同时降低渠道成本，强化格力多渠道、多元化的经销体系。

11.2.2.3 不同空调渠道模式和业态的优劣势分析

如前所述，近些年来迅速发展的电商渠道增长远远超过传统线下渠道的发展速度。即使在空调市场总体发展低迷的情况下，线上平台的空调销量仍能保持增长。可见，网上渠道已经成为空调厂家确保持续发展的必不可少的渠道体系。但是，也有业内人士调查后提出，家电厂家把低价产品供应给电商渠道，把高价产品供应给线下的卖场，已经成为不成文的惯例。厂家的杀手级产品根本不愿意在电商渠道销售。一些高端外资品牌更是对电商渠道的布局慎之又慎，担心破坏产品形象。此外，为防止线上销售高端产品影响线下市场，在供货时企业也会进行一定程度的控制。由此可见，对家电制造商而言，如何协调和平衡线上与线下渠道之间的关系和发展，是任何一个厂家，尤其是家电制造商，特别是空调制造商所需要认真解决的问题。^①

尽管电商来势迅猛，传统经销商的生存空间受到严峻的挑战，但冷静地分析后，仍会发现传统经销商在未来仍然有不可替代的价值。只是经销商坐收"卖路钱"的时代已经一去不复返了。传统的空调经销渠道都还各有独特的优势。

（1）家电连锁卖场

家电连锁卖场（俗称KA）是2000年前后快速崛起的专业经营家电商品的新型商业流通业态。家电连锁卖场具有如下一些优势：

首先，这种渠道业态在一、二级市场上占据了绝对优势，是高档商品的最佳渠道选择。

其次，家电连锁卖场相对于专业经销商门店来说档次高、知名度高，选择这种渠道可以提升品牌知名度和扩大影响力。

最后，家电连锁卖场握有大量的现金流，通过大单采购可以为制造商扩大规模奠定基础。

因此，空调企业选择与家电连锁卖场合作是扩大规模、抢占一级市场和推广高端商品的重要途径。在一级市场上比重较大的外资品牌和国内高端品牌大都借助家电连锁卖场。

但是，选择家电连锁卖场也存在两个缺点：

第一，家电连锁卖场在与制造商合作时往往凭借终端和规模上的强势，有些做法比较霸道，使得制造商无法得到合理的利润空间。

第二，家电连锁卖场对开发三、四级市场并不合适。空调产品在一级市场已经濒临饱和，三、四级市场才是今后最具潜力的市场。由于三、四级市场过于分散，家电连锁卖场在三、四级市场基本还处于空白。

（2）专业经销商

与家电连锁卖场相比，专业经销商的优势在于：

第一，专业性强，多数专业经销商都是专业销售空调产品，至少也是主营空调产品，

① 孙聪颖. 京东爆料背后 电商低毛利困局未解［N］. 中国经营报，2014-08-25.

并且拥有专业的安装和维修等售后服务人员。

第二，适应面宽，对空调品牌的选择性不强，只要商品好卖，能够挣到钱，不论是大品牌还是小品牌，都有可能合作。

第三，覆盖面广，不仅覆盖大中城市，也能覆盖小城市，甚至乡镇和农村。

第四，易于合作，因为它们对空调商品依赖度较高，且单个实力不强，在合作中就容易与制造商之间保持平等合作关系。

但是，选择专业经销商也有一些不利因素：

首先，单个专业经销商实力有限，抗风险能力较差，加上空调产业市场生存环境相对恶劣，淘汰率很高，所以与之合作的制造商风险也很高。

其次，成为专业经销商的门槛比较低，所以专业经销商的素质良莠不齐，这导致合作中的风险更大。

（3）百货商场

百货商场曾经是空调产业的首选渠道。百货商场的渠道优势在于：

首先，百货商场一般在当地都有很高的知名度和美誉度。

其次，百货商场的覆盖面比较广，尤其在家电连锁卖场并不强势的中小城市，百货商场更是空调商品进入市场的绝佳渠道之一。

再次，百货商场在经营家电商品上不是强项，与之合作相对比较容易。

最后，百货商场规模大、资金实力强，合作上比较安全。

百货商场渠道也有两点不利因素：

一是专业性不够强。与专业经销商相比，百货商场在空调的安装、维修和售后服务上的专业性要差一些。

二是多数百货商场还停留在坐商的定位上，出货量比较小。

（4）专卖店

空调行业的专卖店有两种：一是制造商自己投资建设的，其数量并不多；二是专业经销商的加盟店，是专卖店的主流。

专卖店作为空调渠道终端具有如下一些优势：

一是品牌专卖店对专卖品牌的忠诚度比较高，一般不会退出或转营其他品牌；

二是制造商直营的专卖店只要销量达到一定规模，双方利润可以得到保证；

三是专卖店对市场反应敏感，是制造商直接了解市场动态的触角。

专卖店的劣势也非常明显：

一是多数专卖店自身的实力并不强，厂方扶持需要投入大量资源；

二是如果专卖店销量达不到一定规模，不但没有利润，生存也会受到威胁；

三是凡是加盟的专卖店在利益受损时随时有退出的危险。

11.3 服务业分销渠道

服务具有无形性、不可分离性、质量的变异性和服务能力的易消失性等显著特点，这些特点对服务业分销渠道的设计和管理产生了深刻影响。

11.3.1 服务特征对渠道管理的影响

11.3.1.1 无形性与渠道管理

服务的无形性造成了服务营销中的诸多困难，也是服务企业在营销中面临的主要挑战。另外，顾客是直接接触服务渠道的，因此，服务渠道管理为服务的有形化提供了最直接的基础。尽可能地通过渠道使所提供的服务有形化，以及将自己的服务提供过程与其他同类企业的提供过程区别开来就是服务渠道管理成功的关键。

从渠道管理角度看，要使消费者对无形服务增添有形的感受，就要在渠道的硬件和环境方面体现服务的差异性与独特性。此外，要尽可能为服务制定有形的标准，来规范所提供服务的质量和水平。

11.3.1.2 不可分离性与渠道管理

服务的不可分离性既体现在服务与服务提供者的不可分离性上，也体现在顾客与服务提供的不可分离性上，即顾客参与服务。

（1）服务与服务提供者的不可分离性对渠道管理的影响

服务的不可分离性表明大多数服务不可避免地依赖与服务提供者的紧密接触，也就意味着服务与渠道之间是不可分离的。顾客与渠道之间的接触主要就是与服务提供者的接触。高素质服务提供者能够保持最佳工作状态，保证服务的高质量和顾客满意；相反，低素质服务提供者可能业务水平低下、工作态度恶劣，或者推卸责任，导致顾客不满。因此，服务的不可分离性对渠道管理提出的基本要求就是要重视对服务提供者能力的培养和素质的提高。

（2）顾客参与对渠道管理的影响

服务的不可分离性也意味着服务常常依赖接受服务的顾客一定程度的参与。服务提供过程也就是顾客与渠道相互作用的过程，服务渠道与顾客接触的各个方面就是对服务质量的反映。成功的渠道管理就是要重视消费者在整个渠道环节中的感受。因此，在渠道设计时就要力图促进顾客的参与，以便使服务达到最佳效果。美容美发店安装大量的镜子让顾客能够直接观察到整个服务过程，并倾听顾客的意见；健身中心安装供顾客自己测量体重和血压等的仪器，都是这方面的成功例子。

顾客参与也给渠道管理带来了挑战：不同顾客相互之间的影响和干扰往往会导致部分顾客不满。所以，对很多服务的渠道设计来说，把吸烟者与不吸烟者分开是必要的。同时，对某些服务来说，把顾客参与限制在一定程度内也是必要的。例如，干洗店限制顾客进入核心操作区，自助式餐厅也限制顾客进入厨房，都是出于这种考虑。

11.3.1.3 质量的变异性与渠道管理

服务组织总希望最大限度地保持自己所提供服务质量的一致性，但现实中任何组织都不可能做到所提供的服务完全一致。服务质量的变异性导致了服务标准化的困难。

首先，服务标准本身就很难确定。无论哪一种服务行业，其服务标准本身应该是一个动态的概念。昨天的一流服务的标准到了今天可能已经不再是一流的了。

其次，即使确定了服务标准，服务组织实际所提供服务的质量还依赖服务提供者对标准的理解。不同的服务提供者很可能对标准有不同的理解，导致服务质量的差异。

最后，服务提供者的态度往往也是难以控制的，这也会造成服务质量的差异。

为了克服变异性带来的服务标准化的困难问题，渠道管理要尽可能地在3个方面做到标准化：服务生产实施的标准化；员工生产流程的高度标准化；员工行为模式的高度标准化。这样，在渠道管理的各个环节提高标准化水平，从而保证整体服务有较高的标准化程度。

11.3.1.4 服务能力的易消失性与渠道管理

由于服务能力是不可储存的，超过市场正常需求的服务能力将自动损失，所以服务渠道管理需要做到如下方面：

首先，需要严格控制渠道成员的数量和提供服务的能力，避免因服务需求的下降而导致渠道成员效益的下降。

其次，服务渠道成员常常需要通过变动价格来调节市场需求，既可以通过提高需求高峰期的价格来限制需求，也可以通过降低非高峰期的价格来吸引顾客，增加需求。

最后，服务渠道成员要尽可能通过开发服务预订系统来最大限度地使用服务能力，避免服务能力的损失。

11.3.2 服务业渠道的其他特点

11.3.2.1 渠道较短

服务分销渠道一般都比较短。在许多情况下，服务渠道都采用从服务提供者直接提交给消费者的直接渠道形式。大多数由独立服务提供者组成的服务业，如会计师事务所、律师事务所、美容美发店、汽车修理店和咨询服务公司等采用这种直接渠道形式。服务业之所以选择短渠道是由服务业本身的特点所决定的。对服务业来说，渠道越长，就越有可能导致服务质量下降。例如，拥有多个代理商的快递公司的服务质量往往是难以得到保证的。

采用直接渠道的形式，使得服务渠道的设计变得相对简单，不再需要考虑渠道长度、宽度和中间商的选择。但是，这也会带来一系列问题，因为没有中间商，服务企业在渠道建设中就需要全面考虑服务产品的种类、经营场所、服务设施和服务人员的来源等多方面问题，保持服务人员、服务设施与工作环境之间的平衡。

11.3.2.2 特许经营渠道

特许经营是服务业中一种比较重要的渠道形式。在特许经营体系中，特许人扮演着供应商的角色，而受许人执行下游渠道成员的功能。特许经营模式最主要的特点是试图最大限度地保证服务标准化。特许人通过与受许人签订特许经营合同，既允许受许人使用特许人所有的服务名称、注册商标和经营模式，也规范受许人所提供服务的质量，帮助受许人获得消费者的认同和偏爱。

但是，在特许经营中要想在不同渠道成员之间形成完全标准化也是非常困难的，甚至是不可能的。即使签订了规范的特许经营合同、实施最严格的管理，特许人也无法完全控制由人的个性和情绪的差异性以及环境变化所造成的不一致。为了尽可能减少特许经营渠道中的不一致，特许人对受许人的员工进行定期和不定期的培训，既进行操作方面的训练，使他们掌握服务标准，也让受许人的员工接受特许人所塑造的企业文化，是特许经营渠道建设成功的关键。

11.3.2.3　定制化服务

许多消费者都要求获得高度定制化的服务。例如，法律诉讼、卫生保健、建筑设计、发型设计、家庭教育和银行存贷款业务等服务，都是要求高度定制化的例子。对需要高度定制化的服务来说，渠道的设计和运作就会变得更加困难。

为了满足消费者对服务高度定制化的需要，要做到如下两方面：

首先，服务提供者要更好地了解每个消费者的真实需求、不同消费者需求之间的细微差别和变化等，而不仅仅是掌握大众需求。

其次，为了提高定制化服务的效率，常常需要将高度定制化的服务程序化、模块化。这样服务提供者就能够根据消费者的独特需求来提供经过组合的定制化服务，真正满足消费者的独特需求。

11.3.3　服务业常用的渠道模式

尽管服务业的分销渠道一般都比较短，但仍然有许多服务业的渠道会包含一个或一个以上的中介机构。所以，并不是所有服务业都是采用直销渠道的。服务业的渠道模式可以分为直销渠道和经过中介机构的分销渠道两种类型，其渠道结构模式如图11-5所示。

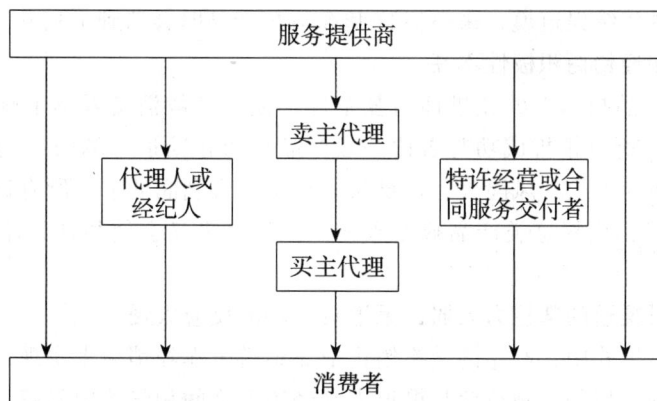

图11-5　服务业分销渠道模式

11.3.3.1　直销渠道

直销渠道是服务业经常使用的渠道模式。医疗机构、家政服务机构、会计师事务所和律师事务所等服务机构就常采用直销渠道模式。服务的不可分离性使得采用直销渠道模式具有如下一些优势：

❶能够较好地控制服务的质量。

❷能更好地为消费者提供定制化、个性化的服务。

❸可以从与消费者的直接交流中了解消费者需求，了解竞争对手的动向等。

11.3.3.2　经由中介机构的分销渠道

凡是想要获得较大的市场覆盖面的服务企业都会利用中介机构来组建分销渠道。服务业中最常见的中介机构有以下几种：

❶代理商。在旅游、酒店、运输、保险、信用和招聘等服务中常采用代理的形式。

❷代销，是指专门执行或提供某项服务，然后以特许的方式销售该服务，如彩票的销售。

❸经纪人，是指在服务的买卖双方之间从事中介服务活动的组织或个人。

❹批发商，是指一些专门以大批量的方式提供服务销售的中间商。

❺零售商。服务零售商包括照相馆和干洗店等提供零售服务的商店。

11.4　IT和高科技产品分销渠道

11.4.1　IT和高科技产品对分销渠道的要求

11.4.1.1　IT和高科技产品对传统渠道的挑战

在传统渠道模式下，制造商想要迅速覆盖尽可能大的市场区域，总会把产品分销权交给总分销商（总代理），再由总分销商分销到地区分销商或经销商，最后经零售商到消费者手中。采用这种传统渠道模式来销售IT和高科技产品时会遇到下列几方面挑战：

（1）渠道末端经销商积极性不高

IT和高科技产品技术上的先进性与复杂性，使得一般消费者不了解产品能给他们带来的效用和利益，所以销售成功与否比一般产品更依赖渠道末端的经销商。但是，IT和高科技产品的更新速度快、风险大，传统长渠道又导致利润低下，所有这些因素都会导致传统渠道的末端经销商对这类产品缺乏兴趣。这反过来又会使某种具体的IT和高科技产品失去市场。

（2）制造商对渠道的掌控力太弱，渠道对市场的反应太慢

在传统的渠道模式中，产品的最终销售依靠渠道末端经销商来实现，这些经销商是最了解消费者需求的。但是，制造商与渠道末端经销商之间相隔着中间商。这种中间环节的存在会减弱制造商对市场的把握能力，进而影响产品的市场竞争力。当产品不适应市场或市场需求发生变化时，传统长渠道模式又使得制造商对市场的反应太慢，无法适应IT和高科技产品市场多变的特点。

（3）渠道的低效率无法适应市场开发的需要

在传统渠道模式中，随着渠道企业数量的增加，产品的流通渠道会变得越来越长，产

品在渠道中的流通时间也越来越长，渠道效率也就越来越低下。经销商难以获得所期望的利润，就会出现经销同一种产品的经销商之间相互竞价的问题，市场就会失控。IT和高科技产品市场的不确定性大，制造商需要借助分销商，尤其是渠道末端经销商的力量来开发市场，这就必须保证经销商的利益，因而必须保证渠道通畅和高效。

针对IT和高科技产品市场的这些挑战，传统渠道模式必须进行调整，以便适应市场环境。

首先，IT和高科技产品渠道必须是多样化的，而且所有渠道都必须整合在一起，以形成渠道优势。

其次，IT和高科技产品制造商必须与经销商之间保持比较紧密的合作关系，以便促进双方之间的了解。制造商通过经销商及时了解市场和消费者需求的信息，使生产适应市场需求。经销商通过制造商了解产品的技术特点、市场定位和制造商的发展动态，才能与制造商保持步调一致。同时，制造商与经销商之间只有建立紧密的合作关系，才能形成相互信赖的关系，这往往是决定新市场开发能够成功的重要因素。

11.4.1.2 IT和高科技产品的渠道模式

IT和高科技产品主要有如下几种渠道模式：

（1）直销模式

制造商通过自己的销售部门或者直属分公司直接销售给消费者。这种模式的优点是：制造商能直接掌握市场需求信息，并对市场需求作出迅速的反应；确保为消费者提供优质及时的服务；价格稳定可控。其缺点是渠道成本过高。因此，这种渠道模式只适用于需求对象特定、市场竞争不太激烈的IT和高科技产品，如军工产品和航天工业产品等。

（2）直销与代理制相结合模式

制造商既通过自己的销售部门或者直属分公司直接销售产品，又依靠代理商销售产品。这种渠道模式的优点是市场覆盖面广，易于进行市场渗透。其缺点是渠道管理比较困难，容易产生分销渠道冲突。

（3）多种分销渠道复合模式

制造商既通过自营专卖店直销，又通过代理商开发专卖店或多级代理体系进行销售。当然，这种渠道模式的市场覆盖面更广，但是造成分销渠道冲突的可能性更大了。

（4）现代直复营销与多种形式短渠道相结合的模式

制造商既借助代理商利用网络销售和电话营销等现代直复营销的渠道形式，又利用百货公司、专卖店、超市和专业大卖场等传统短渠道来销售产品。这种渠道形式可以有效地实现对目标市场的全面覆盖。

11.4.2 典型IT产业分销渠道分析：我国手机分销渠道体系的演变

11.4.2.1 洋手机品牌借总代理制进入国内市场

2000年以前，国内手机市场基本上被国外手机制造商所垄断，摩托罗拉、诺基亚和爱立信3个品牌就占据了约85%的市场份额。这些国外制造商几乎全采用总代理制，选择在国内拥有现成渠道的一些企业，如中邮普泰、蜂星、天音和长远等，作为总代理商，进入中国市场。

在总代理体制下，总代理商从制造商处到货后，批发给区域代理，区域代理再批发给市级代理，最后由市级代理批发给零售商。从制造商到零售商，要经过3个批发层次，即总代理、区域代理和市级代理。每层批发大约需要沉淀5%的利润，有时还会更多，3层代理总共至少需要花费约15%的成本，因此渠道成本很高。由于当时手机利润非常高，所以制造商也愿意接受总代理制下的高成本。

总代理制的好处是渠道范围广，可以迅速把货铺到全国大多数地区的大中城市，非常适合刚进入中国市场、没有渠道基础的国外制造商。

总代理制的缺陷也非常明显：

❶渠道成本高；

❷销售终端主要局限在大城市和主要二级城市；

❸经销商仅仅利用已有的销售渠道，新渠道开拓能力差。

不过，由于当时手机价格高，购买力主要也集中在大中城市，所以制造商也能接受总代理制的这些缺陷。

2000年后，随着国产手机的崛起，手机进入"大众消费时代"，总代理制的上述缺陷才变成致命的因素。

11.4.2.2 国产手机以自建渠道实现市场突破

2000年前后，国产手机刚刚出现时，销量微不足道，也没有现成渠道可供利用。波导和TCL等国产手机制造商苦于找不到有实力的经销商，最终决定另辟蹊径，自建渠道。结果，自建渠道为国产手机的崛起发挥了巨大作用。

制造商一般在省设立分公司，在城市设立办事处，在县设立工作站，通常还会在每几个省设立一个大型周转仓库，每几个市设立一个小仓库，并建立售后服务中心。制造商直接把货分发到各地，再配送给零售商。例如，波导公司从1999年开始，一年之内建立了28家省级销售公司、300多个地市级办事处，销售人员最多曾经达到6 000人。波导依靠这支庞大的销售队伍把销售网一直延伸到部分乡镇。

这种模式的好处是：

❶制造商根据需要延伸渠道终端，可以直达县甚至农村市场；

❷基本上可以实现对终端的直供，实施对终端有效的价格控制；

❸避免了代理制下的窜货、价格战等弊端；

❹制造商完全掌控渠道，不受经销商行为的制约。

这种渠道也有缺点：

❶需要较多销售人员，费用和成本都很高，必须有较大的销售额和利润来支撑；

❷由于销售人员数量众多，要求制造商有较高的销售组织和管理能力。

11.4.2.3 两种渠道的融合

随着手机市场的成熟，利润率急剧下降，无论是总代理制还是制造商自建渠道，渠道成本过高的弊端日益显露。于是，国外制造商和国内制造商都着手对原有渠道进行改革。

（1）国外制造商强化区域分销

国外制造商渠道变革的总体思路是改变总代理制，减少渠道中间层次，加大对三级市场开发力度，增加对销售终端的直供。

如诺基亚，一直采取三级分销体系，在全国有蜂星、中邮普泰、长远等6家全国总代理。在国产手机市场份额节节攀升的压力下，诺基亚开始了调整步伐，加强分销渠道建设，采用区域代理制，完善在二、三级城市的销售渠道。从2002年6月开始，诺基亚就在全国寻找省级代理，半年内发展了二三十家。

那些全国总代理为适应手机制造商的渠道变革也开始对自己的分销体系进行变革。如中邮普泰在全国分设了10个大区，在大区之下再设分公司，全国共设立了64个分公司。分公司不仅可以分销来自总部的产品，同时在得到总部许可的情况下可以从诺基亚等制造商那里拿到省级代理的业务。在争夺当地市场和区域代理权过程中，这些分公司的竞争力得到加强，并最终提升总代理商本身的业绩和实力。

（2）国内制造商坚持自建渠道与代理相结合

2002年年底以前，由于国产手机在品牌和品质方面都明显不如洋品牌，所以渠道重点放在二、三级市场。洋品牌手机渠道在这些市场上比较弱，国产手机由此而获得了长足发展。随着手机进入大众化消费时期，大中城市的普通消费者逐渐开始接受国产手机。国产手机制造商开始把渠道建设的重心向大中城市转移。

另外，依靠自建渠道获得长足发展的国产手机制造商也一直在为销售队伍过于庞大、渠道成本居高不下而苦恼，所以国产手机在进军一级市场时，都试图寻找经销商。即使在原有的二、三级市场上，也需要对渠道进行改造，通过引入并发挥经销商的作用来降低自建渠道的负担。波导公司的渠道股份制改革就是在这种背景下发生的。

波导公司刚刚推出手机时，也被迫采取了自建渠道的策略，采用小区域、封闭式的经销制度：在省设立销售公司，在城市设立办事处。2001年，波导销量达到246万台，在国产手机中名列第一，比第二名多出100万台，将洋品牌中的阿尔卡特、松下等也甩在身后。在取得如此业绩的同时，波导公司的渠道策略也暴露出很多问题，主要是渠道成本太高。2001年，波导公司的主营业务收入约26亿元，但销售费用高达3.9亿元，管理费用达1.66亿元，税后纯利润只有7 000万元，净利润率只有2.7%。随着手机利润率的下滑，有些省级分公司甚至陷入了亏损的境地。

波导公司及时采取措施进行了渠道调整，从2001年4月开始在销售分公司试行公司管理层持股制度；各地销售分公司改制为独立子公司，其管理层出资收购原归波导销售总公司的部分股份。

这种改革对降低渠道成本起到了不同程度的作用，既调动了销售人员的积极性，为实现波导2002年500万台的销售目标提供了保证，又促使亏损的省级分公司扭亏为盈。

国内外手机制造商同时进行渠道变革导致了手机渠道发展的两种趋势：从市场分布看，国外制造商从一级市场向二、三级市场扩张，而国内制造商从三级市场向一、二级市场扩张；从渠道结构看，国外制造商从总代理制向区域代理制转变，国内制造商则从自建渠道向自建渠道与代理制相结合的方向转变。

11.4.2.4 家电连锁卖场的兴起及对手机渠道的影响

2003年后，以苏宁易购和国美电器为代表的家电连锁卖场迅速发展，促使零售终端在渠道中的影响力越来越大。虽然它们占全行业销量的比例不到5%，但是在一级市场上的影响力是巨大的。

这些家电连锁卖场为国产手机开拓一级市场提供了机遇。国产手机通过向苏宁易购等大卖场直供，既迅速进入了一级市场，分销成本又低于原有渠道。双方合作真是一拍即合。

康佳移动通信公司在上海市场就撤开以前的10余家代理商，开始向家电连锁卖场直接供货。康佳移动通信公司还与全国最大的手机零售连锁企业中域电讯签订了直供协议，将所有型号的手机直供给中域电讯销售。这是国产手机制造商直接向手机零售连锁终端第一次供货。紧接着，东信公司也与中域电讯达成了全面直供协议，2003年下半年甚至将多款机型交给中域电讯进行"买断型"销售。波导公司和中域电讯就直供一事也暗中达成了"框架式"协议。迪比特公司也成立了大客户销售部，开始进入直供市场。

在一级市场，为了抵御苏宁易购等卖场的冲击，分销渠道的零售商不得不降价，但分销的高成本使得降价空间远远小于直供的降价空间。如果手机制造商都实行直供，就会极大地损害经销商利益，经销商肯定要抵制制造商向苏宁易购等卖场直供，它们也有实力这么做。可见，对家电连锁卖场的直供也存在潜在危机。

国外手机制造商同样进退两难。它们不敢不直供，怕因此而失去一级市场，但又怕向总体市场份额较低的苏宁易购等卖场直供而得罪实力雄厚的经销商。在同一个城市，如果直供与分销并存，则会引发价格战，这对谁都不利。

最后的解决之道是：经销商在一级市场转型，自建或者合作建设零售终端，形成属于自己的手机连锁卖场，由手机制造商向这些连锁卖场直供；经销商的批发业务主要集中在二、三级市场。国外制造商向以前的经销商直供时，一般会有一个限制条件：直供手机只能在一级市场终端里销售，不能拿到二、三级市场批发。结果是：一级市场直供，二、三级市场分销。

2003年，诺基亚已在全国100多个城市和代理商联合建立了专营店；同时，摩托罗拉、西门子开始同国美电器、苏宁易购和大中等签订集中采购协议，再由这些连锁卖场进行自主销售。

实行直供之后，进货成本降低，零售价格下降，直供终端销量大幅上升。直供的发展导致一级市场批发业务基本消失，让位于直供的大型手机卖场或连锁店，而批发业务仅仅局限在三级市场和部分二级市场。

分销渠道体系利润下降、大城市销售终端直供、二级和三级市场的分销渠道本地化，导致那些单纯从事批发业务的大经销商经营状况恶化。

11.4.2.5 进一步强化渠道终端建设

康佳移动通信公司在强化渠道终端建设方面是最有代表性的。2004年，康佳移动通信公司发出"渠道深耕动员令"，实施"渠道扁平化、千县千店"工程，计划投入1亿元资金，全面普及二级县城市场，重点覆盖经济发达城镇。随后，康佳移动通信公司进一步提出，将"千县千店"工程的覆盖范围扩大1倍，达到2 000个县级市产品直供，进一步缩短产品供应链，降低渠道成本，有选择地在经济发达大镇布点，将营销网络的末梢延伸到乡镇三级市场。

与此同时，越来越多的制造商也开始加强零售终端建设，压缩渠道中间环节。诺基亚早在2003年9月就开始在中国市场强化渠道终端建设，并取得显著成效。随后，诺基亚在中国销量开始大增，并最终从摩托罗拉手上夺回了销量第一的位置。因此，迪比特从2004年5月开始也采取了强化渠道终端的做法，使经营状况大为改观。

11.4.2.6 近些年我国手机分销渠道的变革

近些年，受市场环境变化的影响，我国手机分销渠道的变化越来越快，先后发生了如下一些变化：

（1）电商的兴起和对传统渠道的巨大冲击

随着电子商务技术的成熟，我国手机网上分销渠道开始迅速发展。对手机制造商而言，通过与大型电商平台合作，不仅简化了手机销售的中间环节，减少了层层代理的烦琐程序，还节省了线下实体店的成本，进而提高了制造商利润。对消费者来讲，手机在线销售，价格更透明，避免了一些线下渠道"加价购买""捆绑销售"等乱象，自然受到消费者的欢迎。所以，在传统渠道商陷价格竞争的泥潭而无法自拔的时候，网上电商渠道显示出了巨大的发展潜力。手机制造商或借助实力强大的第三方电商平台，或自建网络渠道，网络渠道开始严重侵蚀传统渠道的份额和利益。

小米公司是依靠电商渠道迅速崛起的典型。小米公司在2011年才正式发布其产品。小米公司为了降低销售成本，去掉中间渠道门店的费用，直接让利给消费者，为消费者提供高性价比的优质产品，采取全部线上售卖的方式。小米公司开始以自有网络渠道为主，又先后与中国联通和中国电信合作，由二者通过实体营业厅与在线营业厅售卖小米手机。小米公司利用网络渠道低价直销高性能手机的做法受到市场追捧，迅速获得了巨大成功。

小米公司的成功引来了越来越多手机制造商纷纷效仿，要么自建网上商城，要么依托第三方电商渠道，网络手机分销渠道的份额不断提高。在2014年的"双11"电商购物节上，手机成为最大的销售品类。其中小米手机以15.6亿元的订单额傲视群雄，荣耀手机的销售额达到10.6亿元，相比上年激增25倍多，而魅族手机在天猫平台的销售额也增加10倍，挤进天猫手机品类销售的前3位。

除了电商的兴起和侵蚀外，传统手机渠道的衰败还有两个重要的原因：

一是现有手机制造商之间的价格战累及渠道商的生存。手机制造商的利润被压缩得很厉害，渠道利润空间便更加有限了。

二是原来三大电信运营商为了提高经销商销售手机的积极性对渠道商实施补贴，随着国务院国有资产监督管理委员会对运营商削减营销成本的要求，运营商取消对终端的补贴，直接造成渠道经销商利润的下降和竞争的加剧。

（2）线下渠道再受重视，手机制造商进入全渠道时代

2015年后，我国智能手机进入以存量替换为主导的发展阶段，电商渠道和线下渠道的关系发生变化。调查资料表明，我国线上渠道爆发增长期已过，线上和线下逐渐实现协同增长。

对线上渠道增长放缓的原因，有人认为消费者在线上拥有更多选择的同时，也容易患选择恐惧症，消费者想直接体验商品，快速享受商品的意愿增强，而线下有更好的体验。所以，国内手机制造商又开始重视线下渠道建设。一方面，手机制造商又开始强化线下渠道；另一方面，积极与传统的线下渠道商加强合作。原来以线上销售为主的品牌，纷纷回归线下或者借助运营商的力量进行渗透。

比如，以电商渠道起家的小米也开始铺设线下渠道，开设小米之家展开线下实体销售。酷派特意拿出15亿元，建设1 000个专卖店和6 000个售点的线下渠道。华为也计划在全球100多个国家的重点城市，打造实体服务中心和全覆盖的多渠道服务平台。像苏宁易购、迪信通等线下渠道，也再次受到手机制造商的追捧。

有业内人士认为，短期内将没有纯粹的线上、线下之争，以实体店为主的零售渠道，会往线上走；线上的零售商、电商也在往下沉。更多人认为，任何一个企业都不能忽视全渠道，必须多渠道运营，而且各个渠道不是各自为政，一定要融合和协同。但如何处理好多渠道和全渠道的协同问题，对每个手机制造商都是一场严峻的挑战。①

近年来，各大手机制造商和经销商继续执行全渠道的营销策略，坚持线上、线下互动融合的多渠道运作的策略。根据市场调研机构Counterpoint的数据，2024年第一季度，全球智能手机市场份额排名前五的厂商分别是三星（20%）、苹果（17%）、小米（14%）、OPPO（8%）和vivo（7%）。其中3家国产制造商——小米、OPPO和vivo之所以能进入全球销量前5位，就是靠多年坚持全渠道营销策略。同时，我们应当注意到，随着手机市场竞争格局的逐渐稳定，手机品牌的渠道渗透力显得愈发重要，日益受到人们的关注。因此，国产品牌手机也纷纷回过头来注重线下布局，在全渠道的同时，强调全场景的策略，从零售店纷纷升级到体验店、旗舰店等。升级线下渠道可以增强渠道渗透力，推动手机渠道的新一轮发展。

本章小结

由于快速消费品的购买行为强调便利和便宜，因此对分销渠道的要求是短而宽，覆盖面要广。以快速消费品中的食品饮料类商品为例，常见的有如下4种渠道模式：制造商直控模式、网络渠道模式、平台渠道模式和专业市场渠道模式。

在快速消费品分销渠道体系中，娃哈哈公司的渠道体系具有典型性。分析娃哈哈公司的渠道体系的发展演变和特点，能为我们提供很多启示。宝洁与纳爱斯在渠道方面针锋相对的、几乎处于胶着状态的竞争，也为我们提供了企业如何利用渠道来获取竞争优势的经典案例。

耐用消费品分销渠道，无论在渠道结构还是渠道管理方面，都与快速消费品分销渠道存在诸多的差异。对耐用消费品的分销渠道，无论是制造商还是经销商，都会更注重渠道终端的建设，尽可能提高产品在终端展示的效果。

① [1] 静之. 电商难扛大旗 国产手机进入全渠道时代 [EB/OL]. [2024-03-16]. http://www.hea.cn/2015/0716/228459.shtml. [2] 李何冉，侯智勇. 传统手机销售渠道商没落：净利断崖式下跌 [EB/OL]. (2015-02-04) [2024-03-16]. http://tech.sina.com.cn/t/2015-02-04-doc-iawzunex9732810.shtml.

在耐用消费品行业中，国内空调企业在分销渠道方面的竞争是最激烈的。2004年以前，国内空调制造商在实践中就形成了如下几种主要的渠道模式：美的模式、海尔模式、格力模式、志高模式和苏宁模式。随后格力与国美电器的渠道之争，又使得空调渠道成为人们广泛争论的话题，并对空调产品的渠道模式产生了巨大影响。

服务的特点对服务业分销渠道的设计和管理具有很大的影响。服务业渠道无论在渠道结构还是渠道管理上都具有不同于其他行业的特点。服务业的渠道模式主要是直销渠道和经过中介机构的分销渠道两种类型。

IT和高科技产品对传统渠道提出了严峻挑战。传统渠道要适应IT和高科技产品的要求必须进行调整与变革。IT和高科技产品主要有如下几种渠道模式：直销模式、直销与代理制相结合的模式、多种分销渠道复合模式、现代直复营销与多种形式短渠道相结合的模式。

对我国手机分销渠道体系演变的研究，将有助于我们理解我国手机分销渠道的发展变化规律以及导致这些变化的原因。

主要概念

制造商直控模式 网络渠道模式 平台渠道模式 专业市场渠道模式 娃哈哈联销体 美的模式 海尔模式 格力模式 志高模式 苏宁模式

基本训练

❖ 知识题

1.分析比较快速消费品不同渠道模式的利弊，并说明适用条件。

2.分析耐用消费品分销渠道模式的特点以及与快速消费品分销渠道模式之间的差异。

3.分析服务的特点对服务渠道设计和管理的影响。

4.说明服务分销渠道模式的主要类型。

5.分析说明IT产品的特点对渠道设计和选择的影响。

❖ 技能题

1.分析说明娃哈哈联销体的运作特点，以及成功的条件和原因。

2.从渠道激励、渠道控制和渠道合作的角度，分析比较宝洁与纳爱斯两家公司在做法上的差异和值得借鉴的地方。

3.分析比较空调渠道常用的5种模式的优劣之处，以及各自的适用条件。

4.选定一个通信运营商，调查分析其渠道模式和结构，分析其面临的挑战，提出改进建议。

❖ 案例分析题

以11.4.2部分所提供的资料为基础，收集其他有关资料，分析我国手机分销渠道进一步变革的发展趋势，以及可能影响今后手机分销渠道变革的主要因素。

主要参考文献

[1] 罗森布洛姆. 营销渠道——管理的视野 [M]. 宋华，等译. 8版. 北京：中国人民大学出版社，2014.

[2] 科兰，安德森，斯特恩，等. 营销渠道 [M]. 蒋青云，王彦雯，顾浩东，等译. 7版. 北京：电子工业出版社，2008.

[3] 佩尔顿，斯特拉顿，伦普金. 营销渠道——一种关系管理方法 [M]. 张永强，彭敬巧，译. 2版. 北京：机械工业出版社，2004.

[4] 斯特恩，安瑟理，库格伦. 市场营销渠道 [M]. 赵平，廖建军，孙燕军，译. 5版. 北京：清华大学出版社，2001.

[5] 弗里德曼，弗瑞. 创建销售渠道优势 [M]. 何剑云，沈正宁，译. 北京：中国标准出版社，科文（香港）出版有限公司，2000.

[6] 张闯. 营销渠道管理 [M]. 3版. 大连：东北财经大学出版社，2021.

[7] 胡春. 市场营销渠道管理 [M]. 3版. 北京：清华大学出版社，北京交通大学出版社，2019.

[8] 庄贵军. 营销渠道管理 [M]. 3版. 北京：北京大学出版社，2018.

[9] 吕一林，王俊杰，彭雷清. 营销渠道决策与管理 [M]. 3版. 北京：中国人民大学出版社，2015.

[10] 张广玲. 分销渠道管理 [M]. 武汉：华中科技大学出版社，2014.

[11] 卜妙金. 分销渠道管理 [M]. 2版. 北京：高等教育出版社，2007.

[12] 苗月新. 营销渠道概论 [M]. 北京：清华大学出版社，2007.

[13] 王国才，王希凤. 营销渠道 [M]. 北京：清华大学出版社，2007.

[14] 李先国. 分销渠道管理 [M]. 北京：清华大学出版社，2007.

[15]《SP/计算机产品与流通》编辑部. 渠道管理 [M]. 北京：企业管理出版社，2004.

[16] 徐蔚琴，谢国娥，曾自信. 营销渠道管理 [M]. 北京：电子工业出版社，2001.